HISTOIRE

DU GOUVERNEMENT

DE LA

DÉFENSE NATIONALE

EN PROVINCE

4 Septembre 1870 — 8 Février 1871

PAR

F.-F. STEENACKERS & F. LE GOFF

Ancien député,
ancien Directeur général
des Télégraphes et des Postes

Docteur ès lettres,
ancien Secrétaire général
des Télégraphes et des Postes

TOME DEUXIÈME

PARIS

G. CHARPENTIER ET Cⁱᵉ, ÉDITEURS

13, RUE DE GRENELLE, 13

1884

HISTOIRE

DU

GOUVERNEMENT DE LA DÉFENSE NATIONALE

EN PROVINCE

II

OUVRAGE DU MÊME AUTEUR

PUBLIÉS DANS LA BIBLIOTHÈQUE-CHARPENTIER

à 3 fr. 50 le volume.

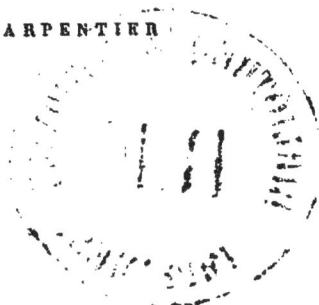

———

Les Télégraphes et les Postes pendant la guerre de
1870-1871.................................... 1 vol.

Paris. — Imp. E. Capiomont et V. Renault, rue des Poitevins, 6.

HISTOIRE

DU GOUVERNEMENT

DE LA

DÉFENSE NATIONALE

EN PROVINCE

4 Septembre 1870 — 8 Février 1871

PAR

F.-F. STEENACKERS & F. LE GOFF

Ancien député,
ancien Directeur général
des Télégraphes et des Postes

Docteur ès lettres,
ancien Secrétaire général
des Télégraphes et des Postes

TOME DEUXIÈME

PARIS

G. CHARPENTIER ET Cie, ÉDITEURS

13, RUE DE GRENELLE, 13

—

1884

HISTOIRE

DU

GOUVERNEMENT DE LA DÉFENSE NATIONALE

EN PROVINCE

CHAPITRE IX

ARRIVÉE DE GAMBETTA EN PROVINCE.

Annulation du décret de la Délégation pour la convocation d'une Constituante. — Départ de Gambetta pour Tours. — L'*Armand-Barbès*. — Le *George-Sand*. — La chasse aux ballons. — Une invention de M. Krupp. — Les aventures de l'*Armand-Barbès*. — Gambetta à la gare de Rouen. — Première manifestation. — Arrivée à Tours. — MM. Gambetta, Garibaldi, Castelar. — Grande manifestation à la préfecture. — Séances du Conseil du 9 octobre. — Proclamation de Gambetta aux départements. — Effet sur l'opinion. — Dépêches diverses. — *Adresses* des populations. — Opinion de la presse. — Les étrangers. — Le ballon le *George-Sand*.

En abordant la partie de notre histoire que remplit l'ardente et patriotique activité de Gambetta, du 9 octobre à la capitulation de Paris, il nous est impossible de ne pas ressentir au fond du cœur le contre-coup de l'événement fatal du 31 décembre 1882, qui est venu l'arrêter dans sa carrière si glorieuse, le frappant dans toute la force de l'âge, frappant du même coup, sans les anéantir sans doute, les espérances que nous avions placées en lui. Et ces espérances, il ne les aurait pas trompées ; car s'il était républicain — et il l'était de tempérament comme de raison — il était avant tout patriote. La France était sa grande passion, passion aussi vive qu'elle était sincère, aussi profonde qu'elle était ardente. Nous l'avons bien vu, nous autres, ses collaborateurs et ses amis, nous qui l'avons suivi de près dans les graves et terribles circonstances où nous allons le retrouver dans nos souvenirs. Jamais il n'apparut un faible rayon d'espoir dans notre ciel si tourmenté, sans qu'aussitôt son grand cœur ne tressaillît, jamais un nuage sombre sans qu'il ne se troublât. C'était comme une lyre vibrante à toutes les généreuses émotions. Combien de fois ne l'avonsnous pas vu pleurer de douleur à l'annonce de nos revers, pleurer de joie à la nouvelle de quelque succès de nos armes ! Et quelle confiance dans le génie de la France et dans la vaillance de ses enfants ! C'est ce sentiment, toujours persistant sous le choc implacable des événements, qui le soutenait dans la lutte, qui lui fournissait les forces nécessaires pour la diriger, qui lui interdisait de jamais désespérer du salut.

Mais il nous faut laisser les regrets, vains et stériles, hélas ! et raconter les faits qui consacreront, plus que tout, sa mémoire et la rendront durable comme l'histoire même de notre pays.

Ceux qui ont lu la première partie de nos souvenirs de cette époque, se rappellent dans quel état se trouvaient nos moyens de résistance à l'invasion victorieuse au moment où l'arrivée de Gambetta était espérée et même parfois attendue. Les troupes étaient peu nombreuses, sans armes, sans discipline, sans chefs dans lesquels elles eussent confiance. L'amiral Fourichon avait fait tout ce qui était possible avec le système en vigueur ; mais il n'avait pas su, et il n'aurait pas pu s'en débarrasser ni faire comprendre que ce qui pouvait être bon dans les temps réguliers, ne l'était pas dans une époque de crise, en face d'un ennemi victorieux, entreprenant et résolu. Le soufflet de Ferrières avait exalté le patriotisme à un haut degré ; il avait remué profondément ce que M. de Moltke a appelé, comme nous l'avons dit, « l'amour-propre national ; » mais il n'avait pas pu improviser les moyens propres à rendre nos colères efficaces, à donner des ressorts à toutes les âmes au sein d'une population désarmée, systématiquement désorganisée : il n'avait pas pu féconder le néant.

Les forces morales, en effet, n'étaient pas partout ce qu'elles auraient pu être, ce qu'elles auraient dû être. Puissantes dans les grandes villes, elles l'étaient peu dans les petites et dans les campagnes, laissées à dessein dans l'ignorance et le désarroi. A ces éléments de faiblesse la passion politique ajoutait encore ceux qui lui sont propres, et, dans quelques grandes villes, l'esprit de système, profitant des événements pour se produire, paralysait l'action des bons citoyens, entravait l'organisation de la force armée en perpétuant l'agitation. Au sein du Gouvernement lui-même, bien des choses laissaient à désirer. L'indécision, le découragement, l'esprit de division et de discorde le travaillaient. L'unité de vues et de résolutions lui manquait, parce qu'il n'y avait chez aucun de ceux qui le composaient, cette qualité maîtresse dont parlait M. Laurier, qui est l'*autorité*, — l'autorité morale, la condition de l'autre.

C'est cette qualité-là qu'allait apporter avec lui Gambetta. Ses antécédents politiques, son opposition d'irréconciliable sous l'empire, cette « chaude et virile éloquence, » que M. Dufaure lui attribuait un jour dans l'Assemblée de Versailles, l'initiative, hardie et mesurée à la fois, qu'il avait su prendre dans les journées agitées qui avaient précédé la Révolution du 4 Septembre, et au moment de la chute suprême, l'avaient entouré comme d'une auréole, et son voyage à travers les airs n'était pas fait pour diminuer le prestige.

Quoi qu'il en soit, la Délégation présidée par M. Crémieux, le 28 septembre, « sous le coup des circonstances intérieures et extérieures, » comme il disait dans une dépêche du 29, faisait acte d'autorité et prenait l'initiative d'une mesure hardie. Sans tenir compte du décret du Gouvernement central qui, après l'échec de l'entrevue de Ferrières, avait ajourné les élections à la Constituante, la Délégation était revenue au décret-primitif qui les fixait au 16 octobre, et elle avait annoncé son coup d'autorité à Paris par une dépêche expédiée le 29 septembre, par pigeons, et qui arriva à sa destination le surlendemain, 1ᵉʳ octobre.

Malheureusement, la résolution était pleine d'inconvénients ; elle était d'ailleurs tout à la fois, contre le gré de ses auteurs et à leur insu peut-être, une abdication et une usurpation : une abdication au profit des « affamés de la paix, » ainsi que nous l'avons dit, et une usurpation, du moins aux yeux de Paris. Le décret de la Délégation était même le renversement de la politique du Gouvernement central ; on ne pouvait y adhérer sans se discréditer, sans donner à l'Europe la plus mauvaise opinion de la Révolution et des hommes qu'elle avait portés au pouvoir. Il fallut donc l'annuler, et, en même temps, aviser au moyen d'empêcher toute récidive. L'entrevue de Ferrières avait changé toutes choses : elle avait fait évanouir les espérances de paix qu'avaient pu nourrir en secret certains membres du Gouvernement, et, du même coup, ramené à l'idée soutenue dès les premiers jours, par MM. Jules Simon, et Gambetta, de constituer en province un pouvoir fort.

La nouvelle, tout à fait inattendue, de la résolution de Tours, avait causé dans le conseil à Paris une vive émotion. Gambetta s'était élevé avec force contre elle ; M. Jules Favre la trouvait inexplicable ; le général Trochu, qui était hostile aux élections par la judicieuse et patriotique raison que « toute agitation intérieure doit être interdite devant l'ennemi, » n'était pas le moins mécontent. Tout le monde fut d'accord pour blâmer la mesure et sur la nécessité de « mettre un terme, comme disait M. Jules Favre, à la conduite mystérieuse de la Délégation de Tours. » Mais on différa un peu tout d'abord sur les moyens à prendre ou, pour parler plus exactement, sur le choix du membre du Gouvernement qui serait chargé de les conduire à bonne fin. Dans la séance du 1er octobre, M. Arago proposa Gambetta, M. Jules Ferry, M. de Kératry. M. de Kératry fut écarté ; Gambetta refusa. Dans la séance du 3 octobre, MM. Jules Simon et Trochu proposèrent M. Jules Favre, qui refusa aussi. Il fallut aller aux voix, et Gambetta fut désigné [1].

Gambetta ne quittait Paris qu'à regret. Seulement, une fois la décision prise, il ne vit plus que la grandeur du rôle qui lui était échu, et il partit résolu à se dévouer tout entier à la tâche.

Le départ eut lieu le 7 octobre. Le lendemain, le *Journal officiel* l'annonçait en ces termes :

« Le Gouvernement de la Défense nationale, considérant qu'à raison de la prolongation de l'investissement de Paris, il est indispensable que le ministère de l'Intérieur puisse être en rapport direct avec les départements et mettre ceux-ci en rapport avec Paris, pour faire sortir de ce concours une défense énergique.

. « Décrète :

Article premier. — M. Gambetta, membre du Gouvernement, ministre de l'Intérieur, est adjoint à la Délégation de Tours; il se rendra sans délai à son poste.

« Art. 2. — M. Jules Favre ministre des Affaires étrangères, est chargé de l'intérim du ministère de l'Intérieur à Paris.

« En exécution de ce décret, le ministre de l'Intérieur est parti ce matin même par ballon. Il a emporté la proclamation qui suit, à l'adresse des départements :

« Français,

« La population de Paris offre en ce moment un spectacle unique au monde : une ville de deux millions d'âmes in-

1. Notes de M. Dréo, secrétaire du Conseil du Gouvernement de la *Défense nationale.*

vestie de toutes parts, privée jusqu'à présent, par la criminelle incurie du dernier régime, de toute armée de secours,
et qui accepte avec courage, avec sérénité, tous les périls,
toutes les horreurs d'un siège.

L'ennemi n'y comptait pas. Il croyait trouver Paris sans
défense : la capitale lui est apparue hérissée de travaux
formidables, et, ce qui vaut mieux encore, défendue par
400,000 citoyens qui ont fait d'avance le sacrifice de leur
vie.

« L'ennemi croyait trouver Paris en proie à l'anarchie :
il attendait la sédition, qui, plus sûrement que le canon,
ouvre à l'ennemi les villes assiégées.

« Il l'attendra toujours. Unis, armés, approvisionnés,
résolus, pleins de foi dans la fortune de la France, les Parisiens savent qu'il ne dépend que d'eux, de leur bon ordre
et de leur patience, d'arrêter pendant de longs mois la
marche des envahisseurs.

« Français ! c'est pour la patrie, pour sa gloire, pour son
avenir, que la population parisienne affronte le fer et le feu
de l'étranger.

« Vous qui nous avez donné vos fils, vous qui nous avez
envoyé cette vaillante garde mobile dont chaque jour signale
l'ardeur et les exploits, levez-vous en masse et venez à nous :
isolés, nous saurions sauver l'honneur ; mais avec vous et
par vous, nous jurons de sauver la France.

                                    « Paris, le 7 octobre 1870.

« Les membres du Gouvernement de la Défense nationale :
général Trochu, Jules Favre, E. Arago, Jules Ferry, Gambetta, Garnier Pagès, Pelletan, Ernest Picard, Rochefort,
Jules Simon. »

Les journaux du temps sont remplis de détails sur le
voyage aérien de Gambetta. Nous en donnerons à notre
tour, car cela aussi est de l'histoire : les ballons ont
joué un rôle, qui ne fut pas toujours sans danger [1],
dans la défense.

---

1. Voir *Les Télégraphes et les Postes pendant la guerre de* 1870-71, par
F.-F. Steenackers ; Paris, 1883, 1 vol. in-18, chez Charpentier.

Le ballon qui devait porter Gambetta, accompagné de M. Spuller, son ami et son confident le plus intime, s'appelait *l'Armand-Barbès*, en souvenir d'un des hommes dont le caractère a le plus honoré le parti républicain. Il avait été construit par M. Nadar et appartenait à l'administration des télégraphes. Il avait pour conducteur M. Trichet, aéronaute. Un autre ballon, *le George-Sand*, devait partir en même temps que *l'Armand-Barbès* : il était la propriété de deux Américains, dont l'un, M. Charles May, habitait Paris depuis plusieurs années et en sortait dans le dessein de faire des achats d'armes aux États-Unis pour le Gouvernement de la Défense. Il était conduit par M. Revillod et portait, outre les deux Américains, M. Étienne Cuzon, sous-préfet de Redon, qui gagnait son poste. Les deux ballons emportaient des pigeons. L'*Armand-Barbès* avait, en outre, deux kilos de dépêches.

Gambetta était à neuf heures du matin sur la place Saint-Pierre, à Montmartre, avec quelques amis, qui avaient tenu à assister à son départ. Un grand nombre de personnes, la plupart habitant le quartier, avaient été attirées par la sympathie ou la curiosité. On attendit assez longtemps. Le vent ne venait pas. Les voyageurs se montraient impatients, et surtout le principal d'entre eux, qui savait ce qu'était, dans les circonstances actuelles, le prix du temps. Vers les dix heures et demie, le vent fraîchit un peu ; les aéronautes et les ingénieurs présents se consultèrent et, leur avis étant que le départ pouvait avoir lieu, les deux ballons, à onze heures, s'élevèrent dans l'air au même signal.

Un voyage en ballon est toujours une aventure. Cela était vrai, surtout pendant le siège, pour les ballons qui partaient de Paris. Ils avaient à craindre les Prussiens plus encore que les vents. Il y avait dans l'armée ennemie tout un service de guerre organisé contre eux. Un journal étranger nous donne à cet égard des détails qui ont leur intérêt :

« Je veux citer, disait à cette époque un correspondant de l'*Indépendance belge*, la nouvelle tâche à laquelle on emploie la cavalerie[1]. A coup sûr, elle n'est prévue dans aucun manuel de tactique, puisqu'elle ne consiste en rien moins qu'à prendre des ballons. Ne vous figurez pas cependant qu'on monte les cavaliers sur des Pégases et qu'ils traversent l'espace à l'instar des légions célestes. Depuis le 19 de ce mois, jour où Paris a été complètement cerné, le Gouvernement de la Défense nationale a trouvé le moyen ingénieux de correspondre avec la province par l'intermédiaire des aérostats. Tous les jours, un ballon, emportant la correspondance gouvernementale, quitte Paris, et poussé par le vent nord-ouest, qui souffle depuis une quinzaine de jours, s'avance vers les provinces du sud-ouest. Aussi l'état-major allemand tient-il constamment les télescopes braqués sur la capitale. Dès qu'un ballon se montre, le télégraphe de camp, que les Allemands établissent partout, en signale l'apparition dans toutes les directions ; les patrouilles de cavalerie volent en selle et s'en vont comme le vent et avec le vent, quelquefois à des distances considérables, dans le pays non encore occupé. Ceci rappelle un peu la chasse au faucon. Bien entendu, prendre un ballon est une affaire de chance ; deux fois cependant cette bonne chance s'est déjà présentée. Deux ballons ont été pris, et avec eux la correspondance du Gouvernement de Paris. »

Le correspondant de *l'Indépendance belge* ne savait pas tout. Les Prussiens ne se contentaient pas de prendre les ballons à la course et de leur faire la chasse au faucon. Ils ne se contentaient pas même de leur faire la chasse au fusil. M. Krupp construisit exprès pour eux une vingtaine de bouches à feu, montées sur des affûts articulés comme des pieds de télescopes, qui permettaient de tirer sous tous les angles et dans toutes les directions.

L'*Armand-Barbès* était destiné à courir bien des aventures, même à rencontrer sur son chemin les nouveaux canons de M. Krupp ; il était conduit par

1. Il s'agit de la cavalerie prussienne.

M. Trichet, aéronaute de foire, et il paraît que M. Trichet n'était pas un héros. Les deux ballons poussés par un vent très faible de sud-ouest voguaient plutôt qu'ils ne volaient. A peine avaient-ils dépassé la ligne des forts, laissant Saint-Denis sur leur droite, qu'ils furent aperçus par l'ennemi et assaillis par une vive fusillade partie de ses avant-postes. Quelques coups de canon même furent tirés à leur intention. Ils se trouvaient alors à la hauteur de 600 mètres; on entendait les balles siffler autour des nacelles. Le moment fut critique pour l'*Armand-Barbès*, et il dut chercher, d'un mouvement rapide, une grande altitude pour se mettre hors d'atteinte. Mais bientôt, grâce à la maladresse et au peu de sang-froid de l'aéronaute, il se prit à descendre brusquement et s'en alla toucher terre dans un champ qu'avaient traversé, quelques heures auparavant, des régiments ennemis, et à une faible distance d'un poste allemand. Pour se relever, il lui fallut jeter beaucoup de son lest, et ce n'est qu'à ce prix qu'il put continuer sa route.

Cependant le vent restait toujours plat. Vers Creil, le ballon, qui n'était qu'à 200 mètres de hauteur, se trouvait en pleine invasion. Des Wurtembergeois l'aperçurent; heureusement que les soldats, surpris, avaient leurs armes en faisceaux, et qu'avant qu'ils ne les eussent saisies, le ballon, allégé encore une fois, put remonter à 800 mètres. On n'en tira pas moins, et les balles passèrent bien près. Gambetta eut même la main effleurée par un des projectiles.

Les deux aérostats, jusqu'à trois heures du soir, étaient restés en vue l'un de l'autre, voguant de conserve, ayant à peu près la même fortune; mais à trois heures, ils se séparèrent pour courir des chances diverses. Ainsi, tandis que le *George-Sand*, mieux conduit, bien que M. Revillod ne fût qu'un aéronaute amateur, et à son premier voyage, descendait une heure après, sans encombre, non loin de Roye, dans la Somme, l'*Armand-*

Barbès, manquant de lest, impuissant à se maintenir, passait encore par de cruelles épreuves.

On était en vue de Montdidier. La contrée, sans être occupée par l'ennemi, était infestée par ses coureurs. Un campement prussien, placé sur la lisière d'un bois, aperçut le ballon et lui envoya une salve de coups de fusil, mais sans l'atteindre; quelques instants après, hors de la vue des Prussiens, il put opérer sa descente. Il faut dire que c'est là bien souvent pour les voyageurs le moment le plus critique. La descente fut des plus laborieuses. Le ballon dégonflé, ne se gouvernant plus, flottant au hasard au-dessus d'une forêt, s'accrochant aux branches des arbres, courait les plus grands périls. Heureusement que des paysans qui le suivaient des yeux, accoururent. Grâce à leur secours, les voyageurs purent prendre terre et respirer.

Il était près de quatre heures. Un propriétaire du voisinage, M. Dubus qui passait avec sa voiture, s'empressa de l'offrir à Gambetta et le conduisit, avec ses compagnons, par des chemins détournés et en dehors des lignes prussiennes, jusqu'à Épineuse. De là, ils se rendirent à Montdidier et arrivèrent à Amiens dans la soirée.

Le lendemain, le Gouvernement de Paris avait des nouvelles du voyage et publiait la dépêche suivante :

« Montdidier (Somme), 8 h. soir.

« Arrivés après accident en forêt à Épineuse. Ballon dégonflé. Nous avons pu échapper aux tirailleurs prussiens, et, grâce au maire d'Épineuse, venir ici, d'où nous partons dans une heure pour Amiens, d'où voie ferrée jusqu'au Mans et à Tours. Les lignes prussiennes s'arrêtent à Clermont, Compiègne et Breteuil, dans l'Oise. Pas de Prussiens dans la Somme. De toutes parts on se lève en masse. Le Gouvernement de la Défense nationale est partout acclamé. »

Les voyageurs passèrent la nuit à Amiens, et parti-

rent le lendemain pour Rouen par un train spécial.
Gambetta ne se trompait pas et ne trompait pas le Gouvernement par la dépêche où il lui disait qu'il était
partout acclamé. Rouen commença. L'arrivée du train
qui l'y conduisait, était annoncée pour trois heures. Dès
que la nouvelle en fut répandue, on se porta en foule
vers la gare. Un bataillon de la garde nationale, qui
s'était mis rapidement sous les armes, formait la haie
dans l'intérieur, le long du débarcadère. Un assez
grand nombre de personnes avait été admis à y pénétrer. La cour était couverte de monde, malgré une pluie
battante. On voulait voir, on voulait acclamer l'homme
qui venait apporter dans la province l'espoir et la confiance.

Il y a dans les foules un instinct qui dégage ce qu'il
faut dire, ce qu'il faut faire dans chaque occasion de
quelque importance. A peine fut-on réuni qu'on fit
circuler dans les rangs de la garde nationale et dans
l'assistance qui encombrait le péristyle de la gare, une
adresse pour formuler le sentiment public.

— « Illustre citoyen Gambetta, y disait-on, le dévouement abonde, mais l'énergie et la direction font défaut. ˙

« Soyez pour la province, comme vous l'avez été pour
Paris, l'énergie ; soyez la direction et l'ennemi sera chassé,
la France sauvée, la République définitivement et à jamais
fondée.

« Vive la France ! Vive la République ! »

L'*adresse* fut couverte en un instant de signatures ;
elle devait être remise à Gambetta à sa descente de
wagon.

Il était trois heures et quart lorsque le train entra en
gare. Les tambours battent aussitôt aux champs ; les
gardes nationaux présentent les armes ; les cris de
vive la France! vive Gambetta ! retentissent de toutes
parts. Ce fut une immense explosion d'enthousiasme.
Le préfet était absent. Le maire, M. Desseaux, MM. Es-

tancelin, Gudin, Notien, reçoivent le voyageur. L'*adresse* lui est remise. Après l'avoir lue, il prend la parole, fait connaître l'état de Paris, l'esprit patriotique de la population, sa résolution d'inébranlable résistance, l'union qui règne dans toutes les classes; la République considérée par tous comme le Gouvernement de salut public, « dont l'existence est désormais liée à celle de la patrie; » puis, s'adressant aux populations de la Normandie et faisant un énergique appel à leur patriotisme :

« Que la Normandie se défende, s'écrie-t-il en terminant au milieu des acclamations des assistants; qu'elle agisse, que tous les intérêts particuliers disparaissent; que chacun fasse abnégation de tout sentiment personnel pour ne songer qu'au salut du pays. »

Les premières paroles prononcées par Gambetta, en mettant pied à terre en province, étaient un véritable programme. En montrant Paris tout entier à la défense, uni dans un seul sentiment, dans une résolution unanime, oubliant tout dissentiment pour n'écouter que le grand intérêt du salut public, c'était annoncer la politique dont il venait poursuivre la réalisation : politique facile, du reste, car elle n'était, en ce moment, que l'expression du sentiment populaire, ainsi que de l'opinion éclairée du pays tout entier, comme Gambetta allait en trouver l'assurance dans bien des témoignages, dans l'accueil qui l'attendait à Tours, dans les manifestations provoquées par son arrivée sur les points les plus divers et les plus reculés du territoire.

« Nous allons, enfin, avoir parmi nous un homme capable de faire marcher les choses, » se disait-on de tous côtés. Les plus découragés, ceux-là mêmes qui étaient le moins disposés à se faire illusion sur la gravité extrême de la situation, sur l'immensité de l'effort à faire, sur les chances bien incertaines du succès, se mettaient à espérer ou à désespérer moins.

Une dépêche arrivée à neuf heures du matin nous avait annoncé que Gambetta serait à Tours vers midi. La dépêche ajoutait qu'il était accompagné de MM. Spuller, Barni et de trois personnes qu'elle ne nommait pas.

On lit dans les notes de l'un de nous, ce jour-là :

« A midi, la foule affluait à la gare. Le bruit de l'arrivée du voyageur s'était bientôt répandue dans la ville. A midi 25 minutes, le train faisait son entrée. Il y avait beaucoup de personnes dans l'intérieur de la gare. A la descente du wagon, M. Gambetta est accueilli par des acclamations : « Vive Gambetta ! » — « Dites Vive la République, répondit-il de sa voix puissante. »

« Il donne la main à quelques amis, prend le bras du Directeur général des lignes télégraphiques, et se jette avec lui dans une voiture, qui les conduisit à la préfecture.

« Cinq minutes après, il était au Conseil, où il reprit la grande question de l'ajournement des élections. Tout l'échafaudage laborieusement élevé allait être renversé.

« L'émotion cependant s'accroissait au sein de la population. C'était un dimanche. On sut que Garibaldi était arrivé dans la nuit [1]. On résolut d'aller saluer l'illustre patriote italien, qui venait porter le secours de son courage à la France en détresse, en même temps que le jeune ministre du Gouvernement de la Défense nationale. »

La population de Tours n'est pas enthousiaste ; elle a, depuis César, une assez médiocre réputation d'énergie. Pendant le séjour de la Délégation, les étran-

---

1. « Garibaldi est passé sous mes fenêtres vers neuf heures. Il est arrivé cette nuit. Je ne l'ai pas vu. M. Provost me dit qu'il n'est plus guère qu'un cadavre.

« M. Provost vient me voir, comme d'habitude, pour avoir des nouvelles. Il n'est pas content. On n'a songé qu'à onze heures du soir à lui donner des ordres pour l'installation du général, de sorte que, au lieu de le faire coucher à la préfecture, comme cela se devait et se pouvait, il a fallu lui chercher une maison (rue Traversière), qui n'était pas meublée, et où il est resté une heure et demie sans feu.

« Cela donne, ajoute-t-il, une idée de l'esprit d'ordre qui règne autour de nous..... »

(Notes de M. Le Goff.)

gers qui y étaient exploités par les marchands de toute
sorte, et qui avaient la naïveté de s'en étonner, renché-
rissaient encore sur César ; et ce n'était pas seulement
de mollesse que Tours était accusé, mais bien de pira-
terie et d'absence de tout sentiment de patriotisme.
Bien des faits cependant démentaient le mal qui se
débitait, et ne laissaient aucun doute sur le bon esprit
des Tourangeaux. L'élément officiel, là comme partout, se ressentait beaucoup de l'empire : tout ce qui
se groupait autour de la mairie et de la préfecture,
sous le régime déchu, était tiède et en général peu
sympathique à la République. Chez le reste de la population, on retrouvait la France : le patriotisme n'y
était pas moindre et la République n'y était pas plus
mal venue qu'ailleurs. Ses défenseurs n'y étaient pas
non plus moins bien accueillis. Nous avons vu ses
francs-tireurs partir avec l'air résolu d'hommes qui
voulaient faire leur devoir. La majorité des petits bourgeois, des commerçants, des patrons, des ouvriers était
franchement républicaine et véritablement patriote.
C'est cette masse considérable qui voulait acclamer
Garibaldi et Gambetta. Elle allait encore, le même
jour, saluer de ses acclamations enthousiastes Orense,
Castelar, qui étaient en ce moment à Tours, où ils
étaient venus porter aux républicains français l'assurance de toutes les sympathies et de la cordiale fraternité des républicains espagnols. C'est elle, enfin, qui,
quelques jours après [1], envoyait des délégués de la
garde nationale à Gambetta pour lui demander des
armes.

Nous ne nous écartons pas de notre sujet en insis-
tant sur les incidents de cette journée.

Nous trouvons dans les notes de l'un de nous à
cette date du 9 octobre :

« A trois heures, une foule immense remplit la cour de la

1. Le 14 octobre.

préfecture. On demande Garibaldi, qui se présente au perron et prononce quelques paroles. Je n'entends que ces mots : « Je ne suis pas orateur, mais soldat. »

« Gambetta arrive quelques instants après.

« On n'avait cessé de crier : *Vive Gambetta !* Il était au Conseil et fort contrarié d'être dérangé. Mais les cris redoublent. Il paraît un instant au balcon. Son visage, d'une expression si énergique, avait je ne sais quoi de solennel et d'austère, que je ne lui avais vu qu'une fois, au même degré, le 4 septembre, dans son cabinet du ministère de l'Intérieur, quand il envoyait dépêche sur dépêche aux départements pour annoncer la prise de possession du pouvoir par le Gouvernement de la Défense et expédiait de tous côtés ses premiers ordres.

« A sa vue, l'émotion de la foule est visible. De vives acclamations d'abord, puis un profond silence. Il a pris la parole. Sa voix est forte et grave. Après avoir remercié par quelques mots jetés rapidement : « Dans les circonstances « actuelles, dit-il, nous n'avons ni vous ni moi un moment « à perdre : nous avons tous à travailler. Je vous suis re- « connaissant de vos sympathies; mais je dois me retirer : « l'heure n'est pas aux démonstrations. Travaillons; travail- « ler en ce moment, c'est combattre. Que chacun soit à « son poste. Séparons-nous en criant : *Vive la Républi-* « *que !* »

« Ce n'était pas poli, mais on avait compris. Jamais l'on ne fut moins fâché d'être éconduit. Les acclamations, quand il se fut retiré, n'en allèrent pas moins leur train. »

Ces notes, que nous reproduisons textuellement, avec leurs incorrections et leur abandon, ne reflètent pas uniquement des impressions personnelles ; elles indiquent le sentiment public, tel que nous eûmes, ce jour-là même et bien des fois depuis, l'occasion d'en saisir l'expression autour de nous.

Le 9 octobre est marqué de blanc, comme disait le correspondant d'un journal, dans les *Annales de Tours*. Gambetta et Garibaldi étaient arrivés ce jour-là, dans ses murs. Le doyen de la démocratie espagnole,

Orense, et son grand orateur, Émilio Castelar, s'y trouvaient également. Il y avait, le soir, une réunion publique ; elle était présidée par M. Armand Rivière [1], avocat distingué du barreau de Tours, et l'un des chefs de la démocratie tourangelle. Il y fut question, avant tout, et presque exclusivement, de l'événement du jour et des hôtes illustres que la ville venait de recevoir. M. Paul Angelo, député de Cadix, et M. Turau, député de Barcelone, étaient présents à la séance. On leur fit une réception enthousiaste. Ils avaient dit que l'Espagne républicaine offrait ses secours à la Républque française. Le président les remercia au nom de la démocratie tourangelle, dans une allocution pleine de chaleur, non sans éloquence. La réunion tout entière, s'associant au témoignage du président, acclama la fédération des républiques latines. Enfin, il fut décidé qu'on irait le lendemain porter à MM. Orense, Castelar et leurs collègues, les députés espagnols, l'expression des sympathies et de la reconnaissance des républicains de Tours, et en même temps qu'on enverrait des délégués à Gambetta et Garibaldi [2].

En vertu de ces résolutions, le lendemain, vers deux heures, une foule immense remplissait la rue Royale, la voie sacrée de Tours. On avait su partout que la manifestation avait lieu, et qu'elle commençait par la visite à faire à la députation espagnole.

Les députés espagnols étaient descendus à l'hôtel du Faisan. Les délégués de la réunion publique de la ville y entrèrent et l'un d'eux, M. Boudrot, leur lut une

---

1. M. Armand Rivière est aujourd'hui député.

2. On lisait, à propos de cette réunion, dans le numéro du 10 octobre du journal *la France*, les lignes suivantes :

« On nous annonce que les troupes sont consignées et les postes doublés dans la ville.

« Ces précautions seraient motivées. assure-t-on, par une réunion dans laquelle aurait été mise en avant et adoptée la résolution de mettre à profit l'arrivée de Garibaldi pour enlever la Délégation gouvernementale et la remplacer par un comité révolutionnaire. »

La France était vraiment bien informée !

adresse pleine des meilleurs sentiments, où il était dit, entre autres choses, que, grâce à leur concours, la France, bientôt intimement unie à l'Espagne, pourrait vraiment dire qu'entre elle et la République française il n'y avait plus de Pyrénées.

Il se trouvait dans la foule qui remplissait la rue beaucoup de gardes nationaux en uniforme, avec quelques officiers. On attendait, impatient et curieux. On voulait voir les députés espagnols et les acclamer. Ils vinrent au balcon de l'hôtel. L'*adresse* votée par la réunion fut lue au peuple. Orense prononça ensuite quelques paroles émues, et Castelar, de sa voix mâle et sonore, fit une harangue qui fut énergiquement applaudie.

La manifestation se porta ensuite à la préfecture ; elle avait à sa tête Orense, accompagné de MM. Angelo et Turau, et elle était précédée des volontaires américains, bannière déployée. En arrivant sur la place de la mairie, elle se grossit d'une foule considérable. M. Armand Rivière conduisait les délégués de la réunion. Garibaldi, averti, se présenta, et M. Rivière lui lut l'adresse qu'il avait été chargé de lui apporter.

« Général, dit l'orateur, les républicains de Tours, unis aux républicains d'Espagne, représentés par quelques-uns de leurs députés, viennent saluer en vous l'homme qui a été le libérateur de l'Italie, le grand citoyen de la République universelle, qui a le plus contribué à l'affranchissement de la pensée humaine, en préparant la chute du pouvoir temporel des prêtres.

« Entre la démocratie française et la démocratie italienne, s'interposait une chose infâme qui fut l'empire.

« Aujourd'hui, vous venez apporter à notre jeune République l'appui de votre grand nom et de vos vaillants compagnons d'armes.

« Lorsque, républicains français, italiens, espagnols, nous aurons vaincu l'ennemi commun, nous aurons jeté les fondements de cette grande fédération à laquelle viendront s'associer nos frères les démocrates allemands, et qui formera bientôt les États-Unis d'Europe.

« Vive Garibaldi !

« Vive l'Italie !

« Vive la République universelle ! »

Garibaldi fut vivement touché. Il répondit qu'il venait mettre son bras fatigué, et son cœur, toujours jeune, au service de la République française, et qu'il espérait bien qu'une prochaine victoire couronnerait les efforts de la France unis à ceux de ses volontaires italiens.

L'énergie de sa parole, sa confiance dans « le triomphe prochain du droit contre la force, » firent une grande impression. Il paraissait moins-fatigué que la veille. Son accent était plus ferme et eut plus de prise sur ceux qui l'entendirent.

Quant à Gambetta, il ne put recevoir la délégation. On lui fit remettre l'*adresse* qui lui était destinée, et dont nous reproduisons le texte :

« A Gambetta, le grand orateur et l'intrépide républicain.

« CITOYEN,

« Vous venez de donner une nouvelle preuve de votre courage, de votre dévouement à la patrie, à la République. Vous avez franchi en ballon, non sans danger, les lignes ennemies pour venir vous joindre à la Délégation du Gouvernement réunie à Tours.

Les républicains de Tours sont heureux de vous offrir leurs félicitations et le témoignage de leur dévouement au pays.

« Ils ont la confiance que votre coopération à la défense nationale en province lui imprimera l'impulsion virile et énergique que surent lui donner nos pères républicains de 1792. »

Ce fut assurément une journée bien remplie, que cette journée du **dimanche 9 octobre** pour la population républicaine de la ville de Tours. Elle le fut plus encore, comme on le pense bien, pour Gambetta, qui, à peine arrivé, était au Conseil et y resta jusqu'à six heures du soir pour reprendre une nouvelle séance à huit heures. On avait à traiter des affaires bien graves : avant tout, à s'occuper d'urgence de la résolution apportée de Paris qui annulait la résolution contraire de la Délégation ; et la chose, comme cela était facile à prévoir, ne se fit pas sans opposition.

L'arrivée de Gambetta n'avait pas provoqué au sein de la Délégation le même enthousiasme que dans la population. M. Crémieux avait sa politique, et il y tenait. Il n'éprouva rien moins que de la consternation à la nouvelle du décret de Paris qui ajournait indéfiniment les élections [1]. M. Glais-Bizoin ne cachait pas ses perplexités. Il avait la bosse des batailles, comme le disait un de ses anciens collègues du Corps législatif ; il espérait bien qu'un jour le portefeuille de la guerre tomberait « des mains débiles de Crémieux, » et que c'est lui qui le ramasserait. L'arrivée de Gambetta renversait son pot au lait. Ses perplexités avaient été telles qu'il en garda longtemps le souvenir. Il n'a pu s'empêcher d'en faire la confidence à la Commission d'enquête [2]. Pour M. Laurier, il ne se sentait pas de joie d'être allégé du fardeau du pouvoir et de toutes ses responsabilités. Un sentiment moins personnel aussi l'occupait. Il avait la conscience de la faiblesse du Gouvernement ; il ne l'a pas caché dans sa déposition ; il ne le cachait pas à M. Crémieux lui-même, à qui il disait, en parlant de lui et de M. Glais-Bizoin qu'ils étaient trop vieux pour une telle situation [3].

Les séances du Conseil se ressentirent de ces dispositions. Parmi les personnes qui y assistèrent et prirent part aux délibérations, se trouvait M. Marc Dufraisse,

1. *Dépositions*, t. I, p. 585.
2. *Dépositions*, t. I, p. 616.
3. *Dépositions*, t. IV, p. 14.

esprit ardent et convaincu, fort attaché à ses idées et qui les soutenait avec ténacité. Le décret du 16 octobre n'avait pas de plus chaud partisan. C'est lui qui l'avait rédigé, qui y avait le plus poussé. Il le défendit de toutes ses forces et de toute son opiniâtreté. Il soutint, comme il le dit devant la Commission d'enquête, « un long et ardent débat[1] » en sa faveur contre Gambetta. Mais, au fond, toute discussion était inutile. Gambetta n'était pas homme à se dérober à son mandat ni à le livrer, et il n'y avait personne dans la Délégation ni dans son entourage, qui se sentît assez de force ou assez peu de patriotisme pour rompre avec Paris. La lutte était une satisfaction vaine, l'accomplissement d'un devoir peut-être chez quelques-uns, et chez d'autres, une précaution que l'on prenait pour l'avenir, en vue des changements de pouvoir possibles ou de l'opinion.

Indépendamment de cette question principale, deux autres affaires étaient urgentes : il fallait remplacer effectivement l'amiral Fourichon, dont le portefeuille était entre les mains de M. Crémieux, et tenter quelque opération pour couvrir Orléans. On y avisa. Gambetta ajouta le ministère de la guerre à celui de l'intérieur, non sans quelque dépit du côté de M. Crémieux, qui se sentait diminué, et tout aussitôt, le général de Lamotte-Rouge reçut l'ordre de se porter immédiatement de Bourges sur Orléans, avec toutes les forces dont il pouvait disposer.

Enfin, ces affaires réglées, Gambetta se hâta de se mettre en communication avec la France : il rédigea aussitôt, la nuit même, la proclamation suivante, qui fut expédiée, le lendemain, à tous les départements :

« Tours, le 9 octobre 1870.

« CITOYENS DES DÉPARTEMENTS,

« Par ordre du Gouvernement de la République, j'ai quitté Paris pour venir vous apporter, avec les espérances

1. *Dépositions*, t. IV, p. 424.

du peuple renfermé dans ses murs, les instructions et les ordres de ceux qui ont accepté la mission de délivrer la France de l'étranger.

« Paris, depuis dix-sept jours, étroitement investi, a donné au monde un spectacle unique, le spectacle de plus de deux millions d'hommes qui, oubliant leurs préférences, leurs dissidences antérieures, pour se serrer autour du drapeau de la République, ont déjà déjoué les calculs de l'envahisseur, qui comptait sur la discorde civile pour lui ouvrir les portes de la capitale.

« La Révolution avait trouvé Paris sans canons et sans armes. A l'heure qu'il est, on a armé quatre cent mille hommes de garde nationale, appelé cent mille mobiles, groupé soixante mille hommes de troupes régulières. Les ateliers fondent des canons; les femmes fabriquent un million de cartouches par jour; la garde nationale est pourvue de deux mitrailleuses par bataillon; on lui fait des canons de campagne, pour qu'elle puisse opérer bientôt des sorties contre les assiégeants; les forts occupés par la marine, ressemblent à autant de vaisseaux de haut bord immobiles, garnis d'une artillerie merveilleuse et servie par les premiers pointeurs du monde. Jusqu'à présent, sous le feu de ces forts, l'ennemi a été impuissant à établir le moindre ouvrage.

« L'enceinte elle-même, qui n'avait que 500 canons, le 4 septembre, en compte aujourd'hui trois mille huit cents; à la même date, il y avait trente coups de canon à tirer par pièce; aujourd'hui il y en a quatre cents, et l'on continue à fondre des projectiles avec une fureur qui tient du vertige. Tout le monde a son poste marqué dans la cité et sa place au combat. L'enceinte est perpétuellement couverte par la garde nationale qui, de l'aube à la nuit, se livre à tous les exercices de la guerre avec l'application du patriotisme, et on sent tous les jours grandir la solidité et l'expérience de ces soldats improvisés.

« Derrière cette enceinte ainsi gardée, s'élève une troisième enceinte, construite sous la direction du comité des barricades; derrière ces pavés, savamment disposés, l'enfant de Paris a retrouvé, pour la défense des institutions républicaines, le génie même du combat des rues.

« Toutes ces choses, partout ailleurs impossibles, se sont

exécutées au milieu du calme, de l'ordre, et grâce au concours enthousiaste qui a été donné aux hommes qui représentent la République. Ce n'est point une illusion; ce n'est pas non plus une vaine formule : Paris est inexpugnable; il ne peut plus être pris ni surpris.

« Restaient aux Prussiens deux autres moyens d'entrer dans la capitale, la sédition et la faim. La sédition, elle ne viendra pas, car les suppôts et les complices du gouvernement déchu, ou bien ont fui, ou bien ils se cachent. Quant aux serviteurs de la République, les ardents comme les tièdes, ils trouvent dans le gouvernement de l'Hôtel de Ville d'incorruptibles otages de la cause républicaine et de l'honneur national.

« La famine!...

« Prêt aux dernières privations, le peuple de Paris se rationne volontairement tous les jours; et il a devant lui, grâce aux accumulations de vivres, de quoi défier l'ennemi pendant de longs mois encore. Il supportera, avec une mâle constance, la gêne et la disette, pour donner à ses frères des départements le temps d'accourir et de se ravitailler.

« Telle est, sans déguisement et détour, la situation de la capitale de la France.

« Citoyens des départements,

« Cette situation vous impose de grands devoirs.

« Le premier de tous, c'est de ne vous laisser divertir par aucune préoccupation qui ne soit pas la guerre, le combat à outrance; le second, c'est, jusqu'à la paix, d'accepter fraternellement le commandement du pouvoir républicain sorti de la nécessité et du droit. Ce pouvoir, d'ailleurs, ne saurait, sans déchoir, s'exercer au profit d'aucune ambition. Il n'a qu'une passion et qu'un titre : arracher la France à l'abîme où la monarchie l'a plongée. Cela fait, la République sera fondée et à l'abri des conspirateurs et des réactionnaires.

« Donc, toutes autres affaires cessantes, j'ai mandat, sans tenir compte ni des difficultés ni des résistances, de remédier, avec le concours de toutes les libres énergies, aux vices de notre situation, et, quoique le temps manque, de suppléer, à force d'activité, à l'insuffisance des délais. Les hommes ne manquent pas. Ce qui fait défaut, c'est la résolution, la décision et la suite dans l'exécution des projets.

« Ce qui a fait défaut après la honteuse capitulation de Sedan, ce sont les armes. Tous nos approvisionnements de cette nature, avaient été dirigés sur Sedan, Metz et Strasbourg; et l'on dirait que, par une dernière et criminelle combinaison, l'auteur de tous nos désastres a voulu, en tombant, nous enlever tous les moyens de réparer nos ruines. Maintenant, grâce à l'intervention d'hommes spéciaux, des marchés ont été conclus, qui ont pour but et pour effet d'accaparer tous les fusils disponibles sur le marché du globe. La difficulté était grande de se procurer la réalisation de ces marchés : elle est aujourd'hui surmontée.

« Quant à l'équipement et à l'habillement, on va multiplier les ateliers et requérir les matières premières, si besoin est; ni les bras ni le zèle des travailleurs ne manquent; l'argent ne manquera pas non plus.

« Il faut enfin mettre en œuvre toutes nos ressources qui sont immenses, secouer la torpeur des campagnes, réagir contre de folles paniques, multiplier la guerre de partisans, et, à un ennemi si fécond en embûches et en surprises, opposer des pièges, harceler ses flancs, surprendre ses derrières, et enfin inaugurer la guerre nationale.

« La République fait appel au concours de tous; son Gouvernement se fera un devoir d'utiliser tous les courages, d'employer toutes les capacités. C'est sa tradition à elle d'armer les jeunes chefs : nous en ferons! Le ciel lui-même cessera d'être clément pour nos adversaires; les pluies d'automne viendront, et retenus, contenus par la capitale, les Prussiens, si éloignés de chez eux, inquiétés, troublés, pourchassés par nos populations réveillées, seront décimés pièce à pièce par nos armes, par la faim, par la nature.

« Non, il n'est pas possible que le génie de la France se soit voilé pour toujours, que la grande nation se laisse prendre sa place dans le monde par une invasion de cinq cent mille hommes.

« Levons-nous donc en masse et mourons plutôt que de subir la honte et le démembrement. A travers tous nos désastres et sous les coups de la mauvaise fortune, il nous reste encore le sentiment de l'unité française, de l'indivisibilité de la République. Paris cerné affirme plus glorieusement encore son immortelle devise, qui dictera aussi celle de toute la France. Vive la nation! Vive la République une et indivisible!

« Le membre du Gouvernement de la Défense nationale, ministre de l'Intérieur,

« Léon GAMBETTA. »

Cette proclamation, qui n'était que la répétition passionnée et éclatante du discours que Gambetta avait prononcé dans la gare de Rouen, ne disait rien de nouveau. Le programme était connu : c'était celui que le Gouvernement de la Défense nationale avait tracé dès le premier jour, et que la Délégation travaillait à exécuter : pousser la guerre avec énergie, maintenir par tous les moyens la paix intérieure, faire enfin en province ce qui se faisait à Paris. Mais l'intérêt de la proclamation n'était pas dans ce qu'elle pouvait dire, dans ce qu'elle disait : il était tout entier, dans l'accent, dans le langage, qui rappelaient la grande et retentissante voix de Danton, dans l'énergie de résolution qu'elle respirait, dans cette manière composée d'ardeur et de fermeté, et ce quelque chose d'impérieux qui annonçait un homme de gouvernement.

On pouvait y voir quelques mots durs pour des collègues, par exemple, ceux-ci : « Ce qui a fait défaut, c'est la résolution, la décision, et la suite dans l'exécution des projets. » Peut être était-il permis d'en être surpris ou choqué. Mais cela même était mis au crédit du jeune ministre, qui répondait par là à la pensée publique et que l'on jugeait capable de réparer le mal ainsi signalé. Un seul mot, — *apporter les ordres* — parut excessif; et encore ne froissa-t-il que ceux auxquels il s'appliquait, la presse réactionnaire, qui commençait à contester, çà et là, la légitimité du Gouvernement. Le parti républicain était satisfait qu'on parlât de si haut au nom du Gouvernement de la République.

Si vif et si fortifiant que fût, du reste, l'effet de la

proclamation de Gambetta, il était bien peu de
chose auprès de celui que produisait le seul fait de son
arrivée. Ce qu'on savait de lui, de l'énergie de son attitude sous l'empire, de son audace dans les derniers
jours du régime exécré, de sa puissante parole, qui
paraissait un signe, une révélation du caractère, de
l'activité qu'il avait déployée à Paris depuis son avènement au pouvoir, se représentait aux esprits et suffisait pour les ranimer, pour faire mieux présumer des
choses. Il n'y avait pas jusqu'à la manière dont il avait
quitté Paris, son voyage à travers les airs et les balles
prussiennes, qui ne parût être de bon augure. Les imaginations étaient saisies, emportées du côté de l'espérance.

M. Spuller a dit devant la Commission d'enquête :

« J'ai la conviction profonde qu'il résultera d'un examen
plus attentif de la situation en ce moment que l'apparition
de M. Gambetta en province a provoqué un sentiment unanime dans toute la France. En effet, on se disait : Voilà un
homme jeune qui va pousser les choses de la guerre avec
l'énergie qu'on a le droit d'attendre de sa jeunesse, de son
activité, de son énergie et de son patriotisme. Ce sentiment
s'est manifesté à nous pour la première fois dans le Nord,
quand nous sommes arrivés à Amiens. Nous avons été con-
firmés dans cette conviction par ce qui s'est passé sous nos
yeux, soit à Rouen, soit au Mans, où la population tout
entière s'est portée au-devant de M. Gambetta, soit enfin à
Tours même, où nous étions appelés à résider. »

M. Laurier a tenu le même langage devant la Commission d'enquête. Quant à lui, personnellement, il
avait une grande confiance dans le succès de la mission
de Gambetta : il écrivait, immédiatement après son
arrivée, à son ami M. Blache, administrateur provisoire à Nice : « Je crois que la présence de Gambetta, à
Tours nous sauvera. »

Aucun doute n'est possible sur ce point : l'effet produit sur les esprits est bien tel que M. Spuller le repré-

sente, et M. Laurier n'exagère pas quand il parle de
la confiance. La preuve en venait de toutes parts, des
préfets, qui, en contact quotidien avec les représentants
du parti républicain dans les départements, ne faisaient
que répéter leur opinion, et enfin des villes, des conseils
municipaux, des journaux, des généraux même, de
la population tout entière.

« Bravo, mon cher Gambetta, disait le préfet de la Haute-
Loire. Votre fuite est héroïque. Tant mieux si les élections
sont ajournées; nous pourrons nous consacrer tout entiers
à organiser la guerre à outrance. »

« Merci, au nom de tous, brave ami, disait M. Raynal, préfet
de l'Aude. Vous sauverez la République. *Sic itur ad astra.* Ne
vous l'êtes-vous pas dit en mettant le pied dans le ballon? »

Nous ne citerons pas toutes les dépêches des préfets[1].

1. Les préfets parlaient tous le même langage, comme on le verra par
les dépêches suivantes que nous prenons au hasard.

« Bourg, 9 octobre 1870, 7 h. 45 m. soir.

« Préfet à Gouvernement. Tours.

« Circulaire ajournant élections accueillie par tous les patriotes avec
très vive satisfaction. Apaisement général et confiance en vous pour ne
songer qu'à la délivrance du territoire de la République. Sentiment unanime d'énergique résolution. — *Puthod.* »

« Digne, 10 octobre 1870, 7 h. 15 m. soir.

« Préfet à Intérieur. Tours. (*Chiffrée*).
« La nouvelle de votre départ de Paris en ballon et votre proclamation
ont excité dans mon département un enthousiasme indescriptible. »

« Nice, 10 octobre 1870.

« Sortie de Gambetta acclamée. Ajournement des élections approuvé de
tous.

« Le secrétaire général, *Tavernier.* »

« Carcassonne, 9 octobre 1870, 10 h. 31 m. soir.

« Préfet à Gambetta, Tours.
« Vous avez été merveilleusement inspiré; votre arrivée en ballon
a produit parmi nos populations un redoublement d'enthousiasme. Nous
allons marcher maintenant. — *Raynal.* »

« Angoulême, 11 octobre 1870, 11 heures.

« Préfet à Intérieur, Tours.
« La nouvelle de l'arrivée de M. Gambetta a produit une excellente im-

Il en est une seulement que nous tenons à rappeler, parce qu'elle indique que l'autorité militaire elle-même ne resta pas en dehors de l'impression généralement ressentie dans le pays.

M. Lisbonne, préfet de l'Hérault, dans sa dépêche du 9 octobre, où il avait eu à donner des renseignements confidentiels sur le haut personnel militaire de son département, avait écrit ce qui suit au sujet du général de division Messiat :

« Le général de division Messiat, d'un âge avancé, mis dans le cadre de réserve il y a quelque temps, me paraît insuffisant et n'être pas à la hauteur, au niveau de la direction qu'il faut imprimer en ce moment. La défaillance de l'âge ne me paraît pas ravivée par l'ardeur des convictions politiques. Il est manifestement plus enclin à regretter l'empire qu'à désirer la République ; son remplacement me paraîtrait une excellente mesure. Je suppose même qu'il n'en serait pas sensiblement froissé. »

Le lendemain, M. Lisbonne envoyait la dépêche suivante :

« Montpellier, 10 octobre 1870.

« Par addition à ma dépêche d'hier, il y a lieu de suspendre toute mesure relativement au général de division.

pression. J'en reçois des témoignages de tous les points du département.... On espère un redoublement d'activité pour la défense. — *Rabaud-Laribière.* »

« Quimper, 10 octobre 1870, 8 h. 5 m. matin.

« Préfet à Intérieur. Tours.

« Le Finistère salue avec une confiance patriotique l'arrivée de Gambetta à Tours. — *Camescasse.* »

« Vannes, 9 octobre 1870, 2 h. 20 m. soir.

« Préfet à Intérieur. Tours.

« L'arrivée de Gambetta à Tours produit très bon effet. — *G. Ratier.* »

« Clermond-Ferrand.

« Préfet à Gambetta. Tours.

« Tout le pays est heureux de votre arrivée à Tours. — *Girot-Poujol.* »

D'autres préfets encore, notamment ceux de la Corrèze, de la Haute-Garonne, de la Loire, du Lot-et-Garonne, de la Lozère, etc., exprimaient la même pensée.

D'après les rapports qui viennent de m'être adressés,... il a fait partir dans les huit derniers jours plus de cinq mille hommes organisés et équipés; et il me semble redoubler d'activité. *Votre arrivée à Tours l'a réchauffé.* Donc à surseoir quant à lui. »

Quoi qu'il en soit de l'incident, qui, pour le dire en passant, fait honneur au préfet et au général, d'autres témoignages non pas plus véridiques, mais plus directs de l'opinion, arrivaient au Gouvernement de tous les coins de la France. Nous avons entendu parler au nom de Rouen, de Tours. A Lyon, à Marseille, à Bordeaux, à Limoges, à Toulouse, à Nantes, à Brest, à Grenoble, à la Rochelle, à Poitiers, c'était le même sentiment et le même langage. Mais pour ne pas tout dire, et nous bornant à montrer ce que pensaient les deux dernières villes d'un tempérament politique d'ordinaire assez modéré, nous donnerons aisément une idée du reste.

La Rochelle avait appris, le samedi 10, dans la soirée, l'arrivée de Gambetta et l'ajournement des élections. Une réunion publique électorale se tenait à l'Hôtel de Ville, sous la présidence de M. Marchesseau. L'ordre du jour est aussitôt changé, et, à l'unanimité, on adopte les résolutions suivantes :

« *Première résolution.* — L'assemblée est d'avis qu'en suspendant les élections à la Constituante jusqu'à l'expulsion de l'étranger, le Gouvernement de la Défense nationale a sagement apprécié l'état de trouble où la réaction a jeté les esprits, et la nécessité de ne se laisser distraire par rien du soin de chasser l'étranger.

« *Deuxième résolution.* — L'assemblée félicite le citoyen Gambetta de la hardiesse de son entreprise. Sa présence nous vaut une armée. Qu'il se saisisse résolument de la direction des affaires; que, par des mesures énergiques et promptes, il relève l'esprit public. Les provinces françaises, pleines de confiance dans sa virile intelligence, dans sa probité, dans son dévouement, lui confient, pendant la durée de l'investissement de Paris, le Gouvernement civil et militaire de la République.

« *Troisième résolution.* — L'assemblée ratifie le programme du citoyen Jules Favre : *Pas un pouce de notre territoire, pas une pierre de nos forteresses.* Quiconque parlera de traiter à d'autres conditions, doit être déclaré traître à la patrie. Chaque citoyen doit toute sa fortune et tout son sang à la délivrance du pays et au salut de la République. »

Une députation de trois membres fut nommée ensuite pour aller à Tours porter à Gambetta ces patriotiques *résolutions.*

A Poitiers, il y avait le lundi 10 octobre, une réunion publique. La proclamation de Gambetta était connue. Un orateur la lut ; et aussitôt il fut décidé qu'on porterait à Tours, au nom de la population de Poitiers, l'*adresse* que nous reproduisons ci-dessous :

« Citoyen,

« A travers les périls, vous venez d'apporter à la France la grande voix de Paris, l'assurance de ses résolutions viriles et de sa résistance invincible.

« La France républicaine a salué d'uu cri de joie l'intrépide représentant de l'indépendance nationale. Vous la trouverez prête à suivre sa capitale dans la voie des généreux sacrifices et des vaillants efforts.

« La ville de Poitiers veut, une des premières, vous envoyer le salut fraternel et le témoignage de son dévouement aux institutions républicaines et à l'inviolabilité du sol de la patrie.

« Vous avez souvent répondu aux voix qui vous acclamaient : « Ne dites pas, Vive Gambetta ! dites, Vive la France ! Vive la République !

« En criant aujourd'hui : Vive Gambetta ! c'est la France et la République que nous embrassons d'un même transport, c'est à elle que nous jurons une fidélité inébranlable. »

Rouen, Tours, la Rochelle, Poitiers, nous donnent

le ton des villes. Le courant qu'avait déterminé la proclamation de la Délégation après l'entrevue de Ferrières, s'accrut encore par l'arrivée du jeune ministre de l'intérieur, qui devenait le ministre de la guerre. Les campagnes aussi se sentirent entraînées.

Voici la déclaration qu'envoyait, sous forme de pétition, au Gouvernement, un grand nombre de communes du département de la Drôme, quelques jours après l'arrivée de Gambetta.

« Aux membres délégués de la Défense nationale :

« CITOYENS,

« Toutes les municipalités réclament des armes au Gouvernement de la Défense nationale.

« Nous demandons la libre fabrication de la poudre pour miner nos chemins, faire rouler les quartiers de roches sur les têtes de l'ennemi, fabriquer nos cartouches.

« Si par impossible, Paris capitulait, nous déclarons que nous ne reconnaissons à *aucun pouvoir* le droit de faire capituler la France.

« Toute convention, toute stipulation est d'avance déclarée nulle et non avenue.

« Nous garderons notre liberté d'action pour défendre et conserver le sol de la patrie, pour reprendre les départements envahis.

« La France intacte,

« La République une et indivisible,

« Sont les deux expressions de notre foi. Le Gouvernement de la Défense nationale peut compter sur nous.

« Vive la France ! Vive la République! »

(Suivent les signatures).

La ville de Collioure, et plusieurs autres communes des Pyrénées-Orientales, la petite ville de Liffré, quelques communes rurales du département d'Ille-et-Vilaine, d'autres encore de départements divers, envoyaient à Gambetta des protestations de sympathie, d'admiration et de patriotique concours [1].

1.   « Collioure, 21 octobre 1870.

« CITOYENS,

« L'ajournement nécessaire des élections à la Constituante ne permettant pas à la France de vous donner le témoignage de confiance que certainement vous en obtiendriez,

« Nous, citoyens de Collioure et communes voisines, nous venons pour notre part, et sous une autre forme, vous apporter le nôtre.

« Accepter la tâche immense de sauver la France, dans les circonstances périlleuses où nous nous trouvons, est la preuve d'un grand dévouement à la patrie, et tous les Français, dignes de ce nom, vous sont reconnaissants de l'avoir entreprise.

« Continuez vos efforts, citoyens, et qu'il ne soit rien cédé à l'ennemi : ni un pouce de notre territoire, ni une pierre de nos forteresses, ni une chaloupe de notre flotte, ni un centime des richesses de la France.

« Ne perdez pas de vue que céder l'Alsace et la Lorraine équivaudrait à laisser la Prusse s'établir en France, et que ce serait lui livrer l'avenir de notre existence nationale.

« Enfin prenez pour devise celle de nos pères de 92 et 93 :

« *La République ne traite pas avec l'ennemi qui occupe son territoire.*

« Et nous y ajoutons : *même quand la capitale serait tombée aux mains de cet ennemi.*

« Agréez, citoyens, l'expression de nos sentiments fraternels et de notre dévouement au Gouvernement de la Défense Nationale.

(Suivent les signatures.)

Parmi les *adresses* envoyées directement et personnellement à Gambetta, il en est une que nous avons particulièrement remarquée, et que nous voulons faire connaître, malgré son étendue, pour deux raisons , d'abord parce qu'elle est d'une commune des plus modestes, et puis parce que nous avons, avec ses noms, la profession des signataires, qui appartiennent aux conditions les plus diverses de la société.

« Au citoyen Gambetta, ministre de la guerre et de l'intérieur les membres de la commission municipale de Poussan, canton de Mèze (Hérault).

« CITOYEN GAMBETTA,

« Nous nous étions imposé la règle d'être sobres d'adresses élogieuses, car, en ce moment suprême, la France a le droit de compter sur les dévouements et les sacrifices de la part de tous ses enfants ; mais, en présence de votre héroïsme nous croyons devoir déroger à cette règle.

« En effet, s'élancer dans un ballon, traverser l'espace, braver le feu d'un ennemi exécré pour venir imprimer une impulsion plus vive à la Défense nationale est un acte de courageuse abnégation digne de tous éloges, et nous croirions manquer à notre devoir si nos voix ne venaient s'harmoniser avec celles de nos concitoyens.

« Acceptez donc nos fraternelles acclamations ; qu'elles soient une note dans le grand concert d'approbation que vous adresse la France entière, notre commune mère.

« A votre exemple et à votre appel tous les cœurs battant dans des

Le sentiment patriotique, ainsi excité, et qui se manifestait sous tant de formes, n'était pas une émotion superficielle. Les démonstrations n'étaient pas des démonstrations vaines. La population armée égalait la population civile. Nous avons vu quelle impression avait produite sur le général Moissat la nouvelle seule de l'arrivée de Gambetta. Le préfet de la Loire-Inférieure écrivait vers la même époque : « Mobiles et mobilisés des campagnes — chose admirable — veulent partir. » Et il ajoutait, dans une autre dépêche du même jour : « Officiers de marine du Morbihan et du Finistère me prient de vous écrire : Employez-nous : nous sommes honteux de ne rien faire. Les matelots sont prêts à partir. »

La presse allait de pair avec l'opinion. Les journaux républicains, sans divergence aucune, exprimaient les mêmes sentiments. *Le Siècle*, de Poitiers, le 10 octobre, faisait un long article, qu'il intitulait : *Confiance! Le Progrès de Lyon* terminait celui où il annonçait la

poitrines françaises brûleront du désir de venger ses outrages. Nos forces se décupleront.

« La victoire répondra à notre bravoure héréditaire et nous apprendrons au monde entier que la nation qui produit de tels enfants et de tels dévouements, non seulement ne peut mourir, mais ne peut même être finalement vaincue.

« L'histoire tracera sur ses pages ineffaçables votre héroïque action, immortalisera votre mémoire, et, en les voyant, les générations futures s'écrieront comme le font actuellement tous les vrais enfants de la France :

« *Le citoyen Gambetta a bien mérité de la patrie.* »

« Ce cri sera votre éternelle récompense. »

« Vive la France! Vive la République! »

Ont signé la présente adresse sur le registre des délibérations du conseil municipal de la commune de Poussan, les citoyens : Cazalis, notaire ; Fabre Anténor, docteur en médecine ; Couderc fils, propriétaire ; Fabre Jean, Fabre Faustin, Cazalis Lucien, Bouche, Dujol Xavier, instituteur ; Daupy Antoine, propriétaire ; Caussel Jacques, fabricant de feutres ; Fisquet Pierre, propriétaire ; Coste Jacques, agriculteur ; Poujol Gabriel, Fraissinet Jean, Jourdan Engalen, Fisquet de Boudet et Baudatté, président de la commission.

Certifié conforme au registre.

Le président de la commission municipale faisant fonctions de maire,

Signé : Baudatté.

double arrivée de Gambetta et de Garibaldi à Tours par
ces mots : « Avec Gambetta et Garibaldi nous devons
vaincre! » Cela ne peut surprendre de la part des journaux républicains et en communauté de sentiments avec
la population des grandes villes. Mais ce qui est, non
pas plus surprenant assurément, mais plus significatif, c'est que les journaux les plus modérés, comme
le Moniteur, tenaient à peu près le même langage, et
que les journaux hostiles comme *la Patrie*[1], n'osèrent
pas d'abord contredire l'impression générale, s'ils ne s'y
associaient pas.

« L'événement du jour, disait le *Moniteur*, dans un article
écrit le 8 octobre, c'est assurément la nouvelle de la prochaine arrivée à Tours de M. Léon Gambetta. En apportant
à ses collègues le concours de son vigoureux esprit et de son
âme ardente, le jeune ministre de l'Intérieur va sans doute
imprimer aux résolutions de la Délégation départementale
une activité nouvelle[2]. »

Et plus loin, le même jour, dans un article signé par
son rédacteur en chef, il exprimait la même impression,
à laquelle la forme conditionnelle n'ôtait rien de sa
vivacité.

« Hier, disait-il, en annonçant l'arrivée à Tours de
M. Gambetta, nous avons mis pour titre : *Une bonne nouvelle!*

« Bonne nouvelle en effet, si M. Gambetta apporte l'unité,
la direction prompte, nette et énergique que de tous côtés
le pays réclame pour voler au secours de Paris et nous
délivrer de l'invasion qui fait peser sur la France la charge
la plus écrasante.

« Bonne nouvelle, s'il concentre sous le commandement
d'une main ferme toutes les bonnes volontés qui, éparpillées,
sont condamnées à l'impuissance.

« Bonne nouvelle, si, dans le Gouvernement comme dans
le pays, il crée la cohésion et pour cela écarte toutes les

1. *La Patrie* du 10 octobre.
2. *Le Moniteur* du 11 octobre.

ambitions, toutes les menées politiques qui obstruent la grande voie de la Défense nationale.

« Du haut de son char aérien, M. Gambetta a pu voir de quel mince cordon noir l'armée prussienne entoure la capitale eu égard à son étendue.

« Il a pu voir du même coup d'œil l'immensité du territoire français qui enveloppe à son tour d'une large ceinture cet anneau ennemi.

« Que cette ceinture se resserre et l'anneau pressé de tous côtés viendra s'écraser contre les murailles de la ville assiégée.

« Pour cela, que faut-il? Un plan, un chef..... »

« Que d'événements dans une seule journée, ajoutait M. Dalloz le lendemain, après que la proclamation eut paru! L'arrivée à Tours de M. Gambetta et de Garibaldi, l'accueil enthousiaste fait par les populations à ces deux hommes qui n'ont guère de semblable que l'ardeur de leurs convictions républicaines et leur désir de sauver la France, le chaleureux appel enfin adressé au pays par le ministre de l'intérieur en faveur de la vaillante cité qui soutient en ce moment presque seule tout l'effort de l'ennemi commun.

« La proclamation de M. Gambetta est assez éloquente pour se passer de commentaires. Qu'ajouterions-nous à ces généreuses et viriles paroles, à cette vive peinture du danger public, à cette pathétique exhortation aux vertus qui peuvent nous sauver?

« Enregistrons seulement cette assurance que nous avons déjà tant de fois entendu répéter autour de nous, mais qui n'acquiert d'autorité que de la bouche d'un homme qui a vu et qui brave tous les périls pour nous rapporter fidèlement ce qu'il a vu : « Paris est désormais inexpugnable, Paris ne peut plus être pris ni surpris[1]. »

Il n'y avait de note discordante dans ce concert d'espérance et de confiance du patriotisme que dans quelques journaux réactionnaires, particulièrement dans la *Gazette de France* et les feuilles, assez obscures du reste, qui suivaient sa politique. Pendant que les légitimistes mêlaient leur sang et leurs efforts à ceux

---

1. Le *Moniteur* du 12 octobre.

des républicains sur les champs de bataille, la plupart
des organes de la légitimité ne songeaient qu'à énerver,
par un système d'attaques qui ne connaissait ni trêve
ni repos, l'enthousiasme, le nerf de la défense. Ils
avaient commencé dès le jour où les élections avaient
été suspendues et ajournées. L'arrivée de Gambetta
ne changea pas leur plan de campagne. La *Gazette*
avait à peu près approuvé le remplacement de M. Crémieux par Gambetta au ministère de la guerre[1]. Mais
ce fut là toute la concession qu'elle crut devoir faire à
l'opinion : elle n'en poursuivit pas moins son système
de polémique agressive et peu patriotique, bien qu'il
eût, à coup sûr, désormais beaucoup moins de prise.

Les étrangers (nous parlons de ceux qui étaient à
Tours) s'associaient, au contraire, avec une vive
ardeur, au sentiment public. Nous n'insisterons pas sur
les témoignages de sympathie que le Gouvernement
de la République recevait des Espagnols, des Italiens,
des Anglais, des Américains, qui venaient chaque jour
à la préfecture. Mais il en est un que nous voulons
mentionner, parce qu'il se rattache au voyage de
l'*Armand-Barbès* et à cause de la forme gracieuse sous
laquelle il se produisit.

Les propriétaires du ballon le *George-Sand*, l'heureux compagnon de l'*Armand-Barbès*, écrivirent à
Gambetta, quelques jours après leur arrivée, la lettre
suivante :

« HONORÉ MONSIEUR,

« Nous sommes heureux de pouvoir vous offrir, pour
l'usage de la République française, le ballon *le George-Sand*,
qui, grâce à la divine Providence, nous a conduits sains et
saufs hors de Paris.

« Nous profitons de cette occasion pour vous exprimer, à
vous et à vos collègues du Gouvernement de la Défense
nationale, nos sincères remerciements pour votre obligeance

---

1. *Gazette de France* du 11 octobre.

à nous procurer toutes les facilités nécessaires pour accomplir sains et saufs notre voyage de Paris ; nous ajoutons, Monsieur, nos meilleurs souhaits pour l'avenir de la République.

« Nous avons l'honneur d'être, avec le plus grand respect, vos obéissants serviteurs,

« Charles W. May,

« Williams W. Reynolds.

« (de New-York) [1]. »

Nous assistions ainsi, dans le rapide et court espace de quinze jours, à deux grandes manifestations du sentiment national. Les exigences de la Prusse que M. Jules Favre avait entendues à Ferrières de la bouche de M. de Bismarck, et que la Délégation, par sa proclamation du 24 septembre, nous avait fait connaître, avaient rempli la France d'indignation ; sa fierté s'était révoltée, et elle avait déclaré, par toutes ses voix, qu'elle voulait à tout prix défendre sa dignité et son indépendance de grande nation. Mais il lui avait semblé que son Gouvernement n'était pas à la hauteur de la tâche qu'une telle résolution imposait, et peu à peu le découragement avait pris la place de l'enthousiasme. Aujourd'hui, un chef jeune, ardent, énergique, lui arrive, lui tombe, pour ainsi dire, du ciel, lui parle, remet sous ses yeux les prétentions de l'ennemi, invoque son honneur, son glorieux passé, et elle s'attache aussitôt à lui ; elle se jette dans ses bras, elle se reprend à l'espérance et proclame de nouveau qu'elle est prête à tous les sacrifices. Spectacle touchant que n'oublieront jamais les spectateurs, qui n'efface pas de leur mémoire les défaillances suprêmes, mais qui, du moins,

---

1. Gambetta répondit :

« Tours, 12 octobre 1870.

« Messieurs, votre offre généreuse me touche sans me surprendre, et je vous en remercie au nom de la République et de tous mes collègues.

« Léon Gambetta. »

en tempère l'amertume ! Spectacle consolant, qui n'est pas non plus sans rassurer et protéger l'avenir ! Car les nations qui tiennent ainsi à ne pas déchoir et à vivre, qui ne séparent pas la vie de la grandeur, finissent toujours par se ressaisir, par se remettre dans les conditions de la grandeur et de la vie.

CHAPITRE X

LE MINISTÈRE DE LA GUERRE

Gambetta avait dans sa personne, dans son caractère, sinon dans ses antécédents, qui n'avaient encore
révélé au public que l'orateur éminent, bien des qualités propres à justifier le sentiment d'espérance que son
arrivée en province avait excité, et dont nous venons
de voir les explosions diverses. M. Laurier, nous pouvons le répéter, a dit devant la Commission d'enquête parlementaire que Gambetta apportait avec
lui ce qui avait manqué jusqu'alors à la Délégation,
l'autorité : ce qui était absolument vrai. Mais M. Laurier n'a pas assez dit : Gambetta n'apportait pas
avec lui seulement l'autorité; il avait ce qui l'accroît,
l'entretient, la perpétue, c'est-à-dire, l'esprit d'initiative, cette faculté supérieure de s'inspirer de soi-
même, de prendre sur soi à l'occasion, et de savoir,
en voyant vite aussi bien que juste la chose à faire,
y marcher hardiment, seul au besoin, sans reculer
devant les responsabilités.

Cette qualité du caractère, si nécessaire aux hommes

placés au pouvoir, se fit sentir le jour même de l'arrivée de Gambetta à Tours et dans le premier acte qui lui fut personnel, dans la prise de possession du ministère de la guerre et la réunion de ce ministère à celui de l'intérieur. Mais c'est surtout par le nouvel esprit qui entra avec lui dans l'administration de la guerre, par le choix de ses collaborateurs, principalement de son délégué, M. de Freycinet, qu'il montra qu'il était homme de gouvernement.

Dans une dépêche adressée à M. Jules Favre, après avoir dit qu'il avait « fait appel au génie civil de la France pour préparer les moyens de défense, » et qu'il avait transformé, « ne pouvant faire autrement, » le ministère de la guerre, Gambetta ajoutait :

« J'ai eu la bonne fortune de trouver des collaborateurs à la fois novateurs et prudents. Il me serait trop long de vous en donner la brillante liste, mais je ne peux cependant passer sous silence le plus éminent d'entre eux, mon délégué du ministère de la guerre, M. Ch. de Freycinet, dont le dévouement et la capacité puissante se sont trouvés à la hauteur de toutes les difficultés pour les résoudre comme de tous les obstacles pour les vaincre. »

L'éloge était grand, et il était mérité.

M. Charles de Freycinet, ancien et brillant élève de l'École polytechnique, ingénieur des mines, ancien chef d'exploitation des chemins de fer du Midi, intelligence étendue et facile, d'un travail sûr et rapide, toujours maîtresse d'elle-même, toujours imperturbable au milieu des difficultés les plus épineuses et les plus soudaines, et s'y jouant comme l'algébriste au milieu de ses formules, infatigable d'ailleurs et toujours prêt, avait des antécédents et des qualités d'esprit qui le signalaient à la confiance et qui la justifiaient. Gambetta le connaissait peu : il l'avait vu pour la première fois le 6 septembre 1870, le surlendemain de la Révolution, le jour où il le nomma préfet du département

de Tarn-et-Garonne. Lorsque M. Freycinet donna sa
démission, le 14 septembre, il se rendit à Tours et fit
partie à titre officieux de la Commission d'armement,
où l'avait appelé comme un pressentiment instinctif.
Gambetta le retrouvait ainsi au moment de son arrivée et, d'intuition, devinant l'homme dont il avait besoin pour le rôle que les circonstances lui imposaient,
lui offrit d'être son délégué à la guerre, situation que
M. de Freycinet accepta. Le jeune ministre se défiait-il
de l'*alea* des influences ou des promotions de bureau ?
Avait-il des préventions contre le personnel que l'empire avait placé à la guerre ? Quoi qu'il en soit, le
choix, pour être improvisé, n'en était pas moins excellent. Sans engouement, sans parti pris soit pour les
personnes, soit pour les choses, M. de Freycinet possédait au plus haut degré les deux qualités, si rarement réunies, que désirait trouver dans ses collaborateurs Gambetta et qu'il disait avoir rencontrées
chez eux dans sa lettre à M. Jules Favre : « Il était
novateur et prudent. »

Les deux qualités que Gambetta attribuait à son
délégué, sont bien remarquables — pour ne parler
que des premiers actes de la nouvelle administration
de la guerre, — dans tout le travail qui s'accomplit du
16 au 31 octobre, et qui se résume dans les décrets
suivants :

1º Le décret du 10 octobre, concernant la formation des
corps de la garde nationale mobilisée, qui réglait la force
des compagnies (de 100 à 250 hommes), les distribuait en
légions, en brigades, en divisions, fixait les cadres, détermi-
nait le mode d'élection, de nomination des officiers, etc. [1].
Ce décret, qui complétait celui du 29 septembre, trouvait
lui-même son complément dans la circulaire du 23 octobre
qui mettait à la charge des départements et des communes

1. Le *Moniteur* du 13 octobre.

les dépenses nécessaires d'habillement, d'équipement et d'armement[1] ;

« 2º Le décret du 14 octobre qui constituait *l'armée auxiliaire*[2] ; l'armée de Bretagne et l'armée de Garibaldi en étaient les fractions principales ;

« 3º Le décret du 19 octobre qui créait dans chacune des 22 divisions militaires un *conseil administratif* chargé de proposer toutes les mesures nécessaires à l'organisation et à l'administration des troupes, notamment en ce qui touchait l'introduction des nouvelles recrues dans les dépôts et leur distribution en compagnies ;

« 4º Le décret du 13 octobre qui suspendait les lois et règlements sur l'avancement dans l'armée pendant la durée de la guerre et autorisait la collation des grades militaires à des personnes n'appartenant pas à l'armée. Ces grades ne pouvaient rester acquis après la guerre qu'à la condition d'avoir été justifiés par quelque action d'éclat ou par d'importants services constatés par le Gouvernement de la République[3] ;

« 5º Le décret du 14 octobre sur la *défense locale*, qui déclarait en état de siège tout département dont la frontière se trouvait par un point quelconque, à une distance de moins de 100 kilomètres de l'ennemi, et instituait un comité de défense composé de cinq membres au moins et de neuf au plus, chargé de désigner au chef militaire les points les plus favorablement situés pour disputer le passage à l'ennemi et de contribuer par tous les moyens à la défense de l'autorité militaire ;

« 6º Le décret du 20 octobre, sur la création de nouvelles compagnies dans les dépôts d'infanterie ; le décret du 23 septembre avait créé quatre cadres de compagnies dans les régiments d'infanterie de ligne et deux cadres de compagnies dans les bataillons de chasseurs à pied ; mais ces cadres avaient servi en partie à constituer des régiments ou des bataillons de marche. En outre, et indépendamment du nombre des recrues de 1870 qui était considérable, il y avait à former de nouveaux corps de marche. Tout cela avait fait des vides qu'il fallait remplir. C'est à quoi il était

---

1. Le *Moniteur* du 23 octobre.
2.   *id.*   du 14 octobre.
3.   *id.*   du 16 octobre.

pourvu par ce décret, qui chargeait de plus les généraux
commandant les divisions militaires de procéder immédiatement à l'organisation des cadres à reconstituer et de nommer à tous les emplois, sauf ratification par le ministre de
la guerre du choix des officiers [1] ;

« 7º Le décret du 22 octobre, qui conférait aux comités
militaires dans les départements en état de guerre, le droit
de requérir l'évacuation immédiate des chevaux, bestiaux, etc., de nature à servir à l'ennemi, c'est-à-dire de
« faire le vide devant l'envahisseur, » comme disait énergiquement le considérant du décret [2] ;

« 8º Le décret du 12 octobre qui, dans le même but, et
pour assurer l'alimentation du pays, prohibait sur toute
l'étendue du territoire de la République, la sortie, la réex-
portation d'entrepôt et le transit des bestiaux de toutes
sortes, des viandes, des grains, etc. [3] ;

« 9º La circulaire qui chargeait les préfets de signaler
au Gouvernement les mouvements de l'ennemi et qui leur
indiquait les mesures qu'ils avaient à prendre à cet effet ;

« 10º Le décret du 12 octobre qui portait que les armes
et munitions de guerre d'origine étrangère pourraient être
requises à leur arrivée en France [4] ;

« 11º Le décret du 13 octobre qui chargeait le ministre
des travaux publics de faire établir immédiatement par les
soins des ingénieurs des ponts et chaussés et des mines,
dans les départements où la nécessité en serait reconnue par
le ministre de la guerre, des ateliers pour la fabrication des
cartouches à balle [5] ;

« 12º La circulaire aux préfets, du 14 octobre, relative
à la centralisation de l'achat et de la distribution des
armes [6] ;

« 13º Le décret du 11 octobre qui réglait la situation
militaire des ouvriers et employés des ateliers de fabrication d'armes [7] ;

1. Le *Moniteur* du 25 octobre
2.   *id.*   du 25 octobre.
3.   *id.*   du 15 octobre.
4.   *id.*   du 14 octobre.
5.   *id.*   du 15 octobre.
6.   *id.*   du 16 octobre.
7.   *id.*   du 14 octobre.

« 14° Le décret du 23 octobre qui chargeait la Commission scientifique instituée auprès de la Délégation du Gouvernement, de l'étude scientifique des questions concernant la défense qui lui seraient transmises par le Gouvernement[1] ;

« 15° Le décret du 12 octobre qui plaçait sous une direction unique l'Administration des lignes télégraphiques et l'Administration des postes[2] ;

« 16° Le décret du 15 octobre qui mettait une partie du personnel de l'Administration des lignes télégraphiques à la disposition de l'autorité militaire dans chaque corps d'armée, sous les ordres directs et immédiats du général commandant en chef[3] ;

« 17° La circulaire du 16 octobre ordonnant aux directeurs des chemins de fer de prendre des mesures pour la célérité des transports de guerre[4] ;

« 18° Le décret du 23 octobre qui accordait au ministre de la guerre, pour toute la durée de la guerre, la faculté de suspendre au besoin la circulation des trains de voyageurs et de marchandises sur une ou plusieurs lignes de chemins de fer[5] ;

« 19° Le décret du 20 octobre, qui instituait des camps pour exercer le soldat aux fatigues de la guerre et le soustraire aux causes de désordre qui résultent du séjour des villes ; et l'arrêté qui s'y rattachait, et qui, par un considé-

---

1. Le *Moniteur* du 24 octobre.
Cette Commission était composée de la manière suivante :
MM. Serret, membre de l'Institut. président ;
    Marié Davy, astronome de l'Observatoire de Paris ;
    De Champeaux, capitaine de vaisseau ;
    Fron. physicien de l'Observatoire de Paris ;
    Boileau, lieutenant-colonel d'artillerie en retraite ;
    Isambert, professeur à la Faculté des sciences de Poitiers ;
    De Tartes, professeur au lycée de Tours ;
    Silbermann, vice-président de la Société météorologique ;
    Rigaux, capitaine d'artillerie de marine ;
    De Saint-Léger, ancien officier d'artillerie ;
    Kervella, professeur de pyrotechnie ;
    Haton, ingénieur des mines, secrétaire ;
    Alexandre Marié, médecin, secrétaire.
2. Le *Moniteur* du 14 octobre.
3.   *id.*   du 18 octobre.
4.   *id.*   du 19 octobre.
5.   *id.*   du 25 octobre.

rant aussi remarquable que le dispositif, prescrivait une revue au moins par semaine pour les troupes réunies dans les villes ou dans les camps, avec la lecture des derniers décrets, arrêtés ou instructions concernant le service [1];

« 20° La circulaire du 24 octobre qui recommandait aux militaires une tenue irréprochable en tout, surtout en public [2];

« 21° La publication dans le *Bulletin officiel* de toutes les exécutions prononcées par la loi martiale;

« 22° Le décret du 14 octobre sur la vigilance des chefs de corps, qui disait : « Sera traduit devant un conseil de guerre, tout chef de corps ou de détachement qui se sera laissé surprendre par l'ennemi ou qui se sera engagé sur un point où il ne soupçonnait pas la présence de l'ennemi. »

Le premier mot prononcé par Gambetta en mettant le pied à la préfecture de Tours (et c'est par là qu'il avait salué la foule accourue pour l'acclamer), avait été celui-ci : « Travaillons. » On voit, par l'esquisse rapide que nous venons de tracer, s'il avait jeté là une vaine parole, pour ce qui le concernait, lui et son principal collaborateur. A vrai dire, dans l'espace de moins d'un mois, du 10 octobre aux premiers jours de novembre, nous avions sous les yeux à Tours quelque chose qui rappelait le grand effort de la Convention. Il ne faut pas que le dénouement nous fasse oublier ce qui a été fait pour le conjurer.

Et ce n'était pas une masse confuse que ces jeunes troupes suscitées de tous les points du territoire, levées, mises en mouvement en présence d'un ennemi maître du quart du pays et qui s'avançait sans cesse ; c'était un ensemble de forces coordonnées, fortement liées entre elles malgré la diversité des origines, et groupées comme les parties d'un même tout. L'armée auxiliaire n'était pas un appendice hétérogène, c'était un organe nouveau de même nature que l'armée régulière. On

---

1. Le *Moniteur* du 22 octobre.
2.   *id.*   du 28 octobre.

avait modifié la tradition sur certains points secondaires ; l'essentiel avait été maintenu. On avait été aussi mesuré que hardi ; on avait été novateur avec prudence ; on avait rompu avec la routine sans s'écarter de la règle que Gambetta formulait dans une dépêche du 26 septembre : « Mettre de l'ordre dans la force armée [1], » car c'était aussi un des traits distinctifs et non le moins saillant de son caractère, qu'il savait gouverner ses audaces et que, chez lui, l'esprit novateur, si hardi qu'il fût, était rarement exclusif de la prudence.

Qu'on examine — nous voulons insister sur ce point — tout le travail d'organisation résumé plus haut ; qu'on en pénètre le mécanisme et l'esprit. Tout y a été touché, manié, l'armement, l'équipement, la discipline, la tenue des troupes ; mais tout s'est uni et coordonné avec ce qui existait. Le cadre s'est distendu, non rompu ; les éléments nouveaux qu'on y a introduits, ont pris leur place sans effort. Il en est sorti ce résultat, que, dès les premiers jours de novembre, la France armée offrait l'image d'un corps, jeune encore, trop jeune sans doute, mais dont tous les membres étaient liés par le même esprit et concouraient au même but. Si l'armée régulière, désormais encadrée, restait la base principale, l'organe vital de la résistance, elle n'était pas seule : la nation entière était derrière elle, soulevée dans sa masse profonde et émergeant sans désordre. L'armée auxiliaire, composée d'éléments divers bien plus que différents, gardes mobiles, volontaires, gardes nationaux mobilisés, marchait en seconde ligne ou plutôt à côté ; et partout se levait aussi, comme un retranchement suprême, le corps des gardes nationaux sédentaires. On avait ainsi en quelque sorte trois cercles concentriques, où l'on pouvait espérer enserrer et étreindre l'ennemi. L'armée régu-

---

1. Dépêche à M. Jules Favre, t. II, p. 274. 275.

lière, l'armée auxiliaire, rapprochées et comme soudées ensemble, ne restaient pas isolées de la force moins agile qui s'armait derrière elles : le décret sur la *défense locale* leur avait ménagé partout des appuis, comme il avait voulu multiplier sous les pas de l'ennemi des obstacles toujours renaissants. La levée en masse, si souvent réclamée par le patriotisme aux abois, était devenue, autant qu'il était possible, une chose réelle et vivante.

L'esprit de routine et l'esprit de parti n'avaient pas prévu ces résultats. Le général Véronique envoya, des bureaux du ministère de la guerre de Tours, au délégué du ministre de la marine à Paris une longue dépêche pour être traduite pour le général Le Flô, dans laquelle se lisait ce passage :

« Gambetta, ministre de la guerre, a nommé délégué pour diriger le service, Freycinet, ingénieur des mines. Le général Lefort, annulé, est parti. Les directeurs restent sous l'autorité du délégué. *Situation fâcheuse pour eux et pour l'armée.* »

Le général Trochu, à qui le général Le Flô avait communiqué cette dépêche, éprouva aussi quelque chose de l'impression défavorable du général Véronique. Dans la séance du Conseil du Gouvernement du 23 octobre, il exprima la crainte que Gambetta n'eût jeté le trouble dans l'organisation des armées de province :

« L'ardeur et le talent ne peuvent suffire, disait-il, et M. Gambetta a dû se trouver en face de la vieille corporation militaire qui s'est sans doute révoltée contre des innovations auxquelles elle n'était pas préparée. »

Mais, il est juste de le dire, le général Trochu ajoute qu'il ne voulait pas s'exposer à troubler ce que Gambetta avait déjà commencé à organiser[1]. Il est juste

---

1. Notes de M. Dréo.

de dire aussi que la plupart des chefs militaires (et
Gambetta ne négligea pas de le faire savoir à Paris)
ne partagèrent pas les préventions de l'esprit bureau-
cratique au sujet de la prise de possession de l'administration de la guerre par un personnage civil, et
ne s'avisèrent pas d'imiter les prophéties du général
Véronique.

L'esprit de parti ne fut pas aussi réservé. La *Gazette
de France*, qui avait érigé l'opposition en système,
trouva la chose des plus singulières. Oubliant que
M. de Clermont-Tonnerre avait naguère été ministre de
la marine et le duc d'Angoulême grand amiral, elle
publia le 12 octobre un article étendu, tout gonflé
d'assertions téméraires et de sophismes, sous lesquels
elle prétendait accabler Gambetta.

« M. Gambetta, disait M. Gustave Janicot, remplace
M. Crémieux au ministère de la guerre. Ce choix est meilleur que le premier, mais c'est le même système qui est
maintenu. On persiste dans l'application de l'idée qu'un
citoyen armé d'un fusil est un soldat en état de tenir la
campagne contre des armées régulières manœuvrant stra-
tégiquement. Nous n'en connaissons pas de plus fausse.
Mais, essayer de faire comprendre cela au *parti* républicain,
est peine perdue. Il a pour tradition que les levées en
masse forment des colonnes plus solides que l'armée régulière, la plus sûre et la mieux disciplinée. Tous les orateurs
de l'école ont développé cette théorie. C'est en vain que les
esprits les plus sages, que les hommes les plus compétents
ont démontré l'erreur de cette doctrine purement sentimentale et éminemment dangereuse; on y résiste avec acharnement en s'appuyant, pour la justifier, sur quelques faits
très contestés, que l'on rencontre dans l'histoire. . . . . . .
. . . . Pour nous, nous n'avons pas cessé
depuis le premier jour de signaler bien haut les conséquences de cette erreur, parce qu'il importe à l'honneur de
la France, que l'Europe ne prenne pas les agitations dont
elle est témoin, pour les efforts les plus puissants dont la
France militaire, organisée selon les principes vrais, soit
capable. Cinq cent mille soldats français, rompus aux

fatigues du campement de l'exercice, et commandés par des officiers jeunes, instruits et respectés de leurs hommes, sont en état de tenir tête à l'Europe entière ; on le verra bien le jour où la France prendra sa revanche des humiliations que lui font les trahisons et les inepties de l'empire. Que M. Gambetta ouvre enfin les yeux à la lumière et reconnaisse l'erreur de sa doctrine ; qu'il rende la guerre à un homme de guerre et laisse organiser militairement la défense nationale.

« Si la France est bien résolue à ne pas céder aux exigeances de l'ennemi, la guerre peut être longue ; il est donc du plus haut intérêt que l'on forme des régiments solides et vraiment en état d'exécuter un plan stratégique. Si la dernière heure nous est favorable, on peut tout réparer d'un coup ; c'est cette chance-là que l'on ne doit pas compromettre ; mais pour cela il ne faut pas perdre un temps précieux à des expériences condamnées à l'avance.

« Si intelligent, si actif que soit M. Gambetta, il ne peut se faire l'illusion de se croire général, pas plus que M. Crémieux et M. Glais-Bizoin. Il ne sait pas évidemment comment se forme un régiment, une brigade, une division ; il ignore absolument l'état et la valeur du personnel, et doit à chaque pas avoir recours aux chefs des services anciens, pour savoir ce que vaut tel ou tel officier. Croit-il que ce soit une manière sérieuse d'avancer rapidement la formation d'une armée ?

..... « La France est aux prises avec une armée dont chaque soldat isolément, ne vaut pas, comme entrain, le soldat français, mais qui a su décupler ses forces par une organisation savante et une discipline impitoyable.

« Le principe d'autorité appliqué dans toute sa rigueur a donné à cette armée hétérogène une cohésion qui est sa principale force. Ce n'est pas en laissant mettre en prison nos plus braves généraux, en soumettant les officiers à l'élection, en forçant à sortir de leurs boutiques de timides commerçants que l'on arrivera à réunir les qualités d'organisation que possèdent nos ennemis.

« Que M. Gambetta fasse un examen sérieux de ses aptitudes, et se borne à enflammer par son éloquence ses compatriotes, qui iront apprendre auprès d'officiers expérimentés et savants dans le métier des armes comment on

arrive par la discipline et l'obéissance à maîtriser son
ardeur, à combiner utilement la plus grande somme des
forces collectives, et à s'assurer ainsi la victoire [1]. »

Il suffit, pour réduire ces critiques à leur juste
valeur, de rappeler le résumé que nous avons donné
plus haut. Non seulement Gambetta n'avait ni les prétentions, ni les opinions, ni les utopies rétrospectives
que lui prêtait M. Janicot ; ses idées étaient ce qu'il y
avait de plus positif, et sa part de collaboration se
renfermait dans des limites définies. Après tout, il
n'est pas permis, depuis Jomini et Thiers, de faire de
la guerre une science fermée, interdite aux profanes,
à laquelle il faut avoir été spécialement initié. Dans le
vrai, sauf le côté technique et de pur métier, la science
de la guerre est avant tout une chose de bon sens, dont
on peut dire, comme M. Thiers l'a dit de l'histoire,
qu'elle a pour condition première l'intelligence, dominée qu'elle est par certains principes généraux à la
portée de tous les esprits cultivés, exigeant avant tout
la connaissance approfondie de l'homme en général et
en particulier des hommes sur lesquels on a à agir,
jointe à une grande activité et à une aptitude spéciale
pour saisir les rapports des moyens dont on dispose
avec le but à atteindre, ce qui est le propre des génies
organisateurs. Or, Gambetta était né organisateur.
Pour ne parler que de l'esprit d'ordre, cette première
qualité de l'esprit organisateur, si singulièrement mise
à l'épreuve en temps de crise et de révolution, on en
trouverait aisément des preuves dans bien des dépêches
adressées par lui à Tours, longtemps avant qu'il
pût prévoir le rôle militant qui allait lui échoir.
C'est ainsi que, s'il recommande, dans une dépêche du
25 septembre [2], « d'activer le mouvement, de nommer
partout des auxiliaires pour organiser la défense dans
les départements, » — nécessité de situation qui, bien

1. La *Gazette de France*, 12 octobre 1870.
2. Dépêche du 25 septembre, 12 h. 30 m. matin.

entendue, pouvait donner d'excellents résultats, en
toute occurence — « de prendre des hommes actifs,
influents dans leur pays avec des pouvoirs étendus, »
— ce qui était introduire une grande nouveauté dans
l'organisation existante — il rappelle toujours l'obligation de respecter « les rapports légaux entre l'autorité militaire et l'administration politique[1] » ; c'est ainsi
encore que, sans reculer devant les moyens énergiques,
si ceux qui lui sont proposés, dans la fièvre patriotique
du moment, dépassent la mesure, il sait y résister nettement[2], et laisser entendre ou déclarer que la première condition du succès ce n'est pas l'enthousiasme
sans frein, qu'il faut « mettre de l'ordre dans la force
armée. » Cela n'autorise pas sans doute à dresser des
plans de campagne, à se substituer aux généraux, à se
mettre à la tête des armées — ce dont Gambetta
n'avait, du reste, nulle envie ; — mais cela lui donnait bien le droit de jouer le rôle plus modeste et aussi
utile qu'il avait assumé, de former des cadres, de rajeu-
nir l'armée, comme il le disait à M. Jules Favre, de
travailler à la réalisation du programme que traçait
M. Janicot lui-même, pour attendre, pour préparer
l'heure favorable, « la chance heureuse, » dont parlait
encore M. Janicot, et de stimuler, d'éclairer aussi,
dans sa mesure, ce personnel « novateur et prudent »
qu'il avait cherché et trouvé.

Mais c'est sous un autre aspect, non moins important,
que nous voulons présenter le rôle que Gambetta a
rempli dans son ministère de la guerre.

Nous lisons dans une biographie de Gambetta
publiée dans une revue anglaise et écrite par une personne de beaucoup de talent et d'esprit, qu'il ne fait
jamais un discours pour la montre, et que c'est là une
des raisons pour lesquelles ses discours produisent

---

1. Dépêche du 25 septembre, 11 h. 30 m. soir.
2. Dépêche du 26 septembre, adressée à M. Steenackers, Directeur
général des lignes télégraphiques.

toujours l'effet désiré [1]. Son éloquence n'appartient
pas, en effet, au genre démonstratif; elle poursuit un
but positif, immédiat ou éloigné; elle est un instrument, un moyen d'action. C'est l'action utile et visible
qu'elle vise, qu'elle poursuit comme une proie.

Gambetta a été l'un des orateurs les plus puissants
qui aient occupé la tribune française, le plus puissant
depuis Mirabeau, dont il a la force, l'ampleur, l'élan et
l'imprévu. Mais peut-être fut-il encore plus un homme
d'action. Lorsqu'il disait à M. Jules Favre en le quittant pour aller prendre la direction des affaires en
province que, s'il parvenait à délivrer Paris, il ne
demanderait rien de plus à la destinée, c'était l'homme
d'action qui parlait, autant que le patriote et l'homme
jeune amoureux de la gloire. A la perspective d'un
grand devoir à remplir, s'ajoutait celle d'un grand
rôle actif à jouer, où sa puissante organisation allait
pouvoir se déployer. On ne se jette pas non plus avec
un tel élan dans une carrière de lutte gigantesque et
terrible, où chaque jour impose un effort nouveau, si
l'on ne sent pas en soi la puissance d'activité qu'elle
demande. Gambetta avait un double idéal. Il y a dans
notre histoire deux grandes figures, qui étaient pour
lui des figures de prédilection, celle de Mirabeau et
celle de Hoche. Peut-être même, si l'on avait bien
fouillé dans sa pensée intime, y aurait-on trouvé une
secrète préférence en faveur de Hoche, homme de
guerre et homme d'État, et en faveur de sa destinée.
Nous ne serions pas étonnés qu'il lui fût arrivé plus
d'une fois, au milieu des épreuves et des péripéties si
rapides de la lutte, de regretter de ne pouvoir y apporter la spécialité, les aptitudes acquises du jeune héros
de la République, ces antécédents de métier qui sont

---

1. « He does not make a speech for the sake of showing off. This is one
of the reasons why his speeches are seasonable and produce the effect
intended. »

(*The Gentleman's magazine*, by Mss. Crawford, may 1875.)

nécessaires à l'autorité, en un mot, de n'avoir pas la même épée à mettre au service de la même cause.

Ce sentiment s'est trahi plus d'une fois dans les discours qu'il a prononcés à Versailles, aux divers anniversaires du général Hoche, et particulièrement dans le premier de ces discours, celui de 1872. Qu'on lise, par exemple, ce passage :

« Ce qu'on appelait l'armée de la Moselle, c'était une troupe composée de 15 à 20,000 hommes, mal armés, mal équipés, avec l'indiscipline partout. Les chefs n'étaient pas obéis ; les soldats mettaient, permettez-moi le mot, le gaspillage jusque dans les vivres qu'on volait.....

« Hoche arrive, et nous voyons aussitôt apparaître un des symptômes les plus visibles de la grandeur de ce caractère, de la nouveauté de cette méthode révolutionnaire.

« Dès son arrivée, il aborde immédiatement les soldats, interroge les officiers, ouvre les rangs, se rend compte de tout et parle sévèrement quand il le faut. C'est là qu'il fit cet admirable choix de lieutenants, parmi lesquels Michel Ney.

« Il questionne les hommes, les juge sur un mot, leur donne sa confiance ou bien il reste impénétrable ; il fait sortir de suite des rangs ceux dont il apprécie le mérite ; il fallait des hommes nouveaux, il les improvise. N'était-il pas lui-même un homme nouveau, un chef improvisé ?.....

« De ces soldats, il fit de jeunes chefs, et ces chefs devinrent plus tard les premiers hommes de guerre de leur temps..... C'est à l'âme de Hoche qu'ils avaient allumé leur âme pour soutenir cette lutte jusqu'à la mort.....

« Quand il eût ainsi encadré et formé ses brigades et ses divisions, quand il eût passé deux mois à *stimuler le zèle de tous*, à établir parmi ses soldats la discipline par un travail continuel, il eût l'armée qu'il voulait donner à la République pour sa défense et sa gloire.

« Car cet homme, ce fils de la Révolution, ce général républicain qui ne s'est jamais démenti, mettait au-dessus de tout la valeur de la règle et de la discipline, et c'est lui qui a dit ce mot si vrai : « Les armées qui n'ont pas de discipline sont toujours battues. »

« Respectueux des droits de chacun, connaissant la valeur des hommes, il ne se laissait jamais aller ni aux erreurs, ni aux chimères ; il savait que les hommes ne valent pas seulement parce qu'on leur a donné un fusil et un équipement, mais encore par leur instruction, par leur abnégation personnelle, par leur cohésion en masse, par leur esprit militaire. »

Si l'on tient compte de la différence des temps, des hommes, et surtout des résultats et des destinées, n'aperçoit-on pas dans ce tableau plus d'un trait qui rappelle l'état de la province, au mois d'octobre 1870, et les efforts qui furent tentés pour refaire nos armées sur la Loire ? Et serait-ce forcer l'interprétation de prétendre qu'en parlant de Hoche, l'orateur a fait un retour sur lui-même, qu'en rappelant le rôle du glorieux général, il a songé à son propre rôle et regretté de n'avoir pu reproduire en tout le modèle qu'il place avec complaisance sous les yeux de ses auditeurs ? Il semble qu'il leur dise : « Et moi aussi j'ai essayé de faire ce qu'a fait mon héros : je n'étais pas un chef militaire comme lui, je ne tenais pas l'épée, je ne faisais pas de plans de campagne : je ne commandais pas les armées ; j'ai su du moins encadrer des brigades, choisir des généraux, dont beaucoup valaient mieux que leur fortune ; établir fortement la discipline ; je me suis rendu compte de tout dans la limite du possible et surtout j'ai, comme lui, *stimulé le zèle de tous*, employant à cette tâche tout ce qu'il y avait en moi de force, d'activité, de ressources ! »

A part les conjectures ou les hypothèses au sujet des regrets et des aspirations secrètes que nous venons d'énoncer, une chose qui ne saurait être contestée, c'est que l'action morale de Gambetta a été, pendant toute la lutte, considérable, qu'il a partout, à l'exemple de son héros, mis au service du patriotisme cette puissance d'impulsion qui était dans la nature de son esprit. Nous ne parlons pas de ces proclamations

« destinées à soulever les populations, à leur inspirer
de la confiance, à leur communiquer le feu sacré du
patriotisme[1]. » Nous ne songeons en ce moment qu'aux
entretiens du ministre de la guerre avec les chefs qui
venaient à Tours ou qu'il allait voir aux armées, à ces
dépêches qu'il multipliait pour soutenir le moral ou le
relever.

Ceux qui ont assisté au procès de Bazaine, se rappellent que, sur une question faite à Gambetta par Mᵉ La-
chaud, au sujet des renseignements qui lui avaient été
donnés par le général Bourbaki à Tours, au mois
d'octobre 1870, sur la situation de l'armée de Metz,
il eut à parler des dispositions d'esprit du général à
son arrivée, et voici ce qu'il dit :

« Je crois avoir vu le général Bourbaki à Tours le 14 ou
le 15 octobre. Le général Bourbaki était sorti de Metz dans
les conditions que vous avez apprises et il paraissait fort
désolé, fort inquiet de la déconvenue vers laquelle on l'avait
fait marcher.

« J'appris sa présence à Bruxelles par M. Tachard. J'ai
toujours cru qu'en dehors des attaches antérieures et des
liens de reconnaissance qui pouvaient rattacher le général
Bourbaki à l'empire, il était, avant tout, français et vaillant
soldat. Je priai le général de vouloir bien se rendre à Tours,
il y vint. Les explications entre nous ne furent pas longues.
Je lui dis : — Vous êtes sorti de Metz, je ne veux pas
savoir, je ne demande pas pourquoi vous en êtes sorti : il
est très probable que vous l'avez fait sous des influences
politiques ; mais enfin, comme la France a besoin de votre
épée, comme je ne suis pas ici pour faire de la politique, je
ne vous interroge pas sur vos secrets, si vous en avez. —
C'est ainsi que débuta l'entretien.

« Le général me parla de l'état d'abattement et de non
confiance dans lequel il se trouvait. Il me dit : — Voyez-
vous, quand les armées régulières, quand les vraies troupes
ont échoué, il faut jeter le manche après la cognée. — Je
ui répondis : — Général, vous reviendrez de cette opinion.

----

1. Expression de M. de Goltz.

Non, vous ne pouvez pas désespérer de la France, vous ne pouvez pas admettre que tant que dans ce pays il y aura des hommes de cœur comme vous, tant que sur ce sol on aura — et on a — des ressources, on ne les fasse pas valoir, on ne les emploie pas et qu'on ne lutte pas contre l'invasion. — Il m'exprima que ce qui était la grande cause de ses inquiétudes, ce qui le faisait désespérer du succès, c'était l'absence de cadres, et, à ce propos, il entra dans quelques détails sur Metz . . . .

« . . . . . Comme je lui faisais part des espérances que l'on pouvait encore nourrir et des efforts qu'il était de notre devoir de tenter, le général revint un peu sur lui-même ; la confiance ne lui vint pas tout d'un coup, mais l'abattement cessa ; il se leva debout et me dit : — Eh bien ! nous continuerons !

« Il ajouta même ces mots lorsque je lui offris le commandement immédiat des troupes de la Loire, qui étaient en ce moment derrière la Saône : — Non, j'ai une meilleure affaire ! — Et dans son langage si vif et si patriotique, il ajouta : — Je connais un coup merveilleux à tenter du côté de Sedan et de Carignan. Envoyez-moi dans le Nord, je ferai cette bonne opération ; et puis, cela me rapprochera de l'armée de Metz.

« Je le pris au mot, et, en voyant qu'au bout d'une heure de conversation il reprenait le dessus sur lui-même et qu'il se promettait de tenter de nouveau la fortune des armes, je lui dis : — Partez, allez à Lille ; vous y serez le maître, tout le monde vous y obéira ; faites ce que vous jugerez à propos de faire, taillez en plein drap et reprenez confiance ! »

« C'est ce qu'il fit. »

Qu'on ajoute à ce récit l'accent, la voix, la manière de l'orateur ; qu'on se transporte surtout au moment même où l'entretien dont il est l'écho, avait lieu, on a sous les yeux le général, qui, d'abord, découragé, abattu, se ranime peu à peu, puis, tout à coup, se lève *debout*, comme électrisé sous l'action d'une parole enflammée qui s'adresse à ce qu'il y a de plus généreux dans l'homme de guerre, qui sait chercher dans le cœur les cordes muettes ou endormies. On raconte qu'au sortir de cet entretien, le général Bourbaki disait chez M. Crémieux, en parlant de la résolution qu'il avait prise et de [ce qui l'avait déterminée : « Il n'y a pas moyen de résister à cet homme; il a le diable au corps, et, bon gré, mal gré, il nous le communique. Il commande aux paralytiques de marcher, et les paralytiques marchent. »

Dans ce gigantesque effort collectif que suscitait Gambetta, de complicité avec la France (car M. Daru, M. Boreau-Lajanadié, bien d'autres encore, ont reconnu, devant la Commission d'enquête, que la France voulait la guerre en ce moment), dans cette lutte où la nation tout entière fut appelée, où tous les partis se rencontraient avec leurs préventions, leurs intérêts, leurs préjugés, il n'était pas possible qu'il n'y eût pas des froissements, des conflits d'attributions, des susceptibilités d'amour-propre, que les petites comme les grandes passions ne se donnassent pas carrière. Il y avait donc à tout instant nécessité d'intervenir, de rappeler, au milieu de tant de causes de séparation et d'antagonisme, le sentiment commun qui pouvait et devait être le lien de tant de volontés divergentes. C'est ce que faisait le chef du Gouvernement; et il est rare, au moins dans les choses de la guerre, que le succès ait manqué à ses efforts.

L'arrivée de Garibaldi, qui avait été saluée avec tant d'enthousiasme par les grandes villes, fut la première occasion de conflit qui s'offrit.

Le 13 octobre, le correspondant du *Siècle* écrivait de Tours à ce journal :

« Garibaldi nous a quittés hier soir vers huit heures. Une foule très sympathique se pressait sur les quais et dans la cour de la gare. Les francs-tireurs tourangeaux, qui avaient été des premiers à saluer son arrivée, l'ont aussi accompagné à la gare.

« Toutes les personnes qui ont eu le bonheur de l'appro-

cher, ont gardé une impression ineffaçable de ce regard
doux, pénétrant et profond, de cette voix sonore, de ce
langage virgilien, de cette inextinguible ardeur qui soutient
le glorieux éclopé et qui ne laisse même pas un doute sur
les exploits qu'on attend de lui. Quiconque l'a rencontré,
sait le merveilleux prestige qu'il exerce et qui tient du
magnétisme. »

Le correspondant du *Siècle* ne trompait pas son journal. Le prestige magnétique lui-même n'était pas une
exagération ; mais plus d'un y résistait. Nous verrons
comment, le correspondant du *Daily-News*, un homme
d'esprit, ayant publié, dans sa correspondance de Tours,
que l'archevêque, M. Guibert, avait touché la main
de Garibaldi à son arrivée, le prélat avait dû protester
publiquement et donner un démenti solennel au ma-
licieux correspondant. Mais la passion religieuse n'était
pas la seule que le grand patriote italien eût la male-
chance d'exciter contre lui. Son nom, si populaire
dans le parti républicain, était loin d'être sympathique
parmi les chefs de l'armée.

Le général Cambriels n'était pas un de ceux qu'aveu-
glaient de ridicules préventions. Mais il était prudent
de prévenir une occasion de conflit qui n'était pas
absolument impossible entre le commandant supérieur
de l'armée des Vosges, qui était le général Cambriels,
et l'illustre chef de volontaires, destiné à être constamment en rapports avec lui, bien qu'il eût à agir
dans une sphère distincte et indépendante. Gambetta
crut en conséquence qu'il était à propos d'introduire
Garibaldi auprès du général Cambriels, et il lui écrivit
la lettre suivante :

« Tours, 13 octobre 1870.

« Général, je fais appel à votre patriotisme. Le commandement des compagnies franches, avec une brigade de
mobiles, dans la zone des Vosges, a été donné au général
Garibaldi qui a généreusement offert son épée et ses ser-

vices à la République française. Le général Garibaldi est
parti pour aller vous voir et se concerter avec vous sur les
moyens d'action. Je compte sur le bon accueil que vous
allez lui faire, et je suis sûr qu'un homme de cœur tel que
vous, mettra loyalement sa main dans celle de l'illustre
patriote pour triompher ensemble des difficultés présentes.

« Léon GAMBETTA. »

L'appel fut certainement entendu. Mais il y a des
situations plus fortes que les meilleures volontés. La
diversité des points de vue, même dans la conformité
des intentions, est toujours une cause de conflit, là où
les attributions réciproques ne sont pas nettement dé-
terminées. Le général Garibaldi fut à peine dans les
Vosges que des difficultés s'élevèrent, et Gambetta eut
à travailler non pas seulement à ramener les esprits
au sentiment de leur mission commune, mais encore à
défendre le général Garibaldi contre ses propres amis
ou contre les prétentions qu'ils élevaient pour son
compte.

Gambetta, presque au sortir de son entretien avec le
général Bourbaki, était parti pour l'armée des Vosges,
où le général Cambriels s'était vu forcé de battre en retraite, et où l'on pouvait croire qu'il avait besoin d'être
raffermi et encouragé ; et il faisait connaître, par une
dépêche de Tours à Paris, les raisons impérieuses qui
l'avaient appelé à Besançon :

« J'ai été obligé de quitter Tours, disait-il, pendant quarante-huit heures, appelé à Besançon par des dépêches qui
annonçaient, en l'exagérant, la retraite du général Cambriels, qui, comme je vous le dis plus haut, a quitté les
Vosges pour se replier sur Besançon. »

« Cette retraite a causé une véritable émotion ; ce n'est
pas le résultat d'une panique, mais, par un certain côté,
elle a ressemblé à une déroute, ce qui était du plus fâcheux
effet.

« Cet événement doit être attribué au peu de solidité des

troupes de Cambriels, qui s'est exagéré peut-être les mesures de prudence à prendre, mais qui est venu sous Besançon pour se reformer et redonner du moral à ses troupes.

« J'ai pris les mesures nécessaires pour réorganiser promptement l'armée de l'Est, et après conseil de guerre, tenu hier à Besançon, il a été décidé que l'on tâcherait de réoccuper les positions des Vosges par Belfort et sur les derrières des Prussiens, qui y paraissent peu nombreux. Je m'occupe activement de couvrir Dijon, tête de ligne des chemins de fer qui rayonnent dans tout l'Est.

« J'ai vu à Besançon le général Garibaldi, qui va commencer ses opérations ; il a été reçu partout avec faveur.

« Quelques têtes chaudes le voudraient à la tête de toutes nos forces dans l'Est ; mais je lui ai maintenu avec énergie son caractère de chef des volontaires[1]. »

Une autre dépêche adressée de Besançon au délégué de la guerre, à Tours, deux jours auparavant, le 18 octobre, ajoutait :

« Il faut réorganiser d'urgence l'armée de l'Est, disait le ministre, et pour cela, toutes affaires cessantes, avisez à trois choses principales : il faut trouver cinq généraux de brigade et les envoyer immédiatement sous Besançon. Au cas où l'on ne trouverait pas des colonels pour en faire des généraux de brigade, il faudra prendre des lieutenants-colonels..... Il faut deux régiments de cavalerie. Il y a certainement dans les dépôts du Sud et du Sud-Ouest de quoi les constituer. Quant à l'encadrement et à l'embrigadement des mobiles qui forment à peu près tout l'effectif de Cambriels, il y est procédé dès à présent et sur place. Prenez note, pour les armes, qu'il faut dix mille chassepots, et qu'en canons, il faudrait constituer quatre nouvelles batteries ou tout au moins le matériel pour les organiser à Besançon. Si les affûts manquent, envoyez les pièces tout de même ; nous ferons faire les affûts ici. A raison de l'importance de la place et de la base d'opérations, il faut accumuler des vivres en plus grande quantité. Pour l'habillement, voyez si on peut obtenir trente mille pantalons rouges et autant de

1. Enquête parlementaire, dépêches, t. II, p. 278.

capotes. Les hommes gaspillent beaucoup de cartouches, faute de gibernes ; il faudrait 40,000 cartouchières en cuir petit modèle.

« Je vous le répète, je veux une réponse aujourd'hui même à Besançon m'assurant que vous avez donné des ordres conformes et que vous allez en presser l'exécution.

« Je vous accuse réception de votre dépêche, qui m'a calmé ; d'ailleurs les choses ici ne sont point aussi mauvaises que nous pouvions le craindre [1]. »

                                        « L. GAMBETTA. »

La visite de Gambetta à l'armée de l'Est paraîtra sans doute suffisamment motivée par ce que nous apprennent ces deux dépêches. Aurait-elle eu encore d'autres raisons, qui ne sont pas articulées ? Et ce qui se disait dans les cercles politiques fréquentés par M. Janicot, qui trouva cependant le moyen de critiquer l'absence du ministre de la guerre, y aurait-il été pour quelque chose ? Y aurait-il eu, par exemple, à faire entendre raison à ces têtes chaudes qui voulaient donner à Garibaldi le commandement général de toutes les forces de l'Est, et à dissiper des nuages qui se seraient élevés entre les deux généraux appelés à marcher de conserve ? Ce ne serait pas là un argument en faveur de la théorie de l'immobilité que M. Janicot invoquait dans un article contre Gambetta[2], et ce serait une preuve de plus de l'influence morale qu'exerçaient la présence et la parole du jeune ministre ; car les têtes chaudes furent calmées et les nuages dissipés. Garibaldi restait dans son indépendance et le général Cambriels écrivait à Gambetta : « Je conserve mon commandement et consacrerai tous mes efforts à organiser l'armée en formation sous Besançon [3]. »

Nous ne l'ignorons pas, les nuages reparurent à

---

1. Enquête parlementaire, dépêches, t. II, p. 277.
2. La *Gazette de France*, numéro du 19 octobre 1870.
3. Dépêche du 19 octobre, 3 h. 15 m. soir.

l'horizon. Ils ne témoignent pas contre l'autorité morale de Gambetta, qui restait tout entière, alors même
qu'elle n'obtenait pas tout ce que l'intérêt de la
défense aurait commandé, comme nous allons le voir
en suivant les phases dernières du conflit.

A peine Gambetta était-il de retour de l'armée des
Vosges qu'il recevait du général Cambriels la lettre
suivante :

« Besançon, 21 octobre 1870.

« Monsieur le ministre, je vous adresse ci-joint une note
qui m'est remise par deux conseillers généraux de la Haute-
Saône, dont l'identité m'a été certifiée par le maire de
Besançon :

—« Monsieur le général, le bataillon des gardes nationales
mobilisées de l'arrondissement de Gray s'est dirigé avant-
hier sur Besançon en vertu des ordres du sous-préfet de
Gray.

« La première partie est arrivée à Besançon, la seconde
partie, formant la moitié de l'effectif, a été arrêtée à Dôle
par le général Garibaldi.

« Ces hommes ont été incorporés sous le titre mensonger
de volontaires des Vosges ; on leur a nommé des chefs qui
leur sont étrangers, et on les menace de les faire fusiller
par des Italiens ; nous vous signalons cette situation qui
peut s'aggraver d'un instant à l'autre, et qui est de nature
à soulever les populations de la Haute-Saône contre les
troupes qui ont commis ces excès.

« Nous nous prévalons auprès de vous pour signaler ces
faits, de notre qualité de membres du conseil général de
la Haute-Saône ; l'un de nous [1] a été spécialement désigné
par le conseil général dans sa session du 9 octobre pour
traiter au nom du département toutes les questions pouvant intéresser le département.

« Veuillez agréer, etc...

« *Alviset*, membre et délégué du conseil général de la
Haute-Saône ; *Marguiset*, membre du conseil général de la
Haute-Saône.

« P.-S. — Nos renseignements donnés par des gardes

---

1. M. Alviset, président de chambre à la Cour d'appel.

nationaux de Dôle et qu'un rapport officiel de M. le chef d'état-major doit nous signaler, nous permettent d'assurer que la caisse du receveur particulier de Dôle a été saisie par M. Garibaldi malgré la résistance du receveur. »

La dépêche du général Cambriels, ou plutôt la lettre qu'il faisait connaître au ministre de la guerre, était inspirée par un sentiment peu favorable au général italien, et il est clair que ceux qui l'écrivaient, n'eussent pas été mécontents, s'ils avaient réussi à le faire partager au général Cambriels, comme à compromettre le général Garibaldi auprès de celui-ci et auprès du ministre de la guerre. Quoi qu'il en soit, Gambetta répondit le jour même à la lettre que nous venons de citer, par la dépêche suivante :

« J'ai reçu votre dépêche confidentielle contenant la lettre des conseillers généraux de la Haute-Saône, sur les faits relatifs au général Garibaldi. Je vous prie de ne point perdre de vue que je ne puis accueillir qu'avec une extrême réserve les appréciations qui sont produites sur le général Garibaldi et les faits et gestes de son corps d'armée. Vous en comprendrez la raison ; elle tient tout entière à l'individualité si tranchée du général Garibaldi. Je suis pour mon compte disposé à ne point me laisser influencer par des renseignements que je ne puis contrôler. Je vous prie de vouloir bien imiter ma circonspection à cet égard.

« Pour ce qui est de l'incident de la caisse du receveur particulier, il faut que vous sachiez que j'ai donné au général Garibaldi un droit de réquisition personnel, et que j'ai autorisé les préfets et agents administratifs à requérir pour son compte. Ce n'est pas légèrement que j'ai accordé ce droit ; c'est que je me crois en mesure de répondre des actes de réquisition du général quand il les aura ordonnés lui-même. C'est une question de mesure ; je vous remercie néanmoins de votre dépêche [1]. »

Le général Cambriels était resté neutre dans les ques=

---

1. Dépêche du 22 octobre, 10 h. 55 m. soir.

tions indirectement soulevées ; il s'était borné à transmettre la lettre accusatrice des deux conseillers généraux et à l'appuyer d'un post-scriptum ambigu ; mais le ministre avait lu entre les lignes et sa réponse était assez nette pour qu'il ne fût plus permis d'y revenir. Malheureusement le germe du conflit n'en existait pas moins. On s'était placé dans une situation fausse où il était difficile de ne pas glisser. La cause en est bien marquée dans ces mots du chef d'état-major de Garibaldi, le général Bordone, qui disait, le 28 octobre : « Il faut ici un seul commandement. Deux armées ne peuvent manœuvrer sur le terrain avec deux chefs [1]. »

Indépendamment de la considération de principe tirée de la nécessité de l'unité de commandement, mille petites passions s'interposaient entre les chefs, qui, à tout instant, pouvaient mettre et mettaient réellement les meilleures volontés en échec. Il en résultait des tiraillements, des méfiances continuelles. L'accord établi aujourd'hui était détruit le lendemain presque inévitablement au premier accident ou incident de guerre, au premier refus de coopération effective, qui se transformait aussitôt en fin de non-recevoir systématique, calculée, tandis qu'il n'était, le plus souvent, qu'un effet forcé de la lutte contre l'impossible.

Une dépêche adressée du quartier général de Garibaldi au ministre de la guerre par le général Bordone, fait toucher du doigt le point d'où naissaient comme fatalement les orages.

« Dole, le 27 octobre 1870, 6 h. 45 m. matin.

« Menaces sérieuses de la part de l'ennemi, qui s'avance sur deux colonnes de 10,000 hommes chaque, suivant renseignements. Avant-hier, dans une entrevue avec le chef d'état-major de Cambriels, nous avions convenu, sur sa

---

1. Dépêche du 28 octobre.

demande, de rester.sur l'expectative, parce qu'il prétend ne
pas être prêt ; mais nous ne le pouvons sans danger pour
Dôle et ensuite Dijon, où l'ennemi arriverait en tournant
Auxonne. Nous ne nous laisserons pas entamer ; nous nous
enfermerons dans la forêt de Laterre qui sera, en cas d'ennemi très supérieur en nombre, notre base ou notre refuge.
Grand nombre de troupes régulières ont passé Auxonne ;
j'ai demandé dès hier soir au commandant de place, après
avoir signalé le mouvement ennemi, ce qu'il pouvait faire
et où étaient les troupes. Voici sa réponse : — Je n'ai pas
ce qu'il faut pour faire une sortie. — De son côté, Cambriels, averti également, répond à Lavalles à Dijon, qui
réclame de l'artillerie : — Il est matériellement impossible
de vous envoyer pour demain les batteries que vous demandez ; si vous ne pouvez résister, repliez-vous en masse
sous le canon d'Auxonne, en défendant pied à pied le terrain avec des tirailleurs nombreux. — Quant à nous, nous
ne demandons rien à Cambriels, pour ne pas éprouver un
refus qui romprait définitivement l'accord dont vous me
félicitiez hier. Que faire sous Auxonne, place insignifiante,
et quel abri que des canons qui n'existent pas ? Le projet
de l'ennemi est de nous écraser et à nos voisins de laisser
faire. C'est bien ! La France jugera, et nous ferons notre
devoir..... »

Il n'y a pas à demander pourquoi Gambetta n'allait
pas au-devant des conflits, couverts ou déclarés, en
supprimant le principe si bien marqué par le général
Bordone. Nous retrouverons cette question plus tard.
Nous n'avons voulu aujourd'hui qu'indiquer l'action
morale de Gambetta et le champ trop vaste où il
avait à l'exercer. Ce que nous avons dit suffira, sans
doute. Il y a lieu cependant de le faire remarquer,
en finissant, et pour donner une idée moins incomplète des nécessités qui s'imposaient à l'activité du
ministre de la guerre, et des résultats qu'elle obtenait
dans la matière si délicate des rapports des divers pouvoirs entre eux, alors même qu'il ne réussissait pas
dans cette difficile entreprise, son autorité morale res-

tait tout entière auprès de ceux qui avaient été engagés dans les conflits et qui en sortaient froissés.

Celui dont nous venons de montrer un des côtés, et qui n'eut pas d'ailleurs une extrême gravité, se dénoua par la démission du général Cambriels et son remplacement par le général Michel. Le décret qui lui donna un successeur avait paru blessant au général. Des bruits fâcheux aussi s'étaient répandus, qui attribuaient sa démission à une disgrâce. Sous cette impression, il écrivit au ministre de la guerre, le 30 octobre, la lettre suivante :

« Montpellier, 30 octobre 1870, 10 h. 50 m.

« Général Cambriels à Gambetta, Tours.

« (Confidentielle). — Vous me demandez par dépêche si l'état de ma blessure me permettrait de prendre un commandement dans une armée moins active que celle des Vosges. En ce moment je ne le puis et vous comprendrez qu'il n'a fallu rien moins que des souffrances épouvantables pour me forcer à quitter cette armée de l'Est, ma création. Laissez-moi quelques jours pour me rétablir et je remettrai à la disposition de la patrie tout ce que j'aurai de force et d'énergie. Maintenant, monsieur le ministre, je tiens à vous dire que vous avez été dur pour moi ; dans le décret qui m'a donné un successeur, vous ne dites pas quelles sont les raisons impérieuses de santé qui m'ont forcé de remettre mon commandement ; aussi l'opinion publique s'est égarée et la tristesse de mes amis m'a fait comprendre qu'on avait pu douter de mon patriotisme.

« CAMBRIELS. »

Le ministre ne fit pas attendre la réponse, et elle était telle que pouvait la désirer l'honorable général.

« Général, lui disait Gambetta, je vous autorise à publier la dépêche par laquelle je vous relève de votre commandement, uniquement par raison de santé, et où je vous dis.

que je ferai de nouveau appel à votre concours dès que vos forces seront rétablies.

« Je ne pensais pas qu'il y eût à en faire mention dans le décret de nomination de votre successeur.

« Mais vous devez reconnaître aujourd'hui que mon intention n'a jamais été d'être dur à votre égard. Je vous avais vu à Besançon, et vous savez dans quels termes nous nous étions quittés. A bientôt, je l'espère[1].

« L. GAMBETTA. »

Dans les rapports de la Commission d'enquête parlementaire et dans des discussions auxquelles ils ont donné lieu à l'Assemblée nationale, Gambetta est plus d'une fois accusé d'avoir subordonné la défense à la politique, et l'on sait assez que l'accusation, répétée à satiété dans le temps par la presse réactionnaire, se rencontre même encore aujourd'hui dans des polémiques de tribune et de journaux. Rien cependant n'est moins d'accord avec les faits. Gambetta était républicain, et, par conséquent, sa politique intérieure pendant l'invasion a été républicaine, comme elle l'avait été avant, et comme elle le sera après ; mais, dans les questions militaires, dans ses rapports avec les chefs, dans les choix qu'il a faits, jamais l'esprit de parti n'a prévalu chez lui sur l'intérêt bien entendu et supérieur de la défense. Quand il disait au général Bourbaki : « Je ne suis pas ici pour faire de la politique, » il montrait le fond de sa pensée la plus intime, de sa conscience tout entière, non pas seulement de chef de gouvernement, mais d'homme : Gambetta était, avant tout, patriote. C'est par là qu'il eut prise sur les esprits, qu'il a pu agir sur les hommes de guerre les plus éloignés de ses idées, les plus séparés de lui par les antécédents, les relations, les opinions, qu'il put, à l'instar de son héros, le général Hoche, « stimuler leur

1. Dépêche du 30 octobre, 5 h. du soir.

zèle, » conquérir sur eux un ascendant que les malheurs, le temps, les passions politiques même ne purent effacer, tant qu'il vécut, et ce prestige de gloire qui fait de son nom comme le symbole du patriotisme.

CHAPITRE XI

DE LA POLITIQUE INTÉRIEURE DE GAMBETTA

Difficultés de la situation à l'intérieur. — Les exaltés et les réactionnaires. — Dépêche de Gambetta à M.Jules Favre.—Singulières appréciations de M .Janicot. — Les jésuites de Marseille et la *Gazette du Midi*. — Lettre de l'archevêque de Tours. — Article de l'*Indépendant de l'Ouest*. — M. Esquiros. — Ses défaillances et leurs causes. — Conflit entre Marseille et Tours. — M. Delpech. — Dépêches diverses. — Démission de M. Esquiros. — Étranges jugements de la Commission d'enquête parlementaire. — Dépêche de M. Gaston Crémieux. — M. Marc Dufraisse. — Son opinion sur l'état de Marseille. — Fermeté de Gambetta.

C'est le malheur de la France que les partis n'y abdiquent pas. Si le Gouvernement du 4 Septembre avait pu espérer que le sentiment qui avait fait la Révolution, le mouvement universel d'adhésion qui l'avait consacrée, seraient assez puissants pour contenir la passion politique, il se serait préparé bien des mécomptes, et l'illusion eût été courte. D'abord, pour ne parler que de la province, la réaction, un moment abattue, se releva bien vite, se rassurant à mesure que les épreuves se succédaient, et, d'un autre côté, le sentiment patriotique, exaspéré par le progrès du péril, s'exalta en raison des obstacles trop réels qu'il rencontrait, et que l'imagination grossissait encore. Cela fit que le parti de la guerre et le parti de la paix ne furent pas séparés seulement par le dissentiment qui leur était propre : d'autres dissentiments, nés de préoccupations et de passions diverses, politiques, sociales, religieuses, s'y ajoutèrent, qui vinrent aggraver les difficultés de la crise et celles du Gouvernement

Gambetta disait à M. Jules Favre : « En province, il est difficile de lutter à la fois contre les exaltés et contre les réactionnaires[1]. »

La chose n'était pas facile en effet : lutter contre les exaltés, c'était s'exposer aux défiances ordinaires des grandes crises ; c'était donner crédit aux accusations de faiblesse ou d'indifférence dont plus d'un membre de la Délégation était l'objet, et, par un contre-coup inévitable, affaiblir le Gouvernement là où était son plus ferme appui ; lutter contre les réactionnaires, c'était, si on voulait le faire de la façon qu'on le demandait, courir les chances de l'arbitraire et de la violence, refaire 93 dans des conditions toutes différentes, se livrer au système exalté dans les clubs, et dont personne à Tours ne voulait. A vrai dire, la position était terrible, et non pas seulement difficile, comme le disait Gambetta. Si l'on réprimait les exaltés, on paraissait trahir la République ; si on ne les réprimait pas, on la compromettait. Si l'on frappait les réactionnaires, dont le travail souterrain échappait le plus souvent à la loi, on sortait du programme qu'on s'était tracé, on fournissait un texte aux accusations éternelles ; si on ne les frappait pas, on paraissait pactiser avec eux. Et pourtant il fallait lutter contre les uns et contre les autres : l'honneur de la République, la chance même du salut étaient à ce prix.

La Délégation n'avait pas attendu l'arrivé de Gambetta pour reconnaître cette double nécessité. Mais on s'accordait à dire qu'elle était restée au-dessous de la tâche, et ce n'étaient pas seulement ses adversaires qui le disaient. Nous entendions chaque jour ses meilleurs amis lui reprocher de tenir une conduite incertaine, timide, contradictoire, de n'être entré qu'à demi et d'un pied boiteux dans la résistance aux deux courants contraires qu'il fallait contenir ou refouler.

1. Dépêche du 15 octobre 1870.

Un de nos amis, qui suivait avec une curiosité inquiète les événements, nous écrivait dans les premiers jours d'octobre :

« Je ne crois pas qu'on fasse autour de vous de bien bonne besogne. Sur certains points on s'est trop laissé circonvenir par les adversaires, et sur d'autres on a trop suivi les amis : on cède trop tout à la fois à la réaction et à la Révolution (pour prendre les mots que l'on s'oppose de part et d'autre). On cède à la réaction dans la question de la Constituante, point capital cependant, puisqu'en laissant peser un doute sur la légitimité de la Révolution de Septembre, on affaiblit le Gouvernement de la Défense au moment où il a tant besoin d'être fort, et l'on cède trop à la Révolution dans l'affaire des Ligues et dans celle des rapports de l'autorité militaire et de l'autorité civile. Que résulte-t-il de tout cela? Deux choses également fâcheuses : par les hésitations, les tergiversations dans la question électorale, on irrite le parti républicain des villes et on fournit des prétextes aux agitateurs ; par les concessions en sens contraire, qui affectent la hiérarchie et les habitudes consacrées, on donne prise aux accusations de faiblesse et de connivence avec le désordre. En résumé, on n'a pas un ennemi de moins, et l'on a mécontenté beaucoup d'amis. »

Cela nous parut juste alors. Ce qui suivit, ne nous a pas fait changer de sentiment.

Nous ne voudrions pas opposer Gambetta à M. Crémieux. Leur amour du bien public, leur patriotisme, leurs intentions étaient les mêmes. Nul désaccord non plus entre eux sur les conditions et les nécessités de la politique générale : ils voulaient l'un et l'autre concentrer tout l'effort du Gouvernement et du pays sur la défense en écartant tout ce qui pouvait être de nature à la compromettre, de quelque côté que vînt le péril ou l'obstacle. Aucun d'eux ne songeait assurément soit à faire le jeu de la monarchie, soit à pratiquer une politique de casse-cou ou de terroriste, à courir les aventures dans l'emploi des systèmes de défense, ou bien encore à rompre en pleine crise, au risque de tout faire voler en éclats, le cadre de notre organisation sociale, administrative et militaire, ainsi qu'on le demandait en plus d'un lieu. Une des maximes de Gambetta était qu'on ne gouverne qu'avec son parti : maxime excellente, qui n'implique pas, bien entendu, l'obligation d'épouser les passions du parti avec lequel on gouverne ; et ce serait calomnier M. Crémieux de s'imaginer qu'il était homme à rejeter la maxime et son correctif. Gambetta et M. Crémieux se touchaient donc par les points essentiels. Mais ils différaient par le tempérament et par la méthode ; M. Crémieux répugnait à la dictature, et la dictature était dans la situation ; la foi lui manquait, et la foi était nécessaire, ne fût-ce que pour la communiquer aux autres : il fallait avoir au moins confiance en soi, et cela lui manquait encore ; il fallait savoir prendre avec décision un parti, et M. Crémieux hésitait, vacillait. Grande imperfection dans les circonstances ; car, sous le flot rapide et toujours grossissant des événements, le temps manquant pour revenir sur les faits accomplis, toute indécision, toute erreur de coup d'œil dans le choix des moyens ou des hommes, toute faiblesse envers les amis ou les ennemis avaient des conséquences irréparables.

Quoi qu'il en soit, et à s'en tenir au moment de l'arrivée de Gambetta, tout ce qui s'était fait, la résistance comme les concessions, ce qui avait été donné ou refusé aux exaltés comme aux réactionnaires, avait également tourné contre le Gouvernement ; l'autorité de la Révolution du 4 Septembre se trouvait sapée à droite et à gauche, et la force de la défense sourdement minée ou ouvertement ébranlée.

La chose frappait tous les yeux un peu attentifs. Les amis du Gouvernement en étaient profondément affligés ; nous ne ferons pas l'injure à ses adversaires de leur prêter un autre sentiment. Mais il y avait, entre les uns et les autres cette différence : nous étions per-

suadés, nous autres, que la situation allait changer
avec Gambetta, tandis que, parmi nos adversaires,
beaucoup se plaisaient à dire, à espérer peut-être qu'on
continuerait les mêmes errements.

Trois jours après l'arrivée de Gambetta, le 13 octobre, la *Gazette de France* se faisait demander par un
correspondant, sans doute imaginaire, quelle était la
politique du Gouvernement, et elle écrivait ce qui suit :

« Nous ne savons rien ici des projets du Gouvernement,
parce qu'il n'y a pas de plan déterminé.

« Qui peut se flatter, en effet, de savoir ce que veulent
MM. Gambetta, Glais-Bizoin et Crémieux? Le savent-ils eux
mêmes? Ont-ils une politique définie, des principes arrêtés ?
Hélas!non, et c'est bien là ce qui rend notre situation aussi
grave. Chacun poursuit une idée différente...

« De même que sous l'empire, nous demandons vainement
que l'on définisse une politique, un principe politique ; la
République du 4 Septembre gouverne les Français comme
l'Empire du 2 décembre : au hasard des événements et au
caprice des volontés de quelques préfets ou confidents particuliers.

« L'unité politique, l'unité d'une politique fait défaut à nos
dictateurs, et voilà pourquoi nous ne pouvons répondre à
ceux qui nous demandent ce qu'entend faire le Gouvernement de Tours, et où il veut nous mener. Il s'agite, mais
c'est l'imprévu qui le mène [1]. »

Parti pris de dénigrement ou illusion de pessimiste,
M. Janicot s'exposait fort, en écrivant ces lignes, à
égarer son correspondant. Sa critique, injustifiable
dans le rapprochement qu'il faisait de la Délégation et
de l'empire, excessive dans ce qu'il disait de MM. Crémieux et Glais-Bizoin, portait absolument à faux en ce
qui concernait Gambetta. Celui-ci n'était pas à ce point
à la merci de l'imprévu : il avait, tout au contraire, et
« une politique définie » et « des principes arrêtés : »
il avait, ce qui est plus rare, une méthode, un gouver-

1. La Gazette de France, numéro du 14 octobre 1870.

nail pour diriger sa marche à travers les écueils de
l'imprévu, avec la fermeté de main nécessaire pour le
tenir, et il allait le montrer, dès les premiers jours, par
toute la conduite qu'il tint dans cette double lutte si
difficile dont il parlait à M. Jules Favre, à l'égard des
exaltés et des réactionnaires.

Gambetta disait un jour, devant la Commission d'enquête : « Je ne crois pas qu'on fasse de l'histoire à six
mois des événements[1]. » Ce mot, qui tombait de tout
son poids sur la Commission, est particulièrement justifié par M. Boreau-Lajanadié, lorsqu'il dit dans son
rapport que « M. Gambetta, par ses instincts, ses antécédents, ses relations appartenait au parti révolutionnaire et qu'il ne sut pas s'en dégager. » Les événements
au sujet desquels on parlait ainsi, prouvent précisément que Gambetta, quels que fussent ses instincts, ses
antécédents, ou ses relations, savait non seulement s'en
affranchir, « se dégager du parti révolutionnaire, »
mais lui résister et défendre aussi bien les droits du
Gouvernement contre les exaltés que ceux de la Révolution contre les réactionnaires, et cela, en vertu de
principes arrêtés, d'une politique définie, d'une méthode profondément méditée et rigoureuse.

Il y a des hasards piquants et dont on ne peut s'empêcher de sourire, même au milieu des choses les plus
sérieuses. Nous venons de voir ce que disait la *Gazette
de France* du prétendu décousu de la politique de
Gambetta. Le jour même où M. Janicot s'avançait
ainsi, Gambetta montrait qu'il avait ce qu'on lui dé-
niait si légèrement, forçait M. Janicot à le reconnaître
et même lui arrachait, au moins sur un point particulier, des éloges. Et ce qui ne rendait pas la chose
moins piquante, c'est que la réplique du hasard aux
accusations de la *Gazette*, se faisait au profit de ses
amis, Gambetta marquant « une politique définie, »

---

1. *Dépositions*, t. I, p. 552.

pour employer le mot de M. Janicot, dans deux grosses affaires où la *Gazette*, avec ses préventions, devait le moins s'attendre à la rencontrer, l'affaire de l'expulsion des jésuites de Marseille, et celle de la suspension de la *Gazette du Midi*, prononcée par M. Esquiros.

Gambetta avait trouvé l'autorité du Gouvernement entamée ou compromise sur plusieurs points, notamment à Lyon et à Marseille. Nous n'insisterons pas sur les difficultés de Lyon. Gambetta et M. Challemel-Lacour étaient gens à s'entendre. En outre, le conseil municipal, bien qu'il se fût parfois laissé entraîner, n'était pas, au demeurant, si révolutionnaire, et il pouvait se rendre à une politique plus ferme et plus suivie. C'est ainsi — pour ne citer qu'un exemple — que dans la question de l'impôt sur le capital, voté par le conseil municipal, le 13 octobre, le ministre ayant déclaré qu'il était résolu à s'opposer à la décision du conseil, à le dissoudre et à le remplacer par une commission municipale, s'il refusait « de se ranger à la loi commune du pays, » le conflit disparut devant la résolution énergiquement exprimée du Gouvernement.

La situation était différente à Marseille, qui, sous la main affaiblie de M. Esquiros, était livrée à de stériles agitations, et où le conseil municipal élu, quoi qu'il fût républicain, était tenu en échec par une commission départementale anarchique.

M. Esquiros n'était pas entré à Marseille avec le dessein prémédité de rompre en visière au pouvoir central. Ses premières paroles, ses premiers actes, n'offraient aucun caractère d'antagonisme systématique. Plus tard, il est vrai, sous l'influence du milieu dans lequel prit naissance la Ligue du Midi ou qui en aigrit le levain, on le voit soulever auprès du Gouvernement des questions délicates, notamment celle des rapports de l'autorité militaire et de l'autorité civile, tendre à bouleverser la hiérarchie, à paraître subordonner l'intérêt de la défense aux passions politiques, et mériter que Gambetta lui écrive : « Je vous en conjure, réfléchissez que la politique du Gouvernement, c'est la Défense nationale, et uniquement la Défense[1]. » M. Crémieux, quelque temps après, lors de l'affaire des tribunaux de Marseille et de Tarascon, fut obligé aussi de lui rappeler où était le devoir du moment. Mais il n'y avait là aucun parti arrêté de se séparer de la politique du Gouvernement et encore moins d'opposer Marseille à Paris. M. Esquiros était si loin de toute intention d'indépendance, de toute pensée d'isolement ou d'hostilité à l'égard de Gambetta, qu'il s'empressait de saluer son arrivée à Tours par les plus chaleureuses protestations. « Bienvenue, disait-il, salut affectueux et dévouement à Gambetta, l'audacieux. »

Il fit quelque chose de plus difficile, qu'il convient de rappeler à sa louange. On était en pleine lutte : la garde civique était comme sa garde prétorienne, et il en provoqua spontanément la dissolution, ce qui était doublement méritoire : car il prenait cette résolution contre une force qu'il jugeait considérable et animée de ses propres sentiments, et il la réitérait un jour au sortir d'une manifestation organisée par la Ligue, après une ovation populaire où, au milieu de bravos enthousiastes, il s'était oublié à dire que, s'il était abandonné par Tours, il était certain de ne l'être jamais par Marseille[2]. Les seules choses que l'on puisse sérieusement mettre à sa charge, ce sont les oscillations, les défaillances d'une volonté qui se sentait impuissante contre les passions contradictoires, mêlées de bien et de mal, dont la Ligue était le foyer. et qui s'irritait de cette impuissance : ce sont les anxiétés d'un esprit honnête, facile à émouvoir, trop souvent obsédé du spectre de la guerre civile, que, dans ses épouvantes, il voyait surgir à toute émotion un peu vive de la place de la Préfecture ou de l'Alhambra marseillais.

1. Dépêche du 16 septembre, 9 h. 59 m. soir.
2. Maquet, p. 109.

Il ne faut pas chercher ailleurs le principe du différend qui s'éleva entre lui et la Délégation, et des deux mesures qui en furent l'occasion.

On a reproché à l'historien des *Montagnards*, devenu une sorte de proconsul comme quelques-uns de ses héros, de s'être trop rappelé leurs maximes[1], et l'on a été bien près de l'accuser — ce qui le placerait au-dessous d'eux — d'avoir fait sortir l'arbitraire non pas des nécessités du patriotisme, comme ils le firent, mais des préoccupations les plus étroites et les moins justifiées de l'esprit de parti[2]. La vérité est que l'arbitraire venait tout à la fois de son patriotisme, égaré sans doute, et de son horreur du sang[3]. L'intérêt de la paix publique était son unique mobile. C'est à ce point de vue qu'il est permis à ses amis de l'amnistier, mais à ce point de vue seulement : car, en politique, les meilleurs sentiments, les meilleures intentions ne comptent pas auprès des faits. Et de fait, M. Esquiros substituait une politique séparée à celle du Gouvernement.

Le conflit portait sur trois points : aux deux affaires des jésuites et de la *Gazette du Midi* était venue se mêler celle de l'exportation des grains. Celle-ci n'était pas non plus sans importance. Nous l'écartons pourtant pour nous en tenir aux deux autres, qui seules affectent essentiellement la politique intérieure et en marquent nettement le caractère.

L'affaire des jésuites, la première en date, comme en importance, était engagée avant l'arrivée de M. Esquiros à Marseille. Le P. Teissier avait été arrêté dès les premiers jours sous l'accusation d'avoir organisé à Marseille la réaction du 2 décembre[4]. M. Esquiros ne fit que maintenir l'arrestation, « jugée nécessaire, » avait-il dit, dans l'intérêt même de la personne. Seule-

---

1. De Sugny, p. 34.
2.   *id.*   p. 21.
3.   *id.*   p. 324.
4. Dépêche du 12 septembre 1870.

ment, quelques jours après, il avait lui-même fait incarcérer dix prêtres et deux Pères de la mission, prononcé l'expulsion des jésuites de Marseille et mis leurs biens sous le séquestre, avec le dessein, non dissimulé, d'étendre la mesure à d'autres congrégations dans le département.

La mesure eût été grave en pleine paix, eût-elle été justifiée : elle empruntait aux circonstances un caractère exceptionnel de gravité. Quand la défense n'était possible, n'avait quelque chance de succès que par l'union, par le concours de toutes les volontés, de toutes les opinions, soulever des questions irritantes, agiter les passions religieuses, c'était manquer aux premières règles du bon sens, comme aux premiers devoirs du patriotisme. Gambetta le savait; il ne l'aurait pas su qu'il en eût été averti par une lettre qu'il reçut, le 13 octobre, de l'archevêque de Tours, Mgr Guibert, et que nous citons ici :

« Tours, le 13 octobre 1870.

« Monsieur le Ministre,

« Dans la position qui m'est faite à Tours par les événements, je reçois les vœux et parfois les plaintes de plusieurs de mes vénérables collègues, et je regarde comme un devoir de les transmettre au Gouvernement. Qu'il me soit donc permis, Monsieur le Ministre, d'appeler votre attention sur de graves excès qui se sont commis dans le Midi, et que déplorent non seulement les évêques, mais tous les honnêtes gens.

« Vous ignorez, sans doute, que des prêtres de Lyon, appartenant à divers ordres religieux, ont été, les uns incarcérés, d'autres chassés de leurs demeures, ce qui est apparemment plus facile pour les prétendus patriotes que de chasser les Prussiens ; peut-être aussi ne savez-vous pas que, depuis dix-sept jours, dix prêtres et trois Pères de la Mission de France, à Marseille, sont retenus en prison.

« Ces violences se sont accomplies sous de misérables et absurdes prétextes. Mon patriotisme a besoin d'espérer que nous viendrons à bout de l'invasion, mais quand j'entends dire que le clergé envoie de l'or et des armes aux Prussiens, quand je vois un peuple assez infirme d'intelligence pour le croire, et des autorités locales assez faibles pour se rendre complices de telles extravagances, je ne puis m'empêcher de trembler pour l'avenir de mon pays.

« Personne, dans les rangs ecclésiastiques, ne songe à mettre obstacle à l'établissement du nouveau Gouvernement; mais je doute qu'on fasse les affaires de la République en violant le domicile des citoyens paisibles et en blessant toutes les consciences chrétiennes.

« L'honorable membre du Gouvernement que j'ai pour hôte, m'a toujours manifesté des pensées de modération et de bienveillance, et j'ai la confiance, Monsieur le Ministre, qu'un esprit aussi honnête et aussi élevé que le votre, reconnaîtra la nécessité de mettre promptement un terme à de brutales injustices. La détention des prêtres et Pères de la Mission de France à Marseille, si elle se prolongeait plus longtemps, serait une tache pour la République naissante et ne pourrait que faire mal augurer de son avenir.

« J. HIPPOLYTE,
« *Archevêque de Tours* [1] »

On comprend sans peine, en lisant la lettre archiépiscopale, la portée de l'incident et combien il était urgent d'en arrêter les effets.

Il ne faut pas s'y tromper, non seulement tout n'est pas possible en temps de révolution, mais les mêmes choses ne sont pas toujours possibles dans toutes les révolutions. La dictature politique s'acceptait en ce

---

1. Cette lettre était suivie du *post-scriptum* ci-dessous :

P.-S. — « Au moment où j'achève cette lettre, je reçois de Marseille une pétition adressée aux membres du Gouvernement de la Défense nationale, à Tours, et signée par les noms les plus honorables; cette pétition tend à obtenir la mise en liberté des Pères de la Mission de France, injustement et illégalement emprisonnés ; elle est accompagnée d'une demande inutilement adressée à M. l'administrateur supérieur du département des Bouches-du-Rhône, et revêtue de cinquante-cinq signatures des plus recommandables. On me prie de transmettre ces pièces au Gouvernement de Tours et d'appuyer une démarche inspirée par un sentiment de justice ; je les joins à cette lettre ; elles en sont comme les pièces justificatives. »

moment comme condition de salut public, non l'arbitraire. On n'était pas au temps de la terrible Convention;
on n'avait pas derrière soi, avec un cortège de victoires, une armée héroïquement fanatisée, ni tout un
peuple en révolution. Les adversaires le savaient bien.
Il y avait autant de justesse de sens que de passion
dans un article de l'*Indépendant de l'Ouest* qui parut
deux jours après la lettre de l'archevêque, à l'occasion
des attaques dont le *manifeste* du comte de Chambord
avait été l'objet. L'article se terminait ainsi :

« Quant à nous dominer par la *terreur*, comme semblent
le demander certains organes révolutionnaires, qu'ils sachent
que nous ne sommes pas d'humeur à la subir et qu'ils ne
sont pas de taille à nous l'imposer[1]. »

A part toute considération de principes, les circonstances et le tempérament de l'opinion auraient con-
seillé de ne pas suivre ou plutôt d'arrêter M. Esquiros
dans sa voie.

C'est ce que fit Gambetta. Quelques heures après la
réception de la lettre archiépiscopale, prenant en
considération, nous ne disons pas la lettre elle-même,
mais la situation que l'avait provoquée, il écrit à
M. Esquiros une dépêche conforme.

« Je regrette profondément, disait-il, de voir les esprits se
détourner de la défense pour se jeter dans d'autres questions. En ce qui touche les congrégations religieuses, n'oubliez point, je vous en conjure, que si, à la très grande
rigueur, il est possible de trouver des textes de lois contraires
à l'esprit d'association, qu'il appartient à la République
d'encourager, et permettant l'expulsion des jésuites, il y a
nécessité absolue de respecter la liberté individuelle des
personnes. Quant aux étrangers faisant partie de l'ordre des
Jésuites, on peut les éloigner. Mais pour les Français, l'institut étant dissous, tous vos droits cessent à l'instant sur eux,
et ils peuvent même compter sur votre protection[2]. »

1. Numéro du 16 octobre 1870.
2. Dépêche du 15 octobre.

M. Esquiros cependant répond le lendemain qu'il maintient son arrêté.

« L'expulsion des jésuites, à Marseille, dit-il, est une mesure nécessaire. Tant que je serai en fonctions, je la maintiendrai. Nous risquons chaque jour notre vie, Delpech et moi, pour éviter l'effusion du sang et la guerre civile. Si nos actes sont encore blâmés et désavoués, par le Gouvernement central, la situation n'est plus tenable. Pour ce qui me concerne, j'en ai assez. Je me retire ; envoyez ici qui vous voudrez. »

Le dissentiment était profond, comme on voit, sur le premier point du conflit. Il ne l'était pas moins sur le second.

La *Gazette du Midi* avait publié le manifeste du comte de Chambord et une lettre du prince de Joinville. Elle était accusée en outre d'avoir fait soutenir par ses amis, dans une réunion publique, la candidature des princes d'Orléans à la Constituante. Il s'en était suivi des violences. Les ateliers du journal avaient été assaillis par une foule nombreuse et sa publication empêchée. M. Esquiros, à la suite de ces événements, avait pris, le 13 octobre, un arrêté qui suspendait jusqu'à nouvel ordre la « *Gazette du Midi, vu les circonstances et par mesure de sûreté publique.* » Les faits qui avaient provoqué l'arrêté, s'étaient passés dans la nuit. Dès le matin, M. Lieutaud, gérant du journal, en avise la Délégation par un télégramme, demandant aide et protection au nom du droit de propriété et de la liberté de la presse. Gambetta envoie aussitôt deux dépêches, l'une au gérant, l'autre à M. Esquiros ; dans l'une il rassure le journal, dans l'autre, il donne ses instructions, qu'il motive avec sa vigueur accoutumée.

« J'apprends, dit-il à M. Esquiros, que les bureaux de la *Gazette du Midi* ont été envahis, et qu'on s'oppose à la réapparition du journal.

« Il est impossible de laisser se commettre aucune violence contre la liberté et la propriété. Je compte que vous prendrez des mesures immédiates pour assurer la liberté de la presse. Si d'ailleurs il existait un acte commis par les directeurs ou propriétaires du journal contraire aux lois de la République, vous agiriez avec énergie, et vous m'en référeriez. Veuillez communiquer ma dépêche à M. Lieutaud, gérant de la *Gazette du Midi*[1]. »

La position dut paraître embarrassante à M. Esquiros, homme de principes bien plus que de passion, et moins révolutionnaire de tempérament que de système. Il était sur un mauvais terrain, et il sentait que son adversaire ne lâcherait pas prise, qu'on se trouvait face à face avec les principes et qu'il n'y avait pas de faux fuyant légal possible, comme dans l'affaire des jésuites. Dans celle-ci, pour concilier l'ordre avec la satisfaction donnée à la passion populaire, on pouvait s'autoriser d'anciennes lois, la corporation n'étant pas reconnue, et s'y appuyer pour résister. Et nous allons voir encore un autre préfet y recourir, invoquer une légalité, toujours vivante et toujours périmée, pour soutenir la politique de Marseille et la justifier auprès de celle de Tours. Il n'en était pas de même dans l'affaire de la *Gazette du Midi*. Ici, aucune échappatoire, nous ne disons pas aucun sophisme, ne s'offrait à la réplique. Sans parler même des principes, toutes les déclarations de l'opinion républicaine, tous les actes du Gouvernement, l'exemple de Paris étaient autant de raisons qui se dressaient contre l'arrêté. Il fallait revenir sur ce qu'on avait fait, reconnaître qu'on s'était trompé, ou proclamer la résistance, c'est-à-dire la guerre civile.

On peut supposer que M. Esquiros n'avait pas prévu l'alternative, bien qu'elle fût forcée ; ce qui est certain, c'est qu'il essaya de se dérober. Gambetta, disant dans sa dépêche que, s'il y avait un acte de commis qui fût contraire aux lois, il fallait sévir, semblait

1. Dépêche du 13 octobre.

ouvrir une issue. M. Esquiros s'empresse de s'y jeter, et, dans une dépêche chiffrée signée de son fils, il affirme que ce n'est pas non plus contre un article de journal qu'il a sévi, mais contre un acte : distinction puérile, ou plutôt confusion naïve de tous les principes, qui rendrait vaine toute liberté de la presse dans les temps de crise, où il est si facile de transformer les paroles en actes, les intentions et les tendances en crimes ou en délits. M. Esquiros avait beau appeler à son aide son préfet, M. Delpech, pour essayer de persuader que l'article qu'il venait de frapper, était un acte, une excitation à la guerre civile; qu'il s'agissait de *prétendance*, d'attentat contre la République; qu'on était *en face de ses éternels ennemis*[1] : il était impossible de faire admettre qu'il n'y eût pas dans l'arrêté une atteinte à la liberté de la presse et par conséquent la substitution d'une politique révolutionnaire à la politique libérale, qui était celle de Tours, comme de Paris.

Il dut en coûter à Gambetta de résister à deux hommes dont il connaissait le dévouement, et qu'il savait chers à Marseille. Les adjurations de M. Delpech devaient surtout le toucher, parce qu'elles pouvaient paraître dictées par un sentiment exact de la situation. Mais comment dégager M. Esquiros de l'alternative où il s'était placé? Comment concilier ce qui était dû à l'homme, avec ce qu'exigeait la politique du Gouvernement, dont l'affaire n'était pas de mettre ses *éternels ennemis* hors la loi? Gambetta répondit donc aux dépêches parallèles de M. Esquiros et de M. Delpech par une fin de non-recevoir absolue.

« La République se doit à elle-même, disait-il, de vivre et de durer à travers les agitations des partis en imposant le respect des lois, mais rien que le respect des lois. » Et il conclut qu'après avoir pris connaissance des faits reprochés à la *Gazette du Midi*, il était néces-

---

1. Dépêche de M. Delpech, 13 octobre, 5 h. 40 m. soir.

saire de lever la suspension. « La fermeté, ajoutait-il, n'a rien de commun avec l'arbitraire[1]. »

Ceux qui ont connu M, Esquiros, savent qu'il n'était pas indigne d'entendre ce langage, ni incapable de comprendre la politique du Gouvernement ; mais il était sous un joug qu'il essayait vainement de secouer. Fatigué, d'ailleurs, malade, ne voulant pas se séparer de Tours, ne pouvant pas se séparer de Marseille, où ses amis le tenaient enchaîné, l'imagination hantée aussi par les visions d'une autre révolution, au milieu de laquelle sa pensée avait longtemps vécu, trompé par les souvenirs du passé sur le véritable état du présent[2], il devait aboutir, sous la pression de toutes ces influences, à un compromis. C'est, en effet, ce que, de guerre lasse, il proposa dans sa réponse à la dépêche pressante de Gambetta : il consentit à lever l'interdit, à condition qu'on lui laissât quelques jours afin de permettre aux esprits de se calmer[3].

Gambetta ne crut pas devoir accepter la proposition qui lui était faite, et avec raison ; car toute hésitation pouvait paraître une faiblesse et devenir un encouragement pour la force occulte qui était derrière M. Esquiros et qui le poussait.

M. Esquiros avait dit :

« Je n'agirai jamais contre la liberté de la presse ; mais il faut être à Marseille pour apprécier l'intensité de l'émotion populaire contre la *Gazette du Midi*. Entre deux nécessités, je crois que nous pouvons tout concilier ; il suffit que l'arrêté de suspension ait averti les rédacteurs de ce journal du danger qu'ils couraient en bravant l'opinion publique, et que le sentiment révolutionnaire ait reçu une satisfaction momentanée. »

Sa dépêche était du 14 octobre à 2 h. 35 du soir.

1. Dépêche du 14 octobre, 11 h. 50 m. matin.
2. Voir le discours prononcé sur la tombe d'Esquiros par M. Challemel-Lacour. (*République française*, 16 mai 1876.)
3. Dépêche du 14 octobre, 2 h. 35 m. soir.

Le même jour, à 8 h. 15 du soir, Gambetta répondait par un refus catégorique de toute transaction, de tout atermoiement.

« Je vous répète, disait-il, qu'il est impossible de suspendre la publication d'un journal. Sévissez vigoureusement contre les personnes si elles conspirent, mais laissez l'instrument libre. C'est une question sur laquelle je ne puis capituler. »

Le conflit s'avançait ainsi vers sa crise aiguë.

La *Gazette de France*, qui suivait, avec l'intérêt passionné de l'esprit de parti, cette querelle d'intérieur, cette sorte de duel domestique dans ses divers incidents, dans ceux du moins dont l'écho arrivait au dehors, disait, en rappelant les troubles de Lyon et de Marseille, exagérés sur plus d'un point dans l'intérêt de la thèse favorite de la réaction, la convocation d'une Constituante :

« Si le Gouvernement central ne se hâte pas de convoquer une assemblée des députés du pays, il va se trouver réduit à la simple occupation de sa résidence. Les dernières mesures signées par M. Gambetta et qui sont restées sans effet, prouvent que l'autorité du Gouvernement s'affaiblit tous les jours.

« La Convention avait compris que la concentration des pouvoirs est une condition indispensable de l'action. Les révolutionnaires de nos jours n'ont même pas assez d'esprit politique et de patriotisme pour sentir cela. Ils s'emparent d'une province, d'un département, d'une ville, y agissent en souverains, ne s'inquiètent en rien des autres parties du pays, levant des hommes et de l'argent, se séparant absolument du reste de la France.

« Que pense faire M. Gambetta contre ces coupables folies, contre ces trahisons politiques[1] ? »

Quoi qu'en pût penser M. Janicot, Gambetta n'était pas homme à laisser l'autorité s'affaiblir dans ses

1. La *Gazette de France*, numéro du 17 octobre 1870.

mains, non plus qu'à répudier les doctrines de la
Convention, qu'on rappelait avec tant d'à-propos, et
le jour même qu'on lui demandait ce qu'il comptait
faire, et avant que la question n'eût été formulée, il
adressait à MM. Esquiros et Delpech des ordres qui
auraient pu calmer les inquiétudes patriotiques de
M. Janicot au sujet de la concentration du pouvoir
et de l'unité d'action entre les mains du Gouvernement.

M. Esquiros, poussé dans ses retranchements, avait
donné sa démission le 15 octobre, à 8 h. du matin,
pour le point du différend relatif aux jésuites; il la réi-
téra à 11 h. pour l'autre point, celui qui concernait
la *Gazette*. « Si vous voulez, disait-il, que la *Gazette du
Midi* reparaisse, envoyez l'ordre vous-même, et les
coups de fusil retentiront le soir à Marseille [1]. »
M. Delpech partageait les appréhensions de M. Esquiros
et, comme lui, proposait sa démission.

Le spectre de la guerre civile, ainsi évoqué, n'inti-
mida pas Gambetta : il répondit à la dépêche de M. Esquiros par les décrets suivants [2] :

« La démission de M. Esquiros est acceptée.

« M. Delpech reste chargé de l'administration.

« En ce qui touche le décret de suspension de la *Gazette
du Midi :*

« Considérant que le Gouvernement de la République ne
saurait admettre qu'en dehors de la violation formelle des
lois, les journaux et les écrivains puissent être l'objet de
mesures pénales;

« Considérant au contraire qu'il importe de prouver que
la République est le seul gouvernement qui puisse supporter
dans sa plénitude la liberté de la presse, et qu'il n'appartient
pas à ceux qui ont toujours réclamé dans l'opposition en
faveur de cette liberté, de la restreindre ou de la mutiler;

« Décrète : l'arrêté de l'administration des Bouches-du-

1. Dépêche du 15 octobre.
2. Dépêche du 15 octobre. 3 h. soir.

Rhône, qui frappe de suspension la *Gazette du Midi*, est annulé, et le journal est autorisé à reparaître.

« En ce qui touche l'arrêté préfectoral qui frappe d'expulsion les membres des congrégations religieuses non reconnues et met leurs biens sous séquestre ;

« Considérant que si on peut dissoudre légalement la corporation, on ne peut porter atteinte à la liberté individuelle des Français qui en font partie, et à leur droit de résidence en France ;

« Décrète : tout arrêté d'expulsion s'appliquant à un Français, membre d'une congrégation religieuse non reconnue par la loi, est nul, de nul effet et sans force exécutoire.

« LÉON GAMBETTA. »

Nous rencontrons encore ici de nouvelles singularités de la Commission d'enquête, qui sans doute aujourd'hui n'étonneront personne.

M. de Sugny, après avoir cité ces décrets, écrit cette phrase : « Ce fut un coup de foudre pour M. Esquiros. Il se crut néanmoins assez fort pour affronter la lutte... »

Rien n'est moins exact que l'interprétation ainsi faite des intentions et des sentiments de M. Esquiros. Qu'il eût été vivement ému des décrets, cela est certain, et on le voit assez par la dépêche de M. Delpech, du 16 octobre au soir, et par celle de M. Esquiros lui-même [1], où il disait, qu'il ne ferait point afficher les décrets, ne voulant point « être responsable de l'effusion du sang à Marseille. » Mais qu'il eût le parti pris d'entrer en lutte, comme l'insinue M. de Sugny, et l'idée de dire à Gambetta à l'exemple des barons féodaux, comme l'écrivait M. Janicot dans la *Gazette de France*, le 21 octobre « qui t'a fait ministre ? » il y a plus que de la témérité à le prétendre ; c'est transformer en ambitieux vulgaire et aveugle un honnête homme, qui n'avait pas même d'illusions, qui n'avait

---

1. Dépêche du 16 octobre, 5 h. 40 m. soir.

que des appréhensions, des terreurs exagérées. A
défaut de sens politique, son patriotisme l'aurait
retenu. Car c'est de son patriotisme que venaient sa
faiblesse, son refus d'obtempérer aux ordres qu'il
recevait, et aussi cette sorte de déclaration de guerre
civile pour éviter la guerre civile; toute résistance
dépassait aussi bien sa pensée que ses forces.

Mais ce qui n'est pas moins singulier encore que
l'intention attribuée par M. de Sugny à M. Esquiros,
c'est cette phrase de M. Boreau-Lajanadie : « Si ardent
quand il luttait contre ses adversaires, M. Gambetta se
sentait faible quand il résistait à ses amis[1]. » Car chacune des phases du conflit que nous racontons, en est
un démenti sans réplique possible.

Il est difficile de comprendre où M. Boreau-Lajanadie a trouvé les preuves de cette étrange accusation
de faiblesse, à moins peut-être que ce ne soit dans certaines dépêches sans autorité échangées entre Tours et
Marseille. M. Gaston Crémieux, qui était venu à Tours
pour agir sur la Délégation dans le sens de la politique
de M. Esquiros, parlait, dans un télégramme du 16 octobre, expédié à 11 h. 10 du matin, de la possibilité
« d'une solution acceptable pour tous, » qu'il discute-
rait le lendemain matin, lui et ses amis, « avec Gambetta et M. Crémieux, » le garde des sceaux; et il ajoutait qu'il avait longuement causé avec Gambetta,
qu'il lui avait expliqué les faits et que ses explications
avaient été favorablement accueillies. Une autre dépêche, expédiée, quelques minutes après, par le même
M. Gaston Crémieux et adressée à M. Esquiros, portait
qu'il avait dévoilé à Gambetta la position exception-
nelle de Marseille; et il engageait, en finissant, son ami
à ne pas donner sa démission. Voilà tout ce qui a servi
à M. Boreau-Lajanadie pour édifier son accusation.
M. Gaston Crémieux a causé avec M. Crémieux, le

_____

1. Rapport, p. 97.

garde des sceaux, qui lui a fait espérer « une solution.
acceptable pour tous ; » Gambetta a écouté avec
politesse le médiateur de M. Esquiros, lui donnant des
explications sur l'état des choses à Marseille ; cela suffit
à M. Boreau-Lajanadie ; tout le reste du conflit, le
maintien des décrets, l'acceptation de la démission
de M. Esquiros, son remplacement par un homme
énergique, chargé d'exécuter la première décision
prise, tout est oublié. En vérité, il n'y a d'égal
aux témérités de M. Boreau-Lajanadie que celles de
M. de Sugny.

M. Maurice Rouvier était à Tours avec M. Gaston
Crémieux. M. Delpech s'était hâté de venir les rejoindre : il était parti de Marseille presque en même temps
que sa dépêche. Gambetta les écoute et passe outre. Le
17, à 11 h. 10 du matin, quelques instants avant de
partir pour l'armée des Vosges, il envoyait à M. Marc
Dufraisse, qui se trouvait en ce moment à Marseille,
l'invitation de rester provisoirement en remplacement
de M. Esquiros, « dont la démission, disait-il dans sa
dépêche, est acceptée. »

Mais l'affaire était loin d'être terminée. La politique
et la fermeté de Gambetta rencontraient de nouvelles
épreuves.

M. Marc Dufraisse était un esprit des plus éclairés.
Il est un des hommes dont le caractère et la vie, malgré quelques défaillances suprêmes, ont honoré le plus
le parti républicain. Personne n'était mieux fait que
lui, en ce moment, pour comprendre la politique de
Gambetta et pour s'y associer. C'est parce qu'on l'avait
jugé tel qu'il avait été choisi pour pacifier Marseille et
y faire prévaloir la pensée, de même que l'autorité du
Gouvernement. Mais, comme les hommes qui ont beaucoup souffert, il ne se défendait pas toujours des
atteintes du pessimisme. Il s'effraya de la tourmente
de Marseille, qui lui parut plus grosse qu'elle ne
l'était en réalité, et, s'exagérant la difficulté de la

succession qui lui était offerte, il la refusa. Bien plus, sous l'impression du spectacle qu'il avait devant les yeux à Marseille, sans épouser la cause de M. Esquiros, sans subir les mêmes entraînements, il justifia jusqu'à un certain point sa manière de voir. Il en écrivit longuement à Gambetta. L'arrêté relatif aux jésuites lui paraissait conforme aux lois sur les associations religieuses et particulièrement à celles sur les jésuites (ce qui était vrai au point de vue strictement légal, mais en ne voyant dans les jésuites que le corps, l'ordre, l'association, et non les personnes). Il considérait aussi l'article de la *Gazette du Midi* comme une provocation directe à la perpétration de délits, ainsi que le faisaient MM. Esquiros et Delpech ; et, tout en reconnaissant qu'il eût mieux valu poursuivre l'auteur que suspendre le journal, il ne laissait pas que d'approuver la mesure qui l'avait frappé. Sa dépêche se terminait par ces mots :

« Si le gouvernement de Tours connaissait mieux l'esprit de Marseille, il se relâcherait de la rigueur des principes à raison de la force des choses et de la nécessité des circonstances locales... Je persiste donc dans les motifs qui m'ont fait refuser une mission dans les Bouches-du-Rhône... Je n'accepte pas de remplacer Esquiros, qui, explications faites, restera d'ailleurs ici...[1] »

Plusieurs incidents nouveaux, qui éclatèrent avec une extrême rapidité à Marseille et dans son voisinage, parurent donner raison à M. Marc Dufraisse et à la politique qu'il justifiait, en même temps qu'ils pouvaient sembler de nature à modifier les résolutions de Gambetta.

M. Esquiros jouissait d'une grande popularité. La connaissance des décrets excita une vive effervescence.

---

1. Dépêche du 17 octobre, 11 h. 55 m. matin.

On se fera aisément une idée de l'état des esprits par deux dépêches adressées à Tours, l'une à M. Rouvier, l'autre à M. Delpech, le 17, à 10 heures du soir. Dans l'une, on disait : « Maintien d'Esquiros quand même, ou guerre civile[1]. » Dans l'autre : « Nous avons juré de brûler la ville, plutôt que de laisser partir Esquiros[2]. » Et le lendemain, on passait des menaces aux actes. On ne mettait pas le feu à Marseille, mais on ouvrait la porte à la guerre civile ; on faisait acte de souveraineté et de gouvernement ; on devenait, ou l'on essayait de devenir, pour rappeler le mot d'un procureur général au garde des Sceaux sur la Ligue du Midi, un État dans l'État. Le mardi 18 octobre, à la suite d'une émotion populaire contre les jésuites, dont les villes d'Aix et d'Arles venaient d'être le théâtre, le conseil départemental étendait, de son autorité privée, l'arrêté de dissolution de l'ordre des jésuites de Marseille à toutes les congrégations du même genre existant dans le département, plaçait leurs biens sous le séquestre jusqu'à la convocation d'une Assemblée constituante et chargeait le procureur de la République de Marseille et les sous-préfets d'Aix et d'Arles de l'exécution de l'arrêté. Ce n'était plus une question de principes ou de système de conduite, qui se débattait ainsi ; c'était véritablement une question d'existence et de gouvernement.

La population de Marseille semblait appuyer cette attitude offensive contre la Délégation. Il y eut le lendemain de l'audacieuse agression de la Commission départementale, le 19 octobre, une grande manifestation en faveur de la Ligue du Midi. Une foule immense couvrait la place de la Préfecture. M. Esquiros fut acclamé. « Le peuple, disait une dépêche adressée à Tours le même jour à 10 h. 35 du soir, donne pleins

---

1. Dépêche signée Astruc et Jean Royer, conseillers d'arrondissement.
2. Dépêche de M. Leroux.

pouvoirs à Esquiros. » Quelques jours après, le lundi
24, il y eut une grande réunion publique où des démonstrations semblables se produisirent, où éclata le
plus bruyant enthousiasme. C'était une grande force
apparente à l'appui, non pas des prétentions de M. Esquiros, qui n'en avait pas pour son propre compte,
mais des raisons données pour colorer sa politique
et les actes par lesquels elle s'était traduite. Si l'on
était placé dans l'alternative de mécontenter, d'irriter
les amis ou les ennemis de la République, pourquoi
opter pour ses ennemis? M. Delpech, M. Rouvier,
M. Albert Beaume, qui étaient à Tours en ce moment pour arracher quelque concession, essayèrent
de cet argument. M. Crémieux, M. Laurier, M. Glais-
Bizoin, n'étaient pas non plus pour les voies rigoureuses. Gambetta, bien que pressé ainsi de toutes parts,
n'en persévéra pas moins dans ses résolutions.

MM. Esquiros et Delpech étaient débordés. M. Esquiros avait signé le 25, le manifeste de la Ligue,
œuvre patriotique dans son inspiration intime et dans
le cœur de l'immense majorité de ses membres, mais
profondément anarchique dans sa forme et ses mouvements. Le 26 octobre, les décrets de Gambetta n'étaient
pas encore affichés : M. Delpech demandait des ater-
moiements. « Dans trois ou quatre jours, disait-il, il y
aura possibilité, je crois, de rapporter l'arrêté d'expulsion des jésuites en maintenant bien entendu le
séquestre et la dissolution de la Compagnie [1]. » L'agitation des esprits était extrême. Le bruit de la capitulation de Metz, qui s'était répandu, y ajoutait encore, et
les dépêches de M. Delpech en exagéraient la gravité.
Céder, c'était perdre Marseille. M. Boreau-Lajanadié
a beau dire, en se référant à cette circonstance, que
« M. Gambetta n'osa pas pousser plus loin son succès, »
ajoutant, par complément de légèreté, que M. Esqui-

1. Dépêche du 26 octobre.

ros fut maintenu et avec lui la Commission départementale, « complice de ses excès de pouvoir[1]; » ce
qu'il y a de vrai, et c'est étrange qu'on ne l'ait pas vu,
c'est que M. Delpech plaida en vain pour la Commission départementale[2], tout en se portant garant de
l'ordre[3]. La pensée de Gambetta était arrêtée sans
retour. Il ne s'agissait plus pour lui que de trouver un
homme capable de l'appliquer, de dominer la situation
d'une manière définitive; ce qui eut lieu bientôt. Et
assurément, le choix que Gambetta fit d'un administrateur énergique et ferme comme l'était le successeur
de M. Esquiros, M. Gent, ne contribue pas à donner crédit aux assertions de la Commission d'enquête.

Gambetta disait à M. Jules Favre dans une dépêche[3]:
« Je suis en conflit avec Esquiros, au sujet de la *Gazette
du Midi*, qu'il a suspendue, et de l'expulsion des jésuites. Je reçois délégation sur délégation, mais je ne
céderai pas sur la question des principes. » On vient
de voir s'il a tenu parole et s'il a su maintenir les
droits du Gouvernement ainsi que les principes. Mais
ce n'était là que la moitié de sa tâche. Il n'y avait pas
que la Révolution (pour prendre la langue dont se servait M. Janicot à Tours et M. Hugelman à Londres) à
contenir; il fallait aussi réprimer la réaction, qui, sous
mille formes diverses, entravait la défense et l'affaiblissait.

Nous allons voir comment Gambetta s'y prit, quelle
politique il suivit dans l'accomplissement de la seconde
partie du travail ou pour mieux dire de la lutte
que les circonstances lui imposaient; lutte difficile,
comme il le disait dans sa dépêche à Jules Favre que
nous avons citée plus haut. Mais à la fermeté de main
dont il fit preuve pour contenir ses amis, on peut

---

1. Rapport, p. 97.
2. Dépêche du 28 octobre.
3. Dépêche du 30 octobre.

aisément deviner la conduite qu'il tint à l'égard de ses adversaires, qui n'étaient, pour lui, que les adversaires de la République, ou pour mieux dire et entrer plus profondément dans sa pensée, les ennemis de la patrie.

CHAPITRE XII

LA RÉACTION

État des partis en province. — Opinion des ligues, des préfets, de la presse républicaine au sujet de la réaction. — Dépêches des préfets. — Accusations contre les chefs militaires, les administrateurs, etc. — Dépêche de M. Spuller, préfet de la Haute-Marne. — Les conseils municipaux. — Les maires. — Les conseils généraux. — Articles du *Siècle*. — Les enquêtes. — Les *Prussiens* de l'intérieur de M. Poujoulat. — Étrange appel de M. Hugelman à Emile de Girardin. — Sagesse de la politique de Gambetta à l'égard des réactionnaires. — Les fonctionnaires. — Circulaire du 15 septembre. — Dépêche de M. Eugène Spuller à son frère, préfet de la Haute-Marne. — Circulaire du 26 octobre. — Réflexions du *Siècle* sur cette circulaire. — Les maires de Dreux et de Montdidier. — Arrêté de révocation du préfet de la Somme. — Révocation des maires de Mirecourt et de Wittel. — Histoire du maire de Beaugency. — Lettre rectificative adressée au *Siècle*. — Suspension du *Mémorial de Lille* par M. Testelin. — Mauvaise foi du *Constitutionnel*. — Les prétendants. — M. Ranc, nommé directeur de la sûreté générale. — Sa circulaire aux préfets. — La dictature. — Son caractère. — Circulaire de M. Marc Dufraisse aux préfets des Alpes-Maritimes, de l'Hérault, de la Savoie et de la Haute-Savoie. — Réponse de Gambetta à l'accusation de dictature à Bordeaux, en 1876. — L'emprunt Morgan. — Article du *Moniteur*.

Le tableau de l'état des partis adverses en province, au moment où la Délégation s'installait à Tours, n'était pas, on se le rappelle, toujours rassurant. Ce fut pire encore quand on fut isolé de Paris et que le décret sur la convocation d'une Constituante eut ouvert le champ à toutes les compétitions, à toutes les espérances.

La réaction était-elle un danger réel et redoutable ? On peut le croire. Ce qui est certain, c'est que cela ne faisait guère question pour les partisans sérieux de la défense et que la réaction apparaissait, aux exaltés du moins, comme une marée montante, inondant toutes les fonctions administratives, militaires, politiques, menaçant de submerger la patrie et, que les ligues, les préfets, les journaux républicains ne cessaient d'avertir la Délégation des agissements de ses adversaires et de l'exciter.

Les ligues surtout étaient singulièrement animées. Que ce fût illusion ou réalité, la réaction s'offrait à leurs yeux sous les couleurs les plus sombres, sous les formes les plus inquiétantes.

A Marseille, la garde civique n'était pas seule à craindre qu'on « n'escamotât » la République, ainsi que s'exprimait un orateur dans une séance de la Ligue ; M. Esquiros, qui était à un autre point de vue que cette milice improvisée, tout en protestant, comme il le faisait dans sa proclamation du 14 octobre contre elle, ne redoutait pas moins que ceux qu'il appelait « les séditieux, leurs ennemis communs, les réactionnaires, et ne signalait pas non plus avec moins de véhémence leurs « menées antipatriotiques. » La Ligue semblait plus émue encore ; l'épouvantail de la réaction était sans cesse, chez elle, à l'ordre du jour. Les délégués d'Avignon, admis à une séance, font connaître les pouvoirs dont ils sont revêtus ; et les premières paroles qu'ils prononcent, sont pour faire savoir que « la réaction tient toujours tête à la Révolution[1]. » Il ne se passait pas de séance où il ne s'élevât quelque voix pour raconter ses faits et gestes et proclamer bien haut que « la Ligue lui ferait baisser la tête.

Les mêmes sentiments se retrouvaient dans la

---

1. Le Gouvernement lui-même était mis en cause, appelé à la barre, à titre de complice. Un jour M. Gaston Crémieux déclarait qu'on maintenait avec intention « des fonctionnaires abhorrés. » Et ce qu'on faisait au sein de la Ligue, on le faisait encore mieux et plus hardiment au dehors. Le 19 octobre, dans une réunion publique à l'Alhambra, une motion fut élevée à l'occasion de la retraite de l'armée des Vosges ; on demanda la destitution du général Cambriels et du préfet des Vosges, puis on infligea « un blâme à Gambetta à cause du maintien du général. » La réunion était composée d'environ 4,000 personnes, et le vote eut lieu presque à l'unanimité.

(Voir le rapport de M. de Sugny, p. 280, 281, 281.)

Ligue du Sud-Ouest. Le manifeste que nous avons
publié [1], suffit à l'établir. La Ligue ne cachait pas
que son but était de soutenir contre ses adversaires
politiques la République naissante attaquée de toutes
parts, et, selon elle, mal défendue par le Gouvernement.

Les préfets, peu d'accord parfois avec les ligues, ne
pensaient pas autrement qu'elles, particulièrement
dans certaines régions du sud-ouest et de l'ouest, et
n'étaient pas moins inquiets de la réaction, de son influence croissante, de ses agissements. A entendre certains d'entre eux, qui n'étaient pas toujours des exaltés, il y aurait eu plus que des prétentions et des
espérances du côté des divers partis monarchiques : il
y aurait eu conspiration certaine, avérée. Le préfet de
Tarn-et-Garonne se contentait de dire que la lettre du
comte de Chambord était répandue à foison dans le
Midi [2]. Le préfet de la Haute-Garonne ne parlait que de
l'existence d'une grande agitation des légitimistes et
des orléanistes autour de lui [3]. Mais le préfet de la
Vendée, le même jour [4], laissait croire à une conspiration possible de la part des légitimistes, et son collègue de la Loire-Inférieure mentionnait « des voitures
mystérieuses n'allant que la nuit, » ajoutant qu'il n'é-
tait question dans le département que de poudres, d'armes, de conspiration, que l'on préparait sur les flottes
la nomination du prince de Joinville [5], ajoutant, il est
vrai, quelques jours après, que le manifeste du comte
de Chambord obtenait peu de succès [6]. D'autres préfets, sans rien préciser, sans déterminer le parti ou les
partis qu'ils accusaient, signalaient des menées, des
intrigues, des coteries réactionnaires qui se remuaient;

1. Voir Tome I, chap. vii.
2. *Dépêche* du 14 octobre, t. II. p. 124.
3. *Dépêche* du 11 octobre, t. I, p. 486.
4. *Dépêche* du 14 octobre, 3 h. 45 m.
5. *Dépêches*, t. I, p. 406.
6.   *id.*   t. I, p. 407.

ils présentaient même la réaction comme attristée de
nos succès et heureuse de nos revers [1].

Les accusations n'étaient pas épargnées non plus aux
chefs de l'armée, et, bien qu'en général elles s'adres-
sassent seulement à ceux qui s'étaient compromis avec
le régime déchu, le mal, même restreint ainsi et limité,
n'apparaissait pas moins grave à ceux qui le signalaient. Dans la Corse, le préfet et les sous-préfets cam-
paient comme en pays ennemi, et n'étaient guère sûrs
de leurs troupes. Il y avait eu, le 9 octobre, à Corte,
une manifestation bonapartiste qui avait été facilement réprimée [2]; mais la gendarmerie, toute puissante
dans l'île, prenait partout l'attitude la plus hostile et la
plus insolente. Le colonel de gendarmerie à Bastia,
M. de Mondésert, refusait de reconnaître l'autorité du
sous-préfet, paralysait l'action administrative et laissait à ses gendarmes l'aigle au shako. La poste de
l'île semblait être de connivence avec les adversaires
de la République : elle était soupçonnée d'intercepter
les lettres adressées au Gouvernement [3]. Les mêmes
dispositions, en ce qui concerne la gendarmerie, étaient
signalées par le préfet de Tarn-et-Garonne, qui écrivait à Gambetta d'envoyer à l'armée le commandant de gendarmerie G..., disant qu'au lieu de le servir, ce personnage le ferait plutôt arrêter.

Les officiers supérieurs de la marine étaient eux-
mêmes suspects sur plusieurs points et dénoncés comme
hostiles, comme en guerre ouverte contre la République. M. Ricard, par l'intermédiaire de M. Mahou [4],
préfet des Deux-Sèvres, disait, le 29 octobre, qu'il était
urgent de mettre à la tête de l'arsenal de Rochefort le
chef d'escadron Macé à la place de l'amiral Mazère,
qu'autrement il se trouverait sans autorité « en face de

---

1. *Dépêches*, t. I, p. 15 et 202.
2.   *id.*   t. I, p. 211.
3. Dépêche du 21 octobre, 9 h. 45 m. matin.
4. *Dépêches*, t. II, p. 124.

la réaction et de l'esprit militaire [1]. » A Toulon, l'amiral Chopart laissait trop voir, disait-on, ses sentiments
de regret pour le régime déchu, ne tenait aucun compte
des passions du moment, les irritait même à plaisir,
montrait des exigences aussi implacables qu'intempes-
tives au sujet de l'état de siège en dépit de l'attitude
calme et patriotique de la population [2]. A Cherbourg,
le préfet maritime était formellement accusé de trahison par le préfet de l'Eure [3].

Il y avait comme un nuage d'inquiétudes, de défiances
qui enveloppait tout ce qui, de près ou de loin, avait été
inféodé au régime déchu et avait reçu de lui, à un titre
quelconque, l'investiture. Le préfet de Tarn-et-Garonne
se plaignait du mauvais vouloir de la plupart des chefs
de service des diverses administrations et demandait
d'avoir tout pouvoir sur eux, seul moyen, « seule force,
disait-il, contre la réaction [4]. » Le même préfet et son
collègue de l'Hérault signalaient certains membres considérables de l'Université et demandaient à en être déli-
vrés. Un autre préfet dénonçait les juges de paix, les
percepteurs, etc.

Pour éviter une longue énumération, nous citerons
une dépêche de M. Spuller, préfet de la Haute-Marne;
elle donnera le ton et la note de l'état d'esprit de la
plupart des préfets et de l'opinion dont l'écho arrivait,
chaque jour et de tous les points de l'horizon, au Gouvernement.

« J'ai accueilli avec joie, disait-il, la dépêche dans laquelle vous m'annoncez les élections municipales pour le 25
et celles de l'Assemblée nationale pour le 2 octobre. J'aurai
d'ici là renouvelé toutes les administrations municipales
qui exerçaient une pression sur les électeurs et, les élections
devenant libres, il y a lieu de croire qu'il en sortira le salut

---

1. *Dépêches*, t. II, p. 107.
2.   *id.*   t. II, p. 135, 136.
3.   *id.*   t. I, p. 272.
4.   *id.*   t. I, p. 137.

de la patrie et l'établissement définitif de la République.
Les juges de paix qui ont été les agents administratifs les
plus influents dans les élections, resteront seuls pour entraver ce grand mouvement national. Le temps presse et
il est indispensable que les préfets soient autorisés à les
révoquer et à procéder à l'installation de leurs successeurs
dans le plus bref délai. J'y joindrais le droit pour les préfets
de les éloigner de l'arrondissement de leur résidence jusqu'après les élections. La magistrature est l'ennemie la
plus naturelle de la régénération qui s'opère ; elle se considère comme une morte qui se débat, et se raidit, à ce point
que je n'ai pu, depuis que je suis préfet, faire nommer mon
principal clerc comme mon suppléant pendant le temps que
j'exercerai les fonctions de préfet[1] ; c'est un jeune homme
auquel je pourrais cependant céder de suite mon office et
qui est de Langres.

« Donc destitution des procureurs mise à l'ordre du jour.
Confiez aussi aux préfets le droit de destituer les présidents
des sociétés de secours mutuels et de nommer leurs successeurs[2].

C'étaient surtout, au moins dans bon nombre de départements, les conseils généraux et municipaux, produits pour la plupart de la candidature officielle, et les
maires, expression plus directe du Gouvernement, qui
donnaient des inquiétudes aux préfets et paraissaient
le plus suspects et le plus redoutables. « La dissolution
des conseils généraux est de la première nécessité et de la plus grande urgence, » écrivait le préfet
de l'Hérault[3]. Le 22 octobre, le préfet de l'Ain
disait que son conseil général renfermait « trop d'éléments de discorde et de réaction, était impopulaire et
antirépublicain, et un obstacle à toute entente et résultat patriotique[2], » et il demandait avec instance au
Gouvernement de le dissoudre immédiatement. Les
conseils généraux de Tarn-et-Garonne, de Vaucluse,

1. M. Spuller était notaire à Langres.
2. Dépêche du 17 septembre, 10 h. 25 m. matin, t. II, p. 460.
3. *Dépêches*, t. I, p. 323.

de l'Ariège, etc., étaient présentés comme animés du même esprit, ainsi que la plupart des maires, qui, choisis, triés par le gouvernement impérial et marqués en quelque sorte de son estampille, étaient trop naturellement, quoique parfois sans raison, suspects de subordonner à ce qu'ils croyaient un devoir de reconnaissance, ou à des préférences politiques, ce qu'ils devaient à leur pays.

Pour voir dans tout son jour le tableau que l'on se faisait de la réaction, et dont on plaçait, pour ainsi parler, à chaque heure, quelque trait sous les yeux du Gouvernement, il faut lire les journaux qui le soutenaient.

Le 7 octobre, le *Siècle* de Poitiers attaquait la réaction en général, dans un article de fond, en termes chaleureux et indignés :

« Jugeant avec raison, disait le journaliste, que l'union en face de l'ennemi était indispensable, le Gouvernement provisoire a voulu procéder par voie de concorde. Le salut de la patrie commandant l'oubli des fautes et des erreurs, il a donné l'amnistie pour date à l'ère nouvelle qu'il allait ouvrir... Cette politique, qui certes était généreuse et patriotique, a-t-elle désarmé les rancunes? Les convoitises et les ambitions déçues ont-elles su s'effacer devant l'expression nettement affirmée de la volonté nationale ? Hélas ! non.

« Depuis quelques jours à peine la République est proclamée, et déjà la réaction lève la tête. Ceux-là mêmes auxquels nous devons cette guerre et ses funestes conséquences, les désastres de nos armées, la dévastation de nos provinces, l'investissement de Paris, attaquent avec acharnement le Gouvernement démocratique et préparent le retour d'une restauration. Ils s'occupent de leur prochaine candidature, parcourant les campagnes, présentant aux naïfs paysans les républicains comme des traîtres, qu'il faut rendre responsables de tous les malheurs de la patrie.

« Les anciens organes officieux se sont aussi mis à l'œuvre. Ils représentent notre situation comme désespérée. L'anarchie a ses franches coudées ; des concessions déplorables

sont faites à la démagogie ; la France enfin court à sa perte.
Voilà ce qu'on lit chaque jour dans des feuilles françaises !

« Il faudrait cependant en finir avec ces prétentions dynastiques ! Ce serait un crime aujourd'hui, que de laisser agir, en pleine liberté d'action, tous ceux qui, se faisant un jeu du salut de la France, ne veulent que renouer le lien rompu le 4 Septembre [1] ! »

Autour de l'accusation générale d'hostilité systématique contre la République se groupaient des dénonciations quotidiennes de faits à l'appui. Un jour, le *Contribuable de Rochefort* priait la presse républicaine de reproduire les faits suivants : « A Marseille, un capitaine de vaisseau est arrêté parce qu'il a conservé sur ses boutons les insignes impériaux. A Rochefort, l'autorité inflige quinze jours de prison aux pompiers qui ont enlevé l'aigle de leur casque. L'aigle était mobile, il n'y a pas eu de détérioration [2]. » Un autre jour, c'était l'administration de la marine qui était dénoncée au public par une correspondance de Brest et accusée de conserver dans ses arsenaux, à dessein et sans profit pour la défense, une artillerie considérable [3]. Le 18 octobre, on écrivait de Rochefort à la *Gironde :* « Le mot de République est banni de tous les papiers civils, et je sais un brave citoyen qui a failli être chassé d'un poste aux écritures qu'il occupait, pour avoir effacé, sur un ordre du jour, la mention : *Au nom de l'Empereur!* et avoir inscrit celle-ci : « *Au nom de la République!* » On citait des maires qui avaient scandalisé les populations par leur faiblesse ou leur lâcheté devant l'ennemi; celui de Saint-Arnould, dans l'Orléanais, qui, après avoir préparé un banquet sur la place publique, pour cinquante uhlans, le présidait ensuite *serviette sous le bras* [4]; ceux de Mondidier et de Dreux, qui

---

1. Le *Siècle*, numéro du 7 octobre 1870.
2. 5 octobre.
3. Le *Siècle*, numéro du 26 octobre.
4.   *id.*   10 octobre.

auraient empêché la résistance de leur ville aux. Prussiens [1].

Le *Siècle*, qui recueillait ces faits et qui les dénonçait à la vindicte publique, ajoutait une anecdote assez piquante avec cet en-tête : « *Le général Briand.* »

« Nous sommes heureux, disait-il, d'avoir à donner sur le compte du nouveau commandant de la Seine-Inférieure des renseignements favorables. Le général Briand est jeune, énergique et ses premières mesures prouvent qu'il est disposé à faire tout au monde pour sauver son pays. Il a tout d'abord été aux extrêmes avant-postes visiter les préparatifs de la défense. Là, le maire d'une localité importante du voisinage vint le prévenir qu'il craignait l'arrivée des Prussiens.

— Eh bien ! répondit le général, je vais vous envoyer des canons.

— Mais, objecta le maire, si nous nous défendons, l'ennemi brûlera notre ville.

— Monsieur le maire, répondit sévèrement le général, j'ai décidé que votre ville serait défendue, et je la défendrai, dussé-je ensuite la brûler de mes propres mains. »

Le même journal, qui, comme on le voit par la manière dont nous venons de l'entendre parler du général Briand, n'avait pas de parti pris d'hostilité à l'égard des généraux, lançait, une autre fois, à l'occasion de la capitulation de Soissons, un foudroyant réquisitoire sous ce titre : *Des Enquêtes !* où, sans préjuger les questions de fait, il invitait le Gouvernement à faire la lumière sur tant de défaillances déplorables et à traduire devant les conseils de guerre les Polhès, les Lamotte-Rouge, les Uhrich, les Mazure ; et, de là, revenant à la question générale, aux agissements de la réaction et aux prétendants, il terminait son article comme il suit :

---

1. Le *Siècle,* numéro du 23 octobre.
2.   *id.*   27 octobre.

« Mais c'est pousser trop loin la méfiance, dira-t-on?

« Oui, nous nous méfions : à qui la faute? Quel spectacle avons-nous sous les yeux ?

« D'une part, des généraux incapables, qui fuient devant l'ennemi et trahissent leurs soldats. De l'autre, des princes ambitieux qui s'agitent, organisent leur parti, travaillent la campagne, préparent leur candidature et ne voient, dans les malheurs de la patrie, qu'un moyen de remonter sur le trône, de renouer le lien rompu par trois Révolutions. Ici, les légitimistes qui conspirent ; là les bonapartistes qui intriguent ; d'un autre côté enfin, des journalistes qui feignent de désespérer du salut de la France et prêchent une paix humiliante.....

« Oui, nous nous méfions, et nous supplions le Gouvernement provisoire d'en faire autant. Qu'il se méfie tant que la liberté publique sera en péril ; qu'il se méfie tant que les alarmes des citoyens seront entretenues par d'indignes propagateurs de sinistres nouvelles. Et qu'il soit persuadé que pour sauver cette République, née au bruit de la foudre, il faut briser tous les obstacles qui voudraient s'opposer à l'énergie de l'action commune [1]. »

Les journaux des partis étaient, comme de raison, accusés de complicité. Le *Siècle* recevait de son correspondant de Tours, le 6 octobre, une statistique des journaux publiés dans cette ville, où il était dit :

« Le *Constitutionnel*, à défaut de Bonaparte, adopterait les d'Orléans ; il manœuvre en conséquence et donne, quand il peut, quelque coup de pied à la République. Le *Français* flotte entre le comte de Chambord et le comte de Paris..... La *Gazette* et *l'Union* sont en campagne pour chasser les Italiens de Rome et la République de France ; elles appellent Dieudonné Chambord « le Sauveur providentiel de notre France ». *L'Indre-et-Loire* n'ose pas appeler Napoléon III le Père du peuple, mais cependant son rédacteur en chef, Ladevèze-Cassagnac, n'a pas perdu tout espoir de restauration. »

Le langage de la presse hostile n'était pas fait pour

_____

1. Le *Siècle*, numéro du 19 octobre 1870.

dissiper les méfiances. L'*Union* et la *Gazette*, sous prétexte de condamner les exaltations du patriotisme des grandes villes du Midi, lançaient chaque jour des invectives contre le parti républicain. L'*Union* avait écrit, dans son numéro du 11 octobre, les lignes suivantes sous la signature de M. Laurentie :

« Il y a plus de rapports que l'on croirait d'abord entre les horreurs de la guerre telle que la font les barbares, et les horreurs de l'anarchie telle que la pratiquent les démagogues.

« Le principe est le même. Ce principe est le mépris de la loi divine, sans laquelle il n'y a pas de loi.

« C'est le principe de la Révolution universelle, en vertu duquel les royautés sont abattues, les provinces sont conquises et annexées, les propriétés sont violées, la liberté personnelle est subordonnée à la force brutale, la horde enfin est souveraine et les gredins sont rois.

« C'est l'envahissement, c'est le vol, c'est le meurtre, c'est tout ce que la guerre a de criminel, tout ce que l'anarchie a de hideux.

« Nous nous récrions à bon droit, contre les déprédations des Prussiens ; elles dérivent des mêmes principes que les fureurs des démagogues. La guerre est atroce par la même raison qui fait la démocratie barbare. »

Et M. Poujoulât, dans le même numéro, donnant à l'outrage une formule de circonstance, appelait les républicains, et particulièrement le préfet de la Haute-Garonne, « les Prussiens de l'intérieur. »

Naturellement, les journaux républicains, en prenant acte de ces déclamations violentes, usaient de représailles, et, pour eux, les véritables Prussiens de l'intérieur, c'étaient les hommes et les partis qui profitaient des malheurs de la patrie pour tenter de faire valoir leurs prétentions, qui mettaient leurs hommes au-dessus du grand intérêt de la défense et n'avaient pas assez de patience ou de vertu patriotique pour attendre le moment où il serait permis à la France, affranchie de la guerre, de manifester sa volonté.

Indépendamment du langage de la presse de l'opposition monarchique, et de la masse des faits articulés contre les fonctionnaires de tout ordre, l'opinion républicaine avait d'autres raisons pour dire que les prétendants n'avaient pas abdiqué, qu'ils n'étaient pas des fantômes évoqués à plaisir par l'imagination ou le calcul des journalistes. Le manifeste du comte de Chambord n'était pas une chimère. Il avait été publié par les journaux et répandu partout où l'on avait espéré qu'il porterait des fruits. La *Situation* de Londres, journal bonapartiste, parlait, dans son second numéro, d'un projet de manifeste que l'empereur se proposait d'adresser au peuple français, si malheureusement la guerre, « *engagée contre son gré*, » aboutissait à de nouvelles catastrophes. « L'homme qui s'est conduit à Sedan comme un héros, disait M. Hugelman, ne saurait ni avoir dit son dernier mot, ni songer à trahir ses devoirs en oubliant ses droits. » Et l'interprète, plus ou moins autorisé de Napoléon III, ajoutait, comme pour passer de l'intention au fait, au risque, il est vrai, de livrer au ridicule son patron et de s'attirer un démenti immédiat de celui qu'il mettait en scène à côté de lui en l'affublant d'un rôle impossible :

« Le fondateur de la *Presse* et de la *Liberté*[1] est avant tout l'homme de l'audace ; mais il est aussi l'homme de la justice et de la raison. A ces divers titres, ne serait-il pas possible qu'il ait pris la résolution d'appeler à Limoges tous les membres du Corps législatif et du Sénat qui ont conscience de leur devoir? Ce serait là un digne couronnement d'une carrière agitée il est vrai, mais toujours consacrée au service de la France et de la véritable liberté. »

Ainsi, le même vent soufflait de tous côtés et apportait au Gouvernement le même cri d'alarme. Les pré-

1. M. Emile de Girardin.

fets et les journaux l'avertissaient chaque jour de ce
qui se passait autour d'eux, lui signalaient les mêmes
écueils, lui montraient les mêmes points noirs sur toute
l'étendue de l'horizon.

Au milieu de toutes ces excitations, la tentation pouvait être grande de s'y prêter et d'ajouter, comme on
le demandait si souvent, l'arbitraire à la dictature née
de la Révolution, de jeter par terre tout ce qui avait
tenu au pouvoir qu'elle avait renversé. Elle pouvait
l'être d'autant plus qu'on était accusé d'y succomber
et qu'on pouvait craindre de n'avoir que les inconvénients de la moderation sans ses avantages. Gambetta
y résista. Il n'opposa à la reaction ainsi accusée et
recommandée impérieusement en quelque sorte à sa
vigilance, que la vigilance elle-même et les règles de la
politique modérée et ferme qu'il avait adoptée dès le
premier jour. Dans la situation si dangereusement com-
pliquée qui lui était signalée, il pensa qu'il suffisait,
pour en conjurer les périls, d'une méthode et d'un
homme ; mais la méthode était profondément méditée,
et l'homme, comme nous le verrons, parfaitement
choisi.

Ainsi — et ceci a une grave importance en temps
de révolution — dans ses rapports avec les administrateurs, il commença par fixer les limites les plus
étroites à son autorité et s'imposa, outre le respect des
lois existantes, celui des règles des administrations,
telles qu'elles sont entendues et pratiquées dans les
temps ordinaires, ne consultant, dans les cas de dé-
rogation, que les nécessités de la situation acceptée le
4 Septembre. Rien ne le fit départir du principe directeur de sa politique, qui était de maintenir, d'une part,
les droits de la Révolution du 4 Septembre contre ses
ennemis, et, d'autre part, ceux de la loi contre ses
amis, quelles que fussent les difficultés de la lutte à
soutenir pour rappeler sa lettre à M. Jules Favre, soit
avec les exaltés, soit avec les réactionnaires.

C'est un préjugé de parti de croire que les fonctionnaires sont liés nécessairement d'opinion et de cœur
avec le gouvernement qui les nomme et qu'ils servent.
Une telle conception nous reporte au point de vue des
gouvernements absolus. Elle implique l'oubli d'abord
de cette distinction fondamentale de l'administration et
du gouvernement, et elle méconnaît que, parmi les
fonctionnaires qui reçoivent l'investiture du gouvernement, il en est qui reçoivent en même temps un caractère
d'absolue indépendance.

Le fonctionnaire, considéré dans le sens large du
mot, est le serviteur de la société et du pays. Il n'est
le serviteur du gouvernement proprement dit que dans
les emplois purement politiques : il est dans la même
position que le soldat vis-à-vis de son colonel, et l'on n'a
jamais dit que le soldat servait son colonel. A le bien
prendre, le gouvernement lui-même, selon la doctrine
des sociétés modernes, n'est pas autre chose que le
serviteur de la société dans une sphère d'action déterminée, et il n'a pas un autre caractère ni un autre titre
que celui du fonctionnaire public, de sorte que les révolutions, quand elles n'attaquent pas les principes,
mais seulement les personnes, sont tout simplement des
destitutions. Il en résulte, entre autres conséquences,
que le fonctionnaire, qui n'a pas un caractère absolument politique, n'a pas son sort lié à celui du gouvernement.

La destitution du premier de tous les fonctionnaires peut bien atteindre ceux qui sont ses agents
propres, les ressorts de sa propre machine ; mais elle
n'implique pas le moins du monde celle des autres.
L'homme qui remplit une fonction sociale, reste après
la chute de l'autre, et a le droit de rester. De plus, ses
sentiments, ses préférences politiques lui appartiennent,
avant comme après, et personne n'a à s'en occuper ou
à y redire ; ses actes seuls, dans certains cas et en vue
d'un intérêt évident et supérieur, donnent le droit

au gouvernement nouveau de le traiter en ennemi ou en rebelle.

Gambetta s'était placé à ce point de vue, dès le premier jour, pour juger la question des fonctionnaires. Il avait commencé par établir la distinction nécessaire entre les fonctionnaires de l'ordre administratif et de l'ordre politique, et même il avait fallu des raisons tout à fait décisives, dans l'ordre politique, pour remplacer les agents ou les conseils élus [1]. Il est vrai, le 15 septembre, le ministre de l'intérieur demandait des renseignements exacts sur « la nécessité de maintenir ou de remplacer les agents du régime déchu, appartenant à l'ordre administratif [2]; mais la circulaire ne visait que les personnages qui pouvaient abuser de l'influence de grandes positions au détriment du Gouvernement de la Défense. Sa pensée vraie se trouve exprimée dans une dépêche envoyée par M. Eugène Spuller à son frère, préfet de la Haute-Marne. Le préfet aurait voulu absorber toutes les administrations et prendre la haute main sur l'autorité militaire [3]. Le 1er novembre, à l'occasion d'un conflit avec le général qui commandait la place de Langres, son frère l'engageait à procéder avec prudence dans l'usage de l'autorité dont il était armé, et ajoutait : « A la rigueur, représentant de M. Gambetta, tu as comme lui les pouvoirs de l'intérieur et de la guerre, mais il faut l'imiter : jamais il n'empiète sur les finances, la justice, l'instruction publique. »

Dans l'ordre politique et les divers services qui tiennent à l'action même du gouvernement, qui en sont les organes essentiels, sans lesquels il ne pouvait pas, au milieu des circonstances exceptionnelles où l'on était, atteindre ses fins, il fallait de toute nécessité s'attacher à un système exceptionnel comme elles. Les maires,

---

1. Voir la déposition de M. Gambetta devant la Commission d'enquête, t. I, p. 568.
2. Dépêche du 15 septembre, 5 h. soir.
3. Lettre du 17 septembre.

les conseils municipaux, les conseils généraux, nés sous
l'empire, attachés à l'empire, ne pouvant pas offrir au
Gouvernement des garanties certaines de concours,
pouvant même être des obstacles, il était de son devoir
et par conséquent de son droit de les soumettre à son
action ou même, le cas échéant, de les écarter. C'était
une conséquence de la Révolution du 4 Septembre et
de la responsabilité dont le Gouvernement s'était chargé
en se proclamant Gouvernement de la Défense nationale, d'exiger de tous ceux qui prenaient une part quelconque à son action politique, comme à son action
militaire, leur concours le plus complet et de se séparer
de ceux qui le refusaient ou qui auraient été impuissants
à le faire par suite de leur situation devant l'opinion,
et à plus forte raison de ceux qui s'attachaient à nuire
au lieu de servir. Seulement cette politique, que la logique imposait aussi bien que le patriotisme, devait
s'appliquer avec mesure, avec discernement, savoir au
besoin résister aux entraînements, aux soupçons, aux
excès de zèle et ne pas voir, de parti pris, des conspirateurs ou des traîtres dans les hommes qui avaient
eu une part du pouvoir sous le Gouvernement déchu.

Le 7 septembre, Gambetta traçait, conformément
à ces principes, son plan de conduite à l'égard des municipalités, dans une circulaire confidentielle adressée
aux préfets :

« Vous devez, disait-il, en premier lieu et en règle générale, vous efforcer de vivre avec les municipalités existantes
et tirer d'elles tout le parti possible au point de vue de la
défense. Révoquez les maires récalcitrants comme moyen
d'influence sur les conseils, mais en seconde ligne. Enfin
suspendez, en dernier lieu, les conseils eux-mêmes, mais en
ayant soin de référer immédiatement au ministre qui rati-
fiera après examen le rapport envoyé [1]. »

Le 11 septembre, une circulaire plus explicite en-

---

1. Dépêche du 7 septembre, 11 h. 5 m. matin.

core était envoyée dans les départements au sujet des maires.

« Faites dresser immédiatement, disait le ministre aux préfets, un tableau complet de tous les maires de votre département sur trois colonnes : la première portant ceux que vous pouvez conserver comme vous secondant dans l'œuvre de la défense nationale ; la seconde portant ceux qui décidément se montreraient disposés à entraver cette œuvre, la seule qui doive occuper tous les Français ; la troisième enfin portant les successeurs que vous pourrez me désigner comme étant capables de remplacer les maires dont vous ne pourriez utiliser le concours. Sur ce travail, auquel je vous prie de donner tous vos soins et que vous devrez entreprendre à l'unique point de vue de la défense nationale, je me prononcerai et ratifierai toutes révocations absolument nécessaires[1]. »

Enfin, le 16 septembre, une nouvelle circulaire confidentielle rappelait et confirmait ces instructions à l'égard des maires et les étendait aux conseils municipaux :

« Depuis l'élection des nouveaux conseils municipaux les 6 et 7 août derniers, les maires actuellement en fonctions n'ont qu'un caractère absolument provisoire. C'est pour cette raison que, dans mes premières instructions, je vous ai autorisé à révoquer tous les maires qui ne prêteraient pas le concours sur lequel vous avez le droit de compter. Je confirme ces premières instructions et vous autorise de nouveau à révoquer tous les maires qui ne sont pas décidés à nous seconder ou qui seraient trop compromis devant l'opinion.

Constituez aussi partout où besoin sera, des municipalités provisoires capables de vous soutenir dans l'œuvre de la défense nationale...[2] »

Il en fut de même dans la question des conseils généraux. Lorsque, sous la pression des événements, Gam-

---

1. Dépêche du 11 septembre, 10 h. 12 m. soir.
2. Dépêche du 16 septembre, 10 h. 12 matin, t. II, p. 238, 239.

betta s'en prit à ces conseils, il ne fit qu'appliquer la
même règle, étendre plus complètement les principes
de la politique imposée au Gouvernement de la Défense
nationale par son origine. Mais il ne fut conduit à cette
extrémité de la logique que par la nécessité. Jusqu'alors,
il laissa les choses dans l'état, sans les supprimer,
sans vouloir non plus qu'on y substituât un autre pouvoir, et il fit dissoudre la commission départementale
que M. Esquiros avait constituée pour remplacer le conseil général des Bouches-du-Rhône [1].

Ce système, si correct, adopté par le ministre de l'intérieur dans ses rapports avec les divers pouvoirs sur
lesquels il avait une action directe, sur lesquels, par
cette raison, il avait le droit de compter pour l'accomplissement de sa mission, nous en retrouvons l'esprit
dans celui qu'il suivit à l'égard du parti réactionnaire
tout entier, que celui-ci montrât son hostilité dans les
fonctions qu'il avait gardées, ou bien au dehors, là où
il avait sa pleine liberté d'action.

Gambetta adressait le 26 octobre une circulaire aux
préfets où il était dit :

« Veuillez prévenir tous les maires de toutes vos communes que la résistance à l'ennemi est plus que jamais à
l'ordre du jour, que tout le monde doit faire son devoir,
notamment les magistrats municipaux, qui ne peuvent faire
moins que les gardes nationaux mobilisés. Après les héroïques
exemples donnés par des villes ouvertes, par des villages
exclusivement gardés par des compagnies de pompiers, il
est d'absolue nécessité que chaque ville, chaque commune
paye sa dette à la défense nationale, que tout le monde se
pénètre du devoir qui est imposé à la France. »

Quelques jours après, le 28 octobre, le *Siècle*, après
avoir cité la circulaire, la faisait suivre de quelques réflexions.

« Nous aimons à croire, disait le journal, que cette

---

1. Dépêche du 28 octobre, 6 h. soir, t. II, p. 285.

recommandation ne sera pas perdue. C'est une honte pour la France que le Gouvernement se soit trouvé dans l'obligation de la faire publiquement. Dans la situation terrible où nous sommes, il était à espérer que chacun remplirait de lui-même son devoir de citoyen. Malheureusement le pays a pu constater de nombreuses défections de ceux que leur mandat appelait précisément à donner le bon exemple. Aujourd'hui les voilà avertis. Que ceux d'entre eux qui ne se sentent ni le courage ni l'énergie nécessaires pour se mettre à la hauteur des circonstances, donnent leur démission. On les remplacera et il ne leur sera rien fait, Mais, s'ils restent, qu'ils soient dignes ! Quiconque remplit volontairement une fonction, en assume la responsabilité. Chacun à son poste comme la sentinelle. Châtiment et infamie pour celui qui l'abandonne [1] ! »

La circulaire et les commentaires qui en étaient faits par la presse, avaient été précédés et provoqués par des faits, moins nombreux cependant qu'on n'aurait pu le croire et qu'on ne le disait quelquefois avec cet esprit d'exagération qui est le propre des grandes crises ; mais le châtiment ne s'était jamais fait attendre : tous les maires coupables, signalés au Gouvernement ou à ses représentants dans les départements, furent frappés aussitôt et dénoncés à l'indignation de tous dans des notes officielles.

Le premier maire signalé à l'opinion publique pour son manquement au devoir, fut M. Batardon, maire de la ville de Dreux. Le 18 octobre, le *Moniteur* insérait la note suivante :

« A la suite des douloureux événements dont la ville de Dreux et les environs ont été le théâtre dans les journées des 9, 10 et 11 octobre, M. Batardon, maire, qui se devait à lui-même autant qu'à ses administrés et à ses devoirs envers la France, d'essayer au moins une tentative de résistance,

---

1. Le *Siècle*, numéro du 28 octobre 1870.

avait été mis en arrestation. Amené à Tours, il a subi un interrogatoire, d'où il est résulté que M. Batardon n'a été, dans ces tristes circonstances, que l'instrument à l'aide duquel des gens décidés à tout plutôt qu'à se battre, et au nombre desquels on a le regret de compter certaines autorités de la ville, ont consommé l'acte de lâcheté qui laissera une trace si malheureuse dans l'histoire de Dreux. Dans cette situation, on a pensé que M. Batardon, ancien maire officiel de l'empire, devait être abandonné, comme ses conseillers et ses complices, au verdict de l'opinion publique. Aujourd'hui il est libre. Qu'il retourne, s'il l'ose, au milieu de ses concitoyens, c'est là qu'il trouvera le châtiment que mérite un tel oubli de ses devoirs de magistrat et de français [1]. »

Le jour même où paraissait cette note infamante au *Moniteur*, le préfèt de la Somme révoquait le maire provisoire de Montdidier, qui avait été conservé dans un but de conciliation, et qui, manquant à tous ses devoirs, avait fait désarmer la garde nationale, à la nouvelle seule de l'approche de l'ennemi. Voici l'arrêté préfectoral avec les raisons qui le motivaient :

« Considérant que le maire provisoire de la ville de Montdidier et le conseil municipal conservés par nous dans un but de conciliation, au lieu d'encourager la résistance à l'ennemi, ont exigé le désarmement de la garde nationale ;

« Considérant que, malgré la protestation de la garde nationale, ils se sont opposés par tous les moyens possibles au réarmement avant que l'ennemi ne fût signalé ;

« Considérant qu'à l'annonce de l'arrivée du détachement prussien, le maire a défendu au tambour de battre le rappel ;

« Considérant que tous ces faits constituent lâcheté devant l'ennemi et entraînent indignité pour toutes fonctions publiques ;

---

1. Nous ne faisons que mentionner le fait ; nous aurons à examiner plus tard, à l'occasion d'un rapport de la Commission d'enquête, s'il y a eu ou non culpabilité de la part de M. Batardon.

« ARRÊTE :

« M. Baudeloque, maire provisoire de la ville de Montdidier, est révoqué de ses fonctions.

« La commission municipale est dissoute.

« Fait à Amiens, le 18 octobre 1870.

> « Le préfet de la Somme,
>
> « J. LARDIÈRES. »

Le 26 octobre, le vice-président du conseil de préfecture, faisant fonctions de préfet des Vosges, adressait au ministre de l'intérieur la dépêche suivante :

« M. Charles Benoît, adjoint au maire de Mirecourt et M. Phélisse, maire de Wittel, se sont rendus les agents complaisants de l'autorité prussienne en transmettant sous leur contre-seing dans les communes les affiches et proclamations du préfet prussien et du gouverneur allemand de Lorraine. Ils ont par cela même invité les citoyens à se soumettre et à payer les contributions réclamées. J'ai suspendu ces deux fonctionnaires. Je demande leur révocation immédiate. Je solliciterai celle de tous les magistrats municipaux qui, dans les localités non occupées par des troupes, se rendraient, par crainte ou faiblesse, les serviteurs de l'ennemi, actes de rigueur nécessaires en ce moment[1]. »

Et aussitôt le Gouvernement faisait insérer au *Moniteur* la note suivante :

« M. Charles Benoît, adjoint au maire de Mirecourt (Vosges), et M. Phélisse, maire de Wittel, ayant contresigné des affiches et proclamations des ennemis de la France et manqué ainsi à tous leurs devoirs de magistrats et de français sont et demeurent révoqués de leurs fonctions[2]. »

Il faut le répéter, les faits étaient moins fréquents qu'on ne l'a cru et surtout qu'on ne le croyait à cette

---

1. Dépêche de Neufchâteau, 26 octobre, 11 h. 27 m. matin.
2. Le *Moniteur*, numéro du 28 octobre.

époque, où les bruits de trahison et de lâcheté étaient ce qui manquait le moins, et trouvaient le plus de créance. Il arrivait même quelquefois, non pas seulement qu'on inventait des coupables, mais qu'on en tuait à tous risques, tantôt de bonne foi et dans les meilleures intentions, tantôt pour attirer l'odieux sur le Gouvernement, quitte à être obligé, le lendemain, de ressusciter les morts, comme le prouve l'histoire du maire de Beaugency. Le 23 octobre, on annonçait au *Siècle*, à Poitiers, que le maire de Beaugency avait été amené à Tours garotté par les francs-tireurs, accusé d'avoir désarmé la garde nationale à l'approche de vingt maraudeurs prussiens, d'avoir mis sa cave à leur disposition et rempli à leur égard tous les devoirs de la plus cordiale hospitalité. Ce n'était pas tout : le même jour, la *Liberté* annonçait que le malheureux maire avait été passé par les armes. Or, il se trouvait que tout cela était faux, que le maire de Beaugency avait rempli son devoir de fonctionnaire et de citoyen, que non seulement il n'avait pas été arrêté par les francs-tireurs et encore moins exécuté par le Gouvernement, mais qu'il restait à son poste : si bien que le *Siècle*, qui s'était trop empressé d'accueillir les nouvelles données par la *Liberté*, se trouvait dans la nécessité quelques jours après de les démentir.

Un des soucis, une des règles de conduite du Gouvernement a été de ne pas abandonner au pouvoir les principes que ses membres avaient professés dans l'opposition. Nous avons vu dans les affaires de Marseille, comment Gambetta avait marqué ce souci et s'était montré fidèle à cette règle. Dans toute la période que nous parcourons, il n'y a qu'un seul cas de suspension de journal, (le 18 octobre à Lille) et cette mesure de rigueur prise par M. Testelin, commissaire général pour les départements du nord, était motivée uniquement par l'intérêt de la défense.

Voici le texte de l'arrêté de M. Testelin :

« La commission générale de la Défense nationale, dans les départements de l'Aisne, du Nord, du Pas-de-Calais et de la Somme :

« En vertu des pouvoirs qui lui ont été conférés ;

« Vu l'article du *Mémorial de Lille*, en date de mardi matin, 18 octobre 1870, annonçant qu'un conseil de guerre tenu à la préfecture aurait décidé que Saint-Quentin ne pouvait être défendu ;

« Attendu qu'en émettant cette nouvelle le journal précité a non seulement contrevenu aux invitations faites à la presse, tant par le commissaire de la Défense que par le Gouvernement central, d'avoir à s'abstenir d'annoncer les dispositions militaires, mais encore qu'il a commis dans les circonstances actuelles *un véritable acte* de trahison ;

« Attendu qu'il importe d'empêcher la réitération de pareils faits ;

« Arrête :

« Article premier. Le journal le *Mémorial de Lille* est suspendu pour un mois, à partir de ce jour.

« Art. 2. Le commissaire est chargé de la notification du présent arrêté. »

Il est douteux qu'aujourd'hui, parmi les partisans les plus déterminés de la liberté absolue de la presse [1], il se trouvât quelqu'un pour blâmer la mesure prise par M. Testelin en face d'un délit aussi caractérisé. A peine, même alors, s'éleva-t-il quelque protestation isolée. C'est qu'il ne s'agissait pas ici de politique, mais de patriotisme. Le délit était tellement patent et indiscutable que le *Constitutionnel*, qui s'était permis de qualifier l'arrêté de M. Testelin, d'*abus de pouvoir*, se gardait bien, en le mentionnant, d'en reproduire les considérants. Une certaine pudeur le retenait. Mais

---

1. Il n'y a pas à parler des autres, surtout de ceux qui depuis, en pleine paix civile et étrangère, ont commis tant d'attentats contre cette liberté sous prétexte de périls imaginaires.

l'omission même était assez significative : elle accusait le journaliste ; elle justifiait ce qu'il blâmait.

La même politique de modération se pratiquait contre les prétendants.

Le comte de Chambord n'abdiquait pas, puisqu'il arborait ouvertement son drapeau comme signe de ralliement, de concorde et de salut ; Napoléon III ne renonçait pas à se relever de sa chute, puisqu'il entretenait des journaux à sa solde à l'étranger, où il se présentait comme le seul homme capable de rendre au pays l'ordre et la paix ; les princes d'Orléans n'étaient pas non plus sans quelque arrière-pensée monarchique pour leur compte, et ce n'était pas simplement par esprit chevaleresque et pour se préparer les éléments d'une des plus aimables légendes de notre siècle, comme le disait un jour assez naïvement M. le duc d'Audiffret-Pasquier à la tribune de l'Assemblée nationale, que l'un deux se cachait sous le pseudonyme de Robert le Fort dans les rangs de l'armée de la Loire. Mais il n'y avait pas, même chez les Bonapartes, quelque chose qui ressemblât à des complots, à des conspirations, visant un but actuel ou même tendant à une action quelconque dans un avenir prochain. Aucun des prétendants n'était assez aveugle pour espérer une chance de succès en ce moment, ni assez insensé pour désirer prendre le pouvoir dans une partie si chanceuse, pour ne pas dire désespérée. Ce qui est incontestable seulement, c'est que l'on se tenait prêt pour des éventualités trop probables ; c'est que bien des hommes politiques, par calcul personnel ou par découragement de la guerre et désir immodéré de la paix, travaillaient à énerver et à compromettre l'œuvre de la défense. Les amis de la République le craignaient, et les prétendants tenaient une grande place dans leurs préoccupations. Il était donc important d'avoir l'œil ouvert sur eux, de se pourvoir même contre l'impossible.

Gambetta comprenait qu'il fallait tenir compte de cet

état des esprits. Le parti pris de maintenir partout le respect de la loi ne lui interdisait pas la prévoyance, le droit de regarder autour de lui, de voir et de surveiller. Dans sa dépêche du 15 octobre à M. Jules Favre, où il résumait l'état général des choses tel qu'il l'avait trouvé au moment de son arrivée en province, il disait :

« Les bruits de conspiration légitimiste et orléaniste circulent, et plusieurs de nos préfets sont en éveil. On annonce même la présence de quelques prétendants sur le territoire. Je fais surveiller avec circonspection et si ces prétendants sont assez audacieux pour mettre le pied sur le sol, je ferai exécuter les lois [1]. »

C'est dans ce but et pour mettre cette surveillance circonspecte en mains sûres qu'il appela M. Ranc à la Direction de la sûreté générale par l'arrêté suivant :

« Le membre du Gouvernement de la Défense nationale, ministre de l'intérieur ;
« En vertu des pouvoirs à lui délégués par le Gouvernement, par décret en date de Paris du 1er octobre 1870,

« ARRÊTE :

« M. Ranc, ancien maire du neuvième arrondissement de Paris, est chargé des attributions de Directeur de la sûreté générale dans toute l'étendue du territoire de la République.

« Fait à Tours, le 21 octobre 1870.

« Léon GAMBETTA.

« Par le ministre :
« Le secrétaire général,

« Jules CAZOT. »

Nul choix ne pouvait valoir celui-là.
M. Ranc, écrivain et polémiste distingué, esprit ferme

1. Dépêche du 15 octobre, arrivée le 18 à Paris par pigeon.

et résolu, d'une énergie, comme d'un courage à toute épreuve, qui n'est égalée que par son sens et pour ainsi dire son flair politique, a été longtemps pour la réaction une sorte d'épouvantail. Sans être aussi terrible alors qu'il l'a paru depuis, son nom avait pourtant sa signification. On connaissait ses convictions profondes, réfléchies, mûries et fortifiées par les persécutions de l'empire, sa rudesse républicaine, et, pour ainsi parler, son puritanisme. D'aucuns savaient aussi qu'il avait de plus la sûreté du coup d'œil, la passion en quelque sorte instinctive pour les choses du ressort de la fonction à laquelle il était appelé. On était ainsi averti. Le choix que venait de faire Gambetta, avait un autre avantage qui pouvait être apprécié en certains lieux. Le nom du nouveau titulaire de la sûreté générale était pour la fraction ombrageuse et exaltée du parti républicain une garantie de surveillance active, d'habileté dévouée, et presque de vigilance infaillible.

M. Ranc toutefois et quel que fût son attachement à la République, n'apporta pas dans son poste que des préoccupations de police. S'il surveillait avec vigilance les ennemis de la République, il ne veillait pas moins aux soins de la défense dans la sphère de ses attributions. Il débuta par la circulaire suivante qu'il adressa aux préfets dès le lendemain même de sa nomination, le 22 octobre :

« Monsieur le Préfet,

« Le Gouvernement de la Défense nationale a pris récemment des mesures pour empêcher le transport de bestiaux, denrées ou produits industriels qui pourraient être destinés au ravitaillement de l'ennemi.

« Je suis informé que, malgré ces mesures, les transports dont il s'agit, ainsi que les fournitures de diverse nature, seraient effectués ou tentés par des individus chez lesquels l'appât du gain paraît avoir étouffé tout sentiment d'honneur.

« Je vous prie, monsieur le Préfet, de donner les ordres les plus sévères pour que les opérations de commerce, ventes ou achats, ayant pour but de procurer des ressources à l'armée prussienne, ne puissent avoir lieu. Et dans le cas où un individu serait convaincu d'avoir négocié une affaire de vente ou de transport de bestiaux, denrées ou produits industriels destinés à l'ennemi, il devrait être immédiatement arrêté et mis entre les mains de l'autorité militaire pour être traduit devant une cour martiale.

« A. RANC. »

A propos de la politique que nous venons d'étudier, le mot de dictature a été bien souvent prononcé. C'est l'accusation dont on a prétendu l'accabler dans la période que nous parcourons, comme on l'a fait depuis dans d'autres circonstances, comme on le fait encore aujourd'hui pour flétrir la mémoire de celui qui l'a dirigée. Il faut donc le peser, ce mot qui revient sans cesse, cette accusation éternelle, que rien n'arrête, pas même l'évidence du contraire, et dire enfin ce que fut cette dictature qui tint une si grande place dans la polémique du temps, et dont on a évoqué si longtemps le fantôme comme pour faire croire qu'il a répondu jamais à une réalité.

M. Marc Dufraisse, en prenant possession de son poste de préfet des Alpes-Maritimes et de commissaire général des départements du Var, de l'Hérault, de la Savoie et la Haute-Savoie, adressait à ses administrés une circulaire, dont nous extrayons ce passage :

« Un magistrat de l'ordre nouveau, de la loi républicaine, serait inexcusable s'il imitait, au nom de la liberté, les procédés arbitraires du régime violent d'où nous sortons.

« Le seul moyen, selon moi, d'asseoir la République sur une base solide, indestructible, c'est de prouver qu'elle veut avec sincérité, et qu'elle peut, sans péril, respecter les garanties *sociales et politiques* consacrées *par le droit public qui date de* 1789.

« Les mesures illégales, les craintes que ces mesures font

naître, les alarmes qu'elles propagent et entretiennent, ne
furent jamais pour aucun gouvernement, quelle qu'en ait
été la forme, un gage de force et de durée.

« Je compte que vous m'aiderez à remplir ma mission
toute de concorde, de paix et de sûreté[1]. . . . . »

Gouverner avec le droit public de 1789, telle aussi
pourrait être la formule de la politique que nous exa-
minons, avec cette différence qu'en se plaçant sur le
terrain de 1789 et des lois existantes, Gambetta n'envi-
sageait pas seulement l'intérêt de la République,
comme le faisait M. Marc Dufraisse dans sa circulaire,
si attaché qu'il fût d'ailleurs à cette forme de gouvernement, mais l'intérêt suprême qui lui était confié,
celui de la défense. C'est là, en effet, le trait marqué
dans tous les actes de sa politique intérieure, qu'ils
atteignent ses amis ou ses ennemis. L'opinion politique
est chez lui toujours subordonnée à la défense. Sa
dictature est avant tout nationale. Cette dictature
enfin, que l'on faisait et que l'on fait si terrible, a ceci
de particulier que ses rigueurs, au rebours de ce que
l'on avait vu avant et de ce qu'on a vu depuis, elle les
emprunte aux lois, aux lois libérales, non aux lois
dictatoriales de nos Codes, et que ses raisons, elle les
fait découler exclusivement des considérations les
plus évidentes du salut public.

Il faut bien remarquer ce point, la dictature ne sort
pas ici de ces considérations banales, presque toujours
hypocrites, que nous voyons apparaître sous les noms
divers d'*ordre social*, de *péril social*, d'*ordre moral* et
même de *radicalisme latent*, aux époques un peu trou-
blées de notre politique intérieure ; c'est quelque chose
de précis, de défini, de visible pour tous — de trop visible — que l'on invoque, le péril de l'invasion, la nécessité de sauvegarder l'indépendance et l'honneur de la
France. Il faut le remarquer, en outre si, après la capi-

1. *Bulletin de la République française*, 30 octobre 1870.

tulation de Metz, la dictature s'accentue, elle ne franchit jamais certaines limites ; elle ne va jamais jusqu'à l'arbitraire. Elle est toujours nationale et elle reste, autant que possible, libérale. Les déviations, même les plus hardies, ne sont que les conséquences plus rigoureuses de la logique politique appliquée à la Révolution du 4 Septembre, au but qu'elle s'est proposé, au grand devoir national s'imposant de plus en plus avec les dangers du pays. Le véritable esprit libéral, impersonnel, du programme que nous venons de voir à l'œuvre, n'en est pas au fond affecté.

Ce programme, surtout sous la forme où il se présente d'abord, a trouvé bien des contradicteurs dans le parti républicain lui-même. La guerre à outrance semble impliquer la politique à outrance. Le grand exemple de la Convention s'offre aux imaginations comme un argument sans réplique. Sans discuter cette thèse, qui se retrouvera ailleurs, nous ferons en passant, une observation. Bazaine a couvert sa trahison du voile de l'intérêt social, de la nécessité de sauver la société des perturbateurs et des chimériques. Quelle force le prétexte dont il colorait son ambition, n'aurait-il pas tirée de la politique du Gouvernement, si celui-ci avait adopté le système qu'il a combattu, si la politique de Gambetta avait été celle de M. Esquiros, si on avait paru seulement l'accepter ou la subir ?

Mais nous ne saurions mieux faire que d'écouter ce qu'a dit sur ce sujet Gambetta lui-même. Accusé par les ennemis de la |République, lorsqu'il était au pouvoir et surtout après, il avait presque toujours dédaigné de répondre. A Bordeaux, le 13 janvier 1876, dans une réunion électorale, où il venait d'être acclamé candidat par le comité républicain de la première circonscription de cette ville, voulant enfin faire justice de toutes les accusations et venger la vérité de l'histoire, il a dit en parlant du Gouvernement de la Défense nationale :

« Ce gouvernement tant calomnié, savez-vous la vérité vraie, celle vers laquelle on marche, à laquelle on touchera demain ? C'est que la France tout entière entend faire des membres qui composaient le Gouvernement du 4 Septembre ses représentants, ses mandataires, ses élus et ses guides, parce qu'elle sait bien que chez eux elle rencontrera le dévouement, l'ardeur patriotique, la générosité démocratique ; elle sait qu'ils ont un respect absolu de la liberté et des droits de tous. On a voulu les flétrir de l'épithète de dictateurs. C'est un outrage réservé aux conspirateurs, aux coupe-jarrets et aux aventuriers de Décembre. Cette épithète ne saurait ni nous atteindre, ni nous toucher, nous qui, partis de la foule, appartenant au peuple, sortis de ses entrailles, n'avons qu'une passion : le servir et lui rendre des comptes !

« Tranquille sur le jugement de mes contemporains, sur le jugement de l'histoire, ce n'était pas là l'enseignement unique que je voulais faire entendre ici. Il en est un autre que je considère comme aussi sérieux, aussi probant et aussi décisif pour les consciences de bonne foi : c'est que c'est ici, à Bordeaux, pour ainsi dire aux extrémités de la France, à deux pas de la mer, repoussé et acculé par l'ennemi, quarante-trois départements ravagés par ses armes, avec la capitale assiégée et fermée, avec une Europe hostile ou dédaigneuse, avec des partis hostiles ou déchaînés contre lui, que le Gouvernement de la Défense nationale s'est maintenu, et avec quelles armes ? Au nom des libertés publiques, car pas une seule des libertés, celle de la presse, le droit de réunion, le droit d'association, pas une seule n'a souffert, ni une atteinte, ni un outrage. Voilà la dictature ! »

Ce témoignage que Gambetta a pu se rendre à lui-même dans une ville et devant des hommes qui l'avaient vu à l'œuvre, est unique. De tous les gouvernements qui ont précédé celui de la Défense nationale, aucun ne pourrait en produire un pareil : il aura la consécration de l'histoire.

Mais nous avons le droit de dire que, déjà devançant l'avenir, telle était l'opinion générale au moment même. Cette politique libérale et énergique, dont l'énergie était tout entière appliquée à la cause nationale, qui ne s'inspirait de considérations de parti qu'en vue de l'intérêt et du salut de tous, qui ne s'aida jamais, pour résoudre les difficultés d'une situation terrible, que des forces de la conscience et de l'opinion, ne rencontrait d'opposition ou de désapprobation que chez les affamés de la paix et chez les hommes qui spéculaient sur les défaillances du patriotisme pour arriver à leurs fins particulières d'ambition ou de parti. Tout le reste lui rendait justice : le gros de la nation écoutait sa voix et la suivait. Les hommes et l'argent arrivaient de toutes parts au Gouvernement qui la pratiquait. L'armée de Bretagne formée par le décret du 22 octobre et placée sous les ordres de M. de Kératry, l'armée des Vosges, donnée en partie à Garibaldi, se levaient en quelque sorte de terre, sur un signe du Gouvernement. L'emprunt de 250 millions, nécessité par les besoins de la guerre, faisait prime dès le premier jour à Londres. Le *Moniteur* disait le 29 octobre dans un article intitulé l'*Emprunt* :

« L'emprunt de 250 millions émis simultanément en France et en Angleterre a fait prime dès le premier jour à Londres. Que la prime soit de 1 franc, comme le dit l'*Agence Havas*, ou de 1 pour 100, c'est-à-dire de 5 francs, comme nous croyons le savoir par un autre renseignement, ce n'est pas la chose qui importe le plus ; ce qui nous intéresse surtout, c'est la preuve de confiance dans l'avenir de notre patrie que viennent de donner les capitalistes anglais. Les Français qui disposent d'une épargne, ne pouvaient pas montrer en leur propre pays moins de confiance que des étrangers ; aussi apprenons-nous que l'emprunt se couvre avec facilité, quoique le grand marché financier de Paris soit momentanément fermé.

« Hier, dans la seule ville de Tours, il a été souscrit pour un demi-million. Si un centre de population de 45,000 habitants a pu fournir en un jour ce chiffre relativement considérable, on peut juger ce qu'a donné ou donnera le reste du territoire.

« L'emprunt doit être souscrit ou bien près de l'être. Sans doute, il est émis dans des conditions exceptionnelle- ment favorables pour les souscripteurs ; il se passera du temps avant que l'épargne retrouve un placement de 7 1/4 pour 100 ; mais aussi les circonstances sont difficiles, et le capital, par l'empressement qu'il met à se porter dans les caisses de l'État, prouve qu'il ne s'effraye pas des embarras présents, autant qu'il le fit de la crise, pourtant simplement intérieure de 1848, et qu'il ne doute pas de la fortune de la France. Nous le félicitons de cette clairvoyance, qui est aussi du patriotisme. »

Le *Moniteur* avait raison : on ne doutait de la fortune de la France, ni à l'intérieur, ni à l'étranger. *Mole suâ stat,* se disait-on ; les revers ne l'ébranleront pas.

C'est que l'on voyait la France résolue à ne pas se laisser abattre et confiante dans son Gouvernement, dont elle voyait l'opiniâtre et intelligente résolution. Un gouvernement insensé ou faible n'aurait pas ren- contré de telles dispositions. Étant sans honneur et sans politique, il eût été sans crédit. Le crédit chez les peuples ne se donne pas à d'autres conditions que chez les particuliers.

Un épisode de guerre où le patriotisme jeta un vif éclat et qui mérite une place à part dans nos récits comme celle qu'il eut dans nos malheurs, se produisit dans le même temps, qui pouvait accroître la confiance et présenter les meilleurs perspectives. Nous voulons parler de la résistance héroïque de Châteaudun.

CHAPITRE XIII

ORLÉANS ET CHATEAUDUN.

Progrès de l'invasion dans les régions de l'Est, du Nord, de l'Ouest et du Centre. — Engagements divers. — Le général de Lamotte-Rouge. — Combat d'Artenay. — Prise d'Orléans. — Mort du commandant Arago. — Rapport du lieutenant-colonel de Jouffroy. — Véritable cause de l'évacuation de la ville et de la forêt d'Orléans par M. Arnous-Rivière. — Première dépêche de Châteaudun. — Rapport du comte de Lipowski, commandant des francs-tireurs de la Seine. — Dépêche du maire de Cloyes. — Le combat. — Lettre du duc de Saxe-Meiningen. — Les femmes à Châteaudun. — Citation de M. Gustave Isambert. — Conduite du duc de Saxe-Meiningen après le combat. — Incendie. — Dévastation. — Récit d'un témoin oculaire. — Décret du Gouvernement au sujet de la défense de Châteaudun. — Souscription. — Proclamation du général Wittick.

L'invasion continuait son mouvement d'expansion de tous les côtés, au nord, à l'ouest, à l'est et au centre, sans pouvoir être arrêté, ni par les places fortes, ni par les francs-tireurs, ni par les troupes régulières, malgré des efforts méritoires, ici de courage, là d'héroïsme.

Dans la région du Nord et ses alentours, Verdun assiégé depuis le 3 septembre résistait avec énergie[1]. Les assiégés prenaient même parfois l'offensive : le 20 octobre, dans une sortie heureuse, ils enlevaient des postes prussiens et enclouaient vingt pièces |de canon de gros calibre. La Fère n'avait pas une attitude moins louable. Mais Soissons succombait, le 16 octobre, après un formidable bombardement. Dans le même temps, Montdidier et Saint-Quentin étaient occupés, Amiens menacé ; et, malgré la vive résistance

---

1. La *Guerre franco-allemande*, par le grand état-major prussien, 12 liv., p. 239.

qui lui avait été opposée le 28 à Formeries, l'ennemi qui arrivait par le Nord, pouvait espérer qu'il ne tarderait pas à donner la main aux troupes détachées incessamment de l'armée d'investissement de Paris pour opérer dans le bassin de la Seine.

La Normandie, d'ailleurs, et la Beauce étaient de plus en plus entamées. Les Prussiens se rapprochaient chaque jour de Rouen : les prouesses du général Estancelin ne s'étaient pas renouvelées. Chartres était occupé le 21 octobre, et Dreux le 25, après un simulacre de résistance.

A l'Est, Langres, Belfort, Besançon couvraient seuls la région sans pouvoir la protéger contre le flot qui montait toujours, renversant ou ravageant tout sur son passage. Schlestadt, investi depuis le 10 octobre, bombardé à partir du 18, avait capitulé le 24. Une partie de la Haute-Saône et de la Haute-Marne était envahie.

Le 24 octobre, le ministre de la guerre recevait la dépêche suivante :

« Il est urgent d'arrêter l'ennemi à la limite de la Côte-d'Or. Cambriels est menacé. Les mobiles et les gardes nationaux mobilisés, concentrés à Dijon, sont en avant. Les faire soutenir par de l'artillerie et des troupes régulières venant de Lyon est d'absolue nécessité et d'urgence suprême [1]. »

Et, quelques jours après ce cri d'alarme, la ville était ouverte à l'ennemi, qui devenait ainsi maître de toute cette belle contrée.

Cependant on luttait courageusement sur presque tous les points où l'on avait des armes, comme on va le voir par les détails dans lesquels nous allons entrer, détails empruntés soit aux dépêches, soit aux rapports officiels qui nous parvenaient à l'heure même à Tours et qui n'ont pas été démentis.

Le pays trouvait parfois de vaillants défenseurs

---

1. Dépêche du 23 octobre, 9 h. 15 matin.

jusqu'au fond des campagnes. Et d'abord nous signalerons la résistance des deux villages de Varize et de Civry, voisins de Châteaudun, qui fut comme le prélude de celle de cette héroïque cité. A l'approche de l'ennemi, les habitants de ces villages, dont les populations réunies donnaient à peine le chiffre de 1,500 âmes, avaient spontanément armé leurs gardes nationales et se tenaient prêts à tout événement, quand, le 10 octobre, un détachement de cavaliers ennemis vint à traverser inopinément Varize pour se rendre vers Châteaudun. Les gardes nationaux se concertent aussitôt, se réunissent, se jettent sur les cavaliers, leur tuent quelques hommes et emmènent cinq prisonniers. Quatre jours après, deux cent cavaliers se présentent, et laissent onze des leurs aux mains des paysans, qui étaient au nombre de trente tout au plus. Il fallait avoir raison de ces forcenés. Le lendemain, deux colonnes de 600 à 800 hommes, composées de cavalerie, d'artillerie et d'infanterie, cernent la moitié du village (qui est acculé d'un côté à une rivière marécageuse), le pillent, le saccagent et le brûlent ; mais ils ont laissé 50 hommes, dont plusieurs officiers, sur le carreau.

Varize n'était pas le seul coupable dans cette insolente résistance : Civry y avait pris sa part, et méritait le même sort. Les Allemands s'y précipitent et le livrent aux flammes[1].

Partout, sur les points les plus éloignés les uns des autres, soldats, mobiles, francs-tireurs, rivalisaient de bravoure, là surtout où ils savaient être bien commandés.

Le 11 octobre, une brigade de la 2e division de l'armée de la Loire, débordée par l'artillerie prussienne, disputait le terrain pied à pied. Trois bataillons de réserve tinrent l'ennemi en respect pendant trois

---

1. G. Isambert, *La défense de Châteaudun.*

heures, et ne cédèrent que devant une grêle continue de projectiles.

Le 12, le général Cambriels envoyait de Remiremont à Tours la dépêche suivante : « Mes avant-postes ont été hier soir en avant de Bruyères engagés avec des forces considérables, environ 15,000 hommes et beaucoup d'artillerie venant de Saint-Dié ; l'avantage nous est resté[1] ».

Le 16 octobre, le général de division commandant à Rouen, écrivait de son côté au ministre de la guerre :

« J'ai l'honneur de vous rendre compte que, dès l'avis de l'attaque de mes avant-postes à Écouis et à Fleury-sur-Andelle, à huit lieues de Rouen, je me suis rendu immédiatement sur le terrain et que j'y ai constaté qu'un combat avait eu lieu contre une avant-garde ennemie, composée d'un bataillon d'infanterie et de 500 uhlans de la garde prussienne. Un escadron du 3e hussards à Écouis a été attaqué sur trois points différents et s'est engagé avec beaucoup de résolution contre des forces ennemies très supérieures. Des francs-tireurs embusqués dans les bois voisins sont accourus au secours de nos cavaliers et le concours de ces troupes soutenues par deux escadrons du 12e chasseurs a obligé l'ennemi de se retirer. Dans le combat, M. Beuve, sous-lieutenant au 3e hussards, ayant été cerné par deux escadrons de uhlans, avec seize hommes qu'il commandait, s'est fait jour à travers l'ennemi. Mais atteint de trois coups de lance et de trois coups de sabre, il est tombé de cheval et n'a dû son salut que parce qu'il a simulé être mort... Dans une tournée aux avant-postes, j'ai été fort satisfait de l'attitude des mobiles. Je les ai vivement encouragés. Ils m'ont promis avec acclamation qu'ils défendraient le sol sacré de la patrie. La garde nationale sédentaire de Rouen, qui était accourue au secours de nos troupes avec quatre bataillons, a fait preuve dans cette circonstance des meilleurs sentiments patriotiques. Je l'en ai remerciée au nom du pays. Les Prussiens ont perdu dans cette affaire une

1. Dépêche du 12 octobre, 12 h. soir.

trentaine d'hommes. Nous avons eu trois hommes tués et six blessés [1]..... »

Le 17, le général Mazure écrivait de Blois :

« Hier, l'ennemi (50 cavaliers environ) s'est avancé vers Saint-Laurent-des-Eaux, jusqu'au delà du carrefour de Moque-Barry. Les francs-tireurs de la Dordogne et d'Indre-et-Loire, qui occupaient ce carrefour, l'ont laissé passer et ont ensuite fait feu sur lui. L'ennemi s'est replié rapidement avec une perte évaluée à 20 hommes tués ou blessés. Vers 4 heures du soir, une nouvelle reconnaissance appuyée d'infanterie et d'artillerie, s'est avancée dans la même direction; les francs-tireurs étaient à leur poste et l'ont reçue par un feu nourri. L'ennemi s'est retiré et a ouvert un feu assez vif d'artillerie. Ses pertes ont été plus considérables que celles du matin; les nôtres sont nulles. Deux prisonniers ont été faits, un capitaine et un soldat [2]. »

Le 21, deux cents gardes nationaux quittaient Montereau à 3 heures du matin pour aller en reconnaissance vers Nangis. Une centaine de francs-tireurs d'Auxerre s'étaient joints à eux à Nangis. Avertis que 500 Prussiens environ s'étaient enfermés dans la ferme du Grand-Puits, qui était entourée de fortes murailles, ils n'hésitèrent pas à les attaquer malgré la supériorité du nombre et la forte position de l'ennemi. La lutte dura deux heures. Les assaillants ne se retirèrent qu'après avoir épuisé leurs munitions. La garde nationale de Montereau eut deux morts et 5 ou six blessés. Les francs-tireurs perdirent un officier, et eurent une dizaine d'hommes blessés, dont deux officiers.

Le 22 octobre, le commandant Mocquard adressait de Pacy-sur-Eure le rapport suivant au général de Kersalaun, à 10 heures 15 minutes du soir :

« Aujourd'hui à onze heures, le bois d'Hécourt a été attaqué par six pièces d'artillerie, six escadrons de cavalerie et

1. Dépêche du 16 octobre, 6 h. soir.
2. Dépêche du 17 octobre, 6 h. matin.

deux bataillons d'infanterie au moment où nous allions
déboucher du bois pour faire une forte reconnaissance en deux
colonnes. Après une canonnade de deux heures et une vive
fusillade, l'ennemi fut successivement délogé de ses positions
à Villegart, et, craignant d'être tourné, il cessa l'attaque
pour songer à la retraite. Faute de cavalerie, la poursuite
dut être abandonnée. Trois compagnies de l'Ardèche et
la compagnie de Caen, qui marchaient avec nous, ont
donné ; le bataillon de l'Eure a appuyé notre mouvement et
a repoussé à Chaufour les éclaireurs prussiens qui s'y présentaient. L'entrain de notre côté a été admirable. Nos
pertes sont : pour le bataillon de l'Ardèche, deux tués ;
quatre tués dans le régiment d'éclaireurs. Un chef de bataillon, M. Guillaume, bras gauche fracturé, 12 blessés ou fortement contusionnés, un maréchal des logis, la jambe
emportée. »

Le même jour et le lendemain, les Allemands atta-
quaient sans succès les positions de Châtillon-le-
Duc.

« L'ennemi, disait dans sa dépêche de Besançon à la date
du 23 le général Cambriels, est venu de nouveau aujour-
d'hui, à sept heures, attaquer les positions de Chatillon-le-
Duc, contre lesquelles il avait échoué hier. Ce soir à quatre
heures, il s'est retiré. Les journées d'hier et d'aujourd'hui
nous ont été favorables. Nous avons fait quelques prisonniers. Je ne puis rien dire encore de positif sur nos pertes.
Elles sont très minimes. Nos troupes ont presque toujours
occupé des bois qui les couvraient. »

Enfin, le 28 octobre on recevait cette dépêche
d'Amiens[1].

« Engagement ce matin à Formeries à dix heures. Les
Prussiens ont été vigoureusement repoussés par les troupes
fortement secondées par les mobiles du Nord, avec artillerie.
Les Prussiens ont laissé dans le village 7 morts, dont un
officier. Nous avons 3 tués, 20 blessés. »

Bien d'autres engagements partiels pourraient être

---

1. Dépêche du 28 octobre, 10 h. 5 m. matin.

encore cités, qui faisaient honneur à la bravoure française. Malheureusement, ils ne se liaient à aucun plan d'ensemble; livrés presque toujours dans des conditions d'infériorité de nombre, d'armement et même de commandement, ils ne pouvaient pas avoir pour résultat d'arrêter le mouvement de l'ennemi, qui reprenait d'ailleurs ses avantages presque toutes les fois que nous nous concentrions, que nous en venions aux mains dans des combats réguliers, en masses un peu considérables, comme on le vit à Artenay et à Orléans.

Après la défaillance inexplicable du général de Polhès, que nous avons racontée en son lieu, l'ennemi, qui ne s'était jusqu'alors avancé vers la Loire qu'avec une certaine circonspection, s'enhardit. Des forces considérables furent mises aux mains du général Von der Thann, qui reçut le 7 octobre, l'ordre de prendre l'offensive et, comme dit M. Blume, « de chasser toutes les troupes qui se trouvaient dans la région de la Loire[1]. »

En exécution de cet ordre, le lendemain même 8 octobre, le général allemand quittait Étampes à la tête du 1er corps bavarois, de la 22e division d'infanterie et des 2e et 4e divisions de cavalerie de la 3e armée, comprenant 41 bataillons d'infanterie, 72 escadrons de cavalerie, formant un effectif de 50,000 hommes environ, et une artillerie comptant 133 pièces de canon. Il s'avança jusqu'à Artenay sans rencontrer d'autre résistance que celle des francs-tireurs. Mais, à cet endroit, en avant de la forêt d'Orléans, quelques compagnies de chasseurs à pied et une brigade de cavalerie se jetèrent sur son passage, et, renforcées bientôt de la division qui s'était battue à Toury, le tinrent en échec pendant plusieurs heures. Nous ne cédâmes le terrain qu'à la suite d'une attaque

---

1. Blume, *Opérations des armées allemandes.*

de front faite par le 1er corps bavarois tout entier, soutenu sur les flancs par les 2e et 3e divisions de cavalerie, et qu'après avoir essuyé des pertes considérables, laissant entre les mains de l'ennemi trois canons et près de deux mille prisonniers.

Le lendemain, 11 octobre, le général commandant le 15e corps, rendant compte de cet engagement, disait dans sa dépêche :

« Dans la matinée, vers neuf heures et demie, Artenay où se trouvaient la brigade Longuerre et quelques compagnies de chasseurs, a été attaqué par des forces considérables et occupé par l'ennemi. Le général Reyau s'est porté au secours de la brigade avec cinq régiments, quatre bataillons et une batterie de 8. Après avoir résisté jusqu'à deux heures et demie du soir, nos troupes ont été refoulées dans la forêt, que j'occupe toujours et que je défendrai à tout prix. Dans cet engagement, l'ennemi était supérieur en infanterie, en cavalerie et surtout en artillerie. »

On avait un peu compté à Tours sur le général de Lamotte-Rouge pour réparer le mal causé par la faiblesse ou les illusions d'optique du général de Polhès. Il n'avait rien dans sa physionomie du grand capitaine, du stratégiste habile et actif, ni même du soldat hardi et entraînant. Mais ses antécédents faisaient croire qu'il était capable de quelque énergie : on le savait honnête homme et dans l'intimité du général Trochu, que l'on tenait alors pour un foudre de guerre. Il avait de plus promis au conseil du Gouvernement qu'il ferait son devoir. Cela paraissait des garanties. Que fallait-il d'ailleurs dans la circonstance? Quelque fermeté, quelque vigilance. M. de Lamotte-Rouge manqua de l'une et de l'autre. Il fut tout aussi insuffisant que son prédécesseur, le général de Polhès. Le rapport qu'il adressa au Gouvernement sur l'affaire, causa à tout le monde une véritable déception, laquelle fut immédiatement suivie d'une autre. Le malheureux général défendit si peu cette forêt d'Orléans où il avait

promis de se maintenir, que la défaite d'Artenay ne
fit que précéder de quelques heures celle d'Orléans, et
la forêt fut si peu défendue qu'on était dès le lendemain
bien loin derrière la Loire, sur la route de la Sologne.

Le général Von der Thann, vainqueur à Artenay,
avait la route toute ouverte devant lui sur Orléans. Il
continua donc sans perdre une minute son mouvement.
Il avait la 22e division bavaroise en première ligne, la
1re division bavaroise en réserve, les deux divisions de
cavalerie sur les ailes. A dix heures et demie, son
avant-garde se heurta contre nos avant-postes entre
Saran et Cercottes dans la forêt de ce nom ; une vive
fusillade s'engagea, et nos six pièces de canon arrêtè-
rent même un moment l'élan de la cavalerie du prince
Albrecht ; mais il fallut se replier sur la gare des
Aubrais, sur les Aydes et bientôt sur Orléans même,
où la lutte allait se transporter, pour se prolonger,
chose étrange, à l'insu du général, jusque dans la
nuit.

On était au 11 octobre[1]. Le 12, le ministre de la

---

1. Le 11 octobre, M. Cochery, Commissaire de la Défense pour le département du Loiret, adressait à Gambetta la dépêche suivante :

« Nous rétablissons le télégraphe.

« Les soldats embusqués dans les faubourgs et dans les vignes font
reculer les Prussiens.

« Je ne crois pas que ceux-ci puissent entrer ce soir.

« Le général de Lamotte-Rouge est de l'autre côté d'Orléans, au delà
de la Loire, sur la rive gauche, avec de nombreuses troupes qu'il a fait
replier. Évidemment il veut se retirer ; je m'en suis assuré en allant trouver le général Faille, qui est à la tête du pont pour défendre la retraite.

« Les obus tombent en ce moment dans Orléans.

« La nuit va interrompre le combat.

« Je maintiendrai le télégraphe jusqu'au dernier moment, afin que vous
puissiez donner vos instructions.

« Je resterai ici, même les Prussiens entrés dans Orléans.

« Ad. COCHERY. »

Le même jour, M. Cochery recevait la réponse qui suit :

« Je partage votre opinion sur Lamotte-Rouge. Il est remplacé par le
général d'Aurelles de Paladine, qui va se rendre à Orléans. Faites tenir
bon et recevez toutes mes félicitations. »

Signé : GAMBETTA.

guerre recevait du général commandant le 15e corps
le rapport suivant daté de la Ferté-Saint-Aubin,
derrière la Loire, à 25 kilomètres du champ de bataille :

« Hier, l'ennemi a continué à marcher sur Orléans ; nos
troupes qui étaient sur la route de Paris et qui avaient pris
part au combat d'Artenay, n'ont pas tenu. Une brigade de
la troisième division, qui était à Saran, les Ormes et Rugres,
constamment débordée par un ennemi plus nombreux et plus
fort en artillerie, s'est repliée sur Orléans en disputant le
terrain pied à pied. J'ai dû, pour arrêter la marche de l'ennemi sur la route de Paris, porter moi-même en avant
trois bataillons de réserve arrivés de la deuxième division.
Pendant trois heures l'ennemi a été maintenu, mais il
nous a culbutés et débordés de ses obus. Après un combat
très vif et très honorable pour notre armée, j'ai pris le parti
d'évacuer Orléans et de me retirer sur la rive gauche de la
Loire. Notre retraite n'a pas été inquiétée par l'ennemi et
s'est faite avec calme et ordre. »

Le général de Lamotte-Rouge avait quelque raison
de dire que le combat avait été à Orléans honorable
pour son armée. Il oubliait d'ajouter qu'il n'avait manqué à cette armée qu'une main ferme et vigoureuse
dans le commandant. Nous ne sommes pas de ceux qui
croient qu'il faille tout exiger des uns et rien des
autres, ou que le soldat soit toujours ce qu'est le commandement. Il y a de bons et de mauvais soldats ; il y
a des troupes d'une qualité telle que le meilleur général n'en saurait rien faire, à moins d'avoir assez de
temps devant lui pour les transformer et les façonner
à son image ; mais le rapport du général commandant
le 15e corps prouve que ses hommes valaient mieux
que leur fortune, et ce que nous apprîmes quelques
jours après, nous en apporta des preuves nouvelles,
irrécusables, qui, en même temps qu'elles amnistiaient
le soldat, accablaient le général.

Aux Aydes, le combat avait été des plus acharnés.

La légion étrangère y montra une ténacité remarquable. Le commandant Arago, venu de Bourges le matin même, tomba à trois heures au milieu de ses soldats, après avoir donné l'exemple de la plus héroïque bravoure.

« Il était debout au milieu de la rue, dit un témoin oculaire. On l'engageait à s'approcher des murailles. Arago remerciait et demeurait à sa place de combat, sous les balles. »

M. A. Boucher, professeur au lycée d'Orléans, homme d'un mérite distingué, qui était sur les lieux et a raconté le combat d'Orléans, témoigne du courage qui y fut déployé. Nous citerons une page de sa brochure :

« Un chasseur (du 5e bataillon de marche) a remarqué, sur un des côtés de la route de Chartres, une excavation qui ressemble à une fosse : il va s'y embusquer. Une balle l'abat. Un second accourt, car la place est bonne. Il relève un peu son camarade ; à la hâte il le met en travers devant lui, et ce corps encore chaud devient son rempart. Il tire de là comme à coup sûr. Furieux de leurs pertes, cinquante ennemis le visent à la fois. A son tour, le voilà renversé. Mais, admirable obstination de l'héroïsme, ce trou rempli de sang, qui porte un cadavre au rebord, un cadavre dans sa profondeur, on dirait qu'il attire ces soldats avides de se battre : ils n'y aperçoivent point la mort ; ils n'y voient qu'un avant-poste d'où l'on peut tuer des ennemis. Un troisième vint donc s'y établir, mieux protégé par les deux hommes qui le couvraient, qu'ils ne l'avaient été eux-mêmes : plus longtemps qu'eux, il tire sur les Bavarois ; mais, à la fin, lui aussi tombe et expire. Ce ne fut pas le dernier. Un quatrième s'y précipite, s'abrite derrière cette barrière de cadavres, se bat avec la même ardeur, appuyant son fusil sur les morts, et se fait tuer à la même place.... On les trouva tous quatre l'un sur l'autre, étendus dans le même repos, victimes du même sacrifice. Comment se nommaient-ils ces braves ! Dieu le sait ! Nous n'avons gardé d'eux que le souvenir de cette sublime énergie. »

Le rapport du lieutenant-colonel de Jouffroy, adressé

au général de Lamotte-Rouge, est plus significatif encore, parce qu'il a un caractère plus général. Voici ce rapport :

« La Ferté, 12 octobre 1870.

« Mon général, j'ai l'honneur de vous rendre compte du combat livré hier dans le faubourg Bannier, à Orléans.

« Les troupes engagées sous mes ordres se composaient des corps suivants de la brigade : le 5ᵉ bataillon de marche (chasseurs à pied) commandant de Boissieux ; le 39ᵉ de ligne, 3ᵉ bataillon, sous les ordres du capitaine Lissey ; le 5ᵉ bataillon du régiment étranger, commandant Arago.

« A midi, les troupes se sont portées en toute hâte dans ce faubourg. Le 39ᵉ, qui formait tête de colonne, a été divisé par ordre du général Borel. Il a été le premier engagé dans la rue principale, sur la ligne du chemin de fer à droite, et dans les vignes à gauche. Toutes les positions dominantes et les maisons des faubourgs étaient fortement occupées par l'ennemi ; la légion a soutenu et continué l'attaque du centre

« Le régiment de mobiles de la Nièvre a contribué énergiquement à la défense du chemin de fer à droite, et le 5ᵉ bataillon de marche (chasseurs à pied) a occupé tous les jardins et toutes les vignes qui se trouvaient à gauche.

» L'élan des troupes a été des plus brillants. Pas un militaire n'a eu de défaillance. La lutte qui semblait avoir pour objet d'éloigner de la ville l'ennemi, a été acharnée des deux côtés et a duré jusqu'à la nuit. Ce n'est qu'en apprenant par hasard que l'armée passait sur la rive gauche de la Loire que j'ai fait battre la retraite en ramenant le plus du monde possible.

« De grandes pertes ont été faites. J'ai l'honneur de vous transmettre les premiers renseignements que j'ai recueillis.

« DE JOUFFROY. »

La population civile, de son côté, se montra mieux inspirée qu'elle ne l'avait été lors de la première apparition de l'ennemi à Orléans, et, sur plus d'un point, s'associa même à la lutte. Le maire, M. Crépin, invité

12.

par quelques personnes de haute influence à arborer le drapeau blanc, s'y refusa et prononça ces belles paroles : « L'armée française se bat : laissons-lui au moins la liberté de son courage. » Les femmes, les enfants, l'instituteur des Aydes allaient sous les balles ramasser les blessés.

La population d'Orléans fut accusée, cependant, de n'avoir pas été ce qu'elle devait être ; mais l'accusation n'était pas fondée. Le préfet et le maire d'Orléans protestèrent avec raison par la lettre suivante, adressée au *Moniteur* le 7 novembre :

« Orléans, le 7 novembre 1870.

MONSIEUR LE RÉDACTEUR EN CHEF,

« Nous apprenons de diverses sources — en dépit de l'ignorance presque absolue où l'occupation étrangère nous tient plongés — que quelques journaux et une certaine fraction de l'opinion publique accusent vivement la conduite de la ville d'Orléans et lui reprochent son attitude (en présence de l'invasion. Nous croyons qu'il est de notre devoir de protester publiquement contre de pareilles allégations et de retracer en quelques mots les tristes faits dont, depuis bientôt un mois, nous sommes les témoins.

« On sait qu'une armée française nombreuse était chargée de défendre les abords d'Orléans et l'importante ligne stratégique de la Loire : nous n'avons pas à apprécier l'habileté militaire des généraux qui la commandaient ; mais il est de notoriété publique que, le 11 octobre dans la journée, ils faisaient passer leurs troupes sur la rive gauche du fleuve, abandonnant la ville et ne laissant pour protéger leur retraite que quelques héroïques bataillons. C'est à ce moment que commença le bombardement qui dura, presque sans intervalle, jusqu'à la nuit. Les obus pleuvaient jusqu'au centre de la ville ; mais deux faubourgs eurent particulièrement à souffrir et on peut voir aujourd'hui encore les maisons incendiées, les ruines amoncelées. La population supporte avec autant de calme que de résignation ces affreuses extrémités de la guerre ; et pas un citoyen, pas un fonctionnaire public n'essaya même une démarche pour faire cesser le feu. De toutes parts les maisons s'ouvraient pour recueillir les blessés et les mourants et les habitants transportaient avec émotion les soldats tout sanglants, qui, écrasés par le nombre, étaient enlevés du lieu du combat. On se battit dans les rues jusqu'au soir; et, quand, la nuit, les ennemis entrèrent en vainqueurs, un grand nombre de magasins et de maisons particulières durent subir un odieux pillage, que les généraux prussiens expliquèrent en disant bien haut que la ville d'Orléans devait être regardée comme prise d'assaut. C'est également pour cette raison qu'ils imposèrent à la ville une contribution de guerre d'un million de francs. Leurs pertes devant Orléans avaient été si sérieuses, que plusieurs de leurs chirurgiens déclarèrent que le nombre des morts et des blessés avait été aussi considérable qu'à Sedan.

« Depuis le 11, la ville n'a cessé d'être écrasée de réquisitions imposées par la force. Elle n'a bientôt plus de vivres, et on n'y trouve plus d'argent. Les boutiques se sont fermées, le commerce a complètement cessé. Les particuliers, comme les autorités, n'ont d'autres rapports avec les envahisseurs que ceux qui nécessite l'invasion elle-même. Nos rues sont presque désertes; et les femmes en deuil n'ont d'autre consolation que de soigner les malades et les blessés.

« Telle est, monsieur le rédacteur, la douloureuse situation de la ville d'Orléans : le sort immérité qu'elle subit serait bien fait pour émouvoir la France entière, si tous, en ce moment, oubliant nos maux particuliers nous pouvions penser à autre chose qu'aux infortunes de notre commune patrie. Nous ne prétendons pas célébrer ici l'héroïsme de la cité de Jeanne Darc; mais nous devions à notre bonne population ce témoignage, qu'en face de toutes les rigueurs de l'invasion, elle s'est montrée digne et fière, et qu'elle a supporté sans se plaindre les humiliations, les épreuves, les privations que les vainqueurs n'épargnent à personne, pas plus aux grands qu'aux petits.

« Vous comprendrez, monsieur le rédacteur, le sentiment qui a dicté cette lettre. Plus que jamais nous sommes tous unis à Orléans dans une même pensée, celle de supporter pour notre malheureux pays tous les sacrifices que la néces-

sité nous impose, celle aussi de nous associer jusqu'au bout
aux misères de pauvres concitoyens que, depuis longtemps,
nous sommes habitués à considérer comme des frères et des
amis.

« Veuillez, etc....

> « *Le préfet du Loiret* : M. PEREIRA.
> « *Le maire d'Orléans :* CRESPIN[1]. »

Quoi qu'il en soit, pour revenir au général de
Lamotte-Rouge, s'il avait à justifier ce que disait son
rapport de l'attitude de ses hommes, il suffirait de jeter
les yeux sur le chiffre de nos pertes. Sur 5,000 combattants, nous laissions sur le terrain 2,000 morts
ou blessés. La légion étrangère, forte de 1,350 hommes, perdait seule 600 hommes et 250 prisonniers.
Dans le télégramme envoyé à Hombourg, le 12 octobre, à la reine Augusta, le roi de Prusse disait : « Le
combat a duré depuis neuf heures et demie jusqu'à
sept heures du soir sur un terrain très difficile. Nous
avons pris Orléans dans l'obscurité. L'ennemi a été
refoulé avec de grandes pertes au delà de la Loire.
Nos pertes sont proportionnellement peu considérables. » Ce bulletin de victoire était exact, excepté dans
le dernier point. La disproportion n'était pas si
grande qu'il le laissait croire. Les Bavarois avaient
perdu 965 hommes et 45 officiers, et les Prussiens
223 hommes et 14 officiers. Il n'y eut de disproportion réelle entre les combattants que dans le chiffre
des hommes engagés, qui fut de beaucoup inférieur de
notre côté, et dans la qualité du commandement supérieur, qui fut chez nous déplorable.

Quelques jours après le combat et la prise d'Orléans,
un officier de dragons du 15e corps, M. Arnous-Rivière,
nous envoyait une note sur les véritables causes de

1. Le *Moniteur* du 13 novembre 1870.

l'évacuation de la ville et de la forêt d'Orléans, dont nous extrayons les passages suivants :

« 1º Front de bataille trop étendu et sans profondeur ;

« 2º Éparpillement de l'artillerie ; impossibilité de la concentrer rapidement ;

« 3º Fortifications de campagne dans la forêt partout insuffisantes et sans aucun plan d'ensemble ;

« 4º Une trop grande distance de l'aile droite ; ce qui l'a empêchée de secourir à temps le 15ᵉ corps à Toury et Rebrechien après l'épisode de Chilleurs-aux-Bois ;

« 5º La faute capitale d'avoir placé le centre, trop faible, à 16 kilomètres en avant de la forêt, et complètement à découvert ;

« 6º L'emploi de la gauche que l'on a usée maladroitement à Patay, Saint-Péravy, Sougy, etc., alors qu'en la renforçant par les batteries (inutiles) de la droite, on pouvait prolonger le mouvement sur la gauche, et menacer directement Angerville et Étampes ;

« 7º Enfin, l'hésitation fatale dans l'après-midi du samedi et la nuit du dimanche, ce qui a amené le piétinement inutile et la démoralisation de toute l'infanterie ;

« 8º L'indiscipline inconsciente des soldats ;

« 9º Les isolés, plaie fatale, et l'absence des prévôtés mobiles en arrière des lignes de bataille ;

« 10º Enfin — point important et toujours négligé — le défaut d'observation militaire sur le front au moyen d'éclaireurs spéciaux, qui ne sauraient être utilement remplacés par les francs-tireurs ;

« 11º La liberté de mouvement laissée en avant et dans nos lignes à la population civile, alors que le front de l'armée devrait être couvert par un cordon militaire sans solution de continuité. »

Cette note, jetée rapidement et sur place par un homme entendu, nous fait pénétrer au fond des choses, et dans une certaine mesure, par le caractère quelquefois général de sa critique, met hors de cause le caractère du général de Lamotte-Rouge. Il n'en reste encore que beaucoup trop à sa charge. M. Cochery, ancien député du Loiret, qui déploya le zèle le plus

patriotique dans ces malheureuses circonstances, a
raconté qu'apprenant que la brigade Marandy, placée
à Toury, au milieu de la forêt d'Orléans, et chargée de
veiller sur l'aile droite de l'armée, restait immobile à
son poste, ne sachant rien des événements, il courut
en toute hâte prévenir le général de Lamotte-Rouge et
que celui-ci, se frappant le front en homme qui s'aperçoit d'une bévue commise, dit à son ancien collègue
du Corps législatif, avec une étourderie de langage et
de conduite qui ne réparait pas sa faute : « Puisque
vous connaissez le pays, occupez-vous donc de ça!!!...»
Ce qui n'était guère moins grave, c'est la précipitation
avec laquelle il donna l'ordre de la retraite, et passa
lui-même la Loire, pendant qu'une partie de ses troupes était encore aux prises avec l'ennemi au cœur de
la ville !

Le ministre de la guerre, informé de ces faits, ôta
immédiatement son commandement au général de
Lamotte-Rouge, qui fut remplacé par le général d'Aurelles de Paladine.

Nous ne voulons pas insister sur cet incident de
guerre, ni sur la mesure qui frappa le général commandant le 15e corps, ni sur les critiques dont elle a été
l'objet dans les livres du général d'Aurelles et du général Martin des Pallières, ni sur les preuves de l'abandon inexplicable de la brigade de 6,000 hommes, — la
brigade Maurandy, — dans la forêt d'Orléans, — preuves irrécusables qui ont été fournies par M. Charbon-
nier, sous-préfet de Montargis, — ni sur l'opinion du
général Borel devant la Commission d'enquête, qui ne
laisse aucun doute sur la faute et la responsabilité de
l'infortuné général ; il ne nous convient pas de nous
arrêter outre mesure sur la défaillance d'un honnête
homme, placé par les circonstances dans une position
plus forte que lui, et encore moins de l'accabler sous
le poids d'une responsabilité dont il ne paraît pas avoir
eu la conscience. Nous avons hâte de passer à un

autre récit, à des impressions tristes encore, mais moins pénibles pour le patriotisme.

De tous les engagements partiels, de tous les combats toujours renaissants qui se livraient plus ou moins en dehors et sans l'appui des troupes régulières, et qui ont précédé ou suivi les affaires plus sérieuses d'Artenay et d'Orléans, le plus important et le plus glorieux fut le combat de Châteaudun.

Le 18 octobre, à une heure et demie du soir, une dépêche ainsi conçue nous arrivait à Tours : « Les premiers obus tombent en ville. »

C'était le prélude du combat.

Le lendemain, le commandant des francs-tireurs de Paris envoyait de Nogent-le-Rotrou la dépêche suivante :

« 19 octobre, 9 h. 50 m. soir.

« Commandant francs-tireurs de Paris à Guerre, Tours.

« Attaque de Châteaudun hier 18 à midi par 6,000 hommes infanterie, 1500 cavalerie, 2 batteries artillerie venus par la route d'Orléans. Mon bataillon secondé par la garde nationale et quelques francs-tireurs de Nantes et de Cannes a soutenu l'attaque toute la journée. Vers sept heures et demie une barricade fut forcée; combat de rues jusqu'à onze heures et demie.

« La ville bombardée est aujourd'hui réduite en cendres. Atrocités habituelles des Prussiens ont ensanglanté les ruines de Châteaudun; la population dont la conduite a été admirable de dévouement pendant le combat, se réfugie dans les communes environnantes. Mes hommes se sont battus comme des lions. 60,000 cartouches ont été brûlées, nos pertes dépassent 200 hommes, celles des Prussiens sont tellement considérables qu'ils n'ont pas osé occuper la ville abandonnée et qu'ils ont couché au dehors laissant de 1,800 à 2,000 hommes sur le carreau.

« Notre retraite couvrant le départ des habitants s'est effectuée en bon ordre la nuit par Courtalain et Brou sur

Nogent-le-Rotrou, où le bataillon se rallie et d'où je vous adresserai un rapport détaillé. Ce matin, ils ont bombardé les faubourgs Saint-Jean et Saint-Denis qui n'étaient pas défendus.

« Le commandant des francs-tireurs de Paris,

« Comte E. DE LIPOWSKI. »

Le maire de Cloyes, le lendemain, adressait aussi la dépêche suivante au Gouvernement.

« Cloyes, 20 octobre 1870, 7 h. soir.

« Maire Cloyes à ministre intérieur, Tours.

« Renseignements précis sur Châteaudun.

« Dégâts considérables. Ville livrée au pillage pendant six heures ; incendie épouvantable, pertes immenses, se chiffrent par millions. Réquisition de toute nature, population asphyxiée dans les caves. La population de toute la contrée, Châteaudun, Cloyes et environs, affolées, terrifiées par abandon des trois quarts des habitants vivant dans les champs, les bois, les caves, les trous. Gardes nationaux épouvantés, fuyards de toutes parts. Désastre et désordre complets.

Ces deux dépêches, que nous rapprochons avec intention, ne donnent qu'une idée sommaire, vague, inexacte même sur quelques points de l'événement ; mais elles nous transportent sur les lieux ; elles nous montrent les faits dans leur aspect général, avec l'impression produite à l'entour ; et il nous semble que l'héroïsme même de la lutte ne s'en détache que plus vivement sur le fond sombre du tableau placé à côté. Le récit que nous allons faire, et dont nous empruntons les éléments à des témoins occulaires et dignes de foi, ne diminuera pas cette première impression, tout en restant dans les limites les plus étroites de la vérité.

La ville de Châteaudun devait, par sa position, attirer l'attention des Prussiens. Elle commande plusieurs grandes routes, qui s'y croisent et se dirigent soit sur

Orléans, soit sur Chartres, sur Tours ou sur le Mans. Située aux confins de la Beauce et du Perche, elle mettait à la portée de l'ennemi les richesses des plaines de la première de ces contrées et elle lui permettait de surveiller les opérations qu'on pourrait tenter dans la seconde, qui est beaucoup plus accidentée et plus couverte. Elle ne présentait pas, d'ailleurs, une position militaire trop difficile à occuper. Bâtie à pic sur une masse de rochers de cent mètres de hauteur au pied de laquelle coule le Loir, rivière profonde, elle est inaccessible, à la vérité, du côté du nord; mais, dominée au sud et à l'ouest par des hauteurs d'où elle peut être aisément foudroyée, elle se trouve, à l'est, au niveau du plateau d'Orléans et complètement découverte.

Dès la fin de septembre, les Prussiens s'en étaient approchés. Le 28, ils menaçaient Bonneval et Cormainville, qui en sont séparés par quelques kilomètres à peine, et il était facile de prévoir qu'ils ne tarderaient pas à se présenter pour l'occuper.

Il régnait dans la ville et dans ses environs un excellent esprit. La municipalité de Châteaudun avait décidé tout d'abord que la garde nationale se mettrait en état de défense et qu'on ferait appel au patriotisme des communes voisines. Le 28 septembre, apprenant que l'ennemi approchait, les plus âgés, armés d'urgence, furent chargés de la garde de la ville et deux compagnies partirent, avec deux adjoints au maire, pour Marboué, petit village situé à une lieue de la ville, afin de défendre les deux ponts établis sur le Loir à cet endroit. Mais l'ennemi ne se présenta pas cette fois, et la démonstration resta sans objet.

Il y avait presque chaque jour des engagements dans les environs, notamment à Varize et à Civry, villages voisins de Châteaudun. Le colonel Lipowski, avec son corps de francs-tireurs parisiens, fort de 700 hommes, était venu prendre position dans la ville.

Il avait été bientôt renforcé par deux escadrons de hussards, un bataillon de mobiles du Gers et une compagnie de mobiles de Loir-et-Cher. Quelques surprises hardies avaient été couronnées de succès. Les francs-tireurs, dans une attaque de nuit à Ablis, avaient fait 69 prisonniers et s'étaient emparés de 80 chevaux. L'esprit de résistance s'en était exalté et l'on résolut de faire son devoir jusqu'au bout. Il y eut bien, il est vrai, comme partout, deux courants. Après la prise d'Orléans, le courant pacifique l'emporta un moment dans la municipalité, qui, toutefois, ne renonçait à l'idée de la défense que par la considération de l'énorme disproportion des forces ennemies et de celles qu'on pouvait lui opposer. Le 12 octobre, dans une séance du soir, le conseil municipal avait décidé que les gardes nationaux seraient invités à remettre leurs armes au commandant de la garde nationale, qui, accompagné d'un corps de volontaires, se retirerait sur la partie de l'arrondissement non menacée et les conserverait en lieu sûr[1]. Le désarmement même de la garde nationale commença et les troupes se retirèrent, mais une partie de la garde nationale trouva que la prudence était excessive : 150 hommes refusèrent de rendre leurs armes. La population fut irritée des résolutions prises. L'arrivée des gardes nationaux d'Alluyes, de Bonneval, de Cloyes, ranima même les défaillants. On rappela les troupes qui avaient quitté la ville, et toute la partie virile de la garde nationale se rangea du côté de la résistance.

La résolution était héroïque. Le colonel Lipowski avait à sa disposition tout au plus 1,200 hommes : 9 compagnies de francs-tireurs de Paris, 700 hommes environ ; une compagnie de francs-tireurs de Nantes, 150 hommes ; une compagnie de francs-tireurs de Cannes, 50 hommes ; et 300 gardes nationaux. L'en-

---

1. Procès-verbal des délibérations du conseil municipal de Châteaudun, 12 octobre 1870.

nemi comptait, par contre, 10,000 hommes, 30 pièces de canon, et il s'agissait de se défendre dans une ville ouverte, sans artillerie, et dominée !

C'était le 18 octobre, un peu après midi. Les habitants étaient encore à table quand le premier coup de canon retentit. On se précipite ; les gardes nationaux vont rejoindre les francs-tireurs aux portes de la ville. Les hauteurs sont déjà occupées par l'artillerie ennemie ; à une heure et demie les obus pleuvent de tous côtés. Toute la plaine à l'est, qui conduit au plateau d'Orléans, se couvre d'infanterie et de cavalerie. Les francs-tireurs occupent à la hâte les maisons qui bordent la route ou s'embusquent dans les vignes. D'autres, mêlés aux gardes nationaux, prennent position dans la gare. Le 95e d'infanterie prussienne avait été d'abord lancé sur la ville. Son premier bataillon, pris entre les feux de la gare et des embuscades, jonche la terre de ses morts. Deux autres bataillons du même régiment s'échelonnent pour soutenir l'attaque du premier ; ils sont arrêtés par un feu de mousqueterie des mieux nourris. Une batterie se démasque alors à 3 ou 400 mètres de la gare ; elle bat en brèche cette construction, ainsi que les maisons à sa droite, et finit par forcer les tirailleurs à quitter la place. Au même moment, le 32e régiment s'élance sur la chaussée d'Orléans, et nos avant-postes sont obligés de se retrancher derrière des barricades élevées à l'entrée de la ville.

Il était deux heures. A l'est, la lutte est tout autour des barricades ; l'ennemi s'acharne surtout contre celle de la rue de Chartres, que commandaient le capitaine Jacta, des francs-tireurs, et le capitaine Marie, de la garde nationale, contre celle de la rue d'Orléans, et celle de la rue du Fallans, commandée par le capitaine des pompiers Geray.

Au sud, l'artillerie couvre la ville de projectiles. La défense était difficile de ce côté, nos positions étant dominées par les canons de l'ennemi. Les francs-tireurs

redoublent d'efforts. Les murs crénelés d'une vaste
propriété appelée les *Dames blanches* se garnissent de
leurs combattants, qui, unissant leurs feux à ceux des
barricades voisines ou des tirailleurs, dissimulés dans
les vignes, fusillent les artilleurs sur leurs pièces. Une
des batteries bavaroises est si fortement éprouvée qu'elle
reste près de trois heures sans pouvoir tirer. D'un autre
côté, l'ennemi, qui avait pris position dans une ferme,
est tellement maltraité qu'il est obligé de la quitter et
abandonne deux pièces de canon.

Cependant, la canonnade continue avec fureur ; les
incendies commencent. Les défenseurs n'ont point de
secours à attendre, si ce n'est de la nuit qui approche.
Il est sept heures ; on peut espérer que l'ennemi se
découragera et remettra à un autre jour d'achever l'entreprise. Mais l'acharnement est égal dans l'attaque
comme dans la défense. Au nord, il est vrai, le colonel
Lipowski, jugeant qu'on avait assez fait pour l'honneur
et qu'il n'y avait rien à tenter de plus pour la résistance,
donna, vers sept heures, l'ordre de la retraite, et gagna,
avec ce qui lui restait d'hommes, la route de Courtalain, vers l'ouest ; mais, à l'est, l'ordre de la retraite
n'étant pas connu, la lutte se poursuit dans les ténè-
bres. Les trois barricades élevées au-devant de la
place et qui constituent la ligne de défense, sont ren-
versées. Leurs combattants se rallient aussitôt sur la
place. Il ne restait plus, à l'est, qu'une seule barricade,
défendue par l'intrépide capitaine Geray, qui n'avait
plus avec lui que deux francs-tireurs et un pompier.

C'était une phase nouvelle de l'action ; mais nous
laissons ici la parole à M. Isambert, à qui nous devons
un éloquent récit du combat de Chateaudun, sa ville
natale :

« De tous côtés, dit M. Isambert, gardes nationaux et
francs-tireurs se rallient sur la place. Le premier sentiment
qui s'empare d'eux, avant toute réflexion, c'est qu'il ne leur

reste plus qu'à mourir. Quelques-uns d'entre eux, massés dans l'obscurité au coin de la rue de Chartres, entonnent la *Marseillaise*. A l'autre bout de la rue, une lueur rougeâtre point et grandit : c'est le premier incendie allumé par les torches allemandes. Les envahisseurs s'arrêtent, ils hésitent, comme des rôdeurs de nuit que vient de signaler le chien de garde; ce chant les trouble. Est-ce donc la résistance qui renaît? Combien d'hommes ont-ils devant eux? Car enfin ils n'avaient compté trouver qu'un millier de francs-tireurs, et s'il n'y avait eu que cette poignée d'hommes, ils n'auraient pas rencontré pareille résistance.

« Ils restent là vingt minutes, serrant les maisons au plus près, flairant la piste, hochant la tête, et pourtant le général a donné l'ordre d'enlever la ville tambour battant. Enfin ils se réconfortent et se décident à pénétrer en masses serrées sur la place; à huit heures sonnant, ils débouchent et vont se masser autour de la fontaine publique.

« Les défenseurs cèdent à cet ouragan armé et, tout en tirant, se réfugient dans les rues adjacentes.

« La plupart des francs-tireurs prennent les rues qui peuvent les rapprocher de la ligne de retraite. Les gardes nationaux, moins expérimentés, se laissent presque tous refouler dans la rue d'Angoulême,

« Ils sont là 150 environ, que viennent bientôt grossir une centaine de francs-tireurs refluant des environs de la caserne; à la vue de leur place souillée par l'étranger, la fureur leur monte à la gorge : « A la baïonnette! s'écrie l'un deux, et Vive la République ! — Vive la République ! » répète tout le groupe, et, reprenant le refrain de la *Marseillaise*, mais cette fois avec fièvre, ils se précipitent sur l'ennemi, la baïonnette en avant, avec une telle impétuosité qu'en un clin d'œil la place est balayée.

« Le capitaine Ledeuil, débouchant en même temps par la rue d'Orléans, a réussi à traverser la place et à s'installer à l'Hôtel de Ville.

« Cet avantage est de courte durée. L'ennemi, à peine sorti, revient plus serré. Pendant un quart d'heure, on combat corps à corps, en pleine confusion, sans se voir. Çà et là pourtant les groupes sont éclairés par le reflet de l'embrasement de la rue de Chartres.

« Les Français, voyant que, dans cette mêlée, ils n'obtien-

13.

nent aucun résultat appréciable, vont se ranger aux barricades de la rue de Luynes et de la rue de la Madeleine, laissant les vainqueurs se colleter entre eux. Les deux barricades se mettent bientôt à tirer en croisant leurs feux, et obtiennent un résultat si meurtrier que les envahisseurs vident une seconde fois la place et se retirent en masse dans la rue de Chartres. »

Les braves gens, dont parle si bien M. Isambert, durent céder cependant. Le centre de la défense finit par être forcé, et l'on était menacé d'être cerné. Quelques francs-tireurs continuent encore la lutte pour masquer la retraite et persuader à l'ennemi que le combat n'est pas terminé, tandis que le reste, avec les femmes, les enfants, les vieillards et les blessés, descend vers la basse ville et gagne la ville de Brou.

Il était près de minuit : la lutte n'avait pas duré moins de onze heures. Elle coûta plus de 1,800 hommes à l'ennemi. Nous perdîmes environ 300 hommes ; mais, les Prussiens ayant enlevé pêle-mêle tous les cadavres dans la nuit, on ne put constater officiellement que 40 morts et 80 blessés. Il y eut quelques défaillances parmi les combattants. Sans parler du commandant des mobiles du Gers, qui s'arrangea de manière à manquer au combat, le colonel Lipowski, qui avait si vaillamment tenu jusqu'à sept heures, n'aurait pas dû quitter la place, où il restait tant des siens encore acharnés à la lutte. Le capitaine Lorédan, qui pouvait rendre des services dans une position où il était sans danger, ne tira pas un coup de fusil, et seul des francs-tireurs non blessés, se rendit avec quinze hommes et son lieutenant. Bien des gardes nationaux aussi auraient pu prendre part à l'action, qui restèrent à l'écart, abrités dans leurs maisons. Mais ce ne sont-là que des taches sur un tableau dont l'ensemble brille de la plus pure et de la plus éclatante lumière. Les faiblesses sont largement compensées par les héroïsmes. Le colonel Lipowski lui-même, qui, tant qu'il prit part à la lutte, déploya le plus brillant courage ; le capitaine Ledeuil, des francs-tireurs de Paris, qui montra la plus grande opiniâtreté et se multiplia dans l'action ; le capitaine Geray, du corps des pompiers de Châteaudun, qui, malgré son âge, resta à son poste pendant toute la bataille ; le capitaine Kastner, des francs-tireurs de Paris, qui, demeuré sur la place, protégea la retraite et noya les poudres qu'on ne pouvait emporter ; le capitaine Legallé, des francs-tireurs de Nantes, mort sur le champ de bataille ; le capitaine Famiel, de la garde nationale, qui, par sa présence d'esprit, suppléa à l'insuffisance des barricades du sud ; le garde national Alraud, qui, blessé, combattit toute la journée à côté de ses trois fils, dont l'un était tombé au commencement de l'action ; bien d'autres encore, les capitaines La Cecilia, Boulanger, Jacta, MM. Chabrillat, Echassou, le sergent-major Colson, le sergent Dangier, des francs-tireurs de Paris, le lieutenant Degay, les sous-lieutenants Ferraud et Aubin, des francs-tireurs de Nantes, les gardes nationaux Pointdedette, Delaforge et Brossier-Charlet, méritent une mention particulière. C'est un juste hommage qui leur a été rendu, quand on a gravé leurs noms sur la pierre commémorative de l'événement ; il leur était dû cette place d'honneur dans l'histoire.

Une lettre du duc de Saxe-Meiningen, qui commandait l'attaque, est elle-même un témoignage qui pourrait suppléer à tout autre. Il convient de la citer : elle complète d'ailleurs et résume notre récit.

« Le 18, dit le duc, la division d'infanterie Von der Thann marcha sur Châteaudun avec la brigade de cavalerie du général Hontheim, pendant que les deux autres brigades de la division de cavalerie suivaient à quelques lieues de distance. Chemin faisant, nous apprîmes que Châteaudun était occupé par 800 francs-tireurs. Nous étions curieux de savoir s'ils nous attendraient ou s'ils se retireraient à notre approche. . . . La tête de notre colonne était cependant arrivée près de la ville et elle commença le feu.

« Il était une heure. Comme on croyait n'avoir affaire qu'à 800 francs-tireurs, le général Wittich fit aussitôt marcher contre la ville un bataillon du 95e par la chaussée d'Orléans et ordonna aux deux autres bataillons du même régiment de suivre de près. Une des trois batteries prit position à droite de la chaussée ; les deux autres, à gauche, couvertes sur leur flanc gauche par la brigade de cavalerie de Hontheim, qui s'avança jusqu'au delà de la route allant de Châteaudun à Tours.

« Comme le bataillon du 95e rencontra une vigoureuse résistance aux abords de la ville, les autres bataillons du régiment s'avancèrent, et le 32e reçut l'ordre d'attaquer par la chaussée de Tours, pendant que les batteries ouvrirent sur la place un feu bien nourri.

« Châteaudun n'a guère que des maisons massives ; le long du côté sud passe une haute chaussée de chemin de fer ; au nord, la ville est couronnée par une pente rapide, qui descend vers la rivière du Loir. Sur tous les points importants avaient été élevées huit hautes barricades massives très bien construites ; toutes les maisons qui se prêtaient à la défense, étaient occupées par des tireurs.

« En face de ces obstacles, nos troupes ne pouvaient gagner du terrain que peu à peu. Pour ne pas exposer l'infanterie à un combat inégal, dans lequel elle devrait essuyer de grandes pertes, on ne négligea rien pour mettre le feu à la ville au moyen de l'artillerie, afin de refouler l'ennemi le plus possible. La batterie bavaroise fut adjointe au 32e régiment et prit position à l'extrême gauche, près du Loir. Le feu des trente pièces dura jusqu'à la nuit, et près de 3,000 obus furent lancés sur la ville, qui commença à tomber en plusieurs endroits. C'était un coup d'œil terrible. L'infanterie, — 32e et 95e régiments — plus tard appuyés encore par de la réserve, deux bataillons du 94e et deux compagnies du 83e, marcha sans cesse en avant, bien qu'avec lenteur. Vers minuit, la division était maîtresse de la ville. L'ennemi s'était retiré au delà du Loir dans l'obscurité de la nuit, abandonnant 120 prisonniers non blessés ; ses pertes en morts et en blessés étaient considérables.

« Les troupes de la division qui ont pris part à l'action,

ont combattu avec beaucoup de ténacité et de bravoure. Excellente aussi a été l'artillerie de la batterie bavaroise ; un de ses pelotons se trouva pendant le combat exposé, à 800 pas, au feu qui partait des maisons : lorsqu'il eut épuisé ses munitions, le lieutenant commandant ne le ramena pas en arrière, mais entonna avec ses gens, sous le feu de l'ennemi, *La Sentinelle du Rhin.* Une pièce prussienne fut amenée tout près d'une barricade et resta une heure durant sous un feu meutrier ; elle perdit tous ses servants. Les pertes de la division dans ce rude combat ont été de 120 hommes.

« Les forces ennemies se composaient de quelques cents francs-tireurs de Paris et de Lyon, de garde mobile et de garde nationale, sous le commandement du comte polonais Lipowski. Le 19 au matin, l'état-major de la division prit ses quartiers dans la ville ; il était difficile de trouver une seule maison qui ne fût pas brûlée ou entièrement démolie ; car nos obus avaient fait des ravages terribles, plus terribles même que nos officiers d'artillerie ne s'y étaient attendus.

« A quatre heures de l'après midi, la division eut une alerte, parce que l'ennemi approchait venant de Tours ; mais il se proposait seulement de pousser une reconnaissance, car il se retira en toute hâte. Cependant un vent violent s'était élevé, et, lorsque nous entrâmes dans la ville, le feu avait tellement gagné de terrain qu'un quart de la ville était en flammes. Le séjour pendant la nuit ne fut pas tout à fait sans danger. »

Il ne manqua rien à l'héroïsme de la défense de Châteaudun. Les femmes s'y montrèrent aussi courageuses que les hommes ; plusieurs risquèrent leur vie pour encourager les combattants ou les sauver, quand ils tombaient. Nous citerons peu de faits ; mais ils sont caractéristiques : « Mademoiselle Proux, nous dit le capitaine Ledeuil, pendant toute la durée de la lutte, porta d'une barricade à l'autre, par des chemins couverts de morts, de l'eau et des boissons. » — Mademoiselle Armanda Poulet et sa tante adressèrent après le combat à M. le comte de Flavigny, président de la

Société de secours aux blessés, un rapport étendu, d'où nous extrayons le passage suivant :

« Après avoir franchi la barricade qui nous séparait de la place, nous demandâmes à des officiers prussiens où nous pourrions trouver le général en chef, car, en ce moment, nous ne redoutions pas la mort, mais l'insulte; il nous fut indiqué près de la fontaine. Arrivées près de lui, ma tante lui demanda si nous pouvions, avec sécurité, faire relever les blessés et les morts. Sans répondre à la question qui lui était faite, il nous posa celle-ci : — Êtes-vous religieuses, mesdames ? — Non, général. — Alors vous appartenez sans doute à quelque ordre religieux? — Nous faisons seulement partie du comité de secours aux blessés. Je lui présentai alors une de nos lettres. Il en regarda attentivement le cachet et demanda une seconde fois si nous étions des religieuses, et, sur notre réponse négative, il se découvrit et s'inclina presque jusqu'à terre, et une grande quantité d'officiers de son état-major en firent autant.

« Enhardie par cette marque de respect, ma tante prit la parole : — Général, votre intention est-elle de faire continuer l'horrible incendie qui dévore la ville? — A ce moment, le général se redressa de toute sa hauteur, et, l'œil en feu, le bras étendu vers nous et le ton menaçant, il s'écria : — Madame, on a fait des barricades ; on a tiré sur mes hommes !

« Ma tante reprit d'un ton très digne et très calme : — Général, il est inutile que nous relevions les blessés, puisqu'ils doivent périr dans les flammes et nous avec eux ; car jamais nous n'abandonnerions ceux que nous aurions sauvés.

« La figure et l'attitude du général ne perdant rien de leur inflexibilité, ma tante continua : — Est-ce nous qui avons commandé le carnage et l'incendie ? Parlez, général, devons-nous relever vos blessés et les nôtres, faire enlever nos morts?

« Pour la troisième fois, le général nous demanda si nous étions des religieuses, et à notre réponse négative, il ajouta : — Non, vous n'êtes pas des religieuses, mesdames, mais les sœurs des hommes. — Son ton s'était radouci.

— Allez, allez, mesdames, faites relever les blessés, mais laissez encore les morts. — Nous lui demandâmes un sauf-conduit. — Allez, allez, mesdames, ce n'est pas nécessaire; qui donc oserait vous insulter? — Et il nous salua encore très profondément. Je lui demandai si les hommes qui nous aideraient, seraient respectés : il me l'assura, et nous quittâmes la place pour prendre notre direction vers les quartiers où l'on s'était battu et où l'incendie dévorait nos habitations.

« Nous relevâmes une grande quantité d'hommes qui, pour la plupart, se trouvaient dans de pauvres maisons, sauvés des balles prussiennes, mais épuisés, car leurs blessures n'avaient pu être pansées. »

Il n'y a rien de nouveau à dire, et cela depuis long-temps, sur les horreurs de la guerre, dont ne conso-lent pas assez les grandeurs du courage ni les respects qu'elles inspirent ou qu'elles arrachent même à l'en-nemi ; seulement elles ont leur place nécessaire dans l'histoire, elles font partie de ses spectacles. Il faut donc se résigner à les reproduire là où on les rencon-tre, et, comme on a pu le deviner sans peine par ce que nous avons déjà dit, elles ne manquèrent pas à Châteaudun.

Le général duc de Saxe-Meiningen, que nous venons de voir dans une attitude si convenable, avait eu immé-diatement après la victoire une conduite qui pourrait paraître contradictoire, si l'on ne savait que, dans ces grandes crises de l'âme, les bons sentiments ne sont jamais bien loin des mauvais. Il ne se contente pas des incendies allumés pendant le combat, il lui en faut d'autres comme pour éclairer sa victoire et la fêter. On raconte qu'après avoir dîné dans un hôtel que les flammes avaient épargné, le prince, malgré les pro-testations et les supplications de l'hôtesse, se dirigea vers la fenêtre de l'appartement où il venait de man-ger, mit le feu aux rideaux, et que ses officiers, ayant imité son exemple, l'incendie se répandit dans toutes les parties du bâtiment[1].

On peut juger, par ce que fit le général, ce que purent faire les soldats. Ils se chauffent aux feux qu'ils ont allumés ; ils se rient et se raillent à ces odieux spectacles : « Que c'est beau, une ville en flammes ! » s'écrient-ils, et d'autres, plus sinistres, ajoutent : « Il faudra que toute la France y passe ! »

L'incendie, d'ailleurs, avait été réduit en système, soumis à des règles fixes et tracées d'avance. La science prussienne avait prévu et organisé jusqu'aux modes et aux formes de la destruction inutile. Les incendiaires étaient divisés en sections de 60 à 80 hommes. La moitié de la section stationnait dans la rue, l'arme au bras ; l'autre pénétrant dans les maisons, se divisait en deux escouades, dont la première s'emparait de tout ce qui s'y trouvait de précieux, tandis que la seconde, aussitôt l'œuvre de celle-ci terminée, répandait la matière inflammable et allumait l'incendie. Bientôt, grâce à ce système, combiné avec les effets de l'artillerie, les deux tiers de la ville sont en feu.

La population est atterrée. Les uns fuient, les autres se cachent.

« Dans les caves de plusieurs maisons, dit M. Isambert, se sont réfugiés des vieillards, des femmes, des enfants, des gardes nationaux poursuivis après le combat. Ils s'y trouvent bientôt emprisonnés par l'incendie, les plus faibles succom-

---

1. G. Isambert, *Combat et incendie de Châteaudun.*
Cet acte inouï n'était que la fin d'une scène qui a été ainsi racontée. Le dîner avait été copieux. Les lueurs de l'incendie éclairaient la salle du festin. Les officiers font appeler l'hôtesse et par l'organe du général Wittich l'interpellent en ces termes : — Excellent dîner, madame, surtout pour un dîner qui n'est pas commandé d'avance ! — Vous êtes indulgent, général. — Non, non, excellent en vérité. Aussi je veux vous récompenser par un conseil ; si vous avez ici quelque chose de précieux, faites-en un paquet et quittez vite votre maison ; il n'y fera pas bon dans un quart d'heure ? — C'est alors que le prince s'approcha de la fenêtre et mit le feu au rideau.

bent dans la nuit: quelques-uns résistent jusqu'au matin, mais pour succomber ensuite, pour la plupart, aux suites de l'asphyxie. Dans une seule cave de la rue de Chartres, neuf personnes sont enfermées; deux d'entre elles sont immédiatement étouffées, quatre autres périssent peu de temps après. Dans la même rue, un carossier, sa femme, son enfant et son apprenti sont asphyxiés dans la même cave. Deux vieillards meurent aussi, dans la rue d'Orléans, de cette triste mort.

« Toute la nuit continue cette terrible exécution de l'arrêt de mort porté contre Châteaudun. C'est toute la partie commerçante et animée de la ville qui est détruite. »

M. Coudray, témoin oculaire, qui a fait aussi, comme M. Isambert, le récit de la défense de Châteaudun, est entré dans des détails que nous voulons donner, parce que le même tableau se retrouve partout où pénètre l'invasion victorieuse, et qu'il faut au moins avoir une fois ces choses-là sous les yeux.

« Ici, dit M. Coudray, c'est le bureau de poste dont une bande de soldats fait sauter la devanture, force la caisse et jette la correspondance au ruisseau. Plus loin. d'autres pillards enfoncent les portes à coups de hache et dévalisent tout ce qui leur tombe sous la main : vins, liqueurs, linge, effets d'habillements, couteaux, rasoirs, armes, papiers, couverts, denrées de toute nature, tout leur est bon, tout disparaît ; puis, des fourriers, après avoir examiné l'intérieur des maisons et supputé, d'après leur apparence, le nombre de ceux qu'elle peut contenir, écrivaient sur chaque porte à la craie, la quantité d'hommes à loger et le numéro de leur régiment ; si bien qu'en un instant le gros des envahisseurs, pénétrant dans toutes les rues, se précipitent dans les habitations désignées. Si le propriétaire du domicile envahi est présent, les soldats du roi Guillaume se contentent de transformer en sales dortoirs les plus belles pièces, d'exiger une table abondamment pourvue et surtout d'absorber lestement les plus fines liqueurs et les meilleurs vins. Mais malheur aux demeures abandonnées par leurs hôtes habituels! Elles sont livrées à une dévastation et à un désordre inouïs ; leurs caves enfoncées se vident rapidement ; leurs offices et garde-manger sont en un clin d'œil dépouillés de toutes leurs provisions : le linge et les effets d'habillement disparaissent prestement ; les portraits de famille sont empochés ou foulés aux pieds ; les principales pièces se changent en capharnaums où les choses les plus diverses se heurtent dans le plus inénarrable désordre et la saleté la plus révoltante. Enfin la dévastation et la spoliation sont poussées si loin que tous les papiers sont minutieusement examinés, que tous les titres au porteur sont rigoureusement retenus, et que nombre d'objets jonchent le parquet des appartements, le pavé des corridors et la chaussée des rues. Il semble que le génie malfaisant qui préside à tous ces débordements, ait moins pour but d'en tirer profit que de faire le mal pour le mal [1]. »

Le surlendemain, 20 octobre, les envahisseurs abandonnèrent la ville dans la nuit, et les malheureux habitants purent alors contempler en liberté le spectacle et l'étendue de leur ruine.

Le correspondant de la *Gazette de Cologne*, qui quitta Châteaudun ce jour-là à cinq heures du matin, dit que les feux qui s'élevaient des monceaux de cendres, étaient encore si violents qu'il faisait clair « comme en plein jour. »

« Toutes les maisons que l'incendie ne dévore pas, ajoute M. Coudray, sont ouvertes, et des bougies ou des chandelles, fichées dans des bouteilles, éclairent les intérieurs ignoblement salis ou saccagés. Le parquet des pièces et le pavé des corridors sont jonchés de bouteilles cassées, de vin répandu, de chandelles, de bougies, de papiers maculés, de linges d'une saleté révoltante, de chiffons noircis, de débris de verre, de noix écrasées sous les pieds et d'os à moitié rongés, tandis que les meubles sont couverts d'assiettes pleines de débris de festin, de graisse, de blanc d'Espagne, de coupes à moitié vides et de vases de cuisine noirs et graisseux...

« Et ce ne sont pas les maisons seules qui portent les

1. L.-D. Coudray, *Défense de Châteaudun.*

traces de la dévastation et du pillage : la place elle-même est remplie de bouteilles cassées, de fusils brisés, d'ordures de toute sorte, avec accompagnement de deux cercueils prussiens près de la fontaine.

« Indépendamment des habitations plus ou moins atteintes par le bombardement, 235 maisons sont complètement détruites par l'incendie. Dans ce nombre, 12 seulement ont été brûlées par les bombes, 193 ont été la proie de feux mis à la main, et le surplus n'a dû la ruine qu'au voisinage de bâtiments en flamme.

« Toutes ces demeures ont péri avec leurs mobiliers et marchandises, de sorte que l'ensemble des dégâts matériels de la journée du 18 octobre peut se chiffrer à environ 5 millions. »

Et, comme si toutes ces calamités n'avaient pas suffi, le général Wittich exigea avant le départ de cette ville, ainsi ravagée, 200,000 francs de contribution de guerre, 1,500 couvertures, 100 kilogrammes de sucre, 100 kilogrammes de café, 400 litres d'eau-de-vie et 20,000 litres d'avoine, sous peine de mesures violentes.

De telles pertes, et surtout de tels exemples de courage et de patriotisme, ne pouvaient pas rester sans récompense. Toute la presse applaudit à cette défense héroïque. Le Gouvernement rendit aussitôt le décret suivant :

« La délégation du Gouvernement de la Défense nationale établie à Tours :

« Considérant que la petite cité de Châteaudun, ville ouverte, a résisté héroïquement pendant plus de neuf heures, dans la journée du 18 octobre, aux attaques d'un corps prussien de plus de 5,000 hommes, qui n'a pu réussir à l'occuper qu'après l'avoir bombardée, incendiée et réduite en cendres ;

« Considérant que, dans cette mémorable journée, la garde nationale sédentaire de Châteaudun s'est particulièrement distinguée par son énergie, sa constance et son patriotisme à côté des braves francs-tireurs de Paris ;

« Considérant qu'il y a lieu de signaler à la France, par

un décret spécial du Gouvernement, le noble exemple donné
par la ville de Châteaudun aux villes ouvertes exposées aux
attaques de l'ennemi, et de subvenir aux premiers besoins
de la population chassée de ses demeures par les incendies
et les obus prussiens ;

DÉCRÈTE :

« ARTICLE PREMIER. La ville de Châteaudun a bien mérité
de la patrie.

« ART. 2. Un crédit de 100,000 francs est ouvert au ministre de l'Intérieur pour aider la population de Châteaudun
à réparer les pertes qu'elle a subies, à la suite de la belle
résistance de la ville aux Prussiens, dans la journée du
18 octobre 1870.

« ART. 3. Les ministres de l'Intérieur et des Finances sont
chargés, chacun en ce qui le concerne, de l'exécution du
présent décret.

« Fait à Tours, le 20 octobre 1870.

« L. GAMBETTA, Ad. CRÉMIEUX, Al. GLAIS-
« BIZOIN, L. FOURICHON. »

Le sentiment public répondait à celui du Gouvernement. Le *Moniteur* ouvrit une souscription en faveur
des habitants de Châteaudun ou plutôt n'eut qu'à l'enregistrer :

« C'est une souscription toute spontanée, disait-il dans
son numéro du 26 octobre. En apprenant avec quel acharnement, quel héroïsme, quel désintéressement absolu la
vaillante population de Châteaudun avait lutté contre les
envahisseurs, un cri d'immense admiration s'est échappé
de toutes les poitrines, et dès le 20 octobre nous recevions
de tous côtés des petites sommes pour venir en aide aux
habitants de cette ville héroïque, aujourd'hui sans gîte et
sans pain.

« Nous devons le dire, les premiers qui aient eu l'idée
de cette souscription, sont précisément ceux qui ont combattu à côté des gardes nationaux de Châteaudun, les francs-

tireurs de Paris, de Nantes, des Alpes-Maritimes et du Loir-et-Cher.

« A Tours, à Blois, à Vendôme et probablement de toutes parts, plusieurs personnes ont commencé à recueillir les souscriptions. On nous prie de recevoir dans nos bureaux toutes ces offrandes et nous le faisons avec joie. Les sommes versées seront immédiatement adressées au maire de Châteaudun[1]. »

Un hommage plus éclatant, c'est l'ordre du jour que le général de Wittich faisait publier quelques jours après à Orléans :

« Je fais savoir aux habitants du pays, disait l'envahisseur de Châteaudun, que toutes les personnes, qui n'étant pas militaires, seront saisies portant les armes contre les troupes allemandes ou commettant d'autres actes d'hostilité ou de trahison, *seront irrévocablement mises à mort.*

« On ne considérera comme militaires que ceux qui porteront l'uniforme ou qui seront reconnaissables à portée de fusil par des distinctions inséparables de leurs habits.

« Orléans, le 27 octobre 1870.

« Le général en chef,

« VON WITTICH. »

Le général Von Wittich, en signant cet ordre du jour comminatoire, avait devant les yeux l'image de Châteaudun, et le souvenir des paysans de Varize et de Civry qui avaient fait preuve d'un courage admirable, remplissant leur devoir envers la patrie, sans uniforme, avec leurs habits de tous les jours, pour ainsi dire, et qui comme leurs amis de Châteaudun, avaient été punis de leur héroïsme[2]. Sans doute l'ennemi crai-

---

1. Le *Moniteur*, numéro du 27 octobre 1870.
2. De 72 feux dont se composaient le bourg de Varize, il ne restait après la résistance que deux maisons et l'église, atteintes en partie par les flammes. Civry ne fut pas plus épargné. (*Incendie de Varize et de Châteaudun*, par L.-D. Coudray).

14.

gnait la contagion de l'exemple et se croyait ainsi amnistié aux yeux de l'histoire.

Malheureusement, l'exemple ne fut pas suivi partout où il pouvait et où il devait l'être. Il y a même des contre-parties lamentables que l'on voudrait ensevelir dans l'ombre et qu'il faut, cependant, dévoiler. Tout se mêle et tout se heurte dans l'ouragan rapide des événements. Gambetta, dans la dépêche qu'il envoyait le 21 octobre à M. Jules Favre pour lui annoncer la résistance de Châteaudun[1], disait qu'elle pouvait « être mise à côté des pages les plus héroïques de notre histoire. » Et bien peu de jours après, c'était un événement d'un caractère tout différent qu'il avait à lui signaler, un événement qui allait s'étaler aux yeux de tous comme une des pages les plus honteuses non seulement de notre histoire, mais de l'histoire du monde. Le jour même où arrivait à Paris la nouvelle de la glorieuse défense de Châteaudun, Tours apprenait, sans pouvoir en douter, la trahison de Bazaine.

---

1. La dépêche du 21 octobre, expédiée par pigeons, arriva à Paris le 28 octobre.

CHAPITRE XIV

LA TRAHISON DE BAZAINE

L'apologie de Bazaine par lui-même. — Complicité morale des journaux de la réaction en 1870. — Article remarquable du *Siècle* au moment de la capitulation. — Esquisse historique. — Blocus de l'armée du Rhin. — Entrevue de Grimont, etc. — Lenteurs calculées. — Régnier. — Son entrevue avec M. de Bismarck. — Son entrée à Metz. — Fragments de la déposition de M. Lamy, aide de camp du prince impérial. — Déposition de M. Bompart, maire de Bar-le-Duc. — Voyage du général Bourbaki en Angleterre. — Second voyage de Régnier à Hastings. — Le général Napoléon Boyer. — Dépêche de Ferrières. — Réponse de Bazaine. — Réunion des généraux de l'armée le 10 octobre. — Tromperie de Bazaine. — Les instructions au général Boyer. — Diplomatie de M. de Bismarck. — Duplicité du général Boyer. — Nouvelle réunion des généraux. — Résolution courageuse du maréchal Lebœuf. — Second voyage de Boyer. — Récit de sa mission auprès de l'impératrice Eugénie. — Dépêche de M. de Bismarck au prince Frédéric-Charles pour Bazaine. — Fin de l'intrigue — La capitulation. — Protocoles. — Ordre du jour de Bazaine à son armée. — Épisode des drapeaux. — Agonie de l'armée. — Désespoir de la population. — *Consummatum est.*

Puisque Bazaine a eu le triste courage de tenter et de publier son apologie, de se jouer du verdict d'un tribunal où il ne comptait guère que des amis plus ou moins authentiques, comme le prouve le fait même de l'existence seule du criminel, il convient de reprendre la démonstration de la vérité, bien qu'il y ait peu à craindre que l'histoire se laisse surprendre ou qu'on ait à prévoir toute récidive d'apologie ou de simple atténuation du crime; puisque, enfin, d'un côté, on a toute honte bue, osant se faire comme un piédestal de l'infamie, il ne convient pas de se lasser; de l'autre, de rappeler le sentiment de colère et d'indignation qu'excita le forfait quand il fut connu, quel contre-coup il eut dans la conscience nationale tout

entière, et quelles passions il alluma, quelles com-
motions politiques il amena à sa suite, à Paris et dans
les départements.

Nous nous attacherons donc, en essayant de surmonter
nos dégoûts, à cette lugubre tragédie de Metz, comme
à un spectacle qui saisit l'imagination par l'énormité
de l'épouvante, et porte en lui de grands enseigne-
ments. Nous raconterons les faits, dans ce qu'ils
ont d'essentiel et de probant. Nous dirons ce que
nous en savions à Tours ; ce qu'en savait le Gouvernement, après avoir fait tout ce qu'il put, pour
connaître la vérité ; ce qu'il dit à la France et à l'armée,
lorsqu'il ne lui fut plus possible de douter du crime,
tenu longtemps pour invraisemblable par son énormité
même ; ce que la France et l'Armée répondirent ; enfin
— car nous voulons fouiller la conscience nationale
dans tous ses replis — ce qui s'y passa pour se produire
ensuite au dehors, sur la place publique, sous le coup
de l'événement.

Le 4 novembre 1870, le *Siècle* écrivait les lignes
suivantes :

« Les journaux religieux et monarchiques viennent de
changer de monture. Mais qu'on ne s'y trompe pas ; si leur
cheval est autre, leur but reste le même.

« Il y a huit jours, ils demandaient des électeurs et une
Constituante. Le Gouvernement de la Défense nationale, qui
a mis Paris en état de défier l'assaut des Prussiens, organisé
trois armées en province, mobilisé les gardes nationales,
équipé et armé sur toute la surface du territoire près d'un
million d'hommes, ce gouvernement-là ne représentait pas
la France, et par conséquent il usurpait. Ce qui aurait représenté la France, c'eût été une Assemblée nationale nommée seulement par les deux tiers de la province, et où
Paris n'aurait pas figuré.

« Aujourd'hui c'est autre chose : ils veulent que Bazaine
n'ait pas trahi. Gambetta s'est trop pressé d'accuser. Il a
manqué de réserve et de circonspection ; l'*Union* le dit en

propres termes; la *Gazette de France* pense qu'il s'est laissé
aller à un mouvement de colère; et, quant au *Constitutionel*,
il espère encore que les paroles du ministre ont dépassé sa
pensée. Puis comme il faut que les vœux secrets de l'homme
se trahissent toujours par quelque endroit, chacun des
trois complices se retrouve, naturellement et comme par
suite d'un rendez-vous pris, au pied de l'ancienne formule :
« Il faut une Constituante; une Constituante il faut. »

« Eh bien, nous le dirons hautement : la persistance de
ces attaques, la violence qui les accompagne, l'esprit de
dénigrement qui les inspire, tout cela, dans les circonstances terribles où nous vivons, étonne et alarme le public. Des
journaux français se rencontrant avec le *Moniteur Prussien*
pour faire l'éloge de Bazaine et déclarer avec lui que
« l'homme militaire a été sauf, » c'est un fait d'une nature
particulière et qui frappera douloureusement l'opinion.

« Ces journaux disent que M. Gambetta s'est trop avancé,
qu'il a parlé sans preuves, mais eux-mêmes quelles preuves
ont-ils de la précipitation de Gambetta? Qui leur assure que
lorsque Gambetta s'est porté accusateur, il n'avait pas dans
les mains les éléments de son accusation? Et aujourd'hui,
quelle figure vont-ils faire en face de ces preuves qui arrivent de tous les côtés, plus évidentes les unes que les
autres?

« On lira plus loin cet ensemble; et, si on ne démêle pas
encore absolument la trame politique qui a dû être ourdie à
Wilhemshœhe, au moins sur le fait militaire on est édifié,
et l'on emporte cette conviction que Gambetta n'a pas parlé
à la légère; que toutes les révélations jusqu'à présent connues viennent à l'appui de son dire.

. . . .

« Et comment douter, quand on se rappelle toutes les
intrigues qui ont précédé la capitulation, le départ de Bourbaki traversant les lignes prussiennes dans les équipages du
prince Frédéric-Charles, le voyage du général français en
Angleterre, son retour, Boyer succédant à Bourbaki, Boyer
se rendant en Angleterre à son tour après avoir été conférer
à Versailles, l'ex-impératrice quittant sa résidence pour faire
le voyage de Wilhemshœhe? Comment douter quand on
considère que Bazaine avait 120,000 hommes contre 200,000;
qu'il devait indubitablement percer les lignes ennemies;

que ses officiers, que le général commandant la place de Metz l'ont sollicité à diverses reprises de tenter ce suprême effort ; qu'il s'y est obstinément refusé, alléguant dans un ordre du jour qui l'accuse, l'impossibilité de réussir ? Comment douter enfin quand on rassemble tous les détails de la reddition, et qu'on voit ce chef d'armée livrer ses munitions, ses armes, ses drapeaux, son argent ? Les munitions et les armes, il ne les a pas détruites, donnant pour motif que « d'après les usages. militaires places et armements devaient faire retour à la France lorsque la paix serait signée ! » Les drapeaux, ces fiers et susceptibles témoins de la valeur guerrière, il ne les a pas brûlés voulant épargner à une armée qu'il livrait, ce qu'il appelle « des actes d'indiscipline. » Enfin, les quarante millions d'argent que possédait la ville, il a mieux aimé les conserver aux troupes prussiennes que de les enfouir dans un trou profond ou de les distribuer à ses soldats avant de les lancer dans l'aventure de la sortie suprême !

« Non, non, Bazaine n'a pas rempli son devoir et les journaux monarchiques auront beau faire, ils ne parviendront pas à obscurcir la lumineuse vérité des faits.

« Même au point de vue strictement militaire, Bazaine a trahi. On n'a pas le droit de capituler, quand on a devant soi une armée qui n'est pas même le double de la nôtre ; on n'a pas le droit de capituler quand on sait qu'on entraîne dans sa chute une forteresse, qui, nous partis, pouvait encore tenir trois mois. Dans ces conditions la sortie est imposée, obligatoire. Il n'y a pas à redouter « le sacrifice de milliers d'existences qui peuvent encore être utiles à la patrie. » On se fait tuer, mais on sort. C'est le devoir du soldat ; c'est l'obligation impérative du chef d'armée.

« Que si, du point de vue militaire, nous passons au point de vue politique, et qu'alors nous apercevions une série de manœuvres ayant pour objet nous ne savons quel rêve de restauration impériale, laquelle, dans tous les cas, ne s'accomplirait que dans le sang et dans la ruine, oh! la trahison devient tout à fait infâme.

« Comme le criait si bien Gambetta, elle est « au-dessus des châtiments de la justice, » et quiconque dit le contraire, n'est pas seulement l'ennemi de la République ; il est l'ennemi de la France ! »

Ce long article du *Siècle* qui, à part même ce qu'il dit de l'attitude de la presse monarchique et cléricale, méritait d'être rappelé, ne fût-ce que pour la précision, l'exactitude des accusations, l'autorité des motifs allégués, auxquels il n'a été depuis rien ajouté, rien retranché, ne nous dispense pas d'une plus complète démonstration. Nous n'aurons pas besoin, du reste, d'entrer dans le détail des faits militaires ni des intrigues politiques nouées autour, pour arriver aux mêmes conclusions que le *Siècle* et pour les justifier. Nous pourrons même, sans qu'il en coûte rien à la lumière que nous voulons faire, laisser dans l'ombre les actions de guerre qui précèdent l'investissement, et effleurer seulement le cercle des agissements et des opérations de Bazaine pendant la période que l'on pourrait appeler la période préparatoire, bien que le point de vue politique se fût mêlé, dès les premiers jours, au point de vue militaire et qu'il ne fût pas difficile de démêler déjà, dans la conduite du général, le germe de l'odieuse entreprise qu'il devait consommer. La lumière éclate d'elle-même, et ce qui peut étonner, c'est qu'on ait cru possible de l'étouffer dans la conscience du monde.

Le 14 août, on avait livré la bataille de Borny pour s'ouvrir la route de Verdun et donner la main à Mac-Mahon. Nous étions restés maîtres du champ de bataille, après avoir perdu 3,500 hommes tant tués que blessés, mais sans autre résultat qu'une lutte glorieuse. Il fallut reprendre le 15 le mouvement commencé le 14. La bataille de Gravelotte du 16, celle de Saint-Privat du 18, malgré d'héroïques efforts de la part des troupes et de quelques chefs militaires, avaient été également sans résultat pour le but qu'on semblait vouloir atteindre. Le 19, l'armée s'était retirée dans la vallée de la Moselle. Le 27, Bazaine reçoit une dépêche qui lui donne avis de la marche de Mac-Mahon sur Châlons — dépêche qu'il a nié avoir reçue, mais qu'il n'a pas pu ne pas recevoir — il n'en reste pas moins immobile jusqu'au 29. Il laisse ainsi le champ libre à l'ennemi pour l'écrasement de toute une armée — jetée par la pire des imprudences, pour sauver un Empire déjà perdu, dans la plus périlleuse aventure — et il prépare Sedan et Metz du même coup !

Mais le 26 août est un point de départ qu'il faut remarquer. De ce jour la trame commence à devenir visible ; il n'y a plus de doute même sur la volonté arrêtée de ne pas abandonner les murs de Metz, d'y attendre le désastre inévitable, l'armée de Mac-Mahon s'étant aventurée entre trois armées victorieuses ; il n'y a pas de doute sur le dessein prémédité de se tenir, comme l'araignée au milieu de sa toile, à l'affût des événements politiques qui peuvent se produire.

Une prise d'armes avait été commandée. Il s'agissait de se mettre en marche et d'aller enfin donner la main à l'armée de Châlons. Bazaine réunit les généraux pour une conférence décisive au château de Grimont. Il était dix heures et demie. Les chefs de corps avaient employé la matinée à prendre leurs positions. Il faisait un temps horrible ; le ciel était sinistre ; il tombait une pluie torrentielle. Tout correspondait en quelque sorte à l'affreuse situation où l'on était, à l'avenir qui allait se préparer.

« Ce château isolé de Grimont, dit un témoin, défoncé et déchiqueté ; ces grilles, ces arbres abattus ; ces murs crénelés ; ces groupes de cavaliers silencieux, serrés les uns contre les autres et tournant le dos à l'ouragan, ces chefs de corps insouciants ou découragés ; ces états-majors inquiets et défaits, errant dans les salles basses ou campés dans les cuisines, tout prêtait à cette entrevue sans nom quelque chose de fatal ! »

C'est de cette entrevue, en effet, pour rappeler un mot du général Pourcet, que « sortirent des résolutions si funestes à l'armée du Rhin » et à la France.

Cette journée du 26 août fut appelée dans les camps

(ce qui prouve que l'on avait déjà pénétré l'âme de Bazaine) la *Journée des dupes*. Il trompa tout son entourage, où plus d'un peut-être ne demandait qu'à être trompé. D'abord il s'abstint absolument de parler du mouvement de l'armée de Châlons que lui annonçait la dépêche du 23 et que les généraux étaient bien loin de prévoir et de deviner [1]; ensuite il ne dit à ses lieutenants que ce qui pouvait décourager, faire naître ou seconder les résolutions pusillanimes. Il ne fit de communications sérieuses qu'aux généraux Soleille et Coffinières, ses complices, qui accusèrent l'insuffisance des ressources de l'armée et des moyens de défense de Metz. Les chefs renseignés de la sorte, il fut décidé que l'armée rentrerait dans ses positions sous Metz, et aussitôt le mouvement commandé le matin s'arrêta.

On fut étonné. Il faut entendre ce que disaient à ce sujet quelques généraux :

« Nous sommes au 26, dit le général Deligny; l'armée est impatiente, elle a un vague pressentiment des événements qui se préparent loin d'elle, le bruit court dans les camps que les coureurs de Mac-Mahon ont été vus du côté de Briey; toutes les imaginations sont en travail. Dès le matin, des ordres sont donnés pour la concentration des troupes sur la rive droite de la Moselle. Le temps est affreux, la pluie tombe par torrents, mais les soldats conservent leur bonne humeur... Vers trois heures, il ne restait plus à passer que quelques bataillons, lorsque arrive l'ordre de revenir sur ses pas et d'aller prendre les positions quittées le matin. Toute la nuit fut employée à exécuter le mouvement rétrograde. Chacun se demandait quel pouvait être le but que s'était proposé le maréchal en concentrant son armée, et cherchait à s'expliquer les causes de si singulières manœuvres.

1. Le général Frossard a dit dans sa déposition : « Nous étions à cent lieues de supposer que notre seconde armée, au lieu de se porter sur Paris, pouvait s'aventurer au milieu de trois armées victorieuses. » (Audience du 8 novembre 1873.)

Les causes, c'était la trahison qui commençait !

La tentative des 31 août et 1er septembre rendait encore plus palpable la cause véritable.

Par une fausse dépêche non signée, qu'il a pu démentir plus tard, Bazaine attirait à lui l'armée de Châlons, et, par un mouvement simulé, bientôt arrêté, il laissait cette armée seule aux prises avec l'ennemi commun ! Double perfidie, dont on ne trouve pas un autre exemple dans l'histoire des armées ! Et l'on ne peut se défendre d'un profond sentiment d'étonnement en rapprochant de cette perfidie inouïe la grâce accordée par le général trompé au trompeur et l'évasion de celui-ci de l'île Sainte-Marguerite ! Il y a dans le cœur humain des abîmes insondables.

L'opération abandonnée le 26 est reprise le 31, à la suite d'un avis apporté de Thionville par des émissaires de l'armée de Châlons, qui annonçait les mouvements de cette armée, la présence du général Ducrot le 27 à Stenay, à la gauche, et celle du général Douay à la droite sur la Meuse ; mais elle n'est reprise que parce qu'on ne peut faire autrement sans se démasquer, et, comme le dit le général Pourcet, parce qu'il « n'est plus possible de faire croire plus longtemps à son ignorance.» Le 29, dans la soirée, l'ordre est donné aux divers corps de se tenir prêts pour se mettre en mouvement le 30 à midi, et, quelques heures plus tard, cet ordre est contremandé ! Le mouvement ne commence qu'après l'arrivée d'une nouvelle dépêche de même source et de même ordre que la précédente. On a ainsi perdu plusieurs heures; on a donné à l'ennemi le temps d'agir et à l'armée française qu'on doit secourir, le temps de se perdre.

Ce n'est pas tout : la reprise du mouvement n'est qu'une feinte. Rien dans les mesures prises qui dénote l'intention de pousser l'entreprise à fond, et, au contraire, lorsqu'on s'engage et qu'on commence l'action, tout trahit la froide résolution de ne pas agir. La lutte pouvait s'engager dès 7 heures du matin, et le signal n'est donné qu'à 4 heures du soir [1]. Les troupes, avec une ardeur admirable, enlèvent les villages de Noisseville, de Nouilly et de Servigny. A la tombée de la nuit, l'armée était de tous les côtés victorieuse : il ne fallait plus qu'un effort, et la ligne d'investissement était rompue. L'obscurité obligea de s'arrêter à une petite portée de fusil de l'ennemi, qui, en se maintenant au village de Sainte-Barbe, restait maître de la clef de la position. Les lenteurs calculées du matin portaient leurs fruits.

Nous assistons le lendemain au même spectacle ; nous avons sous les yeux le même stratagème ; nous avons affaire à un général qui met tout son art à empêcher les siens de vaincre. Le soir, il s'éloigne du champ de bataille sans donner aucun ordre, sans demander aucun renseignement aux chefs de corps ; il s'en va tranquillement passer la nuit au village de Saint-Julien ; si bien qu'au point du jour, le 1er septembre, l'ennemi, qui a employé autrement son temps, a regagné les heures perdues la veille. Une action générale, rapide, pouvait encore cependant tout réparer : au lieu de cela, le maréchal se borne à adresser aux chefs de corps un ordre confidentiel, qui laisse chacun libre d'agir, selon les dispositions de l'ennemi ! Ce qui eût été abdiquer les droits du commandement, si ce n'avait pas été les trahir ! Les généraux ne durent pas se faire illusion sur les intentions de leur chef, et l'on peut s'étonner que sur le moment ils n'y aient pas pris garde. Quoi qu'il en soit, l'élan des troupes était paralysé; il leur fallut regagner leur campement, où elles rentrèrent avec la conscience vague que leur sang avait été répandu en pure perte, que leur existence même et leur honneur étaient compromis.

Ce sentiment s'accrut de jour en jour durant tout le cours du mois de septembre.

---

1. « Le signal se fit longtemps attendre. » (Déposition du général Frossard, audience du 8 novembre 1873.)

Tout, il est vrai, était fait pour l'entretenir et le fortifier. La situation des vivres est devenue critique : on ne
fait rien pour l'améliorer. On laisse l'ennemi s'emparer
sans obstacle de la zone fertile qui environne Metz [1] ;
on laisse s'écouler quinze jours sans diminuer la con-
sommation de l'armée. Le 12 septembre, dans une
réunion des chefs de corps, on décide qu'il se fera des
opérations d'ensemble pour avoir des vivres et soustraire le soldat à son immobilité. Quelques opérations,
en effet, sont dirigées sur Magny, Lauvalliers, Peltre,
Mercy, Colombey, les Maxes ; mais ce sont des opérations isolées, qui, bien que chaque fois les troupes se
soient emparées des positions, ne peuvent donner de
résultat, soit par suite des retards et de la mollesse de
l'exécution, soit à cause des dispositions adoptées.
Partout, dans la question des subsistances, dans le rôle
des camps retranchés, tous les règlements militaires,
sauvegardes de l'existence et de l'honneur des armées,
sont méconnus. Il est établi qu'une tentative sérieuse
de sortie, faite avec toutes les forces réunies, avait les
meilleures chances de réussir : on ne fait que des tentatives insignifiantes, qui n'ont pas même le mérite de
tenir en haleine le soldat [2]. C'est que l'on ne songe pas
à remplir son devoir de soldat ; de dessein prémédité,
on a cessé d'être un chef militaire ; on veut être un
personnage politique.

A partir du désastre de Sedan et de la Révolution du
4 Septembre, on entre dans une période nouvelle, où
à la guerre se substitue la diplomatie.

Cette période a été bien saisie par le rédacteur des
récits de la guerre franco-allemande.

« A la suite de la bataille de Noisseville, l'armée du Rhin
avait commencé par prendre une attitude complètement

---

1. Voir la déposition patriotique de M. Fournier, propriétaire à Nancy,
dans l'audience du 24 novembre 1873.
2. Réquisitoire du général Pourcet.

expectante. Dans un rapport adressé à l'empereur sur l'insuccès de sa tentative de sortie, le maréchal Bazaine assurait qu'il continuerait bien tous ses efforts pour mettre un terme à la situation actuelle ; mais à la nouvelle des événements de Sedan, d'autres considérations commencèrent à prendre le dessus. Désormais sans espoir de pouvoir tendre la main à une armée de secours, l'armée du Rhin, alors même qu'elle réussirait à percer, courait grand risque, jetée sans vivres et sans convois dans un pays dévasté, de succomber sous les coups des troupes allemandes lancées à sa poursuite. Le maréchal s'arrête donc au parti de s'abstenir pour le moment de tout engagement sérieux et d'attendre sous les murs de Metz le développement des événements politiques en France [1] ».

Mais il faut ajouter qu'il y a dans cette période deux moments, que l'auteur allemand n'avait pas du reste à distinguer, celui où Bazaine ménage le gouvernement nouveau dans l'idée qu'il peut traiter avec le vainqueur, et celui où, cette perspective se fermant, il se retourne et négocie avec la Prusse pour l'Empire et pour son propre compte.

Bazaine a dit, dans l'instruction du procès, ces paroles significatives : « Rien ne faisait prévoir qu'un armistice ou un traité de paix ne serait pas intervenu avant que nous soyons réduits à la dernière extrémité. Et j'ai toujours pensé que la conservation de la place de Metz faciliterait les négociations et sauvegarderait la Lorraine. » — Et le général Pourcet fait observer que le secret de la conduite du maréchal est tout entier dans cet aveu, ce qui est vrai pour la période qui s'étend jusqu'à la fin de septembre. Bazaine, après le désastre de Sedan, dans l'ignorance où l'on est de sa situation et de ses desseins, croit que la France ne résistera pas, et il se réserve pour le moment des négociations dans l'espérance, assez fondée, qu'il prendrait à la tête d'une

_____
1. *La guerre franco-allemande*, 12° livraison, p. 264.

15.

armée dont le prestige restait intact, une situation pré-
pondérante dans le gouvernement, quel qu'il fût, qui
sortirait des événements. C'est pour cela qu'il ne rompt
pas avec le Gouvernement de la Défense ; que dans son
ordre du jour N° 9, il ne parle ni de l'empereur ni de
l'Empire, reconnaissant implicitement le gouvernement qui les a renversés ; qu'il communique à la presse
de Metz la proclamation de M. Jules Favre et l'énergique proclamation de Tours. Mais quand il voit que
toute espérance de paix immédiate a disparu, il change
de tactique et d'attitude. C'est alors que la seconde
phase, celle de la restauration bonapartiste, s'ouvre et
que le véritable drame politique commence.

L'incident Régnier est le prologue du drame.

Régnier, personnage bizarre, énigmatique, possédé
avant tout, à ce qu'il semble, du désir de jouer un rôle,
se présente, le 14 septembre dans la soirée, à Hastings,
à la demeure de l'impératrice, s'annonçant comme un
Français qui désire voir le prince impérial. Le commandant Jules Lamy, aide de camp du prince, reçoit le
visiteur, qui lui dit :

« — Je me nomme Régnier ; je suis bourgeois de Saint-Port ;
je désire parler à l'impératrice. Il faut sauver la situation ;
il en est temps encore. Que l'impératrice fasse une proclamation au peuple français et convoque les Chambres ; les
Prussiens qui ne veulent pas entendre parler du Gouvernement de la Défense nationale, traiteront avec elle.

Il lui fut répondu que l'impératrice n'était pas dans
les idées qu'il exprimait, qu'elle ne voulait pas compli-
quer la situation.

« — Il n'y a donc ici, je le vois, s'écria-t-il, que des poules
mouillées. Je vais à Willhemshœhe ; là les sentiments sont
plus énergiques. Seulement procurez-moi l'accès de l'empereur. Voici une photographie de Hastings ; que le prince
y appose sa signature. »

Une personne de l'entourage obtint deux portraits du prince avec la signature demandée.

Telle est l'entrée en scène du personnage.

De retour de son voyage de Londres, Régnier voit M. de Bismarck à Ferrières et se donnant comme fondé de pouvoirs de l'impératrice, est autorisé à continuer sa route sur Metz pour donner suite à ses projets, puis, le 23 septembre, après avoir touché au quartier général du prince Frédéric-Charles, à Corny, il pénètre dans la place. A la suite de plusieurs entrevues avec cet étrange négociateur, qu'il ne connaissait pas, que tout aurait dû lui rendre suspect, Bazaine s'empresse d'envoyer le général Bourbaki auprès de l'impératrice. Celui-ci, le 25, traverse les avant-postes allemands, en costume bourgeois, en compagnie de plusieurs médecins du Luxembourg, gagne l'Angleterre et y arrive le 27, s'y croyant attendu. Il y parle de la mission prétendue de Régnier, et comprenant qu'il y avait au fond de l'affaire une mystification pour lui, un mystère honteux pour d'autres, il revient en France et se rend à Tours, n'ayant pu obtenir sa rentrée à Metz.

Cependant Régnier poursuivait son œuvre. Il retourne le 18 octobre à Hastings. Congédié, il revint le lendemain et écrivit à l'impératrice. L'aide de camp du prince alla lui apporter lui-même la réponse.

La scène vaut la peine d'être racontée en détails :

« — J'allai à Londres, dit le commandant Lamy, lui demander des explications. C'est alors qu'il me dit qu'il savait mieux que le maréchal ce qui se passait à Metz, qu'il y avait des vivres jusqu'au 18, qu'on ne pourrait tenir au delà du 22. — Mais m'écriai-je, vous êtes donc un espion Prussien ? — Il m'a parlé ensuite des conditions auxquelles le maréchal traiterait : « Ah ! il faudra bien payer les pots cassés ! » — Et il ajouta que les Prussiens ne feraient pas la paix sans cession de territoire ; il me montra sur la carte la partie du territoire que désiraient les Prussiens et qu'ils prendraient.

« Je lui demandai quelle indemnité il pensait qu'on exige-
rait. — Sans doute un milliard, lui dis-je. — Mettez quatre ou
cinq milliards, répondit-il. — Il ajoutait qu'on ne prendrait
peut-être pas Mulhouse... »

Régnier, comme on le voit, était assez bien renseigné.

L'audience du conseil de guerre du 21 novembre
1873, où Régnier aurait dû être entendu, si la conscience de son crime ne l'avait pas tenu éloigné, a fait
la lumière sur les agissements et les *missions* pacifiques
et humanitaires de l'homme que Bazaine, dans ses
épanchements avec le général Napoléon Boyer, appelait
l'*International*. La déposition de M. Bompart, maire de
Bar-le-Duc, ancien député, en dit assez pour montrer
le rôle, les relations du personnage avec M. de Bismarck et les impressions que produisaient sur les
honnêtes gens son langage et sa seule présence. Il faut
connaître cette déposition :

M. Bompart, député, maire de Bar-le-Duc. — J'ai vu le sieur
Régnier, le 26 septembre, à son retour de Metz. Il me
demandait de lui faciliter le passage aux avant-postes
allemands. Je m'y refusai.

« — Mais me disait-il, je ne suis pas le premier venu ;
je porte un laisser-passer de M. de Bismarck. »

« — A plus forte raison pour que je vous refuse. » Il me
dit mystérieusement :

« — Jurez-moi que d'ici à quelque jours vous ne parle-
rez pas de ce que je vais vous montrer. »

Il exhiba une photographie sur laquelle était la signature de l'empereur.

« — Vous êtes un inconnu, vous portez un laisser-passer
de M. de Bismarck, vous avez une signature du maréchal
Bazaine que je ne connais pas, vous avez une signature de
l'homme qui a jeté le pays dans une guerre où s'engloutira
peut-être notre honneur militaire ; sortez ! »

Je repris cependant : « Allez à l'Hôtel de Ville, je vous y
répondrai. » Cet homme avait piqué ma curiosité ; il m'avait

dit encore : « Chaque minute que vous tardez, vous faites perdre au pays des millions. »

Il me dit que l'armée était à bout de ressources. Si j'avais eu quelque hésitation, mon impression fut bientôt que j'avais à faire à une espèce d'intrigant n'ayant pas de valeur. Je refusai de faciliter son passage ; il resta encore quelques instants. Il me dit en me quittant que je manquais à tous mes devoirs. »

M. Jules Lamy, en s'écriant que Régnier était un espion, et M. Bompart, en flairant dans l'homme un intrigant, étaient l'un et l'autre dans la vérité. Peut-être M. Bompart en était-il plus près cependant. Il ne paraît pas que Régnier fut ce qu'on entend ordinairement par un espion. Il voulait jouer au personnage, avoir un rôle dans la tragédie qui se préparait. Mais, qu'il en eût ou non conscience, il jouait le jeu de M. de Bismarck et servait à tendre des embûches à une folle et perverse ambition. C'est par lui que l'habile ministre se mit en rapport avec l'armée du Rhin, qu'il connut l'état de la place, les dispositions de Bazaine, qu'il put faire briller devant les yeux de celui-ci des mirages trompeurs, l'entretenir par ses artifices et amener l'homme dans la route où il s'est perdu, lui et la France.

Mais de même qu'avec Régnier nous avons le prologue des négociations, avec Boyer, nous en tenons le nœud, et nous voyons se dessiner le dénouement.

M. Tachard nous a appris que madame Bazaine, à la vue de Boyer, s'écriait : « Voilà le mauvais génie de mon mari ! » Bazaine n'avait pas besoin d'être excité au mal ; il trouvait en lui-même son propre tentateur. Sa première femme le connaissait mieux, elle qui prédisait que son ambition le perdrait. Mais Boyer avait sur Bazaine une supériorité, celle de la haine ; il détestait les républicains, et particulièrement les hommes que la révolution du 4 Septembre avait portés au pouvoir. C'est lui qui disait d'eux, avec l'accent de la passion

et les dédains de la vanité : « Je ne voulais avoir rien à
faire avec ces gens là ! » Son amitié ne se serait pas
prêtée, avec grande ardeur peut-être, aux premiers
calculs de Bazaine, qui avaient pour objet l'écrasement
de l'armée de Châlons ; elle se dévoua à ceux qui pouvaient conduire à une restauration bonapartiste.

Le 29 septembre Bazaine recevait de Ferrières une
dépêche non signée, qui était ainsi conçue :

« Le maréchal Bazaine acceptera-t-il pour la reddition
de l'armée qui se trouve devant Metz, les conventions que
stipulera M. Régnier, restant dans les instructions qu'il tiendra de M. le maréchal ? »

Le même jour Bazaine répondait au général de
Stichle, par la lettre suivante :

« MONSIEUR LE GÉNÉRAL,

« Je m'empresse de vous faire savoir, en réponse à la
lettre que vous m'avez fait l'honneur de m'envoyer ce matin,
que je ne saurais répondre d'une manière absolument affirmative à la question qui est posée par Son Excellence M. le
comte de Bismarck. Je ne connais nullement M. Régnier,
qui s'est présenté à moi comme muni d'un laisser-passer de
M. de Bismarck, et qui s'est dit l'envoyé de Sa Majesté
l'impératrice, sans pouvoirs écrits. M. Régnier m'a fait
savoir que j'étais autorisé à envoyer auprès de l'impératrice,
soit Son Excellence le maréchal Canrobert, soit le général
Bourbaki. Il me demandait en même temps s'il pouvait
exposer des conditions dans lesquelles il me serait possible
d'entrer en négociations avec le commandant en chef de
l'armée allemande devant Metz pour capituler. Je lui ai
répondu que la seule chose que je puisse faire serait d'accepter une capitulation avec les honneurs de la guerre ; mais
que je ne pouvais comprendre la place de Metz dans la convention à intervenir. Ce sont en effet, les seules conditions
que l'honneur militaire permette d'accepter, et ce sont les
seules que M. Régnier ait pu exposer.

« Dans le cas où S. A. R. le prince Frédéric-Charles
désirerait de plus complets renseignements sur ce qui s'est

passé, à ce propos, entre moi et M. Régnier, M. le général Boyer, mon premier aide de camp, aura l'honneur de se rendre à son quartier général au jour et à l'heure qu'il lui plaira d'indiquer. »

Là fut le point de départ de la mission de Boyer. Régnier n'avait pu parler que d'une capitulation honorable au nom de M. de Bismarck. Celui-ci était trop habile pour dévoiler tout d'abord sa pensée : il était maître du temps ; il était bien sûr qu'il ferait son œuvre, avec l'aide des hommes que la fortune lui offrait.

Bazaine, d'ailleurs, s'empressait d'entrer dans son jeu. Le 10 octobre, il réunit ses chefs de corps, et le conseil, après longue délibération, décide que l'on tiendra sous Metz le plus longtemps possible ; que l'on ne fera pas d'opérations autour de la place, le but à atteindre étant presque improbable ; que des pourparlers seront engagés avec l'ennemi dans un délai qui ne dépassera pas quarante-huit heures afin de conclure une convention militaire honorable et acceptable pour tous ; que, dans le cas où l'ennemi voudrait imposer des conditions incompatibles avec notre honneur et le sentiment du devoir militaire, on tentera de se frayer un passage les armes à la main. Mais tel n'était pas le programme de M. de Bismarck ni celui que Boyer devait travailler à faire prévaloir. Les chefs de corps n'envisageaient la question qu'au point de vue militaire. Bazaine avait rédigé, à part, des instructions où il déclarait « la question militaire jugée. »

Voici le commencement et la fin de ces instructions édifiantes, que l'on ne peut lire que la rougeur au front et l'indignation au fond du cœur :

« Au moment où la société est menacée par l'attitude qu'a prise un parti violent, et dont les tendances ne sauraient aboutir à une solution que cherchent les bons esprits, le maréchal commandant l'armée du Rhin, s'inspirant du désir qu'il a de sauver son pays, et de le sauver de ses propres excès, interroge sa conscience et se demande si l'armée placée sous ses ordres n'est pas destinée à devenir le palladium de la société. ».............................

....

« L'action d'une armée française encore toute constituée, ayant bon moral,. et qui, après avoir loyalement combattu l'armée allemande, a la conscience d'avoir su conquérir l'estime de ses adversaires, pèserait d'un poids immense dans les circonstances actuelles. Elle rétablirait l'ordre et protégerait la société, dont les intérêts sont communs avec ceux de l'Europe. Elle donnerait à la Prusse, par l'effet de cette même action, une garantie des gages qu'elle pourrait avoir à réclamer dans le présent, et enfin elle contribuerait à l'avènement d'un pouvoir régulier et légal, avec lequel les relations de toute nature pourraient être reprises sans secousses et naturellement. »

L'armée du Rhin serait devenue ainsi, d'abord une armée de gendarmes chargée de mettre à la raison les républicains, et une armée de prétoriens, ensuite, qui, sous la haute main de l'Allemagne, aurait protégé le bonapartisme ramené et restauré.

M. de Bismarck ne le voulut pas.

Boyer partit pour Versailles avec ces indignes instructions, que l'on se garda bien de communiquer aux généraux. Y arriva-t-il avec l'espérance que les conditions de son chef seraient agréées ? S'il en fut ainsi, l'illusion ne fut pas de longue durée. La première chose que lui dit le grand chancelier à Versailles, c'est que l'armée de Metz n'aurait pas d'autres conditions que celles de l'armée de Sedan.

C'est cette parole que le négociateur du maréchal Bazaine fut obligé de venir rapporter à son général[1].

Cependant, le 18, les chefs de corps sont convoqués

---

1. A son arrivée aux avant-postes de l'armée, il trouva le commandant Arnous-Rivière, qui lui remit une lettre du maréchal (lettre qui a disparu) où sans doute il lui était recommandé de garder le secret des communications qu'il rapportait de Versailles.

pour entendre le récit de la mission Boyer. La séance
est solennelle. On écoute le général dans un religieux
silence, Pour lui, il débite le thème convenu. Il parle
de la Régence, de son rétablissement dans l'intérêt de
l'ordre, de l'anarchie qui régnait partout en France,
ayant grand soin de cacher — et pourtant M. de Bismarck
le lui a dit à plusieurs reprises — que l'armée ne pouvait
pas espérer d'autres conditions que celles de Sedan. Il
prétend, il est vrai, qu'il a tout dit ; il affirme même
avoir fait remarquer que les nouvelles données par lui
sur l'état de la France provenaient d'une source prussienne ; mais d'une part, le procès-verbal (qui a été
conservé) ne fait aucune mention de ce qu'il a pu dire
sur ces points, si graves cependant, et de plus, il est
contredit par les chefs de corps et particulièrement par
une lettre du général Frossard, qui a été rendue publique. Il se garde aussi de dire que le général Bourbaki
s'était mis à la disposition du Gouvernement de la
Défense nationale. Il dissimule en un mot tout ce
qui pouvait incliner le conseil vers les résolutions
généreuses, et aggrave tout ce qui pouvait les en
détourner.

L'exposé de Boyer était navrant, ainsi que le dit le
général Frossard dans sa lettre publiée le 22 décembre 1870 ; « les généraux furent cruellement trompés
par le tableau lamentable qu'on leur fit de la France. »
Il en résulta que, la discussion ouverte, il n'y eut qu'une
voix à réclamer une solution digne, la voix du maréchal Lebœuf.

C'est une justice qu'il faut rendre à l'infortuné maréchal. Il fut le seul dans cette circonstance mémorable
à la hauteur de son rôle et de son devoir.

Déjà, aussitôt après le premier départ de l'aide de
camp de Bazaine pour Versailles, comptant peu sur le
succès du négociateur, il avait préparé son corps
d'armée à une prise d'armes, et il y avait mis d'autant
plus d'ardeur que, le 16, Bazaine lui avait dit que, si

l'on n'obtenait pas des conditions honorables, on tenterait la fortune. Quand, deux jours après, dans la conférence, il connut quelles conditions étaient faites à l'armée, il ne put se contenir et déclara que le moment du recours aux armes était venu. Mais son avis fut traité de « folie héroïque » et, sur l'intervention du général Changarnier, le conseil décida que le général Boyer se rendrait à Hastings « pour voir s'il était possible d'obtenir une convention, » dans les termes indiqués par M. de Bismarck.

M. de Bismarck, comme on le pense bien, ne fit aucune objection au second voyage de M. Boyer. Il gagnait du temps ; il faisait perdre à l'armée les derniers jours dont elle aurait pu disposer pour tenter cette « folie héroïque » conseillée par le maréchal Lebœuf.

Le général Boyer se rendit donc auprès de l'impératrice pour lui soumettre les conditions de M. de Bismarck et les résolutions du conseil. Nous laisserons l'ambassadeur lui-même raconter devant le conseil de guerre sa mission :

« Je fus reçu le 22, par l'impératrice à qui j'exposai la situation de l'armée de Metz, l'état de la France et la mission que j'avais à remplir auprès d'elle. Sa Majesté me chargea de porter à l'ambassade de Prusse à Londres une dépêche pour le roi dans laquelle elle demandait pour l'armée de Metz un armistice de quinze jours avec ravitaillement.

« Quant au parti définitif qu'elle se déciderait à prendre, elle ne voulut rien préciser immédiatement, parce qu'elle voulait consulter certaines personnes dévouées. Je dois dire ici quelles étaient les conditions posées par M. de Bismarck. L'armée devait faire une sorte de *pronunciamento* en faveur de la dynastie, et l'impératrice devait consentir à la signature des préliminaires de paix. Quant à ces préliminaires, je ne les connaissais pas. J'ai su, depuis, qu'il y était question de la remise de la place de Metz, mais j'affirme qu'il n'avait pas été parlé de cette condition entre moi et M. de Bismarck.

« Le lendemain 23, je retournai à Chislehurst, auprès de

l'impératrice; aucune nouvelle n'était encore arrivée de Versailles. Le 24, ce silence continuant, l'impératrice s'adressa directement au roi de Prusse, lui demandant quelles étaient ses conditions. Le 25, M. de Bismarck répondit que l'impératrice devait connaître les conditions stipulées, puisqu'elles avaient été transmises à l'empereur qui ne devait pas les lui avoir laissé ignorer. Quant à la demande d'armistice, elle était repoussée sans discussion.

« Le même jour 25, arriva également la réponse du roi de Prusse qui disait qu'en raison de la non-exécution des conditions posées, il ne fallait plus songer au traité projeté. Le 26, Sa Majesté me fit appeler et me montra une lettre qu'elle venait de recevoir de Tours, lettre dans laquelle on la suppliait de ne point entraver les efforts de la Défense. L'impératrice répondit le jour même qu'elle renonçait à ses projets dans l'intérêt de la France, mais en même temps elle insista sur la nécessité d'un armistice. Je retournai à Londres, où deux jours après je reçus la nouvelle de la capitulation. »

M. Boyer passe dans son récit un des points les plus importants qu'il eut à placer sous les yeux de l'impératrice, et qu'il omet·sans doute dans l'intérêt de la cause à laquelle il était attaché. L'impératrice n'eut pas à jouer un rôle aussi beau ; M. de Bismarck imposait une condition devant laquelle il savait bien qu'on reculerait, — une signature en blanc.

Ainsi, le tour était joué. Bazaine était tombé dans le piège tendu à son ambition. Après l'avoir d'abord tenté par le mirage d'un rôle politique à jouer, et l'appeau d'une capitulation honorable, quand M. de Bismarck connaît par Régnier l'état de l'armée et les dispositions du chef, quand il a pu calculer jusqu'aux dernières heures de notre agonie, il se démasque tout à coup et fait des propositions inacceptables. Car il savait très bien que les conditions qu'il formulait, un *pronunciamento* de l'armée, une proclamation de l'impératrice, une signature en blanc pour le reste, étaient des conditions inacceptables. De cette façon, Bazaine est amené au point marqué dans sa pensée, où il n'y avait plus d'alternative que celle d'une *folie héroïque*, de jour en jour moins probable, et de nouvelles fourches caudines plus honteuses, plus basses encore que celles sous lesquelles avait passé notre armée de Sedan.

Enfin, le 24 octobre, ayant désormais Bazaine à sa merci par ce qu'il avait fait, par ce qu'il avait écrit et par ce qu'on lui avait promis peut-être, M. de Bismarck jugea qu'il était inutile de prolonger le jeu plus longtemps, et il adressa à sa dupe le télégramme suivant :

« Grand quartier général devant Metz, le 24 octobre 1870.

« J'ai l'honneur d'envoyer copie à Votre Excellence d'un télégramme arrivé à minuit et dont voici la teneur :

« A Son Altesse le prince Frédéric-Charles pour le maréchal Bazaine.

« Le général Boyer désire que je vous communique le télégramme suivant :

— L'impératrice, que j'ai vue, fera les plus grands efforts en faveur de l'armée de Metz, qui est l'objet de sa profonde sollicitude et de ses préoccupations constantes.

« Je dois cependant vous faire observer, monsieur le maréchal, que depuis mon entrevue avec le général Boyer, aucune des garanties que je lui avais désignées comme indispensables avant d'entrer en négociations avec la régence impériale, n'a été réalisée, et *que l'avenir de la cause de l'empereur n'étant nullement assuré par l'attitude de la nation et de l'armée française*, il est impossible au roi de se prêter à des négociations dont Sa Majesté seule aurait à faire accepter les résultats par la nation française. Les propositions qui nous arrivent de Londres sont, dans la situation actuelle, absolument inacceptables, et je constate, à mon regret, que je n'entrevois aucune chance d'arriver à un résultat par des négociations politiques.

« BISMARCK.

« J'ai l'honneur, M...,

« *Signé :* FRÉDÉRIC-CHARLES. »

C'était la fin de l'intrigue. Mais ce n'était pas la fin des épreuves de cette malheureuse armée.

Si l'on veut mesurer la profondeur de l'abîme où elle était jetée, et le cynisme d'hypocrisie de son chef, il faut rapprocher le protocole qui la livrait, et l'*ordre du jour* par lequel on essayait de lui donner le change, sous prétexte d'adoucir la douleur de la chute, et peut-être aussi de se donner le change à soi-même, de colorer à ses propres yeux, comme aux yeux du monde, l'odieux de la trame ourdie depuis si longtemps avec un art si funeste.

PROTOCOLE

« Entre les soussignés, le chef de l'état-major général de l'armée française sous Metz et le chef de l'état-major de l'armée prussienne devant Metz, tous deux munis de pleins pouvoirs de son Excellence le maréchal Bazaine, commandant en chef, et du général en chef Son Altesse Royale le prince Frédéric-Charles de Prusse ;

« La convention suivante a été conclue :

« Article premier. L'armée française, placée sous les ordres du maréchal Bazaine, est prisonnière de guerre.

« Art. 2. La forteresse de la ville de Metz avec tous les forts, le matériel de guerre, les approvisionnements de toute espèce et tout ce qui est propriété de l'État, seront rendus à l'armée prussienne dans l'état où tout se trouve au moment de la signature de cette convention.

« Samedi, 29 octobre, à midi, les forts de Saint-Quentin, Plappeville, Saint-Julien, Queuleu et Saint-Privat, ainsi que la porte Maselle (route de Strasbourg), seront remis aux troupes prussiennes.

« A dix heures du matin de ce même jour, des officiers du génie et de l'artillerie, avec quelques sous-officiers, seront admis dans lesdits forts pour occuper les magasins à poudre et éventer les mines.

« Art. 3. Les armes ainsi que tout le matériel de l'armée consistant en drapeaux, aigles, canons, mitrailleuses, chevaux, caisses de guerre, équipages de l'armée, munitions, etc., seront laissés à Metz et dans les forts à des commissions instituées par M. le maréchal Bazaine pour être remis immédiatement à des commissaires prussiens. Les troupes sans armes seront conduites, rangées d'après leurs régiments ou corps et en ordre militaire, aux lieux qui seront indiqués pour chaque corps. Les officiers rentreront alors, librement, dans l'intérieur du camp retranché ou à Metz, sous la condition de s'engager sur l'honneur à ne pas quitter la place sans l'ordre du commandant prussien.

« Les troupes seront alors conduites par leurs sous-officiers aux emplacements de bivacs. Les soldats conserveront leurs sacs, leurs effets, les objets de campement (tentes, couvertures, marmites, etc.).

« Art. 4. Tous les généraux et officiers, ainsi que les employés militaires ayant rang d'officier qui engageront leur parole d'honneur, par écrit, de ne pas porter les armes contre l'Allemagne et de n'agir d'aucune autre manière contre ses intérêts jusqu'à la fin de la guerre, conserveront leurs armes et les objets qui leur appartiennent personnellement.

« Pour reconnaître le courage dont ont fait preuve pendant la durée de la campagne les troupes de l'armée et de la garnison, il est en outre permis aux officiers qui opteront pour la captivité, d'emporter avec eux leurs épées ou sabres, ainsi que tout ce qui leur appartient personnellement.

« Art. 5. Les médecins militaires sans exception resteront en arrière pour prendre soin des blessés ; ils seront traités d'après la convention de Genève ; il en sera de même du personnel des hôpitaux.

« Art. 6. Des questions de détail concernant principalement les intérêts de la ville sont traitées dans un appendice ci-annexé, qui aura la même valeur que le présent protocole.

« Art. 7. Tout article qui pourra présenter des doutes sera toujours interprété en faveur de l'armée française.

Fait au château de Frascati, 27 octobre 1870.

Voici maintenant l'ordre du jour de Bazaine.

« *Ordre du jour à l'armée du Rhin.*

« Vaincus par la famine, nous sommes contraints de

subir les lois de la guerre en nous constituant prisonniers. A diverses époques de notre histoire militaire, de braves troupes commandées par Masséna, Kléber, Gouvion Saint-Cyr ont éprouvé ainsi le même sort, qui n'entache en rien l'honneur militaire, quand, comme nous, on a aussi glorieusement accompli son devoir jusqu'à l'extrême limite humaine.

« Tout ce qu'il était loyalement possible de faire pour éviter cette fin, a été tenté et n'a pu aboutir.

« Quant à renouveler un suprême effort pour briser les lignes fortifiées de l'ennemi, malgré votre vaillance et le sacrifice de milliers d'existences qui peuvent encore être utiles à la patrie, il eût été infructueux, par suite de l'armement et des forces écrasantes qui gardent et appuient ces lignes ; un désastre en eût été la conséquence.

« Soyons dignes de l'adversité, respectons les conventions honorables qui ont été stipulées, si nous voulons être respectés comme nous le méritons. Évitons surtout, pour la réputation de cette armée, les actes d'indiscipline comme la destruction d'armes et matériel, puisque, d'après les usages militaires, place et armements devront faire retour à la France lorsque la paix sera signée.

« En quittant le commandement, je tiens à exprimer aux généraux, officiers et soldats, toute ma reconnaissance pour leur loyal concours, leur brillante valeur dans les combats, leur résignation dans les privations, et c'est le cœur brisé que je me sépare de tous.

« Le maréchal de France, commandant en chef,

« BAZAINE. »

Il n'y avait de vrai dans ces dernières paroles du chef que l'éloge qu'il faisait de la loyauté, du courage et de la patience des soldats ; tout le reste était un tissu de mensonges ou de sophismes. Il n'existait aucune ressemblance entre les capitulations célèbres dont il osait rappeler le glorieux souvenir, et celle qu'il avait perpétrée. Kléber, Masséna, Gouvion Saint-Cyr se seraient indignés du parallèle. D'abord, on n'avait rien fait pour éviter le malheur ; on avait tout fait au contraire pour le rendre inévitable. Si l'on avait raison de parler de la puissance des lignes prussiennes et des énormes sacrifices d'hommes qu'il eût fallu faire pour les briser, quel était l'auteur de ces obstacles redoutables, si ce n'est celui qui en faisait un argument pour ses défaillances? Quoi qu'il en pût dire, et bien qu'il osât parler à son armée de conventions honorables et l'inviter à les respecter, dans la réalité des choses, elle était traitée, cette malheureuse armée, comme si elle avait mérité son sort, puisqu'on poussait l'injure jusqu'à lui enlever ses drapeaux. Et il le sentait si bien, le grand coupable, qu'il mit tout son art à dissimuler l'humiliation suprême. Qui sait, en effet, ce qu'il fût advenu, si ces vaillants hommes, au moment où ils déposèrent les armes, avaient appris tout à coup qu'il leur fallait aussi se séparer de ces symboles de l'honneur et de la patrie, qu'on n'abandonne jamais que succombant ou mort dans la mêlée des batailles? Qui sait s'il ne se fût pas trouvé là quelqu'un pour prendre et faire prendre une résolution héroïque?

Mais Bazaine avait trop bien pris ses mesures pour que tout le monde ne fût pas enveloppé dans sa honte.

Il n'y eut rien de plus dramatique, dans tout le cours du procès de Versailles, que ce qui a été appelé l'épisode des drapeaux, comme il n'y eut rien de plus douloureux, dans l'agonie de l'armée du Rhin, que le moment auquel se rapporte l'épisode.

Au conseil tenu à Metz le 26 octobre, veille de la signature de la capitulation, dans une séance longue et agitée, où il fut question des conditions qu'on allait subir, le maréchal Bazaine ne fit nulle mention de la clause des drapeaux. Les maréchaux Canrobert et Lebœuf, les généraux Ladmirault, Frossard et Jarras l'ont déclaré dans leur déposition devant le conseil de guerre. Le général Desvaux, commandant en chef de la garde, est le seul qui entendit parler des drapeaux, et encore après la séance, dans un échange d'observations entre lui et le maréchal [1].

Des soupçons cependant s'étaient éveillés chez plusieurs d'entre eux. On savait l'homme capable de tout. Quand, le 27, le maréchal Canrobert reçoit du général Soleille une dépêche lui enjoignant d'envoyer les drapeaux à l'arsenal, sans autre explication, il a l'air de ne pas entendre, et suivant son expression énergique, *il fait le mort*. Ce n'est qu'après un second ordre, arrivé dans la soirée, portant que les drapeaux seront brûlés, qu'il obéit. Le maréchal Lebœuf, le général Ladmirault refusent également d'obéir au premier ordre, et ne se décident que sur le vu d'un second. Mais l'ordre de brûler les drapeaux, jamais le maréchal n'avait été dans l'intention de le donner. Il est infiniment probable que, dans cette affaire de drapeaux, il existait des conventions secrètes entre Bazaine et le prince Frédéric-Charles : cela ressort assez de la déposition du général Jarras. Le colonel de Girels, directeur de l'arsenal, l'a déclaré au conseil de guerre, dans les termes les plus précis ; non seulement il ne reçut jamais l'ordre de détruire les drapeaux, ni verbalement ni par écrit, mais il reçut au contraire divers ordres qui lui prescrivaient de les conserver. Le général Frossard enfin, dans une lettre écrite de Bonn, le 27 décembre 1870, lettre fameuse et dont parla au procès le général Pourcet, écrit cette phrase : « Oui, nous avons été trompés aussi d'une manière indigne, au sujet de l'affaire des drapeaux ! »

---

1. Voici la déclaration du général Desvaux : « Autant que je me le rappelle, il n'y a été fait aucune allusion, pendant la réunion du conseil : j'ai tiré la preuve de ce fait dont j'ai gardé le souvenir exact, à savoir que la séance venait de finir. Elle avait été fort longue et très agitée, lorsque m'approchant de M. le maréchal, je lui dis :

— Et les drapeaux ?

— Ah ! c'est vrai, me répondit-il.

Et il donna l'ordre à haute voix, de porter ces drapeaux à l'arsenal, où ils seraient brûlés. J'ai à cet égard des souvenirs certains, et j'ai eu l'occasion d'en parler à mes officiers d'ordonnance pendant ma captivité. »

C'est que Bazaine, malgré son cynisme, avait reculé devant un aveu solennel qui, du conseil, faisant bientôt le tour de l'armée, aurait pu y provoquer une commotion compromettante pour ses desseins. Quoi qu'il en soit, quand le soupçon de quelques-uns devint une certitude pour tous, ce fut d'abord une stupeur muette, un abattement morne, puis une explosion de fureur et d'indignation, d'autant plus vive qu'on ne s'attendait à rien de pareil, que l'ordre du jour semblait en écarter même l'image, et que le mal était désormais sans remède. C'est sans doute pour éviter l'effet du désespoir de son armée, ainsi trompée, qu'il refusa les honneurs de la guerre réclamés pour elle par le général Jarras, mais qui devaient l'exposer aux regards de ses soldats et au scandale de leur colère !

Nous verrons ce que firent dans cette affaire des drapeaux les généraux Jeanningros, Lapasset et Leveaucoupet. D'autres tinrent une conduite aussi digne. Le colonel Besard, du 13e d'artillerie, fit brûler tout d'abord, sans se soucier des conséquences, le drapeau de son régiment. Le colonel de Girels dit dans sa déposition la conduite qu'il crut devoir tenir :

« Comme directeur de l'arsenal de Metz, j'étais détenteur de huit drapeaux appartenant à la cavalerie. Le 18 octobre, je songeai à ce dépôt, et alors, craignant qu'ils ne fussent oubliés dans le trouble du dernier moment, je suis sorti de mon bureau pour aller les brûler.

« Dans la cour, j'ai rencontré le général Metman, à qui je fis part de mon projet. Il m'approuva, mais me conseilla d'en référer préalablement au général Soleille. J'écrivis à ce dernier, qui me répondit que j'avais raison de vouloir empêcher les drapeaux de tomber entre les mains de l'ennemi, mais qu'il fallait attendre jusqu'au dernier moment. Nous restâmes dans cet état jusqu'au 27. A cette date ayant appris que le sort de l'armée ne serait pas séparé de celui de la place, je m'adressai de nouveau au général Soleille, qui m'autorisa à brûler les drapeaux.

« Le lendemain matin, il fut procédé à cette opération

pour les drapeaux de la cavalerie et pour ceux d'une division de la garde. A peine avions nous terminé, que je reçus un ordre m'informant que les étendards des corps d'armées seraient transportés à l'arsenal, et qu'ils y seraient conservés pour être remis à l'ennemi. En même temps des officiers me demandaient de faire procéder à l'incinération de leurs drapeaux et me montraient un ordre aux généraux commandant l'artillerie des corps d'armée, disant qu'à leur arrivée à l'arsenal les étendards seraient brûlés.

« Je me trouvai dans une grande perplexité. Je montrai l'ordre contraire à ces officiers, qui *se mirent à pleurer*. Sous l'émotion de cette scène, j'écrivis de nouveau au général Soleille, qui me fit attendre longtemps sa réponse. Vers onze heures, il vint en personne et m'expliqua la contradiction des deux ordres que j'avais eus sous les yeux. Il m'accompagna dans la salle où étaient les drapeaux, et me dit qu'il m'en rendait responsable.

« Le lendemain, sur un état de ces drapeaux, je vis qu'ils étaient au nombre de 53. Je fus très surpris d'y voir deux étendards de cavalerie. Je croyais que tous les étendards de cavalerie avaient été détruits dans la matinée du 29; mais j'appris que ces deux-là avaient été déposés à la place.

Rien de plus simple, de plus discret que cette déposition, qui semble tout atténuer et ne rien montrer que dans le demi-jour. Tout s'y trouve cependant ; on y peut surprendre sans peine la pensée intime du chef dans ce silence, inexplicable autrement que par la trahison, maintenu jusqu'à la dernière minute sur un point de cette importance, qui touche à ce qu'il y a de plus sensible dans le soldat. On y lit aussi clairement le trouble profond de ces hommes inquiets du sort réservé à ces signes de l'honneur des armées, de ces officiers qui ne peuvent retenir leur larmes à la pensée que ce qu'ils ont de si cher, puisse tomber entre les mains de l'ennemi, si vaillamment combattu et contre lequel on a enchaîné leurs courages. Car l'armée, comme nous le disait un officier supérieur à Tours, ne voulait pas être prisonnière et demandait à se battre jusqu'à la dernière heure. Il y eut des pourparlers entre des officiers et des soldats pour s'entendre et faire une trouée afin de sauver l'honneur de l'armée. Les généraux Clinchant et Deligny déclarèrent que, s'ils pouvaient réunir 15 à 20,000 hommes, ils se placeraient à leur tête ; mais la dispersion des troupes dans des camps éloignés les uns des autres, le peu de temps dont on disposait pour l'exécution du projet, rendirent les bonnes volontés inutiles.

L'agonie se termina de la façon la plus douloureuse, c'est-à-dire par le grand défilé devant le prince Frédéric-Charles. Il s'était placé entre Magny et Montigny, à 300 mètres de nos hommes ; on eût dit que, par convenance et par respect pour leur vaillance trompée, il eût craint de les regarder. Les soldats se jetaient en pleurant dans les bras de leurs officiers, qui frémissaient, qui « *tremblaient*, dit un témoin oculaire, *secoués par les plus poignantes émotions.* » Des régiments, notamment le 62e, crièrent : *Vive la France !*

Le crime était donc consommé !

L'abstention machiavélique avant Sedan, les inerties et les lenteurs calculées dans le cours du mois de septembre qui amènent tant de combats stériles et de pertes d'hommes inutiles, les négligences systématiques du commandant d'armée et les ambitions puériles ou séniles du politique, ses ruses, ses habiletés, si funestes et si facilement percées à jour et déjouées par M. de Bismarck, tout cela ressort clairement de ce que nous venons de rappeler. Et quand on rapproche le dénouement du drame de Metz de la tragi-comédie de Trianon, on se prend, malgré qu'on en ait, d'un immense mépris pour le coupable et d'une immense pitié pour le peuple chez lequel un tel forfait peut rester impuni.

Quoi qu'il en soit, nous ne saurions, dans l'exposé du drame de Metz, laisser hors de la scène, au moins au moment même de la catastrophe, la population qui en fut la première victime. Metz, comme Strasbourg,

méritait un autre sort. Ses habitants n'eurent pas tant
à souffrir pendant la lutte ; mais ils eurent les mêmes
angoisses, les mêmes anxiétés ; ils eurent à répandre
les mêmes larmes au dénouement ; et ils eurent, de
plus, le spectacle de lâchetés continues, de calculs
honteux et le supplice d'une indignation sans mélange.
Car Bazaine ne passa jamais pour un héros à leurs yeux,
comme le général Uhrich l'avait été longtemps, à
ce qu'il semble, pour la ville de Strasbourg. Nous
tenons d'autant plus, indépendamment même des
sentiments de sympathie patriotique et de justice
historique que nous indiquons, à ne pas oublier la
population de Metz, qu'elle nous fournit un dernier
argument contre le criminel. Elle se sentait livrée
comme l'armée chargée de la défendre ; elle avait la
même conviction de la trahison ourdie et consommée.

Il nous parvenait à Tours, dès les premiers jours qui
suivirent la capitulation, une foule de renseignements
décisifs qui rendaient tout doute impossible sur le sentiment de la population. Et tout d'abord un capitaine du
génie nous apporta un numéro de l'*Indépendant de la
Moselle*, qui avait paru au moment même où se signait
la capitulation. Il était encadré de noir.

« En face de la cruelle situation qui nous est faite, disait
le rédacteur, nous devons rester calmes et dignes.

« Cette fin lamentable, que personne ne voulait prévoir,
est arrivée à son heure, comme la balle lancée par un joueur
habile touche au but à l'instant calculé d'avance.

« Oui, à défaut de patriotisme, vous avez eu de l'habilité :
vous avez bien calculé les délais, bien mesuré les distances ;
vous avez habilement ourdi le piège dans lequel nous devions
tomber.

« Vous nous avez bercés de belles paroles, leurrés de
bonnes promesses. Vous vouliez régner, et, pour ce faire, il
faut dissimuler. Le lion messin montrait la griffe ; vous avez
usé de douceur : vous lui avez limé les ongles et les dents.
Et ajoutant l'ironie à la trahison, vous insultez ceux que

vous avez vendus. Les mots : honneur, patrie, courage sont
une insulte dans votre bouche ; vous avez le cœur trop bas
pour comprendre ces sentiments. Mais vous avez oublié une
chose : le pain de la trahison est amer, et l'or infâme des
Judas glisse dans les mains. Ceux dont vous avez servi les
desseins, ne vous en estiment que moins.

« Nous vous demanderons au moins de quelles promesses
on a payé la honte de la France. »

Donnant ensuite le texte de la communication officielle faite verbalement aux officiers par leurs chefs, le
19 octobre, dans laquelle la France était représentée
comme livrée à l'anarchie, la défense paralysée par la
discorde civile, le gouvernement débordé, l'armée
attendue pour rétablir l'ordre et la paix, tout le tableau
des mensonges dont le commandant en chef couvrait
sa machination, l'*Indépendant* faisait suivre cette pièce
des réflexions suivantes :

« Ce discours peut se passer de commentaires. La solution qu'il indique à la situation, était prévue et, ajoutons-
le, avait été préparée par une série de fautes dont on
sait parfaitement sur qui rejeter la responsabilité.

« L'armée française redeviendra armée impériale.... Elle
ira, de concert avec l'armée prussienne, rétablir l'ordre et
fusiller ces *odieux républicains* qui ont la folle prétention de
vouloir mourir pour la patrie.

« L'armée se prêtera-t-elle à ce rôle honteux... Nous ne
le croyons pas. Elle sait parfaitement aujourd'hui quels
liens la rattachent au peuple, et on aura beau lui voiler la
situation, lui montrer la France en anarchie et nos grandes
villes réclamant des garnisons prussiennes, elle n'en croira
rien.

« L'armée est le peuple, et le peuple ne tire pas sur lui-
même.

« Assez d'illusions. Assez de mensonges. L'armée française a été vendue et trahie. Elle est malheureuse, mais
non déshonorée ! »

Les journaux étrangers étaient pleins de détails

caractéristiques qui ne laissent aucun doute sur l'esprit de la population ainsi livrée.

« Quand la reddition fut connue, dit un témoin oculaire, le correspondant du *Daily-News*, le peuple devint furieux. La garde nationale refusa de mettre bas les armes, et, le 27, dans l'après-midi, un capitaine de dragons parut à la tête d'un corps de troupes, jurant qu'ils mourraient plutôt que de céder, tandis qu'Albert Collignon, rédacteur d'une feuille quotidienne démocratique, le *Journal de Metz*, galopait sur un cheval blanc en tirant des coups de pistolet et en exhortant les troupes à sortir et à chercher la mort ou la victoire pour éviter la honte qui les attendait. Il était suivi d'une dame qui chantait *la Marseillaise*, ce qui produisit une agitation terrible.

« On enfonça la porte de la cathédrale, et presque toute la nuit on sonna le tocsin et le glas funèbre.

« Quand le général Coffinières parut pour les pacifier, on lui tira trois coups de pistolet. Enfin, grâce à deux régiments de ligne, il parvint à disperser la foule. Mais, toute la nuit, on entendit des cris de colère, d'indignation et de terreur. Des femmes respectables parcouraient les rues en s'arrachant les cheveux, foulant aux pieds leurs chapeaux et leurs dentelles, et criant à haute voix : « Que deviendront nos enfants? » Des soldats, furieux, allaient çà et là, en groupes irréguliers, tête nue, brisant leurs sabres, criant, pleurant, sanglotant : « Oh ! pauvre Metz ! Autrefois la plus fière des villes ! Quelle calamité ! Quelle catastrophe inattendue ! Nous avons été vendus. Tout est perdu. C'en est fait de la France ! »

« Le 29 octobre, à 4 heures de l'après-midi, Bazaine a traversé Ars, en route pour Wilhelmshœhé, dans une voiture fermée, marquée à son nom et escortée par plusieurs officiers de son état-major à cheval. Les femmes du village avaient appris son arrivée ; elles l'ont accueilli aux cris de *traître, lâche, serpent, voleur*, etc. *Où sont nos maris que tu as trahis? Nos enfants que tu as vendus?* — Elles ont même attaqué la voiture, en ont cassé les panneaux, et lui auraient fait un mauvais parti sans l'intervention des gendarmes prussiens. »

Le 28, la population agitée remplit les rues et les places comme dans une émeute; les cœurs étaient gros de larmes; l'indignation était dans toutes les âmes et éclatait sur tous les visages. Le lendemain, la statue de Fabert dressée sur la place d'armes fut enveloppée d'un crêpe noir. C'était le premier objet qui devait frapper les yeux des Prussiens à leur entrée dans la ville. A midi, un régiment d'infanterie prussienne, le 19e, occupa l'intérieur de la porte Maselle. L'état-major et le général Humer, attendus à midi, n'arrivèrent que le soir. C'est le soir aussi que l'armée fit son entrée, musique en tête, par toutes les portes à la fois; infanterie, cavalerie, génie, fourgons, équipages de suite, convoyeurs, calèches remplies de femmes, tout défilait en même temps. Le ciel était couvert de nuages, les rues humides de pluie. En un instant, toutes les portes des magasins se fermèrent. Les hommes, mornes et sombres, se montrèrent à peine. Il n'y avait dans les rues que quelques enfants déguenillés, qui regardaient, sans rien comprendre, le spectacle qu'avait ménagé la trahison à leur curiosité.

L'agitation avait été telle un moment que l'autorité crut devoir afficher la proclamation suivante :

« Le maire et les membres du conseil municipal à leurs concitoyens.

CHERS CONCITOYENS,

« Le véritable courage consiste à supporter un malheur sans les agitations qui ne peuvent que l'aggraver.

« Celui dont nous sommes tous frappés aujourd'hui, nous atteint sans qu'aucun de nous puisse se reprocher d'avoir un seul jour failli à son devoir.

« Ne donnons pas le désolant spectacle de troubles intérieurs et ne fournissons aucun prétexte à des violences ou à des malheurs nouveaux et plus complets encore.

« La pensée que cette épreuve ne sera que passagère et que nous, Messins, n'avons assumé dans les faits accomplis

aucune part de responsabilité devant le pays et devant
l'histoire, doit être, en ce moment, notre consolation.

« Nous confions la sécurité commune à la sagesse de la
population.

> « F. Maréchal, maire; Boulangé, Bastien, Noblot,
> Besançon, Gougen, Butlingaire, Moisson, Simon
> Favier, Marly, Hurel, Geisler, Proot, Worms,
> Collignon, Rémoud, Puypperoux, général Didion,
> Salmon, Rouchotte, Géhien, de Bouteiller, Blondin,
> Schneider. »

Gambetta put donc, sans craindre d'être démenti ni
dans le présent ni dans l'avenir, écrire à M. Jules
Favre en parlant de la trahison de Bazaine : « Nul
aujourd'hui parmi les plus effrontés de nos adversaires n'ose défendre le criminel; les preuves écla-
tent de toutes parts, et la France possède le plus
volumineux et le plus accablant des dossiers[1]. » Et dans
ce dossier, l'émotion de Metz est peut-être la pièce la
plus accablante : elle achève la démonstration. C'est
la lumière du flagrant délit : c'est l'attentat pris sur
le fait. Rien ne vaut le cri de la victime pour con-
fondre le bourreau.

1. Dépêche du 26 octobre 1870.

CHAPITRE XV

METZ ET TOURS.

Les nouvelles de Metz à Tours. — Les ballons de Bazaine. — Dépêche du sous-préfet de Neufchâteau au ministre de la guerre. — Lettres et fragments de lettres de Metz. — Lettre du général Jolivet au maréchal Vaillant. — Lettre de M. Jaubert, employé supérieur des finances, au docteur Jaubert, à Périgueux. — Envoi d'une lettre à Rennes, par la princesse Félicie Radziwill. — Nouvelles diverses du *Times*, du *Daily-News*, de la *Gazette de Cologne*, etc. — Singulière dépêche envoyée de Thionville à l'*Univers*. — Fausse nouvelle donnée par le *Moniteur*. — Tentatives de MM. Jules Favre et Gambetta pour communiquer avec Bazaine. — Récent article de M. Ranc dans le *Voltaire*. — Dépêche du maréchal Canrobert à la maréchale, donnée par la *Liberté*. — Anxiétés de l'opinion. — Dépêche de Gambetta au préfet du Rhône. — Dépêche de Bruxelles, transmettant un télégramme décisif de Berlin. — Belle lettre de Gambetta au général Bourbaki. — Les émissaires de Bazaine. — Rapport de M. de Valcourt. — Confirmation de ce rapport par M. Dumangin. — Incrédulité de l'opinion. — Dépêches optimistes de la *Gazette de France*. — Circulaire de Gambetta aux préfets et sous-préfets, qui confirme le fait de la capitulation. — *La République française ne capitulera pas.*

Nous vivions dans une ignorance à peu près complète de ce qui se passait dans l'armée de Metz, de son état, de ses opérations. Des lambeaux de nouvelles, des dépêches rares, dont aucune n'avait un caractère officiel, de source et d'inspiration diverses, donnant des raisons presque égales de craindre et d'espérer, où cependant les bons pronostics dominaient, mais sans aucun moyen de les contrôler, voilà tout ce que l'on savait, tout ce que l'on apprenait concernant le sort de la plus grande armée, notre seule armée, d'où dépendait peut-être la destinée de la France.

Il ne nous paraît pas sans intérêt de reproduire quelques-unes de ces dépêches, quelques-unes de ces nouvelles, ne fût-ce que pour montrer dans quelles mailles étroites le commandant en chef de l'armée du Rhin avait tenu son armée pour l'isoler de la France et l'enchaîner à ses desseins.

Aucun signe de vie ne nous parvint de Metz jusqu'au 17 septembre. Dans la nuit du 16 au 17, le sous-préfet de Neufchâteau annonçait au ministre de la guerre à Paris, par une dépêche qui n'arriva pas à sa destination, que vers dix heures et demie du soir, le 16, un petit ballon au bas duquel était fixée une nacelle, avait été trouvé au coin d'un bois sur le territoire de Pargny-sur-Marceau, à dix kilomètres de Neufchâteau, et que ce ballon venait de Metz.

« Dans cette nacelle, disait la dépêche, se trouvait soigneusement fixé un paquet recouvert d'une toile gommée blanche. On l'a ouvert. On a lu tout d'abord, sur un morceau de parchemin, un écrit daté de ce matin 16 septembre, signé par le général Coffinières, commandant la place de Metz, et scellé de son sceau, par lequel cet officier supérieur priait la personne entre les mains de laquelle tomberait le paquet en question, de le faire porter au plus proche bureau de poste français. Le maire de Pargny, informé de cette découverte, s'est empressé de déférer à la recommandation du général, et il a porté ce paquet au bureau de Neufchâteau.

« Immédiatement informé, je m'y suis rendu. Dans cette enveloppe gommée, j'ai trouvé huit paquets distincts composés d'environ 5,000 petits billets adressés de Metz par nos soldats à leurs familles. Chaque billet a la même dimension et forme un carré long de 6 centimètres de hauteur sur 8 ou 9 de large. Durant trois heures, le receveur des postes et moi avons lu un grand nombre de ces billets, afin de découvrir les nouvelles qui pouvaient être utilement portées à votre connaissance. Je vais reproduire les passages extraits d'un grand nombre de ces lettres qui m'ont paru les plus importantes.

— « Deuxième lettre par voie de ballon.

« 16 septembre, 8 h. matin. — Nous sommes toujours bloqués sous Metz depuis un mois bientôt. On ne manque de rien.

— « Cernés depuis le 17 autour de Metz. Mais soyez tranquilles, nous en sortirons dans quelques jours. Nous n'avons ni famine, ni épidémie.

— « L'armée est en bon état, rien ne nous manque, que des nouvelles.

— « Nous sommes bloqués depuis la bataille de Gravelotte. Les Prussiens sont à Briey. La ville renferme encore beaucoup de provisions. Il n'y a aucune maladie.

— « J'attends les événements avec calme, écri tle général Jolivet au maréchal Vaillant. Nous n'avons pas eu d'engagement depuis le 1er septembre. Nous sommes campés aux environs de Metz, sous les forts ; nous ne manquons de rien. Quoi qu'on ait pu dire, l'armée de Bazaine n'a pas été battue. Nous avons vaincu le 14, le 16, le 18 août. Le 31, succès complet, et ce n'est pas fini. Quand le moment sera venu de faire une trouée, nous la ferons.

— « État sanitaire excellent. Nous espérons bien battre les Prussiens encore. Le point de départ du ballon qui vous portera ces nouvelles, est à l'École d'application. Il ne nous est pas permis d'écrire plus longuement. Je suis sain et sauf et chef de bataillon à la suite des combats de Gervigny et de Noiseville, du 31 août au 1er septembre,

— « Même enthousiasme dans mon régiment qu'au départ de Paris. Nous sommes campés à Borny-sous-Metz. J'ai assisté aux combats de Borny, Gravelotte, Saint-Privat et Gervigny.

— « La nacelle du ballon peut porter un kilo. Il ne nous est pas permis d'écrire davantage. C'est le deuxième ballon que nous tentons de vous faire parvenir.

— « Colonel Kerléadec mort à la suite de ses blessures.

— « Nous ne désirons que la reprise du beau temps. »

Le sous-préfet de Neufchâteau envoyait ces lettres à leurs destinations respectives. La plupart, comme l'avait jugé ce fonctionnaire, étaient insignifiantes : quelques spécimens en ont été publiés.

« Nous avons sous les yeux, dit l'*Écho de la Dordogne*, une des lettres transmises par la voie du ballon de Metz. Elle est adressée par M. Jaubert, employé supérieur des finances de l'armée, à son frère, le docteur Jaubert, à Périgueux. En voici les termes :

« Metz, le 16 septembre 1870.

« Je continue à me bien porter, ainsi que Demartial et Thoumini. Je vous embrasse tous de cœur. Jaubert. »

Le général Changarnier faisait donner de ses nouvelles à Autun, par son domestique, qui écrivait à sa femme un billet ainsi conçu :

« Metz, 15 septembre.

« Le général et moi, nous nous portons très bien. »

D'autres ballons partirent de Metz, qui tombèrent dans les mains des Prussiens. Ils n'apportaient rien de plus important que le n° 2, si nous en jugeons par un échantillon, qu'un hasard assez étrange envoyait de Berlin à son adresse.

Le 26 octobre on lisait dans le *Journal d'Ille-et-Vilaine* :

« Dans les derniers jours de septembre, un militaire de la garnison de Metz donnait de ses nouvelles par le billet suivant, confié au sort des vents ainsi que bien d'autres qui, hélas ! ne sont pas parvenus à l'adresse des parents ou des amis qu'ils auraient consolés.

Metz, 24 septembre 1870.

« Toujours au camp de Metz et en bonne santé. Mille choses à tous. Judeaux. »

« Au dos de ce billet, à peu près semblable par la forme et le papier à tous ceux qui ont été reçus par ballon, se trouve l'adresse suivante : Madame veuve Denot, limonadière, rue Coëtquen, à Rennes.

« Pour que ces lignes parvinssent à leur destination, juste à peu près un mois après avoir été écrites, qu'a-t-il fallu ? Un événement fortuit et quasi-merveilleux. On en jugera par la lettre que le destinataire du billet a reçue en même temps. Nous la transcrirons textuellement :

« MADAME,

« Cette carte trouvée dans un ballon, capturé près de Metz, nous a été envoyée par curiosité. Nous tenons à la faire parvenir à son adresse, ne sachant pas si vous avez eu des nouvelles. Veuillez en accuser réception à l'adresse de la *princesse Félicia Radziwill, Berlin, Prusse.* »

« Cette lettre est contenue dans une enveloppe qui porte d'un côté, le timbre de la poste de Berlin et un timbre postal « insuffisant, » de l'autre, un cachet en cire noire avec la couronne de prince et les chiffres *F* et *R* entrelacés.

« On sait que la princesse Radziwill appartient par sa naissance à une des plus anciennes et des plus illustres familles de France. »

Il n'est pas téméraire de conclure de l'insignifiance de ces correspondances qu'elles avaient été surveillées et contrôlées. On ne pouvait guère s'occuper que de sa santé [1]. Les journaux anglais le *Times* et le *Daily-News*, mentionnant un ballon lancé de Metz le 20 septembre et tombé chez les Prussiens, ne parlaient non plus que de l'excellente santé des signataires [2].

Tout, du reste, dans ces correspondances diverses, laissait supposer ou plutôt attestait une situation satisfaisante. On recevait à Chaumont (Haute-Marne), le 27 septembre au matin, des correspondances de Metz, apportées par un ballon atterri à Fresnes-en-Voëvre (Meuse) ; elles indiquaient que tout allait bien à Metz, et qu'il fallait avoir confiance et espoir.

Les nouvelles qui provenaient de source étrangère, n'en donnaient pas le démenti. Le *Times* avait annoncé le 25 septembre, d'après la *Gazette de Cologne*, que Bazaine offrait de capituler, si la garnison pouvait sortir avec ses armes sous condition de ne pas servir contre la Prusse pendant trois mois. Mais la nouvelle était aussitôt démentie par une dépêche de Berlin [3]. Le correspondant du *Times* écrivait lui-même à son journal,

---

1. Un ballon parti de Metz le 27 seprembre contenait dans un paquet 5000 lettres environ, avec le même caractère d'insignifiance. Ce ballon était tombé sur le territoire de Bayonville (Ardennes). Sept de ces lettres étaient à l'adresse du Gouvernement à Tours.

2. Voir encore le *Peuple belge,* numéro du 29 septembre 1870.

3. Dépêche du 27 septembre.

presque le même jour, que la ville assiégée était dans une situation excellente.

« On y voit, disait-il, de grandes masses de bétail sur les places, et les enfants jouent tranquillement dans les squares. Or, la forteresse étant reconnue imprenable, elle peut, si elle est bien approvisionnée, tenir encore long-temps. »

Une dépêche ultérieure de Berlin disait que Metz était approvisionné au moins pour deux mois.

Chose qui pourra paraître étrange aujourd'hui, les journaux anglais parlaient de combats incessants entre l'armée assiégeante et l'armée assiégée! Suivant eux, il ne se serait pas écoulé un jour, du 1er au 7 octobre, sans quelques engagements. Je ne sais quel journal disait que 700 Prussiens auraient été tués dans la journée du 7. Le *Daily-News* publiait une dépêche de Sarrebrück, du 5 octobre, portant que trois batteries prussiennes avaient bombardé le fort Saint-Éloi, que les Français avaient répondu vigoureusement, que la canonnade avait duré deux heures (résultats inconnus). Un autre journal, vers le même temps, nous annon-çait que, le lundi 2 octobre, la garnison de Metz avait fait une sortie, soutenue par les canons du fort Queleu, contre le 3e corps de l'armée prussienne, qu'il y avait eu plusieurs brigades engagées des deux côtés, sans résultats stratégiques.

Les journaux allemands étaient plus abondants encore de détails, sans parler, il est vrai, d'événements postérieurs à la fin du mois de septembre. Des engage-ments continuels avaient lieu : Bazaine aurait tenté, le 27, une double attaque sur les deux rives de la Moselle. Les Français auraient réussi à enlever aux Allemands des approvisionnements. L'affaire aurait duré de 8 heures du matin à 3 heures du soir. Puis c'était une sortie de nuit : le 28, la forêt de Magny tout en flammes, un combat acharné tout auprès, un ordre du jour de

Bazaine, surpris par les Allemands, qui indiquait un plan de résistance, ayant pour but de fatiguer les assiégeants par de petites expéditions incessantes.

Les journaux français recueillaient ces nouvelles, les publiaient, les commentaient, les confirmaient avec ce qu'ils recueillaient par eux-mêmes. L'*Univers* publiait le 12 octobre, la dépêche suivante, datée, disait-il, de Thionville :

« Metz tient vaillamment. Bazaine fait tous les jours des sorties. Il a réduit à rien l'infanterie prussienne faisant partie des corps d'armée qui cernent la ville.

« Le prince Charles a été tué avant hier devant Metz (officiel) [1]. »

C'est comme on voit, une chose commode, et vraie surtout, que l'histoire faite sur place !

Ce n'est pas tout pourtant, et nous avons à enregistrer encore bien d'autres surprises. On lisait dans le *Moniteur* du 13 octobre :

« Nous tenons d'une source qui n'est pas suspecte de partialité pour nous — d'un correspondant du *Times*, — les renseignements suivants sur la situation de Metz.

« Devant Metz, 5 octobre 1870. — Depuis que je vous ai écrit, aucun fait bien important ne s'est passé. Bazaine a fait des sorties répétées, et, de fait, il se passe à peine un jour sans qu'il essaye de se frayer un chemin d'un côté ou de l'autre. Dans la nuit du 3, il a tenté de s'échapper dans trois directions à la fois, et après un combat terrible, où l'on a fait de grandes pertes, il a dû rentrer dans la ville... Chaque matin Bazaine passe ses troupes en revue ; il fait même la petite guerre, et plus d'une fois il s'est servi de ces exercices pour masquer une véritable attaque.

« Les Prussiens s'imaginent que Metz tombera dans une quinzaine. Je ne suis pas de cet avis. Comme je l'ai remarqué dans une lettre précédente, il y a de vrais troupeaux de chevaux paissant dans les glacis et l'on aperçoit de vastes

---

1. Cité par la *Gazette de France*.

champs de pommes de terre et autres légumes. Il ne faut donc pas songer à prendre la place par la famine, et, quant à la réduire par le feu, il faudrait auparavant s'emparer de positions qu'on n'aura qu'au prix d'un épouvantable massacre.

« Je suis extrêmement fâché de vous annoncer que le prince Frédéric-Charles est toujours très gravement malade de la dysenterie, et que les médecins qui le soignent sont très inquiets de son état. »

D'où venaient ces bruits qui traversaient sans cesse l'air, qui s'entrecroisaient et venaient tous aboutir au même point de l'horizon ?

Cela était et paraissait exagéré; mais le correspondant du *Times* envoyait de Versailles une dépêche qui laissait aux nouvelles optimistes une part de vraisemblance.

« Saarbrück, 11 octobre. — Sortie de vendredi plus sérieuse qu'on n'avait pensé. Les Français ont feint attaque sur Jouy et ont attaqué réellement du côté de Thionville. Pertes des deux côtés considérables. Vingt-quatre francs-tireurs pris sans uniforme ont été condamnés à mort... Depuis samedi les Français tirent des forts nuit et jour... »

Le lendemain du jour où ces nouvelles étaient communiquées au public, le général Bourbaki arrivait à Tours : il ne les démentait pas, ayant quitté Metz depuis près d'un mois, le 25 septembre.

Ainsi, le 16 octobre, huit jours avant la catastrophe, pendant qu'elle se préparait dans l'ombre ou plutôt qu'elle était déjà consommée, la France était dans l'illusion et avait quelque droit de s'y abandonner [1].

1. Paris était dans les mêmes dispositions que la province. Nous lisons, a ce propos, les lignes suivantes dans le livre de M. Sarcey, *Le Siège de Paris* : « Une espérance nous restait : Bazaine tenait toujours à Metz. C'est à Metz, avait dit un des généraux les plus distingués de la guerre d'Amérique, qu'est la clef de la situation. C'est par Metz qu'il faut débusquer les Prussiens de Paris, parce que le meilleur moyen de faire retourner un chien est de lui marcher sur la queue. Cette image pittoresque avait beaucoup frappé les esprits. On aimait à se figurer Bazaine, rompant le cercle de

Il en était de même du Gouvernement. Il vivait dans la même ignorance des choses, il n'était pas plus renseigné que le public, et Gambetta pouvait bien dire à M. Albert Beaume, le 21 octobre, comme nous le voyons par une dépêche du même jour, que non seulement Bazaine n'avait pas capitulé, mais qu'il avait (sous réserves) combattu à Thionville avec succès. Ce n'est pas qu'il eût rien négligé pour arriver à la découverte de la vérité. MM. Gambetta et Jules Favre ont fait connaître, dans leurs dépositions au procès Bazaine, les tentatives multipliées, répétées sans cesse en dépit de tous les échecs pour pénétrer jusqu'à Metz et obtenir quelque lumière sur l'état de l'armée et les projets de son chef (1).

Bazaine, dans son insolente apologie, a osé dire qu'il a sous la main de nombreux témoignages écrits et signés, établissant que Gambetta aurait pu communiquer directement avec lui, s'il l'avait voulu. M. Ranc, en rappelant cette assertion effrontée, s'écrie :

« Cela est faux, et M. Bazaine sait que cela est faux... M. Gambetta avait fait, suivant son expression, le possible et l'impossible, depuis le 10 octobre, pour entrer en communication avec Metz. Les préfets les plus voisins de Metz avaient reçu l'ordre de recruter à tout prix des émissaires qui devaient essayer de forcer le blocus. De son côté, M. Tachard, ministre de France à Bruxelles, envoyait par la frontière du Luxembourg des hommes sûrs qui devaient

---

fer dont il était enserré, et tombant sur les lignes du siège avec une armée qu'on estimait au moins à 80,000 hommes, les meilleures troupes de France ! Et quand bien même, disaient les plus modérés, il ne pousserait pas jusqu'à Paris, dût-il rester dans les Vosges, il intercepterait les convois de l'ennemi... les forcerait à revenir en arrière ; et alors, nous Parisiens, nous nous lancerions à leur poursuite...

« Ces illusions n'étaient pas sans fondement. On avait trouvé un jour, au coin d'un buisson, un ballon tombé, dont la nacelle était toute pleine de lettres, que la garnison de Metz avait écrites et confiées au vent. Ces lettres respiraient toutes la plus entière confiance...

(*Le Siège de Paris*, p. 137, 138).

1. Voir les dépositions de MM. Jules Favre, Gambetta, général Le Flô.

remettre au maréchal, s'ils parvenaient à entrer dans Metz, des renseignements précis sur la situation [1]. »

Ce qui est vrai, c'est que Bazaine craignait d'être deviné ou dérangé dans ses combinaisons, dans ses projets, et que la trame avait été si habilement, si fortement ourdie que rien ne pouvait la pénétrer.

Mais nous devons continuer à enregistrer les préludes sinistres, les bruits avant-coureurs, souvent étranges, de la catastrophe.

On lit dans une des dépositions que nous avons rappelées, celle de Gambetta, que déjà, « vers le 26, on faisait circuler dans le monde diplomatique des bruits alarmants » sur la situation de Metz. Ces bruits ne circulaient pas seulement dans le monde diplomatique, et ils étaient bien antérieurs à la date qu'on semble indiquer. Sans parler de la dépêche du *Times* du 25 septembre, que nous avons signalée, il y avait des symptômes, des signes avant-coureurs dans l'intrigue qui avait amené la sortie de Metz du général Bourbaki, dont le nœud échappait, mais que l'on pouvait, avec quelque apparence de raison, suspecter. Il y avait aussi une dépêche adressée le 7 octobre de Bruxelles au journal *la Liberté*, à Bordeaux, dépêche signalée à notre attention par le directeur du bureau télégraphique du Havre, dont la portée n'échappera à personne ; elle contient en germe toutes les négociations ultérieures et laisse entrevoir l'illusion de l'un des négociateurs.

Voici le texte de cette dépêche :

« Nouvelles, Metz, 1er octobre.

« Canrobert écrit à la maréchale : Confiance, rien ne manque. Quatre-vingt mille hommes. On dit *relations entre Metz et Prussiens fréquentes. Négociations possibles pour paix générale entre Guillaume et Bazaine. Guillaume traiterait avec Bazaine, conditions meilleures qu'avec Tours. On croit dissentiments entre Bazaine et Metz.* »

1. Voir le *Voltaire* du 21 mai 1883.

Nous ne pouvons pas nous empêcher de faire remarquer, bien que cela soit assez banal, qu'il y a d'étranges
coïncidences et comme des ironies du hasard. Le journal *la France*, qui se publiait à Tours, avait annoncé,
dans son numéro du 22, la capitulation de Bazaine,
non sans soulever contre lui la colère publique, une
sorte d'émotion populaire dans la rue Royale, bien
qu'il eût eu la précaution d'adoucir le coup par la
mention : *sous toutes réserves*. Le même jour, presque
à la même heure, une grande victoire de Bazaine était
annoncée de Neufchâteau par une dépêche que le
Moniteur publiait, et dont voici le texte :

« Neufchâteau, 21 octobre 6 h. du soir.

« Bazaine fait sortie avec 80,000 hommes. Il a écrasé 26
bataillons d'infanterie et 2 bataillons d'artillerie, détruit
forts et église d'Ars, qui protégeaient ennemis, et pris 193
wagons de munitions.

« L'armée de blocus a été renouvelée plusieurs fois. Soldats prussiens sont promptement exténués par fausses
sorties. Bazaine toutes les deux heures, pendant la nuit, fait
sonner charge et gronder canons .... Bazaine, typhus,
insomnie sont, de l'avis des officiers prussiens, leurs trois
grands ennemis.

Entre ces nouvelles contradictoires on pouvait être
perplexe. Il était même permis, sans admettre tout
l'optimisme de la nouvelle de Neufchâteau, de se refuser à désespérer, surtout quand, le même jour, on
apprenait par l'*Echo du Parlement*, d'une part, que Metz
était ravitaillé abondamment, que les lignes prussiennes
fléchissaient[1], et, de l'autre, que le *Staats-anzeiger*
de Berlin, journal officiel, constatait l'augmentation
des désertions dans la région de Metz et l'aggrava-
tion des maladies[2]. Aussi Gambetta, à qui les craintes
et les soupçons arrivaient de toutes parts, essayait-il

1. Le *Moniteur* du 23 octobre.
2.   *id.*   du 23 octobre.

de calmer les esprits, et le 26 il envoyait cette dépêche à M. Challemel-Lacour :

« Tours. — Intérieur à préfet Rhône. — Confidentielle. — Chiffrée. — Nous avons de meilleures nouvelles de Bazaine. A l'heure qu'il est, on peut affirmer qu'il n'y a pas encore de capitulation, mais nous ne sommes pas sans inquiétudes de ce côté. Usez de ma présente dépêche avec circonspection et continuez à calmer l'effervescence aussi longtemps qu'il sera nécessaire, avant de pouvoir donner des nouvelles certaines.

« Léon GAMBETTA. »

Gambetta avait bien raison de ne pas trop se rassurer. Quelques heures après qu'il eut écrit sa dépêche, la triste vérité se montrait sous des traits qu'il était difficile de méconnaître. La dépêche suivante venant de Berlin et adressée de Bruxelles à Tours le 25 octobre à 9 heures du soir, ne laissait plus guère d'espoir :

« Berlin, 24. *Norddeutsche Zeitung.* . . . . Frédéric-Charles et sa suite sous drapeau parlementaire se dirigeaient 20/10 vers Metz. Négociations pour reddition ont lieu. Boyer était hier au quartier général du prince Frédéric-Charles. La *Gazette de la Croix* dit concernant les négociations de Boyer avec Bismarck que Bazaine menait les négociations non pas seulement indépendamment du gouvernement provisoire, mais en contradiction avec lui. »

Cette dépêche était remise à Gambetta seul. La nouvelle fatale lui arrivait en même temps par la voie des ambassadeurs de Londres et de Bruxelles. Il résistait cependant à l'accablante réalité : et c'est alors qu'il écrivit cette lettre si noble et si patriotique au général Bourbaki :

« Tours, le 27 octobre 1870.

« Ministre de la guerre à Bourbaki.
« Général, l'intérêt suprême de la France exige que le maréchal Bazaine soit averti qu'en tenant encore il peut tout sauver.

« Vous aimez trop la patrie pour ne pas tenter le possible et l'impossible pour lui faire parvenir ce conseil, dicté tout ensemble par le sentiment de la gloire et du salut de son pays. Envoyez donc des hommes à vous, avec un avis pressant de vous, pour lui peindre la situation, l'avertir de l'intervention de l'Europe et réclamer de lui une prolongation de résistance sur laquelle nous avons tous le droit de compter. N'épargnez ni l'argent ni les récompenses.

« Léon GAMBETTA. »

Il était trop tard ; il eût toujours été trop tard. Une ambition invétérée et aveugle s'était trop engagée avec elle-même et avec l'ennemi habile qui l'avait surprise et exploitée.

La dépêche de Gambetta au général Bourbaki était à peine arrivée à son adresse que des preuves nouvelles de son inutilité parvenaient au Gouvernement par les voies les plus diverses. Une dépêche de Bruxelles envoyée à l'agence Havas, le 27, à 6 heures 20 minutes du soir, donnait le télégramme par lequel le roi de Prusse annonçait à la reine la capitulation. Et quelques minutes après madame Bazaine, qui habitait Tours, recevait elle-même la nouvelle par une dépêche ainsi conçue :

« Bruxelles, 27, 9 h. soir. A maréchale Bazaine, couvent des Dames blanches, Tours. — L'*Indépendance belge* annonce ce soir la capitulation de Metz. Nous partons pour Saarbrück. Amélie. »

Le lendemain 28, la dépêche du roi de Prusse à la reine était communiquée à Tours par l'inspecteur des lignes télégraphiques de Boulogne, qui, chaque jour, par un bulletin spécial, résumait pour M. Steenackers, Directeur général des Télégraphes et des Postes les nouvelles ou les articles importants des journaux anglais. Le 29, les détails les plus complets sur les termes mêmes de la capitulation, empruntés à la correspondance du *Times*, arrivaient par la même voie au Gouvernement.

La correspondance disait :

« Saarbrück, 28 septembre. — Le 27, à cinq heures Metz a capitulé sans conditions. Toute la place est rendue ; la garnison dépose les armes et devient prisonnière de guerre. La capitulation résulte de l'entretien du général Boyer avec le roi Guillaume, qui a modéré les termes que le prince Frédéric-Charles avait cru devoir imposer. Entrevue pour régler reddition a eu lieu à trois heures du matin, le 27, avec le géuéral Von Stiele, chef d'état-major du prince Frédéric-Charles. Les conditions ont été consenties à cinq heures du soir à Frascati hors Metz. Toutes forteresses et armes sont remises aux Prussiens. Les officiers pourront être libres sur parole. Les troupes sont prisonnières de guerre. »

La même communication de l'inspecteur reproduisait une dépêche de Berlin, à la date du 27, qui a son importance, si l'on se rappelle la politique de M. de Bismarck, son arrière-pensée et son espérance secrète dans la question de l'armistice.

« On espère, dans les cercles influents que l'opportunité de la reddition de Metz déterminera la France à prendre en considération les termes exigés par les Allemands pour l'armistice. »

Il n'y avait donc plus de doute possible sur le fait même de la capitulation.

Mais une autre question se présentait, qui avait sa gravité et qu'il importait d'éclaircir. La capitulation était-elle le résultat d'une de ces nécessités terribles qui pèsent sur les plus honnêtes et les plus vaillants, ou était-elle le fruit d'un crime ? D'un côté, l'énormité de l'attentat en excluait la possibilité ; mais de l'autre, les circonstances où il s'accomplissait, le long et systématique silence de l'homme, la force de son armée, de ses positions, les mille bruits qui circulaient depuis un mois et qui présentaient Metz comme pourvu d'approvisionnements, le mystère que l'on sentait autour de la mission du général Boyer à Versailles, l'habileté consommée de M. de Bismarck, ses tergiversations dans les négociations de l'armistice étaient autant de lumières, qui, isolées, pouvaient rendre perplexe, qui, réunies, approchaient de l'évidence.

Le Gouvernement hésitait cependant, lorsque de l'armée de Metz lui arrivèrent, fournies par le général en chef lui-même, des preuves irrécusables. Bazaine, dans un dessein prémédité de justification ultérieure et pour prendre les devants avec l'opinion, s'était décidé enfin à se mettre en rapport avec le Gouvernement de la Défense et avait envoyé à Tours des émissaires, M. de Valcourt, officier de mobiles attaché au quartier général comme officier d'ordonnance, et M. Woytkiewicz, interprète attaché à la garde impériale. Ce furent eux qui apportèrent le dernier trait de lumière.

Le sous-préfet de Neufchâteau envoyait le 25 octobre au ministre de la guerre, avec la mention *extrême urgence*, une dépêche chiffrée.

« Cette dépêche, disait le sous-préfet, se trouvait renfermée dans une boule de caoutchouc que j'ai ouverte. L'envoyé Woytkiewicz, qui m'a justifié son identité par certificat donné par le capitaine d'état-major Yung avec cachet du grand quartier général de l'armée du Rhin et qui se dit connu de Bourbaki comme interprète de la garde, va partir immédiatement pour Tours. Il vous portera la dépêche même et vous fournira des renseignements. Il a quitté Metz dimanche soir à sept heures. [1] »

M. de Valcourt avait pris une autre voie : mais tous deux ils étaient arrivés en même temps auprès du Gouvernement pour remplir leur mission.

M. de Valcourt, jeune homme intelligent, distingué de manières et d'éducation, eut, aussitôt son arrivée,

---

1. Dépêche du 25 octobre.

un long entretien avec Gambetta. Il lui fit un récit très circonstancié des opérations militaires de l'armée du Rhin à partir du jour où le commandement en avait été livré à Bazaine, et mentionna les principales considérations d'ordre politique et d'ambition personnelle qui avaient amené le dénouement.

Il y avait dans Gambetta une disposition très remarquable, contre laquelle il était souvent obligé de lutter : son premier mouvement était optimiste et, pour ainsi parler, chevaleresque. Quoi qu'il n'eût pas une bien haute idée de la moralité de Bazaine, non plus que de sa capacité militaire, qui lui avait toujours paru surfaite, l'hypothèse seule d'une trahison chez un maréchal de France placé à la tête d'une si puissante armée, entouré de tant de lieutenants renommés, dans les circonstances terribles où se trouvait la patrie, lui apparaissait comme une monstruosité, et il s'était refusé à l'admettre avec une sorte de ténacité. Le récit de M. de Valcourt fit tomber enfin ses illusions. La trahison s'y reflétait comme dans un miroir. La précision des renseignements, la netteté des souvenirs, la clarté et l'enchaînement logique des révélations avaient rendu tout doute impossible sur le vrai caractère de la capitulation, comme sur ses causes. Gambetta pria M. de Valcourt de reproduire les données principales de son récit dans un rapport, qui aurait comme un caractère officiel, et d'en bien formuler les conclusions.

Ce rapport, rédigé immédiatement, se terminait ainsi :

« Pour résumer, disait M. de Valcourt, la conduite du maréchal Bazaine dans les deux mois qui se sont écoulés entre la bataille du 18 août (Saint-Privat) et maintenant, nous disons en nous appuyant sur les faits mentionnés plus haut :

« 1° Que le maréchal n'a jamais tenté, depuis le 18 août une sortie sérieuse, et que ses essais d'attaque des lignes prussiennes n'ont été faits que pour lui servir plus tard d'excuses aux yeux de son pays et de l'histoire ;

« 2° Que le maréchal ne voulait point tenter un effort suprême qui aurait, même en cas de succès, grandement désorganisé sa splendide armée, et ne lui aurait plus permis, à lui, commandant en chef de l'armée du Rhin, d'être l'arbitre des destinées politiques de la France ;

« 3° Ces mêmes considérations expliquent pourquoi le maréchal n'a jamais consenti à reconnaître le Gouvernement de la Défense nationale et a cherché jusqu'aux derniers moments à rassembler les restes de la puissance bonapartiste dans le but de refaire un troisième empire ;

4° Une fois convaincu qu'il ne pourrait amener la France et les Prussiens tout à la fois à des idées de restauration des Bonapartes qu'en ajoutant le désastre de la capitulation de l'armée de Metz et de la ville elle-même à tous les malheurs qui pèsent déjà sur notre pauvre pays, le maréchal a pris à tâche de hâter le moment de la reddition. Pour ce faire, il s'est refusé à diminuer à temps les rations de fourrages, laissant ainsi subitement les 25,000 chevaux composant sa cavalerie et traînant son artillerie, sans aucune denrée alimentaire, au lieu de faire durer le plus longtemps possible les ressources qu'il avait entre les mains au 1er septembre, date de sa dernière grande sortie. De même il n'a consenti à amoindrir les rations de vivres qu'après de longs délais et alors que cette mesure n'avait plus qu'une utilité minime, puisqu'elle ne pouvait être exercée que sur une quantité peu considérable d'approvisionnements.

« 5° Bref, en tous points, le maréchal Bazaine n'a agi que dans un but, être et rester maître de la situation politique en France, et croyant pouvoir se servir des Prussiens pour l'aider dans l'exécution de ses projets ambitieux, *il leur a livré sciemment* la ville et la forteresse de Metz, ainsi que l'armée française de cent dix mille hommes campée dans l'enceinte retranchée.

                          « E. DE VALCOURT.
        « Officier attaché au grand quartier géné-
             ral de l'armée du Rhin [1]. »

1. Le rapport de M. de Valcourt était confirmé par des témoins et des spectateurs d'une autorité morale irrécusable. Parmi ces témoins nous citerons M. Dumangin, qui écrivait au *Siècle* de Poitiers, la lettre suivante :

J'ai lu attentivement le rapport de M. de Valcourt. J'en reconnais la

Le rapport de M. de Valcourt ne présentait pas une histoire complète des opérations de l'armée du Rhin ; ce n'était qu'une esquisse rapide et légère, vraie pourtant dans ses traits principaux ; il ne donnait pas non

scrupuleuse exactitude. Il est impossible de formuler plus honnêtement une accusation plus fondée.

« J'ajouterai, pour confirmer les renseignements qu'il a exposés si loyalement, que la trahison du maréchal Bazaine est quadruple.

« 1º Il a trahi son *maître*, en refusant d'exécuter les ordres contenus dans la lettre qu'il a reçue de Sedan, le 23 août, et qui lui ordonnait de faire une trouée, coûte que coûte, dans cette direction.

« 2º Il a trahi son pays, en proposant à l'ennemi de lui ménager un traité de cession de l'Alsace et de la Lorraine, au prix de la reconstitution d'un gouvernement de Régence de l'impératrice, dont le pouvoir devait être annihilé, comme celui de la reine Victoria, qui aurait eu pour base deux Chambres, et Bazaine comme véritable chef.

« 3º Il a trahi l'humanité tout entière, en proposant aux Prussiens de leur faire atteindre le *but principal* qu'ils ont en vue en envahissant la France, c'est-à-dire d'étouffer jusqu'au dernier germe les idées républicaines et révolutionnaires dont la France est le foyer, et qui effrayent tous les rois de l'Europe. Pour cela, le maréchal Bazaine se portait fort de faire jouer à l'armée, qu'il croyait tenir dans sa main, le rôle de GENDARMERIE EUROPÉENNE : c'est le terme significatif qu'il avait employé.

« Des oficiers de la garde impériale, en grand nombre, étaient ses complices dévoués pour l'accomplissement de ce forfait.

« Cette accusation est basée sur la copie (de source certaine) du procès-verbal du conseil de guerre tenu lors des instructions données au général Boyer, copie que j'ai eue entre les mains.

« 4º Il a enfin trahi l'armée, en livrant 120,000 hommes en état de se défendre, des fusils, des canons, des drapeaux, que son plus simple devoir était de détruire : et cela, dans le but ignoble, de procurer à lui-même et aux maréchaux et généraux, promoteurs et approbateurs de la capitulation une situation matérielle meilleure durant la captivité.

« J'en trouve la preuve dans les reproches adressés brutalement à un colonel d'artillerie qui a brisé, malgré tous les ordres, les mitrailleuses qui lui étaient confiées.

« Parmi ces reproches, Bazaine osait, par une ironie sanglante, comprendre celui de manquer à l'honneur de l'armée, en violant ses engagements.

« J'insiste sur cette quadruple trahison, sur les moyens employés pour l'accomplir, et si loyalement exposés par M. de Valcourt.

« Et j'ajouterai que le comble de l'infamie a été d'employer, pour étouffer les derniers spasmes de résistance possible, les moyens suivants, lors de la capitulation :

« 1º Pour les soldats, répandre le bruit qu'ils seraient renvoyés dans leurs foyers ;

« 2º Pour les officiers, qu'ils seraient prisonniers sur parole et libres de choisir leur résidence ;

« 3º Pour les habitants de Metz, qu'il n'y aurait qu'un fort de livré, une

plus tous les faits qui ont accablé Bazaine, tous les
témoignages sous le poids desquels il a été écrasé devant le conseil de guerre de Versailles. On ne pouvait
pas y suivre tous les détours de la mine creusée au-
dessous de cette vaillante armée, tout le travail souterrain qui devait l'engloutir, tous les travailleurs appelés par Bazaine à prendre part à l'horrible besogne.
On n'y voyait ni Régnier, ni Arnous-Rivière, ni tant
d'autres, que devait, plus tard, atteindre ou montr-
trer l'accusation : c'est à peine si Boyer lui-même, celui
que madame Bazaine appelait « le mauvais génie de
son mari, » y apparaissait un instant et dans son rôle.
Toute l'odieuse trahison, enfin, n'était pas saisie, ou
du moins n'était pas dévoilée par M. de Valcourt ; bien
des fils y manquaient ; mais le fond en était suffisamment établi, et assez de preuves étaient mises entre les
mains de Gambetta pour qu'il pût se former une conviction, l'asseoir et la motiver.

Cela ne lui suffit pas pourtant. Après l'entretien de
M. de Valcourt, si bien résumé dans son rapport, sa
conviction, à lui, était faite ; sa conscience était éclairée. Mais l'accusation était si grave, la témérité du jugement en pareille matière avait une telle portée, pouvait avoir de telles conséquences qu'il ne voulut rien
négliger pour arriver à une démonstration positive,
irréfutable de la vérité. Pour en obtenir les derniers
éléments, il s'adressa aux agents officiels du gouverne-

porte de la ville occupée, et que les Prussiens n'entreraient dans la ville
qu'à la suite d'un traité et d'une cession de territoire, s'il y avait lieu ;

« 4° Pour tous, des grades, des croix, des médailles, dont la quantité,
lorsqu'elle sera connue, dénoncera le but.

« Soldats, citoyens, officiers ont vu leur rage rendue impuissante. Il ont
fait la remise de leurs armes et se sont trouvés instantanément livrés : les
soldats, comme du bétail ; les officiers, avec sommation de partir dans les
vingt-quatre heures ; les citoyens, avec l'obligation de subir une inondation
de logements militaires.

« DUMANGIN,
« employé civil à l'armée du Rhin.

« Tours, 6 novembre. »

ment, à M. Tissot, notre ministre à Londres, et à M. Tachard, ambassadeur de France à Bruxelles, et bientôt les preuves lui arrivèrent en si grand nombre, avec une telle précision et une telle concordance, que l'hésitation n'était plus possible ; et c'est alors qu'éclata ce grand cri d'indignation qui remplit la France et l'Europe, et que nous aurons bientôt à reproduire.

Gambetta ne voulut pas se prononcer sous le coup de l'émotion première. Il lui parut bon de préparer les esprits. Il est certain pour quiconque prêtait l'oreille à l'opinion, que, si bien des gens étaient disposés à attribuer la capitulation à la trahison, le plus grand nombre résistait, comme l'avait fait Gambetta lui-même, avant l'évidence, et se refusait à croire à une telle énormité de malheur et d'infamie. L'amiral Fourichon avait détourné les yeux des preuves qui accablaient un maréchal de France. L'opinion aussi poussait l'incrédulité jusqu'au scrupule. Ainsi, la *Gazette de France* s'obstinait encore, le 29 octobre, à publier des nouvelles optimistes, à nier, non seulement la trahison, mais même la capitulation. Son numéro de ce jour reproduisait une dépêche du *Times*, envoyée de Saarbrück, qui disait qu'il n'y avait aucun symptôme de la capitulation de Metz, que, loin de là, les Français recommençaient la canonnade de la rive droite de la Moselle, que les villages de Grigny et de Cerny avaient été brûlés.

Ce qu'il y a de plus curieux encore, c'est que le même journal, le même jour, donnait une dépêche de Bruxelles qui annonçait une sortie et presque une victoire de l'armée française. La dépêche était ainsi conçue :

« Bruxelles, 27 octobre. — Des avis de Metz émanant d'une source sûre portent que le 21, l'armée de Metz a fait une vigoureuse sortie sur les avant-postes prussiens. Le combat n'a pas duré moins de cinq heures. Les Français ont abordé l'ennemi à la baïonnette et lui ont fait perdre beaucoup de monde. »

Le lendemain, la *Gazette de France* était obligée de se démentir : les dernières illusions de l'optimisme, qui, chez elle, était peut-être un optimisme de commande, se trouvaient rompues.

Quoi qu'il en soit, le Gouvernement, le jour même où la *Gazette de France* reproduisait ces étranges nouvelles, avait fait afficher à Tours et expédier aux départements la circulaire suivante :

« Tours, 28 octobre 1870.

« Le ministre de l'Intérieur à préfets et sous-préfets.

« Il m'arrive de tous côtés des nouvelles graves, mais sur l'origine et véracité desquelles, malgré mes actives recherches, je n'ai aucune espèce de renseignements officiels.

« Le bruit de la capitulation de Metz circule. Il est bon que vous ayez la pensée du Gouvernement sur l'annonce d'un pareil désastre. Un tel événement ne pourrait être que le résultat d'un crime, dont les auteurs devraient être mis hors la loi. Je vous tiendrai au courant ; mais restez convaincus, quoi qu'il arrive, que nous ne nous laisserons pas abattre par les plus incroyables infortunes. Par ce temps de capitulations scélérates, il y a une chose qui ne peut ni ne doit capituler, c'est la République française.

« L. GAMBETTA. »

Tout le monde était ainsi averti ; les esprits étaient préparés.

Une question se posait devant la France. Dans la guerre terrible qu'elle soutenait et où la fortune semblait accumuler comme à plaisir les hontes et les catastrophes, la France capitulerait-elle et ferait-elle capituler la République ? Tout le monde sait comment elle a répondu à la question que soulevaient les événements. Mais il y a des souvenirs, si douloureux qu'ils soient, qu'il faut savoir regarder en face, comme il y a des blessures qu'il convient de ne jamais oublier.

CHAPITRE XVI

LA CAPITULATION DE METZ ET LES DÉPARTEMENTS.

Le lundi, 31 octobre, le *Bulletin officiel* publiait la proclamation suivante :

« Tours, le 30 octobre 1870.

RÉPUBLIQUE FRANÇAISE.

LIBERTÉ, ÉGALITÉ, FRATERNITÉ.

« Proclamation au peuple Français,

« FRANÇAIS,

« Élevez vos âmes et vos résolutions à la hauteur des effroyables périls qui fondent sur la patrie.

« Il dépend encore de nous de lasser la mauvaise fortune et de montrer à l'univers ce qu'est un grand peuple qui ne veut pas périr, et dont le courage s'exalte au sein même des catastrophes.

« Metz a capitulé.

« Un général sur lequel la France comptait, même après le Mexique, vient d'enlever à la patrie en danger plus de cent mille de ses défenseurs.

« Le maréchal Bazaine a trahi.

« Il s'est fait l'agent de l'homme de Sedan, le complice de l'envahisseur, et, au mépris de l'honneur de l'armée dont il avait la garde, il a livré, même sans essayer un suprême effort, cent vingt mille combattants, vingt mille blessés, ses fusils, ses canons, ses drapeaux et la plus forte citadelle de la France, Metz, vierge, jusqu'à lui, des souillures de l'étranger.

« Un tel crime est au-dessus même des châtiments de la justice.

« Et maintenant, Français, mesurez la profondeur de l'abîme où nous a précipités l'empire. Vingt ans la France a subi ce pouvoir corrupteur qui tarissait en elle toutes les sources de la grandeur et de la vie. L'armée de la France, dépouillée de son caractère national, devenue sans le savoir un instrument de règne et de servitude, est engloutie, malgré l'héroïsme des soldats, par la trahison des chefs, dans les désastres de la patrie. En moins de deux mois, deux cent vingt-cinq mille hommes ont été livrés à l'ennemi : sinistre épilogue du coup de main de Décembre !

« Il est temps de nous ressaisir, citoyens; et, sous l'égide de la République, que nous sommes décidés à ne laisser capituler ni au dedans, ni au dehors, de puiser dans l'extrémité même de nos malheurs le rajeunissement de notre moralité et de notre virilité politique et sociale; oui, quelle que soit l'étendue du désastre, il ne nous trouve ni consternés ni hésitants.

« Nous sommes prêts aux derniers sacrifices, et, en face d'ennemis que tout favorise, nous jurons de ne jamais nous rendre. Tant qu'il restera un pouce du sol sacré sous nos semelles, nous tiendrons ferme le glorieux drapeau de la Révolution française.

« Notre cause est celle de la justice et du droit : l'Europe le voit, l'Europe le sent; devant tant de malheurs immérités, spontanément, sans avoir reçu de nous ni invitation ni adhésion, elle s'est émue, elle s'agite. Pas d'illusions ! ne nous laissons ni allanguir ni énerver, et prouvons par des

actes que nous voulons, que nous pouvons tenir de nous-
mêmes l'honneur, l'indépendance, l'intégrité, tout ce qui
fait la patrie libre et fière.

« Vive la France ! Vive la République une et indivisible !

« *Les membres du Gouvernement,*

« Ad. CRÉMIEUX.
« GLAIS-BIZOIN.
« Léon GAMBETTA. »

*Metz a capitulé..... Le maréchal Bazaine a trahi.....
Nous voulons, nous pouvons tenir de nous-mêmes l'honneur, l'indépendance, l'intégrité...*, ces graves et solen-
nelles paroles sonnaient dans tous les cœurs avant
qu'elles n'eussent été prononcées. Les faits accomplis
étaient déjà connus presque partout ; les résolutions
qu'ils devaient provoquer chez une nation si longtemps
glorieuse, étaient dans la conscience publique ; le
Gouvernement ne faisait que les traduire avec éloquence.

Nous entrerons ici dans quelques développements.
Nous chercherons partout, en commençant par Tours,
qui était alors comme un abrégé de la France, les
manifestations du sentiment public : car c'est le patriotisme même de la France qui est en scène.

Depuis le jour où la nouvelle anticipée donnée par
la *France* avait circulé, tantôt contredite, tantôt
confirmée et s'aggravant par le flux et reflux des bruits
et des opinions contraires, une grande agitation avait
régné à Tours. La rue Royale, chaque soir, était
encombrée d'une population curieuse, anxieuse. On
s'interrogeait ; on essayait de trouver des impossibilités
morales à la catastrophe. On ne pouvait admettre une
telle trahison venant de si haut, qui enveloppait trois
maréchaux de France et une armée de 150,000 combattants ; on se débattait contre l'accablante calamité.
La consternation fut d'autant plus profonde et l'indignation plus éclatante qu'on avait longtemps douté et

qu'il n'y avait plus de refuge possible contre la certitude de l'humiliation et du désastre.

La population républicaine de Tours n'avait pas attendu la proclamation de Gambetta et la certitude, désormais acquise, de la capitulation de Metz pour exprimer ses sentiments et ses résolutions. Le 23 octobre, au premier bruit qui se répandit; la garde nationale avait demandé à être armée. Quinze cents à deux mille citoyens, la plupart en uniforme, s'étaient portés à l'Hôtel de Ville, et avaient envoyé des délégués à l'autorité municipale, qui promit de donner, dès le lendemain même, satisfaction au vœu patriotique de la population. Le 26 octobre, dans une réunion publique importante, on formulait une résolution de résistance sans trêve ni merci. Après la proclamation, le sentiment public devint encore plus vif et eut besoin de faire explosion.

Le lundi, 31 octobre, il y avait une réunion à la salle Pauver, où l'on agitait depuis plusieurs jours la question des moyens de défense nationale. On y lut la proclamation et on y nomma des délégués, au nombre desquels figurait M. Malardier ancien représentant du peuple, pour transmettre au Gouvernement les résolutions débattues dans les séances précédentes et demander particulièrement la levée en masse, réelle et immédiate.

Le lendemain, 1er novembre, vers deux heures, ces délégués, suivis d'une foule immense, se rendirent, tambour en tête, à l'hôtel de la préfecture pour remplir leur mission. Gambetta, prévenu, parut au balcon; il fut accueilli par les cris de *Vive la République* ! Quelques personnes se découvraient. — « Gardez vos chapeaux, » dit le ministre qui, après avoir entendu la députation, lui répondit à peu près en ces termes :

« Citoyens, je vous remercie de vouloir bien venir ici

témoigner, au milieu de nos douleurs, des sentiments de solidarité qui nous unissent.

« Nous ne nous abandonnerons pas, quels que soient les abandons que nous voyons autour de nous. Il suffit de vouloir, et nous voulons.

« Seulement il ne faut pas croire que le Gouvernement puisse et doive tout faire. Il faut agir par vous-mêmes. Vous seuls pouvez nous sauver.

« Il faut que, dans toute la France, dans chaque ville, dans chaque village, l'on se groupe, l'on se serre, que chacun se rapproche de son voisin pour s'unir, pour former une masse solide, un tout compact.

« Il faut que ce soit une guerre vraiment nationale, qu'il y ait partout, dans chaque village, un homme prêt à mourir, prêt à verser jusqu'à la dernière goutte de son sang.

« Il faut aussi cesser de distinguer entre villes ouvertes et villes fermées, entre ce qui peut être défendu et ce qui ne peut pas l'être. En un mot, partout il faut vaincre ou mourir.

« Vous criez : *Vive la République !* La République vivra, si vous voulez qu'elle vive : elle vivra, si nous agissons, si nous sommes prêts à donner tout notre sang pour elle et pour la liberté. »

A ce moment, le cri : *Des armes ! Des armes !* se fit entendre.

Gambetta reprit :

« Quand je suis arrivé, j'ai fait pour cela tout ce qui était possible et au delà. L'impossible, je ne le peux pas.

« Vous demandez des armes ! Nous en achetons de tous côtés ; mais n'oubliez pas que, sur les marchés étrangers, la concurrence de l'ennemi nous combat et que, là encore et surtout, nous avons la concurrence de l'homme de Sedan !

« Mais vous, de votre part agissez ; et, pendant que les armes nous viennent de l'étranger ou se fabriquent chez nous, apprenez-en le maniement par le moyen de celles que vous avez ; passez-les vous les uns aux autres. Pénétrez-vous enfin de ceci, qu'il faut suppléer, par votre propre génie, par votre propre action, à l'action du Gouvernement, qui ne peut tout atteindre, ni tout embrasser. Les armes se distribuent ; mais il y a encore cinq millions d'hommes à armer. Apportez votre concours personnel à la défense de la patrie. Ne comptez que sur vous-mêmes ; c'est le mal de ce pays de ne rien faire par soi, de lever les yeux sur ceux qui le gouvernent, attendant tout d'eux. Agissez donc par vous-mêmes : nous, croyez-le bien,.de notre côté, nous ne nous reposerons pas. »

La population de passage, comme celle des résidents, venait apporter aussi au Gouvernement l'assurance de son adhésion ou de son concours. Des délégués affluaient de toutes parts. Il convient de mentionner particulièrement la visite que reçut Gambetta le 7 novembre au soir.

Il y avait en ce moment à Tours, plusieurs corps de francs-tireurs. Une trentaine d'officiers, représentant ces divers corps, se réunirent, se présentèrent à huit heures et demi à la Préfecture et furent aussitôt reçus. On remarquait parmi les uniformes celui des francs-tireurs de Bordeaux, représentés par M. Portet, capitaine, celui des francs-tireurs des Deux-Sèvres, représentés par M. de Bourgaingt, capitaine, celui des *Contre-querillas* de la Sarthe, représentés par M. Frédéric Audap, capitaine adjudant-major, celui des francs-tireurs de *Buenos-Ayres*, et enfin celui des francs-tireurs de Poitiers qui avaient pour interprète · le capitaine Robin. Celui-ci prit la parole au nom des officiers présents, félicita Gambetta de sa résolution de guerre à outrance et l'assura du concours et du dévouement sans bornes de tous les francs-tireurs. Gambetta était vivement ému : il était touché de la démarche. Il le dit dans sa réponse au capitaine Robin, remercia les officiers avec effusion et, dans un langage plein de fermeté et de confiance, parla des dispositions de la nouvelle armée, sur laquelle, disait-il, il comptait pour la délivrance de la patrie envahie.

L'adhésion de la presse fut unanime dans le parti républicain.

Dans les journaux, qui, sans être républicains de la veille, donnaient au Gouvernement de la Défense un concours loyal, il y eut un moment de trouble et d'hésitation. Il ne vint à l'idée d'aucun d'eux de mettre en doute le fait de la capitulation, qui était désormais avéré, ni de protester contre le sentiment de douleur patriotique qui avait dicté la proclamation ; mais l'accusation de trahison les tenait perplexes ; ils reculaient devant cette énormité ; elle ne leur paraissait pas suffisamment démontrée. Ce qui affermissait leurs scrupules, c'était celui de l'amiral Fourichon, dont le nom ne figurait pas à côté de ceux des signataires de l'acte de flétrissure lancé contre le maréchal. Le *Moniteur*, dans le même numéro où il donnait la proclamation du Gouvernement, publiait un article, avec ce titre ambigu : *Trahis !* dans lequel, sans repousser absolument l'accusation, il se plaisait à faire de longs commentaires sur la facilité avec laquelle l'on crie en France à la trahison, laissant entendre que le Gouvernement ne s'était pas mis assez en garde lui-même contre cette disposition du tempérament national [1]; et comme pour corroborer son opinion, il ouvrait ses colonnes à une lettre du frère du maréchal, alors à Tours, qui déclarait l'accusation téméraire et protestait, disait-il, « de toute l'énergie de son âme de patriote et de frère [2].»

D'autres journaux, hostiles ou moins bienveillants, ne se contentaient pas d'hésiter. Au risque de paraître obéir à l'esprit de parti, dans leur ardeur de modération et d'équité calculée, ils voulaient que Bazaine n'eût pas trahi. Gambetta s'était trop pressé, à leur compte; il avait manqué de réserve et de circonspection. L'*Union* le disait en propres termes. La *Gazette de France* pensait qu'il s'était laissé aller à un moment de colère. Le *Constitutionnel* espérait que les paroles du

1. Le *Moniteur* du 31 octobre
2.   *id.*   du 5 novembre.

ministre avaient dépassé sa pensée. Les journaux étrangers, le *Daily-news* notamment et l'*Indépendance belge* apportaient vainement des preuves sans réplique à l'appui de l'accusation. Les adversaires du Gouvernement persistaient encore ; ils croyaient avoir trouvé une arme pour leur thèse favorite de la convocation d'une Constituante : ils ne pouvaient pas décemment dès le premier jour y renoncer. Mais, pour dire vrai, ce n'étaient là que quelques notes discordantes qui se perdaient dans la clameur partout soulevée, dans le concert d'universelle adhésion que rencontra la proclamation du ministre.

On lit dans une dépêche expédiée de Tours, le 4 novembre 1870, aux membres du Gouvernement à Paris, au sujet de la capitulation de Metz et de l'effet qu'elle produisit en province, un passage qu'il faut citer [1].

« Vous avez en main, disait à ses collègues Gambetta, la proclamation que j'adressais à la France au lendemain de la trahison de Metz ; j'avais la conviction d'exprimer le fond même de la conscience française et de traduire les sentiments de douleur et de résolution patriotique qui s'échappaient de l'âme déchirée de notre patrie. De toutes parts ce langage avait été reconnu et acclamé comme l'expression fidèle de l'opinion publique.

« Cette honteuse capitulation, par une sorte de retour merveilleux de la fibre nationale, devenait le point de départ d'un immense mouvement de résistance à outrance. Je pourrais vous en fournir les preuves. Le *Moniteur* contient de nombreux documents qui l'établissent sans réplique. »

Gambetta ne trompait pas Paris.

Il n'avait pas encore parlé que la plus grande émotion s'était emparée des esprits. Le bruit seul de la capitulation avait soulevé le pays tout entier, et spontané-

---

1. Cette dépêche. expédiée le 4 novembre, n'arriva paraît-il à sa destination que le 16 décembre. (*Enquête parlementaire, dépêches officielles.* t. II, p. 293.)

ment, de tous les côtés, des *adresses* étaient envoyées au Gouvernement. Lorsque la proclamation se fut répandue, ce fut un cri immense, universel, qui revint à la Délégation comme un écho redoublé de sa propre voix, et qu'elle put bien prendre pour la voix même de la patrie. A toute heure, et cela dura pendant plusieurs jours, les préfets, les conseils municipaux, les comités de défense, les gardes nationales expédiaient des *adresses*, des témoignages d'adhésion, des résolutions de guerre à outrance, des engagements à une résistance désespérée.

Nous lisons dans nos notes, à la date du 31 octobre :

« La nouvelle de la trahison a soulevé dans toute la France un profond sentiment d'indignation. Marseille, Lyon, Bordeaux, Toulouse, Montpellier, Nantes, Limoges, Lille, Grenoble, etc., toutes les grandes villes protestent avec énergie et se prononcent pour une résistance à outrance. Partout les âmes s'exaltent et se mettent à l'unisson du sentiment qui a inspiré la circulaire signée par MM. Crémieux, Gambetta, Glais-Bizoin. »

Cette note, résumé de nos impressions du jour, sous le coup des dépêches qui nous passaient sous les yeux, ne donnait qu'une idée incomplète du mouvement. Nous ne parlions que des grandes villes, tandis que toutes les villes, grandes et petites, tous les départements, soit par les dépêches des préfets et des sous-préfets, par les *adresses* des conseils municipaux, des comités de défense, des gardes nationales, etc., exprimaient auprès du Gouvernement de Tours les mêmes sentiments. On peut voir au *Moniteur* les dépêches des préfets de l'Orne, de la Dordogne, de la Loire, de la Mayenne, de la Loire-Inférieure, de la Haute-Loire, de la Vienne, de la Savoie, des Basses-Alpes, du Tarn, du Cantal, du Puy-de-Dôme, d'Ille-et-Vilaine, de la Haute-Vienne, de la Charente, des Landes, des Basses-Alpes, de la Haute-Marne, de l'Aude, de la Vendée, de la Haute-Garonne, de Maine-et-Loire, des Hautes-Alpes, du Rhône, du Cher, du Morbihan, de la Creuse, de la Côte-d'Or; des sous-préfets du Havre, de Bagnères-de-Bigorre, de Libourne, de Lesparre, de Confolens, de Gaillac, de Pontivy, de Toulon, de la Réole, de Moissac, de Dinan, de Sens; et les *adresses* des conseils municipaux de Bar-sur-Aube, du Havre, de Castres, de Villefranche, de Bayonne, de Vannes, de Lorient, de Confolens, de la Réole, de Liffré, d'Epiniac (Ille-et-Vilaine), de Cherchell (Algérie), etc., etc.; des comités républicains ou de défense de Grenoble, de Nantes, de la Haute-Loire, etc.; des gardes nationales de Lorient, de Vannes, de Clermont-Ferrand, de Libourne, de Poitiers, etc.

Nous ne citerons pas le texte de toutes ces dépêches, de toutes ces *adresses*. Nous nous bornerons aussi à mentionner quelques-unes des manifestations publiques, qui, presque partout, se produisaient en même temps. Nous ferons remarquer seulement que celles que nous allons citer sont prises sur des points et dans des milieux différents, et parfois dans des régions où l'on pouvait croire que le sentiment national pouvait avoir à souffrir de la divergence et du conflit des opinions. Poitiers, Toulon, Bar-sur-Aube, Alençon, Vannes, Limoges, Rennes paraîtront des répondants suffisamment autorisés.

On apprend à Poitiers, le 30 octobre, par les journaux du matin qui reproduisaient la dépêche du *Daily-news*, la nouvelle de la capitulation de Metz. On n'avait pas encore la proclamation du Gouvernement. Les officiers de la garde nationale s'assemblent aussitôt et convoquent leurs hommes pour le soir à Blossac.

Dans l'intervalle la proclamation du Gouvernement arrive. La garde nationale, convoquée, était tout entière au rendez vous. La proclamation est lue à haute voix, puis l'on rédige, séance tenante, cette *adresse* à Gambetta:

« A Monsieur Gambetta, ministre de l'Intérieur et de la Guerre,

« CITOYEN MINISTRE,

« Ce n'était point assez de honte pour la France ! Après la capitulation de Sedan, la capitulation de Metz ; après Bonaparte l'infâme, Bazaine le traître ; après le maître, le valet.

« Ne croyez pas pourtant que la France soit morte ; notre espoir reste entier.

« Frappez du pied le sol de la patrie, et il en sortira des légions.

« Nous sommes prêts à tous les sacrifices, tous, tous, entendez-le bien.

« Plus de catégories, la levée en masse. Voilà ce que vous, membres du Gouvernement de la Défense nationale, devez décréter sur l'heure.

« Allons, allons, plus de demi-mesures ; soyons énergiques.

« Faisons vite ; les moments sont courts : nous sommes prêts.

« Vive la France ! Vive la République ! »

Le 30, le même jour, à Toulon, le conseil municipal se réunit d'urgence, à neuf heures du soir, et prend une délibération, qui est adressée aussitôt au Gouvernement :

« C'est avec un frémissement de douleur et d'indignation, y disait-on, que la ville de Toulon a reçu votre patriotique dépêche. A la trahison qui a livré Metz aux ennemis, notre cité a répondu par le cri énergique de *Vive la République une et indivisible !* Le conseil municipal s'est assemblé d'urgence pour vous dire les sentiments et les vœux de la population entière.

« Plus que jamais, la patrie subit de sinistres catastrophes ; plus que jamais, il faut qu'elle s'inspire de la grande tradition révolutionnaire.

« Ne laissez point fléchir une seconde le pouvoir placé entre vos mains ; qu'il soit la dictature !

« La France, qui ne veut pas périr, saura répondre à

votre appel, et nos affreuses infortunes seront conjurées. Oui, nous résisterons tant qu'il y aura sous nos semelles un pouce de territoire français.

« Et, s'il ne reste un jour que Toulon au Gouvernement de la Défense nationale, comme Cadix fut autrefois le refuge, le dernier rempart de la patrie espagnole, Toulon sera le boulevard invincible de la République.

« Fait à l'Hôtel de Ville, dans la salle ordinaire des délibérations du conseil municipal, le 30 octobre 1870, à neuf heures du soir.

« *Signé* : ALLÈGRE, maire. »
(Suivent les autres signatures).

Le conseil municipal de Bar-sur-Aube, sur un point bien éloigné et déjà presque saisi par l'invasion, disait de son côté dans sa dépêche :

« Le conseil municipal témoigne son immense douleur de la désastreuse capitulation de Bazaine, et déclare au Gouvernement de la Défense nationale qu'il est prêt à tous les sacrifices pour assurer l'honneur et l'indépendance de la patrie. »

Parmi les dépêches des préfets, nous citerons seulement celles d'Alençon, de Vannes et Limoges.

« Alençon, 39 octobre, 5 h. 23 m. soir.

« PRÉFET A GOUVERNEMENT TOURS.

« La nouvelle de la trahison de Bazaine est accueillie ici par des cris de fureur et d'indignation. . . . . »

« Vannes, 31 octobre, 7 h. soir.

« PRÉFET A INTÉRIEUR ET GUERRE.

« Je suis parti ce matin pour rejoindre Kératry et faire la revue des mobilisés et des sédentaires. Grand enthousiasme, grande énergie pour la résistance. J'ai assisté au conseil municipal, au conseil de défense; on a voté partout pour la résistance à outrance. A deux heures, à Vannes, revue avec Kératry. Le bataillon des mobilisés est magnifique et fait son admiration. Bonne journée pour la République : en présence de la trahison, tout le monde est heureux de voir que l'élément civil se dresse pour prendre en main le salut public... »

« Limoges, 30 octobre 1870, à 6 h. 53 m. soir.

« Préfet a intérieur, Tours.

« L'âme émue et réconfortée, je vous rends compte d'une manifestation enthousiaste que la population tout entière de Limoges vient de faire pour acclamer la République, la Défense nationale et le programme de lutte à outrance tracé par la circulaire du Gouvernement.

« La manifestation a été admirable de calme et d'énergie ; elle a chargé le préfet de demander au Gouvernement les mesures les plus vigoureuses qu'il serait possible de prendre. Elle a réclamé la levée en masse sans distinction de conditions sociales, la prédominance absolue de l'élément civil sur l'élément militaire et l'institution de jeunes chefs. Elle adjure le Gouvernement d'être vigilant et implacable pour les traîtres et incapables. En terminant cette dépêche que je vais compléter par un rapport écrit, j'ai le droit d'ajouter au cri de : *Vive la France* et *Vive la République !* ceux de *Vive la ville de Limoges ! Vive le département de la Haute-Vienne !* Que partout se montre le même élan, et la France est sauvée. »

Le préfet envoyait en même temps l'*adresse* du Comité de Défense de la Haute-Vienne, que nous citons aussi, parce qu'elle reproduit les noms des signataires, et que cela n'est pas sans avoir, à cause de la diversité et de la qualité des situations sociales, quelque signification.

« La déplorable capitulation de Metz, disait-on, a provoqué une indignation universelle.

« Le Gouvernement de la Défense nationale nous assure que la France et la République ne périront pas entre ses mains.

« Le comité de défense du département de la Haute-Vienne renouvelle au Gouvernement la promesse de son concours le plus actif et l'invite à prendre les mesures de salut public que nécessitent les circonstances.

« Le comité de défense demande au Gouvernement de décréter que la patrie est en danger ;

« Que tous les citoyens, sans exception, dispensés ou réformés, sont soldats et doivent concourir, dans la mesure de leurs forces et de leur aptitude, à la défense nationale ;

« Que toutes les industries privées, pouvant être utilisées pour le service de la guerre, sont mises immédiatement en réquisition ;

« Que la vie civile, industrielle, commerciale est suspendue pour ne laisser place qu'à la vie militaire de la nation.

« A l'aide des mesures énergiques qu'un pareil état de choses permettra de prescrire, les ateliers seront rapidement transformés en manufactures d'armes, de munitions et d'équipement.

« Avant peu la France ne sera plus qu'un vaste camp capable d'écraser les Prussiens, et de planter le drapeau de la République si ferme qu'aucune trahison ne puisse l'ébranler, et si haut qu'aucune ambition personnelle ne puisse s'abriter sous ses plis.

« Il faut prouver à l'Europe que la France de 1792, n'a pas dégénéré et qu'elle saura s'imposer les plus grands sacrifices pour chasser l'étranger de son territoire.

« Vive la France ! Vive la République !

« J. Chambrelent ; P. Guerry, colonel de la garde nationale ; D. Nadaud ; Buzi ; Le Puy-Mori ; Grellet ; général Dalesme ; J.-B. Bergeron ; Dupleix, délégué de la garde nationale ; Mouret, délégué ; E. Langlade, délégué ; J. Degers, commandant du génie ; A. Linart ; Péroud ; Maluisant, délégué du conseil municipal. »

Nous rappellerons encore avant de passer aux manifestations publiques, une dépêche qui nous frappa plus que les autres, non qu'elle soit en elle-même plus remarquable, mais parce qu'elle venait d'une contrée lointaine et qu'elle montre avec quelle pieuse sollicitude les Français, hors de leur pays, suivaient les péripéties de la lutte, et aussi avec quelle promptitude le contre-coup des événements arrivait jusqu'à eux.

« San-Francisco, 30 octobre 1870.

« LES FRANÇAIS DE CALIFORNIE,

« Considérant qu'en livrant Metz, le maréchal Bazaine a commis un acte de trahison sans exemple dans les annales des peuples ;

« Considérant qu'en de telles circonstances le silence serait le complice des traîtres et le découragement des partisans patriotes, les Français de Californie, réunis en assemblée générale, ont adopté les propositions suivantes :

« 1º Le maréchal Bazaine est traître à la partie ;

« 2º La République seule peut sauver la France ;

« 3º Un peuple qui se lève en masse et combat pour son indépendance et la liberté, est invincible,

« L'adresse suivante sera envoyée au Gouvernement de la Défense nationale :

« Citoyens, c'est avec indignation que nous apprenons l'infâme trahison du maréchal Bazaine ; mais un maréchal de l'empire n'est ni l'armée ni la nation ; et le peuple français va prouver que, seul, il peut vaincre l'ennemi et punir les traîtres.

« Toi, peuple ! union et courage !

« Et vous, membres du Gouvernement, continuez à porter haut le drapeau de la France.

« Pas d'armistice ! Pas de paix ! Pas de cession de territoire ! Guerre à mort ! La République française ne peut pas périr.

« Vive la France ! Vive la République !

« Le comité central de la Californie vous remettra cette semaine cinquante mille francs pour la Défense nationale.

« Pour l'assemblée générale, les membres du bureau : Pinaud, Weill, Pioche, Wolf, Nefard, Buf, Landrieux, Strone, Bourgeois, Maurice, Avon. »

Il y eut des manifestations publiques presque partout. A Mont-de-Marsan, le préfet, M. Maze, entretient le public, réuni au théâtre, de la situation de la France ; il est dix fois acclamé ; la salle entière se lève et jure de tenir jusqu'à la mort serment de fidélité à la République. Des manifestations se produisent, dans le Gard, sur plusieurs points du département, pour demander la levée en masse. A Sisteron, un grand concours de peuple va prier le sous-préfet de faire connaître au Gouvernement sa résolution de défendre, de sauver la patrie. A Arles, plus de trois mille citoyens se réunissent pour proclamer la nécessité de la guerre à outrance. A Carcassonne, les mobiles en armes, précédés d'un tambour et d'un drapeau noir, publient la proclamation de Tours et font appel aux armes. A Toulouse, une grande revue de la garde nationale est suivie de la lecture publique de la proclamation et d'une manifestation patriotique devant la préfecture. A Angers, le départ du premier bataillon des mobilisés a lieu devant la population assemblée, au milieu du plus grand enthousiasme. A Mayenne, les enrôlés volontaires entrent à la préfecture aux cris de *Vive la République!* et demandent la levée en masse. A Clermont, on signale une grande et imposante manifestation de la garde nationale et de toute la population, réunie à l'armée, en faveur de la République et pour la défendre. A Moissac, une grande partie de la population s'inscrit pour partir. A Tulle, manifestation éclatante de la garde nationale. A Brives-la-Gaillarde, la garde nationale signe une *adresse* au Gouvernement. A Saint-Lô, tous les officiers et sous-officiers de la garde nationale viennent à la préfecture demander des armes, offrant de marcher à l'ennemi[1]. Sur toute la surface du territoire, éclate le même sentiment, sous mille formes diverses.

Pour faire comprendre la puissance de ce sentiment, à quelles résolutions il portait, de quels sacrifices il rendait capable, comment il rapprochait les esprits les plus éloignés souvent les uns des autres en fait de doctrine, de préventions ou de croyances, nous nous transporterons à Rennes, au moment où éclata la nouvelle officielle de la catastrophe.

---

1. Dépêche du 1er novembre.

La dépêche qui apportait au préfet la proclamation
du Gouvernement, était partie de Tours le 30 octobre,
à six heures et demie du matin. Vers les quatre heures de
l'après-midi, elle fut connue dans la ville.

« En un instant, dit un témoin oculaire, cette nouvelle
colportée dans les faubourgs par le clairon de la garde
nationale, fit le tour de notre ville, éveillant dans tous les
cœurs un sentiment d'indignation et de tristesse. Des groupes
nombreux stationnaient sur les places et dans les rues et
faisaient entendre d'énergiques cris de : *Mort à Bazaine!
Vive la République!* Nous pouvons le dire, toute la population rennaise, mue par un même sentiment, reconnut de
suite que la République seule avait encore le pouvoir de
sauver la France, après ces défections honteuses.

« En lisant la dépêche, les clairons annonçaient qu'une
réunion publique, sollicitée par la population elle-même,
aurait lieu au Palais universitaire. Ce ne fut pas une, mais
deux réunions qui eurent lieu : elles attirèrent des milliers
de citoyens. . . . .

« Au Palais universitaire, la réunion était présidée par
M. Louveau. Plusieurs orateurs se sont succédé à la tribune.
M. Cresson a trouvé des accents patriotiques qui ont vivement ému l'auditoire. M. Jouin [1] notre éminent avocat, a
fait entendre un discours magnifique. — Priez, s'est écrié
l'orateur! Lors de la guerre d'Amérique, Lincoln, l'illustre
président de cette jeune République, recommanda de passer
toute une journée en prières et en jeûnes. Imitons l'Amérique ; implorons le secours de celui qui n'abandonne jamais
les opprimés.

« M. Fouqueron n'est pas de l'avis de M. Jouin en ce qui
concerne le jeûne et les prières. En fait de prières, il faut
des manœuvres et des exercices; en fait de jeûne, il faut
une discipline rigoureuse et inexorable. Les bravos qui
accueillent ces paroles de l'orateur, lui prouvent que la majorité partage son opinion sur cette matière.

« M. Fouqueron lit à l'assemblée un projet d'adresse au
Gouvernement de la Défense nationale : il en développe les

1. M. Jouin a été depuis député à l'Assemblée nationale. Il est aujour-
d'hui sénateur.

articles avec un véritable talent, et souvent sa parole émue et chaleureuse fait couler des larmes dans l'auditoire.

« Au théâtre, la réunion n'a pas été moins belle. M. Barrabé fut appelé comme président de l'assemblée.

« M. Paitel vint ensuite à la tribune, où il donna lecture de la proclamation du Gouvernement et de celle de M. de Kératry. Puis, dans un discours énergique et chaleureux, il fit appel au peuple contre les rois et contre les traîtres qui les soutiennent...

« M. Vieil demanda la traduction devant un conseil de guerre de tout l'état-major de Sedan, de Bazaine et des généraux de Metz ; une enquête sur la conduite du général Uhrich à Strasbourg ; la destitution de Bourbaki ; le rappel immédiat de tous les émigrés français, sous peine de la confiscation de leurs biens.

« M. Renaud propose la levée en masse, l'appel des séminaristes et des frères non diplômés ;

« M. Trousseau la nomination d'un comité chargé de veiller aux besoins des femmes et des enfants des soldats ;

« M. Cochet, un chasseur à pied, obtint de l'assemblée l'acclamation du nom de Mac-Mahon ;

« Le docteur Pitois propose que tous les ateliers propres à faire des armes soient réquisitionnés ; qu'un impôt forcé soit décrété, si besoin est ;

« M. Fresnay, un volontaire américain, demande l'établissement d'un autel de la patrie, plus d'activité dans les bureaux d'enrôlement ;

« M. Barrabé résume la séance et les propositions des orateurs. Toutes furent votées aux cris mille fois répétés de *Vive la République !* . . . . »

Le même jour, dans la nuit, les résolutions prises dans les deux réunions furent envoyées au Gouvernement par le préfet. L'*adresse* [1] de la réunion du Palais

1. Voici quelques-uns des articles de l'adresse :

« La ville de Rennes réclame du Gouvernement de la Défense nationale la levée en masse de tous les citoyens, mariés ou non mariés, de 18 à 40 ans ; la mise en accusation de Bazaine, Boyer, et autres généraux bonapartistes ; elle offre 20,000 francs à celui qui livrera Bazaine mort ou vif : Elle déclare que le Gouvernement républicain de la Défense a toute sa confiance et l'engage à persévérer dans les mesures énergiques qui peuvent assurer notre salut. »

universitaire portait la signature de MM. Bourdonnet,
secrétaire; Louveau, président; Le Bret, assesseur;
celle du théâtre, les signatures de MM. Bastarel, Émile
Paitel, E. Barrabé, président; Fleury secrétaire.

Ce n'est pas sans intention que les noms des signataires des deux *adresses* ont été reproduits. Gambetta
a proclamé souvent l'alliance de la bourgeoisie et du
prolétariat comme la devise et la base de la Démocratie française. Cette formule, si heureuse, de la
Révolution, se réalisait alors dans la plupart des
villes : nous l'avons entendue proclamer le 4 septembre
par le maire de la ville du Havre. A Rennes, ville intelligente, libérale et patriotique, elle se présentait naturellement aux esprits dans cette grande crise de
la patrie. Les deux *adresses*, envoyées à Tours, étaient
signées par des bourgeois, par des avocats, des industriels, dont plus d'un était millionnaire, et votée
par les ouvriers, commerçants, prolétaires ou bourgeois confondus dans le même sentiment et la même
conscience du devoir. Du reste, le courant était
si puissant que tout le monde était emporté, et que
le parti des *affamés de la paix*, si l'on peut donner
ce nom à une infirmité morale qui peut se trouver
dans tous les partis, gardait le silence, ou même
donnait son adhésion au Gouvernement. M. Bidard,
ce même député, qui devait voter plus tard la
paix avec frénésie et proposer à l'Assemblée nationale
le rétablissement de la monarchie, faisait alors voter
un emprunt de 300,000 francs dans le conseil municipal de Rennes et formulait son adhésion, mitigée, il est
vrai, mais positive, à la Défense nationale et à son Gouvernement !

« Je vous propose, disait M. Bidard, alors maire de Rennes,
dans un rapport sur l'emprunt municipal, de descendre
jusqu'à 100 francs le *minimum* de la souscription, et cela
pour deux raisons : la première est de rendre accessible à

presque tous la participation à cette œuvre de la défense nationale et d'en assurer ainsi le succès.

« La seconde ne me paraît pas moins sérieuse. Il faut que M. de Bismarck, auquel nos enfants ont appris à compter avec les Bretons, lise sans équivoque possible dans notre souscription l'expression nette de notre adhésion unanime au dernier vote de Paris et à la patriotique attitude de nos mobiles, qui ont rendu possible ce vote, qui vaut plus qu'une bataille gagnée contre l'étranger. »

Quoi qu'il en soit, nous ne pouvons résister au désir de citer un article d'un journal de Rennes, qui ne paraîtra pas déplacé dans cette revue rapide des manifestations de l'opinion sous le coup de la catastrophe de Metz. La fatale nouvelle coïncidait avec une fête religieuse qui s'adresse à un sentiment général, la *Fête des morts*. L'auteur de l'article, M. Bertrand Robidou, trouva dans cette coïncidence le point de départ d'une noble et touchante inspiration, écho poétique et pur du patriotisme, tel qu'il éclatait dans bien des âmes autour de lui.

Voici l'article de M. Robidou :

« Rennes, 2 novembre 1870.

« LA FÊTE DES MORTS.

« Le son funèbre des cloches retentit encore à nos oreilles, tout un peuple pleure, tout un peuple prie, et jamais cette évocation au monde des trépassés, ces regards qui scrutent les tombeaux, ces cris de l'âme qui percent les cieux avec les mille voix éplorées des temples, jamais enfin ces manifestations si touchantes de la douleur publique ne furent en plus complète harmonie avec la situation. Le deuil et la mort ne planent-ils pas sur nos villes de l'Est, le sol français n'est-il pas jonché des cadavres de nos braves enfants, de nos frères, de nos pères, de nos amis ? Des populations entières ne sont-elles pas détruites par le fer et le feu ? Ne sont-ce pas là les pensées qui nous guident, les sentiments qui nous animent, quand nous visitons ces cimetières où reposent ceux que nous avons tant aimés, et ces mausolées de notre vieille Bretagne où dorment ceux qui furent les défenseurs du pays ?

« O morts, que du fond de vos tombeaux se lève un vengeur ! *Exoriare aliquis nostris ex ossibus ultor !*

« Ces belles paroles sont gravées sur la pierre au milieu des tombes réservées aux éternels exilés d'une nation écrasée et dépeuplée par près d'un siècle d'invasions et d'oppressions politiques ; elles servent d'entrée et d'inscription, dans le cimetière Montmartre, au sol consacré aux sépultures polonaises !

« Une voix douce et terrible, un cri qui ne finit jamais, plane sur ces ossements et sur ce dernier refuge des proscrits :

« *Que du fond de nos tombeaux se lève un vengeur !* »

« Aujourd'hui elles semblent prendre une actualité toute politique. Et nous, n'avons-nous pas jeté ce cri, n'a-t-il pas été toute notre prière, ne l'avons-nous pas mêlé aux échos des temples, aux clameurs des cloches, au bruit de ce triste vent d'automne, et la nature entière n'a-t-elle pas répondu par cette lamentation et ce recours suprême des opprimés à qui tout manque à la fois, excepté ce souvenir des morts glorieux et l'espérance de la justice future : « O morts, que du fond de vos tombeaux se lève un vengeur !

« Cendres illustres de nos guerriers qui dormez dans ces villes de l'Est, maintenant envahies, brûlées et dévastées ; héros qui reposez dans ces vastes cimetières de Paris assiégé et vaillamment défendu, réveillez-vous à la voix de la patrie en danger : que du fond de vos tombes se lève un vengeur !

« Armées si odieusement livrées et tombées sous le feu ennemi, gardes nationaux et mobiles qui avez su mourir les armes à la main, écrasés par le nombre, comme de vieilles troupes, entendez notre oraison funèbre, la seule digne de vous et de la patrie en deuil. mais pleine de foi dans le retour de la fortune : Que du fond de vos tombes à peine fermées se lèvent des légions de vengeurs ! »

Il y eut à peine une note discordante dans cet admirable concert. Une seule arriva jusqu'à nous. Il ne s'éleva qu'un seul nuage sur l'horizon, et encore dans une contrée tout récemment française, et ce nuage fut bientôt dissipé.

M. Marc Dufraisse écrivait de Nice le 30 octobre :

« La nouvelle de la capitulation de Metz et la proclamation
que vous m'avez adressée ont produit ici une émotion profonde. Le parti italien de Nice, dont les menées menacent la
sûreté de nos frontières, s'est aussitôt agité à la nouvelle de
ce désastre. La présence d'anciens agents corses de la police
dans mon département n'a pas été étrangère à l'agitation de
la journée. Des menées dangereuses m'ont été signalées
Comme j'avais de fortes présomptions de croire que l'ex-
préfet de la Seine Haussmann n'était pas étranger à ces
manœuvres et aux intelligences pratiquées de Nice avec la
frontière italienne, j'ai cru devoir, dans l'intérêt de la sûreté
extérieure et intérieure de l'État, faire pratiquer, selon toutes
les formes légales, une visite domiciliaire chez lui. Elle se
fait en ce moment par les soins du procureur de la République et du juge d'instruction qui procèdent à l'interrogatoire, et, aussitôt ce premier degré de l'instruction achevé, j'en
ferai connaître le résultat. Si l'instruction ne révèle aucune
charge, M. Haussmann sera laissé en liberté, à moins que
vous n'ayez par devers vous des preuves ou des renseignements de nature à le faire mettre en état d'arrestation.
J'attends votre réponse. »

Le nuage, signalé par M. Marc Dufraisse, nous le
répétons, fut bientôt dissipé : le parti italien se tut,
l'émotion se calma, et M. Haussmann ne fut pas
arrêté. Les bonapartistes eux-mêmes, en ce moment,
étaient attérés. La partie saine de la faction, ou plutôt
celle qui ne faisait pas partie de la faction, partageait
le sentiment général ; l'autre n'eût pas été assez imprudente pour laisser voir la secrète joie qu'elle ressentait
peut-être, les espérances qu'elle pouvait concevoir des
malheurs de la patrie.

Il est à peu près superflu de multiplier les preuves
de la résolution de la France et de l'assentiment qu'elle
donnait à la déclaration de guerre à outrance faite par
le Gouvernement ; nous voudrions cependant ajouter
encore un témoignage à ceux que nous venons de rapporter ; c'est la résolution prise, après délibération,

par la ville de Vienne. Cette résolution a affecté une forme particulière, la forme plébiscitaire, qui, cette fois, par exception singulière, fut ce qu'il y a de plus légitime, par la raison que la question n'avait rien de subtil ni de captieux, qu'elle était simple, comprise de tous et dans son fond et dans ses conséquences. Il n'y a peut-être rien de plus curieux ni de plus honorable que cet incident fort peu connu, dans cette revue du patriotisme de la France.

Dans la région sud-est, qui se croyait et pouvait se croire prochainement menacée par l'invasion, après la rupture de la ligne des Vosges, les esprits étaient portés peut-être plus qu'ailleurs à accueillir la résolution de guerre à outrance proclamée par Gambetta. Le conseil municipal de Lyon, s'inspirant, comme il disait, de la nécessité, avait déclaré que, « plutôt que de subir la honte d'une reddition, la ville serait défendue jusqu'à complet anéantissement [1]. » La Société républicaine de la Défense nationale de Grenoble, dans l'*adresse* qu'elle envoyait à Tours le 31 octobre [2], où, adhérant unanimement à la proclamation de Gambetta, elle invitait « les représentants du Pouvoir à ne reculer désormais devant aucune mesure révolutionnaire capable de sauver la France et la République, à s'affirmer par des actes très énergiques, » avait dit, en terminant, que, de leur côté, les populations dauphinoises ne failliraient pas à leur vieille réputation de patriotisme et d'indépendance.

1. Voici le texte de la déclaration du conseil municipal de Lyon :
« Le conseil municipal s'inspirant de la nécessité,
    « ARRÊTE :
« Plutôt que de subir la honte d'une reddition, la ville sera défendue jusqu'à complet anéantissement.
    « Seuls, les vieillards, les enfants, les femmes peuvent quitter la place.
    « Les lâches devant l'ennemi seront considérés comme déserteurs. Leurs noms seront voués à l'infamie.

                        « Le maire de Lyon,
                                « HÉNON. »

2. Dépêche du 31 octobre, 11 h. matin.

Le plébiscite de Vienne peut être considéré comme le couronnement de ces résolutions.

Dans les premiers jours de novembre, quelque temps après la proclamation de Gambetta, la marche de l'ennemi sur Lyon pouvait être considérée comme une éventualité possible, même prochaine. Le comité de défense de Vienne s'en émut : l'orage menaçait d'arriver jusqu'à lui. Dans cette prévision, il envoya trois de ses membres auprès du général commandant la place de Lyon pour lui demander des instructions sur le rôle que la ville de Vienne pouvait jouer dans la Défense. Le général avait répondu en invitant le comité à étudier les ressources que présente la topographie de Vienne et de ses environs au point de vue de la défense locale, à dresser un plan, qu'il ferait étudier par des hommes compétents, et que, cela fait, il indiquerait à Vienne la conduite à tenir en cas de l'arrivée de l'ennemi.

Le 14 novembre, le conseil municipal, réuni sous la présidence de M. Brillier, ancien membre des Assemblées de 1848, plus tard de 1871, et depuis sénateur, reçut communication de la démarche faite par le comité de défense, du résultat de la mission de ses délégués auprès de l'autorité militaire de Lyon, et soumit à son examen la question que cette mission impliquait, et qu'il formulait ainsi : Vienne doit-elle se défendre à outrance et pousser sa défense jusqu'à la guerre des rues ?

M. Brillier, comme on le voit, ne posait pas la question de la défense ; cela n'était pas en cause. Il n'eut pas fait cette injure à ses collègues. Il ne s'agissait que de savoir si la défense serait absolue, sans limites, et pour répéter le mot, si elle se ferait à outrance, jusqu'à la guerre des rues. Le débat ne porta donc que sur ce point. Il serait même plus juste de dire qu'il n'y eut pas de débat.

Un membre, M. Riondet, laissa entendre que la défense devait couvrir les environs de la ville, et puis s'arrêter aux faubourgs ; un autre, M. Ronjat, pensait qu'il n'y avait pas d'urgence à prendre une résolution, et qu'il fallait attendre jusqu'à ce que les hommes compétents eussent dit que Vienne pouvait et devait se défendre ; un autre, M. Couturier, qu'il serait bon de se préoccuper des moyens de défense ; un autre enfin, M. Chollier, parla de l'imprudence qu'il y aurait à déclarer une solidarité entre les citoyens au point de vue des indemnités à accorder aux habitants atteints dans leurs biens par la défense. Mais nul n'hésita sur le fond de la question même, sur la nécessité de pousser la résistance jusqu'à ses dernières limites.

Nous citerons la partie de la délibération du conseil qui montre le mieux le sentiment dont il était animé.

« La question du devoir, dit M. Brillier dans sa réponse à l'observation de M. Ronjat, doit primer toutes les autres, et Vienne serait déshonorée le jour où elle aurait hésité à contribuer de toutes ses forces à la défense commune.

« M. Couturier prend la parole à son tour et dit que, tout en partageant les opinions de M. le Président, il lui semble qu'il serait bon de se préoccuper des moyens et surtout de la question des armes, sans lesquelles aucune défense ne serait possible.

« M. Brillier répond qu'il a la conviction qu'il sera pourvu à cela et que les armes ne manqueront pas à Vienne au jour du combat ; qu'en tout cas, la question à agiter pour le moment est une question de principe. Que Vienne prenne une résolution énergique, inébranlable ; elle aura toujours eu le mérite d'avoir pris cette résolution et d'avoir fait tout ce qui est humainement possible pour la tenir. . . . .

« M. Ronjat, craignant que les paroles qu'il a prononcées, soient mal interprétées, demande à les expliquer ; s'il est d'avis que l'on doit s'en rapporter aux gens sur les moyens et sur les possibilités de défense, il n'en est pas moins déterminé à faire pousser de tout son pouvoir la ville à contribuer à la défense générale ; pour son compte, il est déterminé non seulement à se défendre, mais à brûler Vienne le jour où il lui sera démontré que la ruine de Vienne peut être profitable à la patrie.

« M. le Président clôt la discussion en invitant de nouveau MM. les conseillers municipaux à réfléchir mûrement à la question posée pour qu'une prompte et sérieuse solution puisse lui être donnée. »

Le conseil municipal se réunit trois jours après, le 17 novembre, non pas pour reprendre la question, qui était bien résolue dès le premier jour, mais pour délibérer sur une demande du comité de défense, qui désirait avoir son opinion sur le lieu des travaux à exécuter. Ce fut pour le conseil une occasion de motiver encore, et plus fortement, sa détermination première, et de la confirmer par un vote de subsides.

Les considérants du vote méritent d'être rappelés :

« Le conseil municipal, disait le procès-verbal, constate :

« Que les citoyens qui le composent ont combattu par leur vote et par tous les moyens de propagande en leur pouvoir, le plébiscite du 8 mai, première cause de nos malheurs, acte insensé et criminel par lequel la nation a aliéné en faveur d'un parjure et de ses descendants, êtres inconnus, sa conscience et son honneur, c'est-à-dire leur a donné le droit de faire une guerre injuste, une paix honteuse ;

« Qu'ils ont été opposés à l'horrible guerre qui ravage actuellement la France avant qu'elle fût déclarée, guerre follement résolue et ineptement conduite par l'homme de Sedan, mais que, dès qu'elle a été déclarée, ils ont accepté, sans hésiter, leur part des sacrifices et des périls qu'elle impose au pays ;

« Et délibère, à l'unanimité, que la ville de Vienne résistera énergiquement et par tous les moyens à la marche des Prussiens, à leur entrée sur son territoire ;

« Qu'aucune limite n'est assignée au comité pour tous les travaux de la défense qui pourront avoir lieu tant à l'intérieur qu'à l'extérieur de la ville ;

« Que le comité, en qui le conseil municipal a toute confiance, sera invité à renouveler ses instances auprès du comité militaire de Lyon pour obtenir l'envoi d'officiers du génie, chargés de diriger les travaux de la défense ;

« Que, dès à présent, une somme de 50,000 francs prise sur les fonds de la défense nationale est spécialement affectée au payement desdits travaux, à titre d'avance, sauf répétition soit contre l'État, soit contre le département.

Quelques doutes s'étaient élevés sur le point de savoir si le conseil municipal n'avait pas outrepassé ses pouvoirs en prenant les deux décisions des 14 et 17 novembre et en les rendant obligatoires. Le conseil crut devoir se réunir pour répondre et résolut de s'adresser à la population elle-même pour dissiper toute équivoque, « considérant, disait le rapporteur, que la voie naturelle pour faire interpréter un mandat, c'est le recours au mandant. »

La situation était délicate. Un membre du conseil, M. Couturier, posa la question de savoir si le résultat du vote ne pourrait pas être une arme dangereuse mise aux mains de l'ennemi dans le cas où il serait résolu que la ville de Vienne ne se défendrait pas. Mais, sur l'observation de M. Brillier que les craintes de son collègue étaient chimériques, qu'il connaissait assez ses concitoyens pour n'avoir aucun doute sur leur patriotisme, le conseil, à l'unanimité, décida que les électeurs seraient appelés à se prononcer sur la résolution de défense à outrance prise par lui, et convoqués à cet effet le dimanche 27 novembre.

Le plébiscite eut lieu à la date fixée et donna le résultat prévu par M. Brillier. La question était posée dans les termes les plus clairs : les électeurs avaient à décider si la ville de Vienne résisterait énergiquement et par tous les moyens à la marche des Prussiens et à leur entrée sur leur territoire. Le nombre des votants était de 3,253, sur lesquels il y eut 2,879 *Oui*, 339 *Non* et 35 bulletins *nuls*.

L'opinion ne fut interrogée nulle part ailleurs de cette manière ; elle l'eût été, que la réponse, au moins dans les villes, eût été la même. Il y a des preuves sans réplique.

Nous transcrivons ici, sans commentaires, la lettre qu'adressaient au ministre de l'Instruction publique les jeunes professeurs du lycée de Poitiers.

« MONSIEUR LE MINISTRE,

« Lorsque la levée en masse est jugée nécessaire, il semble que ceux-là seuls devraient êtres exemptés dont les services sont directement utiles à la Défense nationale.

« Or le décret du 2 novembre exempte les professeurs. Vous avez sans doute pensé, Monsieur le Ministre, que, si le premier devoir de tout citoyen est de défendre sa patrie, le premier besoin d'un peuple est d'être instruit, et vous avez voulu concilier ainsi les intérêts de la Défense nationale et les intérêts de l'instruction publique.

« Permettez cependant à des universitaires de protester contre cette pensée généreuse qui les exempte, et d'appeler votre attention sur l'inopportunité, sur le danger peut-être d'une telle exemption.

« Et d'abord, au milieu des préoccupations présentes, dans l'état actuel des esprits, il est vraiment difficile que les études classiques soient sérieuses et fécondes. De plus, et surtout, si les circonstances deviennent assez critiques pour exiger le départ des derniers gardes nationaux mobilisés, croyez-vous que les enfants n'auront pas le droit de s'étonner, de s'indigner, leurs pères partant, que leurs professeurs restent?

« Ce jour-là, Monsieur le Ministre, l'influence morale de l'Université ne serait elle pas gravement compromise, et n'est-ce pas cette influence morale qu'il faut avant tout sauvegarder?

« Universitaires dévoués à notre pays, nous désirons donc être appelés à le défendre et comme tous les autres gardes nationaux sédentaires, mobilisés par le décret du 2 novembre.

« D'un autre côté, citoyens dévoués à l'Université, nous ne voudrions pas que, par notre départ ou notre mort, l'instruction de la jeunesse courût le risque d'être livrée, pour des années peut-être, aux seules congrégations enseignantes.

« Que tous, maîtres laïques ou congréganistes, soient

donc appelés à la défense commune, et la patrie sauvée,
ceux de nous qui resteront, reprendront avec bonheur leur
véritable rôle et leur grande tâche, qui est de prêcher
aux jeunes générations l'horreur de la guerre et la fraternité des. peuples.

« J. TESSIER, professeur d'histoire, 34 ans ; — G.
COMPAIRÉ, professeur de philosophie, 27 ans ; — C.
LIGNIÈRES, professeur de mathématiques, 27 ans ; —
E. BICHAT, professeur de physique, 25 ans ; — DE
LOSTALOT, professeur de rhétorique, 26 ans ; —
GRAVEREAU, professeur de mathématiques, 33 ans ;
— DULUC, sous-économe, 26 ans, — BRUN, maître
auxiliaire, 22 ans ; — JEAN, maître auxiliaire,
27 ans ; — DUVIVIER, maître auxiliaire, 25 ans ; —
DE LONCHAMPS, professeur de mathématiques, 26
ans ; — PUGET, professeur de mathématiques spé-
ciales, 32 ans ; — AUDOYNAUD, professeur de mathématiques, 38 ans ; — VALLET, professeur de 8ᵉ,
25 ans ; — T. MOREAU, maître répétiteur, 20 ans ;
— PLUMANDON, répétiteur, 23 ans ; — MALIGES, répétiteur, 25 ans. »

Le clergé ne fut pas non plus indifférent ; il sentit
sur plus d'un point quelque chose de la commotion
électrique.

Un prêtre d'un esprit distingué, et fort connu dans
toute la Bretagne, M. l'abbé Onfróy Kermolquin,
aumônier d'une maison religieuse d'éducation de jeunes
filles à Lannion, adressa, quelques jours après l'entrevue
de Ferrières, un appel chaleureux aux Français. Ne
pouvant pas prendre le fusil à cause de sa robe, il veut
au moins, disait il, dans la mesure de ses forces, par-
ticiper à la défense nationale, et il s'engage à payer de
ses deniers l'armement de deux militaires. C'était d'un
bel 'exemple, qui fut cité même par le *Siècle*. L'abbé
Kermolquin fit plus après Metz. Il était vieux et d'une
santé assez faible. L'armée de Bretagne venait de se
former : il demanda à faire partie du corps des aumô-

niers attachés au camp de Conlie, y remplit toutes les
fonctions de son ministère et y gagna une maladie dont
il mourut.

Un compatriote de M. l'abbé Kermolquin, l'abbé
Richard, curé de Plouïzy (arrondissement de Guin-
gamp), lut au prône le décret du Gouvernement qui
appelait les mobilisés, et après l'avoir commenté avec
une énergique éloquence, il s'écria :

« Vous avez entendu, hommes de Plouïzy ; la patrie vous
appelle ; il faut partir tout de suite, sans attendre un jour.
Si, dimanche prochain, il y avait dans cette église, un seul
homme autre que les infirmes et les vieillards, je vous le
jure du haut de cette chaire de vérité, je lui ferais honte, je
l'attacherais au pilori : mais je n'ai pas à craindre cette
humiliation, je vous connais. »

Les hommes de Plouïzy étaient dignes de leur brave
curé. Ils étaient tous au camp de Conlie.

Il y eut aussi chez quelques évêques, non pas peut-
être des élans de patriotisme après la terrible défaite,
mais un sentiment de la situation et des nécessités
qu'elle imposait.

La question du service militaire des séminaristes fut
une des plus passionnées et créa bien des difficultés.
L'évêque d'Angers, Mgr Freppel, la résolut comme
le demandait le parti républicain de Lyon, de Marseille,
de Rennes, etc. Il allait même jusqu'à proclamer la
nécessité de la levée en masse. Il adressait à son clergé
une circulaire où il disait à ses séminaristes qu'il les
verrait « avec plaisir s'engager dans la garde mobile,
ou dans la garde nationale mobilisée ou dans la légion
de MM. Cathelineau et de Charette. »

« Nous sommes arrivés, ajoutait-il, à l'un de ces moments
solennels dans la vie d'un peuple, où le salut de la patrie
exige un effort suprême de la part de tous ses enfants. Jusqu'ici, grâce à Dieu, le clergé s'est montré à la hauteur des
circonstances difficiles que nous traversons : il est à son

poste sur les champs de bataille et dans les ambulances recueillant les blessés sous le feu de l'ennemi et leur prodiguant, avec les secours de son ministère, toutes les ressources de la charité chrétienne. Mais le devoir a grandi avec le péril : les dévouements ordinaires ne suffisent plus à la situation qui nous est faite par des capitulations désastreuses et par les prétentions exorbitantes d'un ennemi qui semble vouloir se mettre au ban de la civilisation. Il faut *que la nation se lève tout entière pour repousser loin d'elle la honte et le déshonneur :* or, c'est au clergé à donner l'exemple, autant qu'il est en lui. »

Ainsi le clergé, suivant en cela l'*Univers*, n'était pas éloigné de comprendre et d'approuver la guerre à outrance. Une lettre de l'archevêque de Bordeaux mérite, à ce point de vue, une mention particulière. Le prélat écrivait au supérieur de son grand séminaire :

« MONSIEUR LE SUPÉRIEUR,

« Un peuple ne trouve pas deux fois, dans le cours de son histoire, une situation pareille à la nôtre, et ce que les circonstances n'exigent jamais, elles le commandent en ce moment.

« Vos élèves le sentent très vivement, et quelques-uns d'entre eux, organes de leurs condisciples, m'ont fait connaître, en termes qui m'ont ému, leur désir de voler à la défense de la patrie. Ces chers enfants ont comprimé longtemps l'élan de leur cœur, mais, aujourd'hui, ils se déclarent impuissants à continuer cette lutte.

« Qu'il soit donc fait selon leur ardente et patriotique ambition, et que ceux qui n'ont pas contracté d'engagements irrévocables, s'ils ne sont pas empêchés par la faiblesse de leur santé, aillent demander des armes aux chefs qui ont reçu la *grande et sainte* mission de procurer à *tout prix* la délivrance nationale. »

Mgr Dupanloup n'a pas toujours joué un rôle politique que nous puissions approuver. Mais ce n'est que justice de rappeler qu'il faisait prier dans des églises pour le salut public.

L'esprit de parti s'était tu : il gardera encore quelque
temps le silence, jusqu'au jour où dominera le parti de
la paix. Mais l'heure de ce parti n'avait pas encore
sonné. Comme la nation, l'armée regimbait, pour ainsi
parler, sous le coup de la trahison qui l'avait livrée. Il
lui eût semblé, en ce moment, qu'elle en aurait été la
complice, si elle n'avait pas uni sa voix à celle qui s'éle-
vait de toutes parts contre le crime, pour protester, du
moins, là où elle ne pouvait plus combattre, et en
redoublant d'efforts là où elle le pouvait, contre l'ennemi au profit duquel le crime avait été consommé.

CHAPITRE XVII

L'ARMÉE ET LA CAPITULATION DE METZ.

Proclamation de Gambetta à l'armée. — Article du *Moniteur*. — Fragment de la déposition de Gambetta au procès Bazaine. — Dispositions de l'armée. — Protestations de l'armée du Rhin pendant le siège. — Révélation de M. de Valcourt. — Conspiration dans l'armée assiégée. — Souvenir de Rossel. — Les généraux Laveaucoupet, Jeanningros et Lapasset, au procès Bazaine. — Visite des officiers évadés à M. Testelin à Lille. — Une *Voix de Metz* et la correspondance du *Siècle*. — Une séance d'un conseil de division de l'armée du Rhin. — *Adresse* des prisonniers de Bonn à Gambetta. — Manifestation de l'armée à l'intérieur. — Ordres du jour des gouverneurs de Longwy, de Langres, du général Faidherbe, etc. — Lecture de la proclamation à l'armée dans la caserne d'Aurillac. — Dépêche de Gambetta à Jules Favre.

Le 1ᵉʳ novembre, Gambetta, en sa qualité de minis-tre de la Guerre, adressait à l'armée la proclamation suivante :

« Tours, 1ᵉʳ novembre 1870.

« RÉPUBLIQUE FRANÇAISE.

« LIBERTÉ, ÉGALITÉ, FRATERNITÉ.

« A l'armée,

« SOLDATS,

« Vous avez été trahis, mais non deshonorés.

« Depuis trois mois la fortune trompe votre héroïsme. Vous savez aujourd'hui à quels désastres l'ineptie et la tra-hison peuvent conduire les plus vaillantes armées.

« Débarrassés de chefs indignes de vous et de la France, êtes-vous prêts, sous la conduite de chefs qui méritent votre confiance, à laver dans le sang des envahisseurs l'ou-trage infligé au vieux nom français ? En avant !

« Vous ne luttez plus pour l'intérêt et les caprices d'un despote ; vous combattez pour le salut même de la Patrie, pour vos foyers incendiés, pour vos familles outragées, pour la France, notre mère à tous, livrée aux fureurs d'un implacable ennemi : guerre sainte et nationale, mission sublime pour laquelle il faut, sans jamais regarder en arrière, nous sacrifier tous et tout entiers.

« D'indignes citoyens ont osé dire que l'armée avait été rendue solidaire de l'infamie de son chef. Honte à ces calomniateurs, qui, fidèles au système de Bonaparte, cherchent à séparer l'armée du peuple, les soldats de la République !

« Non, non, j'ai flétri comme je le devais, la trahison de Sedan et la capitulation de Metz, et je vous appelle à venger votre propre honneur, qui est celui de la France.

« Vos frères d'armes de l'armée du Rhin ont déjà protesté contre ce lâche attentat, et retiré avec horreur leur main de cette capitulation à jamais maudite.

« A vous de relever le drapeau de la France qui dans l'espace de quatorze siècles n'a jamais subi pareille flétrissure ! Le dernier Bonaparte et ses séides pouvaient seuls amonceler sur nous tant de honte en si peu de jours !

« Vous nous ramènerez la victoire ; mais sachez la mériter par la pratique des vertus militaires, qui sont aussi les vertus républicaines, le respect de la discipline, l'austérité de la vie, le mépris de la mort.

« Ayez toujours présente l'image de la patrie en péril ; n'oubliez jamais que faiblir devant l'ennemi à l'heure où nous sommes, c'est commettre un parricide et en mériter le châtiment.

« Mais le temps des défaillances est passé : c'en est fini des trahisons. Les destinées du pays vous sont confiées ; car vous êtes la jeunesse française, l'espoir armé de la patrie ; vous vaincrez ! Et après avoir rendu à la France son rang dans le monde, vous resterez les citoyens d'une République paisible, libre et respectée.

« Vive la France ! Vive la République !

> « Le membre du Gouvernement, ministre de l'Intérieur et de la Guerre,

> « Léon GAMBETTA. »

Cette proclamation fut approuvée de tous.

« C'est une bonne et sage pensée, disait le *Moniteur*, qui a inspiré à M. Gambetta la proclamation que nous avons publiée hier.

« Le ministre de l'Intérieur et de la Guerre a compris que, fussent-elles complètement justifiées, certaines accusations ne sauraient se produire contre des chefs longtemps honorés et populaires, sans que l'armée entière se crût atteinte, sans que la considération des autres généraux s'en trouvât diminuée, sans que la discipline, déjà si ébranlée, en reçut un nouveau coup.

« Quand des hommes comme Bazaine, Canrobert, Ladmirault, comme ce vénérable Changarnier lui-même, qui pourtant ne fut jamais un courtisan de l'Empire, ont pu être soupçonnés d'un crime envers la patrie et envers le drapeau, comment mettre des bornes à la défiance du soldat et l'empêcher de l'étendre à tous leurs officiers, à tous ceux qui les commandent?

« M. Gambetta a éprouvé, non sans motif, le besoin de les rassurer, en leur disant que la liste des suspects était close et en délivrant à tous leurs chefs actuels un brevet de civisme.

« Le temps des défaillances est passé; c'en est fini de toutes les trahisons.

« Nous souhaitons que nos soldats écoutent la voix du ministre et fassent leur profit de ses exhortations et de ses conseils [1]. »

Le *Moniteur* indiquait, dans son article, la raison principale qui avait engagé le Gouvernement à s'adresser à part et directement à l'armée. Gambetta l'a donnée lui-même dans sa déposition devant le conseil de guerre de Versailles, en rappelant les deux proclamations, les deux cris d'angoisse patriotique que lui arracha la forfaiture de Metz. Il dit, en effet, après avoir fait l'exposé des tentatives du Gouvernement de la Défense pour se mettre en communication avec Bazaine, et des

[1]. Le *Moniteur*, numero du 3 novembre 1870.

inquiétudes qui précédèrent la certitude de la trahison :

« Nous laissâmes échapper alors un cri, qui, pour avoir été vif, n'en reste pas moins pour nous l'expression même de la vérité ; et cette proclamation qu'on a attaquée, je crois que je ne serai démenti par aucun de mes collègues en disant qu'elle est l'acte qui honore le plus le Gouvernement de la Délégation de Tours. En même temps, — car on ne l'a pas toujours dit — en même temps que cette proclamation, paraissait une autre proclamation adressée à cette même armée, afin de bien séparer la cause de ceux qu'on avait induits en mauvaise voie, de ceux dont on avait sacrifié les convictions, les intérêts et le rôle, de celle de leur commandant.

« La véritable mission de cette proclamation était de bien établir cette distinction. Je tiens à le dire, parce qu'on nous a représentés, à plusieurs reprises, comme ayant, par cette proclamation qui était un devoir d'État, un devoir de gouvernement, un devoir de protestation nécessaire, porté ou voulu porter atteinte, soit à l'union de l'armée, soit au respect de la discipline. »

Quoi qu'il en soit, cette préoccupation si légitime de son honneur, l'armée l'avait eue avant que Gambetta n'eût parlé. C'est avec toute justice qu'il déclarait qu'elle avait protesté : à vrai dire, sa voix n'avait été qu'un écho. L'armée méritait, à bien des titres, d'être séparée de son chef ; elle avait été, en réalité, selon l'énergique expression de la proclamation, trahie, non déshonorée. Cela est si vrai que, longtemps avant la trahison, pour parer le coup qui la menaçait, plusieurs de ses jeunes chefs s'étaient réunis et concertés dans une sorte de conjuration. Il faut entendre ce que dit sur ce sujet M. de Valcourt. C'est là un des épisodes les plus intéressants du siège de Metz, qui a, de plus, le mérite d'être à peu près inconnu.

Les soupçons dont Bazaine était l'objet, avaient commencé à prendre consistance dans les premiers jours d'octobre. Déjà la voix publique, à Metz, se prononçait énergiquement contre sa conduite, qui paraissait de jour en jour plus louche, et même l'on ne se gênait pas pour citer tout haut des faits qui trahissaient, chez le général en chef, des préoccupations bien moins militaires que politiques. C'est alors que se forma, parmi les jeunes officiers de l'armée, une conjuration d'honneur et de patriotisme, « un comité de défense à outrance, » comme dit M. de Valcourt, qui en a eu tous les secrets et nous en a raconté l'histoire.

Ce comité de défense se développa avec une grande rapidité, faisant chaque jour quelque recrue parmi les officiers subalternes et supérieurs. Dès le 12 octobre, il avait acquis la certitude qu'une capitulation allait être signée, entraînant la reddition de l'armée et de la ville. Le maréchal Canrobert s'en était ouvert aux officiers de son état-major ; il les avait même, engagés à faire tous leurs préparatifs pour aller faire un séjour de quelques semaines en Allemagne, « à la suite duquel, ajoutait-il, nous rentrerons en France, replacerons le petit prince sur le trône, et rétablirons, de gré ou de force, la dynastie des Bonapartes à la tête des affaires du pays.»

Le comité de défense, ainsi renseigné, chercha alors dans Metz et trouva des citoyens dévoués qui acceptèrent le rôle de délégués de fait du Gouvernement de la Défense nationale. Ces citoyens préparèrent des mandats d'arrêt contre Bazaine, Lebœuf, Frossard ; nommèrent le général Ladmirault commandant en chef des troupes soulevées, et donnèrent ordre à plusieurs officiers d'état-major et du génie de combiner un plan stratégique qui pût réunir en quelques heures autour de Metz les régiments rebelles à toute idée de capitulation. Les officiers, interrogés, répondirent d'un chiffre de 20,000 hommes résolus, et la question de l'action immédiate ou de l'action postérieure à l'acte de capitulation s'agita dans les conciliabules.

On pouvait craindre que beaucoup d'officiers, par

un respect plus ou moins bien entendu de la discipline, ne voulussent se mettre en avant que lorsque la reddition les aurait déliés de toute obligation vis-à-vis de leurs supérieurs. C'est pour cela que le comité décida, à l'unanimité, que le mot d'ordre ne serait envoyé aux conjurés qu'au moment où la capitulation serait un fait accompli. A cette heure-là même, chacun des régiments décidés à marcher devait se diriger sur un point désigné à l'avance et se mettre à la disposition des chefs nouveaux que le Gouvernement provisoire placerait à leur tête, au lieu et place des récalcitrants.

Mais la chose n'allait pas toute seule. Les difficultés qui avaient échappé dans la première ferveur de l'enthousiasme, apparurent bientôt sous des formes diverses. Le secret même de la conjuration fut vite dévoilé par l'imprudence de quelques-uns des conjurés. Vers le 11 octobre, c'est-à-dire à l'époque même où la conjuration semblait réunir le plus de chances de succès, un jeune officier de l'armée publia, sous un nom supposé, une brochure violente, qui indiquait aux habitants de Metz et à l'armée le danger que couraient leur liberté et leur honneur. La brochure fut supprimée, les formes brisées et l'auteur activement recherché. L'éveil ainsi donné, la vigilance du commandant en chef ne s'arrêta plus. Vers le 16, deux officiers du génie, membres du comité, les capitaines Boyenval et Rossel, étaient dénoncés. Conduits chez le maréchal, ils eurent à s'expliquer, et le capitaine Boyenval, qui s'était exprimé avec une franchise pleine de dignité, mais peu opportune, fut appréhendé par la gendarmerie et renfermé dans l'intérieur du fort Saint-Quentin, où il fut gardé à vue.

La conjuration échoua donc. C'est à peine si elle pouvait réussir, dans l'hypothèse même des conditions les plus favorables et par le secret le plus absolu ; et l'on n'avait pas été assez maître de son indignation pour s'imposer le silence ! Le fait n'en mérite.

pas moins d'être signalé. Le crime n'avait pas été seulement pressenti, flairé, redouté ; il avait révolté des cœurs généreux, et ils avaient tenté de le prévenir. On avait frémi avant d'avoir été frappé ! Aussi, après qu'on l'eut été, ce fut une explosion universelle, ce fut un cri déchirant, dont nous avons entendu l'écho à Versailles dans les dépositions des généraux Lavaucoupet, Jeanningros et Lapasset, mais dont le contre-coup arriva longtemps auparavant à Tours, aux oreilles du Gouvernement.

L'affaire des drapeaux, dont nous avons déjà dit quelques mots, a formé comme un épisode au procès de Bazaine ; et ceux qui ont assisté à la séance où il se produisit, se font aisément une idée de l'esprit qui animait l'armée pendant le siège, en voyant ce qu'elle ressentit au moment suprême. Certes, pour eux, la cause est gagnée. Dans cette mémorable séance (29 novembre 1873) où tant de témoins défilèrent, venant déposer au sujet de la remise des drapeaux, il n'y eut personne à garder son sang-froid, si ce n'est l'accusé, quand on entendit la voix des trois généraux que nous venons de nommer.

Le président du Conseil fit appeler d'abord le général Laveaucoupet, qui s'avança la tête haute, la lèvre crispée, et déposa ainsi :

« LE GÉNÉRAL LAVEAUCOUPET.

« Le 27 octobre, dans la soirée, je reçus l'ordre de faire porter à l'arsenal, où ils seraient brûlés, les drapeaux de ma division. Cet ordre m'a paru excessivement honteux. Il fallait mettre les drapeaux dans leurs étuis et les cacher dans un fourgon. Je fus indigné et sur le point de me démettre de mon commandement, mais, le premier mouvement de colère passé, je me rappelai les efforts héroïques des troupes auxquelles appartenaient ces drapeaux, et je ne voulus pas que ces trophées glorieux fussent conduits à l'arsenal, comme on envoie de vieux chevaux à la voirie.

« Le 27, je donnai l'ordre de les apporter chez moi. Le

22.

lendemain, 28, j'envoyai un de mes officiers à l'arsenal pour savoir ce qui s'y passait. Quand les drapeaux arrivèrent, j'envoyai également les officiers qui les accompagnaient à l'arsenal. Ils revinrent et me dirent : « On ne brûle pas les drapeaux et on n'en donne pas de reçus. » Alors, je leur dis : « Retournez à vos régiments, tirez vos étendards de leurs cercueils, rendez leur les derniers honneurs et brûlez-les. » C'est ce qui fut fait. Mes compagnons d'armes ont été moins heureux, mais je leur rends cet hommage qu'ils ont été trompés et que c'est malgré eux que leurs drapeaux sont aujourd'hui à Berlin.

« L'ennemi les a trouvés dans un magasin, il ne les a pas conquis ; nous lui en avons pris un, nous, sur le champ de bataille, comme les Français savent prendre les drapeaux, et nous mourions de faim. »

Au moment où se retira le général Laveaucoupet, des applaudissements partirent de tous les points de la salle.

M. le président appela le général Jeanningros.

« LE GÉNÉRAL JEANNINGROS.

« Je commandais la division des grenadiers de la garde. Lorsque le général Picard m'apprit qu'il était question de rassembler les drapeaux à l'arsenal, et qu'un ordre avait été envoyé à cet égard, j'eus un pressentiment sinistre et je m'empressai de regagner mon campement. En route, je rencontrai le colonel du premier régiment de grenadiers ; il tenait à la main l'aigle du drapeau de son régiment et paraissait très ému. Sans attendre mes questions, il m'apprit qu'ayant reçu l'ordre de porter son drapeau à l'arsenal, il avait, cédant à un mouvement spontané, autorisé les officiers et les soldats à s'en partager les morceaux. « C'est très bien, lui dis-je, ce que vous avez fait là, et je prends sur moi la responsabilité de votre acte. »

« Il eût été déplorable que le drapeau des grenadiers devînt la proie d'un ennemi qui n'aurait pas su le conquérir les armes à la main ; car cette armée-là était très bonne ; on n'avait qu'à la faire marcher et trop souvent on l'a laissée inactive. Après avoir complimenté le colonel du 1er régiment de grenadiers, je me rendis au second et je fis appeler le colonel. Sur mon ordre, son drapeau fut également lacéré et partagé entre les officiers, les sous-officiers et les soldats, tous braves gens qui, chaque fois qu'on leur donnait l'ordre de marcher en avant, contraignaient l'ennemi à plier bagage [1]. »

Après cette déposition qui produisit le même effet que celle du précédent témoin, le président fit appeler le général Lapasset.

« Le 27 octobre, dit le général, à 9 heures du soir, je reçus du commandant du 2e corps d'armée l'ordre de remettre, le lendemain, à l'arsenal, nos drapeaux pour qu'ils y fussent brûlés. Je ne pus me faire à cette idée. Le lendemain, avant midi, je fis venir mes colonels et je leur donnai l'ordre de rendre les honneurs à leurs drapeaux et de les brûler eux-mêmes. Cet ordre fut exécuté, et j'écrivis au commandant du 2e corps : « La brigade Lapasset ne rend ses drapeaux à personne : elle les a brûlés elle-même, ne voulant s'en remettre qu'à elle du soin d'accomplir ce lugubre devoir. »

« J'avais dans ma brigade un régiment de lanciers dont le drapeau était à l'arsenal ; il y fut brûlé le 27, par ordre du général en chef, ainsi qu'en témoigne un certificat que je dépose sur le bureau du Conseil. »

1. M. le duc d'Aumale a prononcé l'allocution suivante, en remettant à M. le général Jeanningros, la croix de grand-officier :

« SOLDATS,

« Il y a quarante-deux ans, le caporal Jeanningros, portant comme vous le sac et le fusil, reçut sa première blessure. Il y a trente-quatre ans, je remettais au lieutenant Jeanningros, qu'on appelait le Bayard des zouaves, la croix de chevalier de la Légion d'honneur. Aujourd'hui, je remets au général Jeanningros, six fois blessé sur le champ de bataille, la plaque de grand-officier de la Légion d'honneur. Jamais ces insignes n'auront brillé sur un cœur plus vaillant. »

Puis, faisant face au général Jeanningros, le duc d'Aumale lui donna l'accolade, pendant que les drapeaux des deux régiments s'inclinaient.

Rappelons ici que M. Jeanningros, à Metz, a fait lacérer, pour qu'ils ne servissent point de trophée à Berlin, les étendards des zouaves et du 1er grenadiers de la garde qui composaient sa brigade.

L'*Union de la Haute-Marne*, numéro du 7 septembre 1877.

Le général Lapasset exposa ensuite que, vers la fin d'octobre, il avait conçu le projet de se faire jour à la tête de sa brigade, mais qu'il alla, avant d'exécuter ce projet, trouver le maréchal, qui lui dit : « Lapasset, pas de coup de tête, pas de tentative individuelle ; agissons en commun et comptez sur moi. » Le maréchal Canrobert survint. Le maréchal Bazaine lui dit alors : « Je suis sans nouvelles de Boyer et de l'impératrice ; il faut que vous sortiez. » Alors, il traça un plan de sortie excessivement audacieux.

« Je me levai plein d'émotion, dit le témoin, et je dis au maréchal : « Votre résolution me comble de joie ; si nous « devons succomber, nous qui sommes la dernière armée « française, que ce soit glorieusement et que la postérité « soit obligée de s'incliner devant notre mémoire ! » Le ma-réchal me répondit : « Tranquillisez-vous, général, nous ne « succomberons pas, nous leur passerons sur le corps. »

« En nous reconduisant, le maréchal ajouta : « Que tout « ceci reste entre nous. » Le jour qui avait été fixé dans cette « conversation pour ce dernier effort, était le lundi suivant. « Or, le lundi, vous savez ce qu'on faisait : au lieu de com-« battre, on capitulait. »

Le Gouvernement recevait, à Tours, immédiatement après la capitulation, mille témoignages qui ne lais-saient aucun doute sur l'esprit de l'armée et prouvaient que les sentiments exprimés devant le premier conseil de guerre, à Versailles, par quelques-uns de ses chefs, étaient bien les siens, et que Gambetta avait eu raison de séparer sa cause de celle de Bazaine. Dès le 1er no-vembre, des dépêches nombreuses, soit officielles, soit privées, fixaient dans tous les esprits ce point impor-tant de la proclamation.

« J'ai reçu, disait M. Testelin, par une dépêche adressée de Lille [1], la visite d'officiers évadés de Metz. Ils sont furieux de la capitulation. Trois fois de suite, sur l'ordre de Bazaine,

---

Dépêche du 1er novembre, 3 h. 40 du soir.

les colonels ont fait communication aux troupes, disant que l'anarchie régnait en France, que les grandes villes, à feu et à sang, réclamaient garnison étrangère... Dans Metz, troubles après la capitulation. Les soldats espéraient qu'un général aurait fait une trouée. On citait Ladmirault. Ils étaient prêts à le suivre. Les murs étaient pleins d'injures contre Bazaine. La veille de la [capitulation on dînait encore à 3 francs par tête, le restaurateur ne fournissant pas le pain. Depuis le 7 octobre, pas d'engagement. L'impression des officiers est que Metz pouvait tenir encore ou qu'on pouvait faire trouée. Selon eux, Bazaine savait ce qui se passait en France. Pourquoi trompait-on le soldat?... »

Le même jour, le journal *la Province*, de Bordeaux, recevait la dépêche suivante, notifiée au Gouvernement :

« Bruxelles, 1er novembre, 12 h. 50 m. matin.

« Journal *Province*, Bordeaux.

« Trahison. — Proclamation Gambetta dit vrai. — Preuves écrites apportées par officiers évadés. L'armée était vendue et trahie. Elle est malheureuse, mais non déshonorée. Elle réclamait lutte jusqu'à dernière extrémité. Bazaine, qui complotait pour avoir régence, a été finalement joué par Bismarck. Néanmoins la défense de Metz et l'héroïsme de la garde notamment, resteront une épopée. Bazaine, Canrobert, Lebœuf resteront cloués au pilori de l'histoire. Changarnier reste grand et pur. Bazaine est parti pour Wilhemshœ couvert de malédictions. K.... »

En dehors des nouvelles qui arrivaient directement ou indirectement au Gouvernement par le télégraphe, avant et après la proclamation, les journaux français et étrangers recevaient, de leur côté, toutes sortes de protestations contre la capitulation de la part de l'armée de Metz. Il en venait de généraux, d'officiers supérieurs, de simples soldats. Un officier supérieur, échapppé de Metz sous un déguisement, qui gardait l'anonyme, mais dont tout le monde savait le nom, publiait un mémoire qui était un acte complet d'accusation avec pièces à l'appui[1]. C'était une démonstration vigoureuse, dont la force n'a pas été dépassée. Plusieurs chefs d'escadron d'artillerie, M. Eugène Clère, à Lyon[2], M. Léveillé, à Rennes[3], protestaient par des lettres rendues publiques contre le coup qui avait atteint l'armée. Le journal qui publiait la lettre de M. Léveillé, donnait aussi une lettre d'un jeune soldat prisonnier, dont nous publions le texte, à cause de l'accent énergique et tout soldatesque de la protestation :

« Mon cher ami, disait le prisonnier, vendu comme une bête de somme, je vais en Prusse comme prisonnier. L'infâme qui a fait fusiller l'empereur du Mexique, a vendu notre pays et la plus belle armée du monde ; tu le connais, c'est l'*infâme Bazaine*.

« A toi de tout cœur,

« J. DILON[4]. »

A Tours, on entendait sortir de la bouche des officiers évadés ou des fonctionnaires civils rendus par la capitulation à leur liberté d'action, les plus énergiques protestations. On lit dans la correspondance adressée de Tours au journal *le Siècle*, à la date du 7 novembre, le passage suivant :

« .... J'arrive donc à Tours, et à peine sorti de la gare, je rencontre des amis, des évadés de Metz, qui confirment, avec des cris de rage, avec des larmes dans les yeux, les accusations portées contre le traître par Gambetta. Dix personnes, dont plusieurs officiers supérieurs, témoins des faits, prêts à en déposer devant un conseil de guerre, m'ont raconté les manœuvres impérialistes que tout le monde non seulement soupçonnait, mais suivait de l'œil à Metz.

« Ce Bazaine a essayé de jouer le rôle de Bouillé et de

1. Le *Siècle*, numéro du 14 novembre 1870.
2. Le *Progrès de Lyon*, numéro du 9 novembre 1870.
3. L'*Avenir de Rennes*, numéro du 15 novembre 1870.
4. L'*Avenir de Rennes*, numéro du 10 novembre 1870.

Dumouriez ; par malheur, il n'a pas été possible, au dernier moment, à des généraux, dont je pourrais vous donner les noms, de réunir quinze à vingt mille hommes pour s'opposer à l'entrée des Prussiens dans la place. . . . .
. . . Il a fallu céder et voir défiler, en grinçant des dents, les bataillons prussiens qu'on introduisait dans les forts, à qui on remettait canons, fusils et munitions[1]. »

Nous avons vu et entendu nous-mêmes plus d'une fois les mêmes choses. Nous nous rappelons particulière-ment qu'un soir, dînant avec un ami à l'*Hôtel de Londres*, nous eûmes l'occasion de causer avec un chef d'escadron du train, qui arrivait de Lille le jour même. Quelqu'un s'étant avisé de lui dire : — « Vous avez souffert de la faim, n'est-ce pas ? » — Il lui répondit : « Pas assez ; mais beaucoup d'autres choses! » Et il nous fit un long récit des souffrances morales qu'il avait endurées, lui et ses camarades, des angoisses dont avaient été travaillés, pendant près de deux mois, tous ceux qui, comme lui, suivant la marche tortueuse de Bazaine, entrevoyaient et mesuraient l'abîme vers lequel, lentement, on les acheminait.

C'était un homme de cinquante ans, haut en couleur, le visage et le langage militaires. Il avait parlé long-temps. Rien ne peut donner une idée de l'impression qu'il produisit sur tous ceux qui l'écoutaient. Il n'y avait parmi nous aucun partisan de Bazaine, et aucun de nous non plus assurément ne doutait des sentiments de l'armée qu'il avait livrée ; mais si, par hasard, il en eût été autrement, il aurait été difficile de n'être pas promptement rappelé à la vérité : la trahison du com-mandant de l'armée du Rhin et les sentiments de ré-volte et d'indignation qu'elle avait inspirés autour de lui, apparaissaient dans le rude et loyal langage du vieux soldat aussi clairs que la lumière du soleil.

Parmi les témoignages dont l'apparition fit partout

1. Le *Siècle*, numéro du 9 novembre 1870.

une profonde sensation, il con ient de citer la lettre du général Bisson, commandant une division de la garde, qui fut publiée par l'*Étoile belge*, à Bruxelles, sous ce titre : *Une voix de Metz*. Ce document non seulement met à couvert la responsabilité d'un grand nombre des chefs de l'armée ; il nous fait assister à une scène intime du drame, et, à ce titre, il n'est pas non plus sans intérêt.

Voici la lettre du général Bisson :

6ᵉ CORPS D'ARMÉE
2ᵉ DIVISION MILITAIRE.
CABINET

« Trèves, le 4 novembre 1870.

« Plusieurs journaux belges et français ont produit sur la capitulation de Metz des articles inexacts pour l'honneur de l'armée française et des généraux en sous-ordre. Il est indispensable que l'Europe sache que, dans aucune circonstance, les généraux commandant les divisions et les brigades de l'armée de Metz n'ont été consultés. Chaque fois que les commandants de corps d'armée les ont réunis, c'était, non pour leur demander leur avis, mais pour les informer des faits accomplis. Il faut donc que la responsabilité tout entière des fautes commises retombe sur le général en chef.

« Le 8 octobre, par ordre du général en chef, les commandants des corps d'armée réunirent chez eux les généraux de division, afin de les informer qu'il ne restait plus à l'armée que pour huit jours de vivres, en réduisant la ration d'un tiers, et que la ville de Metz en avait tout au plus pour une dizaine de jours ; qu'il fallait prendre un parti avant l'épuisement total de nos provisions de bouche ; quant à nos munitions de guerre, l'artillerie avait encore assez de projectiles et l'infanterie une quantité de cartouches suffisante pour livrer une bataille.

« Afin de ne pas m'écarter de l'exacte vérité, je m'abstiens de parler des autres corps d'armée ; je citerai seulement, mot pour mot, tout ce qui a été dit et fait dans le 6ᵉ corps, auquel j'avais l'honneur d'appartenir. M. le maréchal Canrobert, après nous avoir lu la lettre du général en chef faisant connaître la triste situation dans laquelle se trouvaient l'armée et la ville de Metz, se retira en nous priant de tenir conseil sur la conduite que les circonstances nous dictaient. Le 6e corps d'armée était composé de 4 divisions d'infanterie et d'une de cavalerie, commandées par les généraux Tixier, Bisson, Lafont de Villiers, Levassor, Serval et du Barrail. Bien qu'ils n'eussent jamais été consultés jusqu'alors pour les opérations militaires qui avaient amené cette fâcheuse situation, les généraux du 6e corps consentirent à proposer la capitulation suivante :

« N'ayant plus de vivres, l'armée de Metz consentirait à capituler, à condition qu'elle rentrerait en France avec drapeaux, armes et bagages, pour se retirer dans une des villes du Midi, consentant à ne pas servir contre la Prusse pendant le reste de la campagne ; que la ville de Metz serait libre de continuer sa défense. Si ces conditions n'étaient pas acceptées par l'ennemi, nous étions résolus à nous ouvrir un passage, les armes à la main, et à nous faire tous tuer plutôt que de nous rendre.

« Ce procès-verbal, signé par les cinq généraux commandant les divisions du 6e corps, fut remis au maréchal Canrobert avec prière de le transmettre au maréchal commandant en chef.

« Je demandai qu'on formât une avant-garde composée des bataillons de chasseurs à pied, au nombre de 6, et des compagnies d'éclaireurs de tous les corps d'armée, ce qui faisait un total de 10,000 hommes. Si l'on voulait m'en confier le commandement, je me chargeais d'ouvrir un passage en m'emparant des hauteurs boisées qui vont presque jusqu'à Thionville en longeant la rive gauche de la Moselle ; par ce moyen, nous tournions les batteries ennemies établies à Saulny, Norroy, Bellevue, Pèves et Sémecourt.

« L'armée pouvait, passant au-dessous des bois, éviter l'artillerie placée sur la rive droite, et, protégée par mes troupes, n'aurait eu à se défendre qu'à l'arrière-garde. Culbutant devant nous les faibles lignes que les Prussiens avaient dans la vallée, nous pouvions, dans la journée, gagner Thionville, et de là nous diriger sur Mézières en longeant la frontière, au pis aller nous jeter dans le Luxembourg. Malheureusement ma proposition resta sans effet et Son Excellence ne daigna pas me répondre.

« Le 11, nous apprîmes que le général Boyer, désigné par

le général en chef pour traiter de la capitulation, était parti
pour Versailles.

« Le 18, le maréchal Canrobert me fit appeler à 7 heures
du matin ; il feignit ne pas connaître les nouvelles apportées
dans la nuit par le général Boyer ; il m'interrogea longuement sur mon opinion en cas de refus de l'ennemi d'accepter
des conditions honorables. Je lui répondis que le seul parti
à prendre était celui que j'avais proposé, c'est-à-dire de
gagner Thionville par les hauteurs boisées. La conversation
en resta là. Le même jour, à 2 heures de l'après-midi, les
commandants de corps d'armée réunirent les généraux de
division, les chefs de service et les chefs de corps pour les
entretenir sur les projets du général en chef et les résultats
de la démarche faite par le général Boyer, rentré de la
veille au grand quartier général.

« Dans la réunion des généraux de division du 6ᵉ corps,
le maréchal Canrobert fut excessivement embarrassé dans
les détails sur la mission du général Boyer.

« Il parla longuement pour ne rien dire, sa voix tremblait,
et, après bien des circonlocutions, il finit par nous dire que
le roi de Prusse ne voulait pas reconnaître le Gouvernement
de la Défense nationale, mais qu'il traiterait volontiers et
au grand avantage de l'armée française avec le gouvernement de la Régence ; qu'en conséquence, le général en chef
allait de nouveau envoyer le général Boyer pour décider
l'impératrice à accepter cette proposition. Le maréchal nous
engagea à réunir les officiers, pour leur faire bien comprendre la triste position dans laquelle se trouvait l'armée, et
leur dire que le seul moyen d'en sortir était d'établir en
France le Gouvernement de la Régence ; que, pour arriver à
ce résultat, il n'y avait que quelques jours à attendre ; que
l'armée serait dirigée, avec drapeaux, armes et bagages, sur
une ville de France, où l'on proclamerait le nouveau gouvernement ; que l'on comptait sur le dévouement du soldat,
pour prendre patience encore quelques jours ; que faute de
pain on augmenterait d'un tiers la ration de viande de
cheval. Les officiers acceptèrent la proposition du commandant en chef comme le seul moyen de rentrer en France avec
les honneurs de la guerre, mais parmi eux pas un n'aurait
consenti à imposer un gouvernement à notre pays.

« Le même jour, ordre fut donné de se tenir prêt à partir

au premier signal ; on donna à tous les états-majors le plan
des attaques prussiennes, non pas pour les leur faire connaître dans la prévision d'un assaut, mais pour faire accepter aux officiers ce que l'on voulait d'eux en cherchant à les
intimider par la quantité et la force des ouvrages prussiens.
Cette mesure était une fourberie de la part du commandant ;
car, une fois prisonniers, nous pûmes, en passant les lignes,
nous rendre un compte exact de la fausseté des plans qui
avaient été communiqués.

« Les avant-postes de Ladonchamp et de la ferme Sainte-
Agathe, qui occupaient toute la partie de la plaine de la
Moselle faisant face à Thionville, furent retirés ; les officiers
prussiens vinrent serrer la main aux officiers français, se
chargèrent de leurs lettres, et leur dirent qu'ils partaient
pour Mézières ; tous les avant-postes furent retirés ; on paya
aux officiers de tous grades un mois de solde de France,
c'est-à-dire solde sans accessoires. On demanda de suite un
supplément de propositions pour des récompenses ; en un
mot, on fit tous les préparatifs d'un prochain départ.

« Le 24, à 5 heures du soir, le maréchal Canrobert réunit
ses généraux de division pour nous annoncer le refus de
l'impératrice. Un seul espoir, disait-il, nous restait ; le
général Changarnier s'était rendu auprès du prince Frédéric-Charles afin de lui proposer de faire appel aux anciens
députés de l'empire. Ceux-ci devaient nommer un gouvernement que nous ferions accepter par la France.

« Lorsque le maréchal eut fini de parler, je lui fis observer que cette démarche était une feinte, la réunion de l'ancienne assemblée étant impossible ; la France ne voulait pas
plus de ces députés qu'elle ne voulait de la régence ; j'ajou-
tais que l'armée se regardait comme trompée, persuadée
qu'elle était de l'autorisation accordée par S. M. le roi
de Prusse de sa rentrée en France avec drapeaux, armes et
bagages ; mais que les généraux en chef, trop compromis
pour l'y suivre, songeaient à la livrer à l'ennemi, pour se
constituer prisonniers avec elle, afin de sauver leur vie et
leur fortune.

« Le maréchal Canrobert repoussa l'accusation que je
portais contre le général en chef, tout en partageant mon
opinion sur l'impossibilité de la démarche tentée par le général Changarnier. Deux jours après, le maréchal Canrobert

nous réunit pour la dernière fois, et nous annonça qu'une capitulation acceptée par le général en chef nous constituait prisonniers de guerre ; car le prince Frédéric-Charles ne voulait entendre parler d'aucune autre condition.

« Indigné du mépris avec lequel le prince traitait une armée qui l'avait toujours loyalement et vaillamment combattu, je demandai au maréchal de faire un appel à nos troupes pour réunir 10,000 hommes de bonne volonté et se mettre à leur tête, non pas pour percer les lignes et nous sauver, mais pour marcher sur Ars, quartier général du prince, nous emparer de ses canons et le voir fuir devant cette armée à laquelle il refusait les honneurs de la guerre.

« Le maréchal me répondit que cela n'améliorerait pas le sort de l'armée et ne ferait que l'aggraver. Toute résistance aux ordres de nos chefs étant impossible, nous dûmes nous soumettre à ces honteuses conditions acceptées par eux. Le lendemain, nous rendîmes nos armes, et le jour suivant, nous livrâmes à l'ennemi nos braves soldats, dignes d'un meilleur sort.

« Et nous nous constituâmes prisonniers.

« Voilà, monsieur, où nous a conduits la fourberie des chefs que nous avait donnés l'empereur.

« Mais une dernière infamie devait mettre le comble à ces honteuses menées ; le 28, à 10 heures du soir, les généraux de division recevaient la lettre confidentielle suivante :

« GÉNÉRAL,

« Veuillez donner des ordres pour que les aigles des régi-
« ments d'infanterie de votre division soient réunies, ce
« soir, dans le logement que vous occupez. Demain matin,
« à sept heures, elles seront transportées par les soins du
« général commandant l'artillerie à l'arsenal de Metz ; elles
« devront être enveloppées de leurs étuis ; et vous prévien-
« drez les chefs de corps que ces aigles seront brûlées à
« l'arsenal. Le Directeur de cet établissement les recevra et
« en délivrera des récépissés aux corps.

« *Le maréchal de France, C^t le 6e corps d'armée :*

« Par ordre :

« *Le général chef d'État-major général*

« *Signé* : HENRY.

« C'était un nouveau mensonge : les aigles n'ont pas été brûlées, mais bien livrées à l'ennemi comme le dernier trophée de notre honte.

« *Le général C[t] la 2e division du 6e corps d'armée,*

« BISSON. »

Ainsi l'armée — non plus que ses chefs, en dehors de ceux que la politique avait séduits — n'avait pas dégénéré. Bazaine cependant avait tout fait pour l'énerver. Mille faits établissent que systématiquement, de propos délibéré, dès les premiers jours de son commandement, dès l'heure du moins où la première idée de son rôle s'était ébauchée dans son esprit, il avait travaillé non pas seulement à paralyser l'action de l'armée, mais encore à y éteindre toute ardeur, toute confiance, à amollir, pour ainsi dire, les cordes de l'arc, à le détendre.

C'était d'abord le désordre des mœurs que l'on avait laissé s'introduire dans le cœur des troupes. L'inaction calculée à laquelle on les avait condamnées, ne pouvait que donner un plus libre cours à la licence trop ordinaire de la vie des camps.

« L'oisiveté absolue dans laquelle Bazaine laissa la majeure partie de ses troupes, dit M. de Valcourt, depuis les engagements des 31 août et 1er septembre, avait amené peu à peu dans les camps un dévergondage inouï. Les filles de joie se promenaient impunément parmi les bivouacs, au bras d'officiers à demi-pris de vin. A peine quelque rare punition disciplinaire venait frapper les officiers coupables de si honteux excès. »

Un officier supérieur qui s'était échappé, déguisé en paysan, par la voie de Luxembourg, était venu à Tours dans les premiers jours de novembre ; il fit connaître au Gouvernement, dans ses détails, l'état moral de l'armée de Metz et en particulier les moyens employés par le général en chef pour abattre les courages, pour

23.

troubler les esprits et amener tout le monde, de gré ou
de force, au but qu'il s'était proposé. Nous rappellerons
son langage, au risque de nous répéter quelques fois.
L'apologie effrontée de Bazaine, faite par lui-même,
suffirait au besoin pour nous justifier.

La situation politique qu'avait produite la catastrophe de Sedan, fut en premier lieu et tout aussitôt
exploitée. Le maréchal commence par laisser ignorer
les événements, la bataille de Sedan et la Révolution
qui en avait été la suite. C'est seulement le 15 septembre
qu'il sort de son silence, et encore parce qu'il y est
forcé, parce que quelques journaux français apportés
dans la place ne lui permettaient plus de cacher la
vérité. Puis son attitude se dessine ; il laisse planer
l'inquiétude sur l'état des choses en France ; il n'ose
protester contre la Révolution, ni détourner l'armée de
ses devoirs, sachant bien que, mise en demeure, elle
ne le suivrait pas dans le crime ; mais il mine le terrain ;
il glisse mille insinuations fâcheuses contre le personnel du Gouvernement nouveau ; il se ménage des instruments ; il comble de récompenses, d'avancements ses
amis, ses créatures ; il fait répandre les bruits les
plus alarmants sur les dispositions de Paris à l'égard
de l'armée ; il exagère les moyens de l'ennemi et atténue
ceux dont le pays dispose. Dans son ordre du jour
N° 9, où il fait connaître la Révolution du 4 Septembre,
il dit bien que les obligations militaires de l'armée
restent les mêmes ; mais en parlant des ennemis du
dehors, il parle aussi « des mauvaises passions, » qu'il
est dans le rôle de l'armée de combattre. Le lendemain
de la publication de cet ordre du jour, il nomme
généraux les colonels Boyer et de Courcy, ce dernier
connu dans toute l'armée pour avoir provoqué Rochefort à la tête de tous les officiers de son régiment, —
protestant ainsi d'une manière détournée contre la
présence de l'auteur de la *Lanterne* dans le sein du
Gouvernement. Il fait dire par ses affidés : « Paris ne

tient pas à nous voir sortir ; nous lui sommes suspects. »
Il ne peut espérer par ce manège rendre l'armée entière
complice de ses desseins ; mais il la divisera, la jettera
dans l'incertitude, la mettra dans l'impossibilité d'agir.

Comme complément en quelque sorte de renseignements, la Délégation reçut dans le même temps le
compte rendu sténographié d'une séance d'un conseil
de guerre d'une des divisions du siège, composé des
généraux de brigade et des chefs de service, et réuni
le 20 octobre au soir, par ordre du maréchal. En
lisant ce document, elle avait sous les yeux l'état même
d'indécision, d'incertitude, de léthargie morale de
quelques-uns des chefs et en même temps le ressort
toujours vibrant et toujours résistant du patriotisme
dans certaines âmes.

Le général de division, président du conseil, débute
ainsi :

« Messieurs, le maréchal a été appelé ce matin au grand
quartier général. A son retour, il a convoqué les généraux
de division ; je vous rapporterai textuellement, et en m'ef-
forçant de n'y pas changer un seul mot, les communications
qui nous ont été faites.

« Le général Boyer a été envoyé en mission pour obtenir
une convention honorable. Il est rentré hier et a rapporté
les faits suivants :

« Il a été reçu fort mal par M. de Moltke, qui lui a
dit : — Vous capitulerez comme à Sedan !

« Mais M. de Bismarck s'est montré fort aimable. Il lui
a dit : — Votre pays est livré au socialisme. Les ministres
voyagent en ballon. De Tours, j'ai chassé le gouvernement
à Toulouse ; de Toulouse où il a été hué, il s'est réfugié à
Bordeaux. Ils n'ont pas voulu d'élections parce que la République n'aurait pas eu la majorité. Rouen et le Havre m'ont
demandé des garnisons prussiennes, que je leur ai accor-
dées. J'occupe la France avec 1,500,000 hommes ; mais je
ne reconnais comme gouvernement légal que la Régence.
Tâchez donc de faire vivre votre armée encore pendant
huit jours. Je ferai quelque chose pour vous. D'ailleurs,

votre armée est excellente ; elle nous a fait beaucoup de mal en toute rencontre, et je ne l'oublierai pas...

« Le général Boyer a vu dans toutes les gares un officier prussien entouré du maire et de notables responsables, veillant à la sûreté des voies.....

« Notre pays ne peut donc plus compter que sur nous. On nous propose de sortir avec armes et bagages pour nous rendre derrière la Loire et permettre à une Assemblée de se réunir et de voter librement.

« Je désire connaître votre opinion sur cette communication. »

Cela dit, le général de division donne successivement la parole à chacun des membres du conseil, aux deux généraux de brigade, au sous-intendant militaire, au lieutenant-colonel chef d'état-major, au colonel commandant l'artillerie et au commandant du génie.

Les avis sont partagés : les généraux de brigade, avec le général de division, soutiennent qu'il faut accepter les conditions de M. de Bismarck ; les autres sont d'un sentiment contraire et ils l'appuient par des arguments énergiques et énergiquement exprimés. Un des généraux de brigade disant qu'il ne rencontrait que des soldats malades et des officiers découragés, le sous-intendant l'interrompt et déclare « qu'il ne voit chez lui aux distributions que des soldats mécontents de l'inaction à laquelle on les condamne !

« Je suis convaincu, ajoute-t-il, que tous marcheraient avec ardeur, si, au lieu de les démoraliser comme on le fait depuis quinze jours, on leur adressait enfin un ordre du jour où il fût question d'honneur et de patrie. »

Le général commandant la 2ᵉ brigade ayant trouvé très mauvais ce qui était dit de ces dispositions de la troupe, le sous-intendant continue :

« Mauvais ou non, c'est la vérité. Depuis quinze jours, *le général en chef s'efforce de prouver par des communiqués aux journaux que nous sommes entourés d'ouvrages infranchissa-*

bles, et qu'il ne nous reste plus qu'à nous rendre : il n'est donc pas étonnant que quelques officiers, quelques soldats soient effrayés. »

De son côté, le lieutenant-colonel, chef d'état-major, déclarait, à son tour, qu'il ne voyait que des officiers indignés des bruits qui couraient.

« Il est plus honorable, ajoutait-il, de se rendre les armes à la main que de capituler honteusement ; et, dussions-nous tous nous faire tuer, la sortie de vive force doit être tentée. C'est notre devoir. »

Le colonel commandant l'artillerie, consulté ensuite par le général de division, répondit, *très froid et très sévère*, dit le compte rendu :

« Mon général, vous venez de nous donner des nouvelles fournies par M. de Bismarck, et nous avons par conséquent, *le devoir de les considérer comme non avenues*. Je déclare que, à mon avis, *la sortie de vive force est possible* et doit être tentée. Ni moi, ni mes officiers, ni ma troupe, nous ne consentirons jamais à marcher contre notre pays.

Le commandant du génie fut plus explicite encore :

« Qui n'entend qu'une cloche, dit-il, n'entend qu'un son ; et bien loin d'accepter les nouvelles apportées par le général Boyer, je suis convaincu que mon pays se défend. On nous montre les Prussiens victorieux à Artenay, occupant Rouen, le Havre, la Normandie ; on prétend que tous les honnêtes gens nous appellent. Si cela est, pourquoi le général Boyer n'a-t-il pas emmené deux ou trois de ces honnêtes gens, et, à défaut des personnes, quelques journaux français? On nous dit que nous irons derrière la Loire protéger la liberté d'une assemblée. Singulière liberté, lorsqu'il est notoire que le général Boyer *va demain chercher l'impératrice.* Il n'y a qu'une voie honnête pour une armée : elle a l'ennemi devant elle ; qu'elle se jette dessus, l'écrase ou périsse. Vous dites que la trouée est impossible : je n'ai jamais entendu dire une pareille chose à des soldats. En Crimée, l'attaque du

Mamelon Vert, celle de Malakoff étaient des choses impossibles ; beaucoup de nous le croyaient du moins, qui se gar-
dèrent de le dire, firent leur devoir et réussirent. »

Enfin le sous-intendant, qui a sondé la pensée secrète
du maréchal, dit avec une franchise intelligente qui
dut embarrasser le général de division et ses complices du Conseil :

« Une armée ne doit pas se mêler de politique, et dans les
circonstances actuelles moins que jamais. Sans parler des
projets ténébreux que l'on abrite derrière la proposition qui
nous est faite, notre action aurait pour résultat de fournir
aux Prussiens l'occasion d'un traité avantageux que le pays
leur refuse. Mais la discussion sur ce sujet est tout à fait inutile. M. de Bismarck est trop intelligent pour ignorer qu'à
trente lieues d'ici notre armée aurait porté à la Défense nationale tout son matériel et tous ses soldats. Le maréchal
Bazaine et le général Boyer sont les *dupes de M. de Bismarck,
qui, en les occupant de projets chimériques, a réussi à faire
dévorer les approvisionnements de Metz par une armée oisive.
Depuis cinq semaines, M. de Bismarck a commencé ce jeu par
l'intermédiaire du prince Charles, dont les relations avec le
général Boyer sont bien connues. Lorsque celui-ci est devenu
trop pressant, le prince l'a renvoyé au roi Guillaume pour lui
faire perdre cinq jours.* M. de Moltke, avec sa réponse hau-
taine, allait tout gâter ; mais M. de Bismarck, comprenant
que cette réponse ne serait pas acceptée, et provoquerait une
sortie ou tout au moins une bataille sanglante, a réussi à
obtenir huit jours, au bout desquels il faudra capituler sans
conditions. »

Ces diverses communications, la dernière surtout,
nous transportent au sein même de l'armée, et c'est à
ce point de vue particulièrement qu'elles ont pour nous
de l'intérêt. Sans doute il y existait deux courants,
celui de la défaillance, provoqué, entretenu, grossi
chaque jour par le général en chef, et celui de l'honneur et du patriotisme. Mais, et il faut le remarquer,
ceux-là mêmes que le découragement avait saisis,
qui oublièrent la défense pour la politique, il avait fallu

les tromper sur l'état du pays, sur les intentions de l'ennemi, leur cacher le piège qui leur était tendu, et la honte suprême du dénouement. Rien donc de surprenant qu'après la capitulation, lorsque tous les voiles furent tombés, ils aient poussé des cris de réprobation et de colère.

Il y a un document d'une valeur particulière, d'une importance décisive, qui ne laisse aucun doute sur les sentiments provoqués dans l'armée par la conduite de Bazaine, c'est l'*adresse* envoyée au Gouvernement de la Défense par les officiers prisonniers; elle marque bien la distinction établie par Gambetta entre ceux qui trahirent, et ceux qui furent trahis.

Voici ce document :

« Bonn, 12 décembre 1870.

« A Monsieur Gambetta, membre du Gouvernement de la Défense nationale.

« Monsieur,

« Malgré les insinuations intéressées des traîtres qui voudraient associer l'armée prisonnière à leurs coupables projets, l'opinion publique, dans le jugement qu'elle a porté sur les capitulations de Sedan et de Metz, n'a pu prendre le change. Elle a su faire la distinction entre ceux qui avaient la direction des opérations, les pouvoirs du commandement, et ceux qui ne pouvaient qu'obéir.

« Quand le grand jour des responsabilités à dégager, des imputations à laver, des justifications à fournir sera venu, qu'un conseil d'enquête solennel, public, soit établi dans chaque armée, chaque corps d'armée, chaque régiment.

« Aux commandants en chef, aux commandants de corps d'armée, aux généraux, aux intendants, aux commandants de place, aux colonels enfin, comme à tous les chefs de service ou de troupes constituées, la patrie a le droit et le devoir de demander compte de leur conduite pendant cette funeste campagne. Chacun, en effet, aux termes de nos règlements, a encouru, suivant son autorité ou ses attributions, une part de responsabilité proportionnelle.

« Chacun aura à démontrer que, dans les limites de sa sphère d'action, il a fait tout ce qui était en son pouvoir, tout ce qui était de son devoir, pour prévenir l'insuccès de nos armes.

« Si, parmi les conditions nécessaires pour le succès d'une armée, les unes ont fait complètement défaut; si d'autres ont été profondément compromises; si le patriotisme n'a pas été réveillé, enflammé, élevé à la hauteur des dangers du pays; si la discipline a été violée, si partout enfin se sont accusées les défaillances de détail qui devaient fatalement aboutir à l'immense défaillance où a sombré l'honneur de nos armes, il faut que les artisans de ces catastrophes inouïes, sans précédents dans l'histoire, soient connus, jugés, condamnés, punis.

« Quant à ceux qui subissent aujourd'hui les poignantes conséquences de fautes qui ne sont pas les leurs; quant aux officiers de rang, quant à nos malheureux soldats qui expient dans la misère ces hontes que n'ont pas même la pudeur de cuver dans le silence les traîtres qui les ont livrés, vous l'avez dit, Monsieur, la France doit à ceux-là tout son intérêt; car ils ont été trahis et non déshonorés, et ils savent aujourd'hui à quels désastres l'inertie et la trahison peuvent conduire les plus vaillantes armées.

« Grâce à Dieu, si parmi ceux que leur situation rend justiciables de l'opinion aussi bien que de nos lois militaires, il en est dont l'impéritie, l'ignorance, l'incapacité flagrante soulèvent d'implacables ressentiments, il en est d'autres dont le mérite modeste et méconnu, dont l'abnégation, dont le dévouement au devoir ressortiront de ces enquêtes comme l'or pur sort de la fournaise.

« Aux uns et aux autres le pays doit demander compte du passé; mais qu'il le demande surtout à ces élus du favoritisme, à ces courtisans sans vergogne, dont les avancements effrontés, scandaleux, ont été ramassés jusque dans la boue de nos capitulations.

« A la France régénérée il faut une armée régénérée. A la France découronnée de sa gloire militaire il faut une armée décapitée de tous les ignorants, de tous les incapables, de tous les favoris qui l'ont perdue et qui ne demandent qu'à la perdre encore.

« En dépit de toutes les tentatives pour la détourner de

son devoir au profit d'une cause condamnée et flétrie[1], l'armée prisonnière, au fond de l'Allemagne comme sur le sol sacré de notre chère patrie, victorieuse ou vaincue, écrasée ou triomphante, l'armée prisonnière est toujours l'armée de la France, n'appartient qu'à la France, n'obéira qu'à la France.

« Quel que soit, Monsieur, le sort réservé à notre pays, il a déjà reconquis, grâce à votre énergique et patriotique direction, l'estime de l'Europe.

« La résistance héroïque de Paris, la lutte sans trêve ni merci soutenue par nos provinces dévastées adouciront un jour pour nos enfants les hontes et les humiliations de la première heure.

« Honneur à vous, Monsieur, qui ne voulez pas désespérer de la France ! A vous qui ne voulez pas admettre qu'avec ses quarante millions d'âmes elle ne puisse pas chasser l'étranger et accomplir ce qu'ont su faire quelques milliers de Suisses ou de Brabançons, quelques milliers d'Espagnols ou d'Américains.

« Honneur à vous, Monsieur, qui avez relevé le drapeau de la France abandonné par le fuyard de Sedan, livré à l'ennemi par le traître de Metz.

« Tristes épaves réunies par le patriotisme et l'infortune dans le coin de l'Allemagne où l'impéritie et la trahison les ont fait échouer, les soussignés suivent d'un cœur anxieux et d'une âme ardente toutes les phases de la gigantesque lutte imposée à votre dévouement pour la défense de la patrie.

« Au milieu des tristesses et des amertumes que nous a ménagées la félonie de nos chefs, notre douleur la plus profonde, notre torture la plus cruelle, c'est de ne pouvoir répondre à votre appel, c'est l'impuissance où l'on nous a réduits. »

Une seule voix s'éleva parmi ceux qui avaient fait partie de cette armée infortunée, pour protester contre tant de voix accusatrices, celle du grand coupable, et puis celle de son complice, le général Boyer. Mais, ce qui pourra paraître surprenant aujourd'hui que nous

---

1. Allusion à l'assertion du journal *le Drapeau*, qui prétendait que l'armée prisonnière se prêterait à une restauration bonapartiste.

avons entendu à côté du dernier livre de Bazaine tant
d'apologies cyniques dans le parti qu'il prétendait
servir, nul, même dans l'entourage de l'empereur prisonnier, n'osa lui donner un témoignage de pitié ou de
sympathie. Voici ce que l'on écrivait de Wilhemshoë à
la *Gazette de Cologne* sur l'accueil qui lui fut fait par
les serviteurs du maître.

« L'impératrice est toujours au château, disait le correspondant de la *Gazette*, qui faisait partie de l'entourage. Elle
fait contre fortune bon cœur. J'ai vu le maréchal Bazaine...
Il s'est rendu chez le comte Montz et chez le général Plonsky,
et de là chez l'empereur. Il a la mine défaite, égarée ; mon
compagnon et moi dûmes en détourner nos regards : *nous
ne pouvions supporter la vue de cet homme !*

Ainsi, pendant le siège, après le siège, l'armée de
Metz montra, par ses sentiments et par ses actes, que
le cri de l'honneur se fit entendre à elle plus d'une fois,
même devant le malheureux qui avait voulu partout
l'étouffer, et qu'il fallut tromper ces braves gens pour
les réduire.

Les mêmes sentiments devaient se trouver dans
l'armée qui combattait en France.

Deux choses sont à remarquer, qui assurément n'étonneront personne : l'on proteste, l'on s'indigne, et l'on
prend de généreuses résolutions. Le seul fait de la
capitulation, la trahison à part, aurait suffi pour susciter dans l'armée un patriotique langage. C'est ce qui
se vit dès le premier jour. Nous pouvons citer d'abord,
la proclamation du général Bourbaki et une dépêche
du préfet maritime de Toulon, rédigées, l'une et l'autre,
immédiatement après la nouvelle de la catastrophe et
avant la proclamation de Gambetta.

Le préfet du Nord écrivait à Gambetta le 30 octobre : « Je vous envoie l'ordre du jour Bourbaki. J'ai
tenu à ce qu'il adhérât au Gouvernement de la Défense
nationale. Il a volontiers accepté... »

Voici l'ordre du jour en question :

« Citoyens, gardes nationaux, soldats et gardes mobiles !
« J'ai été appelé par le ministre de la Guerre au commandement militaire de la région du Nord. La tâche qui m'incombe est bien grande, et je la trouverais au-dessus de mes forces, si je n'étais soutenu par les sentiments qui vous animent. Tous mes efforts tendent à créer le plus tôt possible un corps d'armée mobile qui, pourvu d'un matériel de guerre, puisse tenir la campagne et se porter facilement au secours des places fortes, que je me hâte de mettre en bon état de défense. Pour moi, qui ai loyalement offert mon épée au Gouvernement de la Défense nationale, mes forces et ma vie appartiennent à l'œuvre commune qu'il poursuit avec vous, et vous me verrez au moment du danger à la tête des troupes qui seront incessamment organisées. Pour remplir cette tâche difficile et faire payer cher à notre implacable ennemi chaque pas qu'il fera sur notre territoire, il faut que la concorde et la confiance règnent au milieu de nous et que nos cœurs ne soient animés que du désir de sauver et venger notre malheureuse France. Vous pouvez compter sur le plus énergique concours et le dévouement le plus absolu de ma part, comme je compte sur votre courage et votre patriotisme.

« BOURBAKI. »

« Lille, 29 octobre 1870. »

Il n'y a rien dans la proclamation du général Bourbaki contre le chef de l'armée du Rhin, contre l'homme qui a livré cette armée à *l'implacable ennemi;* peut-être la trahison ne lui était-elle pas encore démontrée ; peut-être lui répugnait-il de jeter le blâme sur un ancien frère d'armes. Quoi qu'il en soit, son langage était celui d'un patriote et d'un soldat, et on peut croire que la conscience des périls croissants du pays, d'une situation terrible et aggravée avait été pour quelque chose dans le sentiment qui l'avait dicté.

Le préfet maritime de Toulon, soit qu'il ne vît ou ne voulût voir dans la capitulation que le fait lui-même, parlait aussi le langage du patriotisme, et y mettait même un accent plus ferme, bien qu'il semblât ne pas parler en son propre nom.

Voici la dépêche qu'il envoyait le 29 octobre, à 6 h. 50 m. du soir, au ministre de la marine à Tours :

« Je suis chargé, disait-il, par les officiers de la garde nationale de Toulon et d'une partie de l'arrondissement, rassemblés à la sous-préfecture, de vous dire leur dévouement à la République et leur virile résolution de combattre et de ne traiter qu'après la victoire. Grande énergie. Les cœurs s'élèvent..... Ordre et virilité. »

Les chefs de l'armée de Bretagne, nouvellement formée, protestaient avec une grande énergie. M. Carré Kérisouët, commissaire général de l'armée, envoyait de Rennes une *adresse* à Gambetta, le 30 octobre, dans laquelle il ne craignait pas d'attribuer la capitulation à la trahison.

« Rennes, 30 octobre 1870, 3 h. 45 m. soir.

« Commissaire général forces de Bretagne à Gambetta, ministre Guerre et Intérieur, Tours.

« La trahison qui a amené la reddition de Metz, est le plus horrible de tous les crimes. Honte à jamais aux auteurs! Ce malheur, loin d'abattre notre courage, double notre énergie. Que la nation se lève et lave avec son sang la tache imprimée dans son histoire par les Bonapartes. Comptez sur nous ; défense à outrance, guerre sans merci, voilà notre devise ; en 92 la France était plus bas que cela. »

M. de Kératry, écrivait de son côté de Quimper, le même jour, au Gouvernement :

« Votre proclamation est l'honneur du pays. Nous sommes résolus à nous faire tuer jusqu'au dernier pour l'honneur et le salut de la France. »

Mais ce qu'on remarqua surtout, au moment où elles parurent, ce furent les proclamations des commandants de place de Langres et de Longwy, et du général Faidherbe, qui, du premier coup, et sans attendre l'*adresse* à l'armée, répondirent à celle que le Gouvernement avait envoyée à la France, en s'associant aux sentiments dont elle s'inspirait.

Voici le texte de ces diverses proclamations :

« Citoyens, gardes nationaux et soldats de Langres,

« En même temps que vous avez appris le nouveau désastre infligé par la trahison à notre patrie, vous avez entendu le cri de courage jeté à la France par notre Gouvernement. Je m'associe, comme vous, à cette noble révolte du patriotisme contre l'infamie dont on croit pouvoir souiller le pays, et nous prouverons que l'ennemi n'en a pas fini avec la France.

« Tout est possible à une ferme volonté de maintenir intacte notre dignité ; nous en fournirons un exemple. Les Prussiens ne tarderont pas sans doute à envahir notre département ; songeons gravement à nos devoirs.

« Tous, élevons nos cœurs ; que ceux dont les courages faiblissent, sortent de nos rangs, car ils n'y trouveraient aucune tolérance. Le moment des faiblesses est passé ; travaillons avec énergie à la grande tâche qui nous incombe.

« Nous aussi, nous avons une citadelle de la France à défendre ; mais la trahison n'y pénétrera pas.

« Depuis le premier jusqu'au dernier, tous responsables devant le pays de l'honneur national, sachez que toute faiblesse sera impitoyablement frappée, avec d'autant plus de rigueur que nous avons à déplorer de plus honteuses défaillances.

« Vive la France !

« Vive la République une et indivisible !

« *Le général C^t supérieur de la Haute-Marne,*

« **ARBELLOT.** »

« PLACE DE LONGWY.

« Ordre.

« HABITANTS DE LONGWY, SOLDATS,

« Sommes-nous condamnés à n'entendre parler que d'ignobles trahisons ?.. Après la capitulation de Sedan,

24.

celle de Metz, notre plus belle armée et le plus solide rempart de la France, indignement sacrifiés à l'ambition de quelques hommes et aux plus machiavéliques combinaisons !

« La France et l'Europe se soulèveront d'indignation à la lecture des preuves écrites apportées par les documents les plus authentiques.

« Mais c'est assez de ces infamies et de ces criminels calculs ; il est temps d'y mettre un terme.

« Il n'en sera pas ainsi de notre petite forteresse, qui saura se montrer digne de ses souvenirs historiques ; elle fera voir au pays que le sentiment de l'honneur n'a pas abandonné le sol de la patrie et qu'il existe encore tout entier dans ce petit coin de la France, qui s'appelle Longwy.

« Habitants, soldats,

« Vous le savez, la place renferme tout ce qu'il faut pour la défense ; des vivres pour plus d'une année, un armement complet, des munitions pour six mois, et vous, ses défenseurs, nombreux, bien organisés, vous êtes résolus à résister à toute extrémité ; car vous savez aussi que vous pouvez compter sur moi et que je serai avec vous aux remparts et au feu de l'ennemi.

« Que ceux qui craignent, se hâtent de quitter la place pendant que les portes leur sont encore ouvertes ; il n'y doit plus rester que des gens disposés à se battre pour venger l'honneur de la patrie indignement outragée.

« Vive la France ! Vive la République française !

« *Le lieutenant-colonel, commandant supérieur,*

« Massaroli. »

« Longwy, le 31 octobre 1870. »

Le général Faidherbe commandait en Algérie. A la réception de la dépêche qui annonçait la capitulation de Metz, il rédigea l'ordre du jour suivant :

« Officiers, sous-officiers et soldats,

« Les désastres et les humiliations s'accumulent sur notre malheureux pays.

« L'honneur de l'armée française est violé.

« Nous qui n'étions pas à ces journées néfastes de Sedan et de Metz, nous qu'on a retenus malgré nous en Algérie, élevons nos cœurs à la hauteur des événements.

« Au milieu de tous les citoyens qui se lèvent pour la délivrance du sol natal, formons le noyau d'une armée régénérée, d'une armée nationale, qui fera oublier les défaillances ou les trahisons des armées impériales.

« Jurons de nous dévouer au salut de la patrie, de laver les taches de notre drapeau et de refouler, par tous les moyens, la restauration du régime qui, en vingt ans, est parvenu à démoraliser la France et à la mener à la ruine.

« Vive la France ! Vive le Gouvernement républicain de la Défense nationale.

« Le général de brigade,

« FAIDHERBE. »

« Philippeville, 1er novembre 1870. »

Les soldats pensaient comme les généraux.

Le 2 novembre, le préfet du Cantal, M. Vapereau, expédiait la dépêche suivante :

« Préfet à Guerre, Tours. — Votre proclamation à l'armée, à propos de la capitulation de Metz, affichée partout a produit un excellent effet. Je viens d'assister à la lecture faite à la caserne, à l'appel général de midi. J'ai lu la proclamation moi-même aux officiers, et elle a été lue ensuite aux compagnies. Elle a été accueillie par nos 1,600 hommes de troupe aux cris chaleureux et répétés de : Vive la France ! Vive la République ! »

Il en fut de même partout où l'on sut parler aux soldats le même langage.

Les âmes fortes et remplies d'une grande conviction ne sont pas faciles au découragement, non plus qu'à la défiance. L'attitude que prit Gambetta sous le choc terrible de la catastrophe de Metz, et qu'il devait garder longtemps encore sous le coup d'événements non pas de même ordre, mais aussi de conséquence grave, prouve assez qu'il lui en coûtait de mal présumer de la fortune et des hommes. Il avait cependant, lui aussi, ses heures mauvaises, où le sentiment de tant de difficultés à vaincre, soit du côté des choses, soit du côté des personnes, l'accablait. Nous ne serions pas étonnés qu'il eût eu à traverser une de ces heures, après l'envoi de la proclamation à l'armée, et qu'il ne fût pas en ce moment assez touché de l'accueil qu'elle reçut des généraux. Ce qui nous le fait penser, c'est cette phrase de sa dépêche du 7 novembre adressée à M. Spuller, préfet de la Haute-Marne, qui avait des difficultés avec le général Arbellot : « La proclamation du général Arbellot, disait-il, fait un trop vigoureux contraste avec celle des autres militaires en général pour que je ne le maintienne pas à son poste. » Il est certain, en effet, que le langage du général Bourbaki était bien pâle auprès de celui qu'avait tenu le commandant de Langres, et qu'on aurait pu en dire autant de beaucoup d'autres. La réserve cependant n'avait rien d'extraordinaire et ne prouvait pas contre le patriotisme de ceux qui s'y renfermèrent : elle s'expliquait par des raisons soit d'attachement personnel, de solidarité militaire, d'esprit de corps, soit encore par la grandeur et la portée de l'accusation, qui, au premier abord, avait paru à quelques-uns ne pas frapper une seule tête, mais plusieurs, et envelopper les plus anciens chefs dans la flétrissure. Ce qui avait fait hésiter encore, c'était l'hésitation même d'un membre du Gouvernement, l'amiral Fourichon. Dans de telles conditions, les plus indignés, les plus convaincus se trouvaient gênés, et crurent qu'il était de leur devoir de garder le silence ou de ne parler qu'avec les ménagements de la prudence.

Quelques-uns néanmoins, comme nous venons de le voir, rompirent hardiment avec ces considérations, qu'ils regardaient comme des défaillances, et firent crédit à la parole du ministre de la guerre. Nous avons entendu le général Faidherbe, le général Arbellot, le colonel Massaroli. D'autres chefs, sans formuler publiquement leur sentiment, ne le dissimulaient pas dans leur correspondance et encore mieux dans leurs conversations avec le ministre de la guerre. Ce qui est à noter encore, c'est qu'une nouvelle ardeur s'empara de leur courage et qu'on sent un autre accent, plus ferme, plus résolu, plus patriotique dans le langage qu'ils tiennent à leurs soldats. Nous pourrions citer bien des exemples, entre autres, l'ordre du jour du général Bressolles, le 3 novembre 1870, aux habitants de Lyon ; celui du général Michel, quand il prit possession du commandement de l'armée de l'Est en remplacement du général Cambriels.

Ceux qui se taisaient, soit par un sentiment exagéré de réserve et de délicatesse à l'égard de chefs longtemps respectés et obéis, soit qu'il leur restât quelque doute encore sur la réalité d'un attentat si monstrueux, n'avaient pas le cœur moins serré ni une conscience moins profonde de l'affront fait à nos armes. Pour tout dire, pendant de longues semaines, le cri de l'honneur blessé, coulant par tous les pores, pour rappeler un mot célèbre prononcé dans une circonstance bien différente[1], éclata plus vivement que jamais, et, partout exaspéré, s'exalta le patriotisme.

Gambetta avait donc acquis le droit d'écrire à M. Jules Favre, comme il le fit, dans une dépêche déjà citée :

« Les fauteurs de restauration monarchique calculaient sans doute, en prenant la défense de ce soldat déshonoré, sur le concours de cette déloyale épée, pour la mettre au service de ce qu'ils appellent hypocritement l'ordre. Ce ne serait pas la première fois que cette race d'indignes citoyens aurait spéculé sur les malheurs de la patrie et joué à la hausse sur l'abaissement de l'honneur national.

« Tout ceci, d'ailleurs, appartient déjà à l'histoire. M. Guizot lui même, partisan de la résistance à outrance,

---

1. Mot de Fox, parlant de Quiberon et de la conduite des Anglais à l'égard des émigrés.

le notait ces jours derniers dans le *Times*. La conclusion
qu'il faut en tirer, c'est que j'ai devancé de quelques heures
le jugement de la conscience française. Mais je m'en applau-
dis, car, si je n'avais pas poussé le cri de justice vengeresse,
notre malheureux pays, constamment trompé et trahi, courait le risque de s'abandonner lui-même devant l'immensité
du désastre.

« Au contraire, ce que j'avais prévu s'est réalisé. La
France s'est ressaisie ; elle a puisé dans l'extrémité même
de son malheur le rajeunissement de sa moralité et de sa
virilité politique et sociale. C'est ce que j'ai dit le premier
jour, et j'ai la conviction de n'avoir jamais été plus fidèle
interprète des sentiments de mon pays[1].

Gambetta était plus que l'interprète du pays. Ses deux
proclamations eurent, en outre, ce grand résultat de
fortifier le sentiment public et de ranimer les courages.
La France mise, pour ainsi dire, en demeure de choisir
entre Bazaine et Gambetta, de capituler comme l'un ou
de résister comme l'autre, se prononça pour la lutte.
C'était un résultat bien différent de celui qu'avaient
attendu de la chute de Metz les partisans de la paix et
M. de Bismarck. M. de Bismarck, pour ne parler que
de lui pour le moment, avait pensé que, Metz et Strasbourg tombés, tout serait fini et que la politique de la
paix l'emporterait dans le pays et dans le Gouvernement. Ses calculs furent déjoués. La question de l'armistice qui n'avait été pour lui qu'un leurre de paix,
qu'un moyen d'énerver la résistance jusqu'au jour où,
se voyant privée de sa meilleure armée, la France
jugerait toute résistance impossible, fut tranchée du
coup, et la guerre de désespoir, comme l'a appelée
Gambetta, commença.

---

1. Dépêche du 26 novembre 1870, expédiée par pigeons et arrivée à
Paris, le 15 décembre.

CHAPITRE XVIII

LA CAPITULATION DE METZ ET LA PROPOSITION D'ARMISTICE DE M. THIERS.

Conséquences de la politique extérieure de l'Empire. — Foudroyante apostrophe de Gambetta à M. Rouher. — Un mot de M. de Chaudordy devant la Commission d'enquête. — M. de Bismarck et M. Jules Favre. — Les fatalités de l'histoire. — La mission de M. Thiers. — Dispositions de l'Europe. — M. Thiers et Gambetta. — Une séance du conseil de la Délégation à Tours. — Le télégramme du prince Gortschakoff. — La proposition d'armistice de lord Lyons. — Départ de M. Thiers pour Versailles. — M. Thiers et M. de Bismarck. — Les conditions d'égorgement du général Trochu. — *Note* de M. Thiers aux représentants des grandes puissances. — Beau mouvement patriotique. — Le correspondant du *Times* à Versailles. — La journée du 31 octobre. — Ses causes. — Examen critique de l'opinion de M. Thiers et de M. Jules Simon sur les causes du rejet de la proposition d'armistice. — La politique du Gouvernement au 31 octobre. — Le plébiscite du 3 novembre.

Le contre-coup de la capitulation de Metz n'est pas tout entier dans les faits que nous venons de raconter. Le patriotisme n'eut pas toujours des inspirations aussi irréprochables. On le sait assez par les mouvements qui se produisirent à Paris et en province. Mais, pour bien comprendre ces mouvements, et en particulier celui de Paris, il faut remonter à des faits plus ou moins éloignés, en dehors de la chute de Metz : à la politique extérieure de l'Empire, à la mission de M. Thiers en Europe, à l'entrevue de Ferrières, au voyage de M. Thiers à Versailles et à cette question de l'armistice, aboutissant obligé de sa mission et de la politique dont il fut l'intermédiaire, presque malgré lui.

On ne peut faire un pas dans cette histoire sans rencontrer les fautes accumulées de la politique impériale

et leur désastreuse influence. Nous avons vu. en quel
état l'Empire avait laissé la force armée [1]. La diplomatie en offrait le pendant. Le même génie malfaisant
avait présidé à nos destinées au dedans et au dehors.

M. Rouher, par une imprudente allusion à l'état
anarchique de l'Europe, s'attirait un jour cette foudroyante apostrophe de Gambetta : « Vous avez parlé
de l'Europe ! C'est par vous qu'il n'y a plus d'Europe [2]. » Gambetta caractérisait ainsi d'un mot la politique extérieure de l'Empire. La pensée servie par
M. Rouher a été le dissolvant le plus actif de l'Europe,
comme de la France : nulle autre n'a travaillé autant à
inquiéter la politique européenne, à la livrer à la force.
Quand on voyait le Gouvernement de la France prendre
pour règle unique l'intérêt dynastique ou les hallucina-
tions d'un cerveau mal équilibré, mécontenter tantôt la
Russie, tantôt l'Angleterre, tout commencer et ne rien
achever en Italie, inquiéter tout le monde et ne satis-
faire personne, abandonner les petits États, trahir les
faibles au profit des forts, s'acharner contre l'Autriche,
la moins redoutable des grandes puissances, et travailler comme à plaisir, en vue d'agrandissements imaginaires, à fortifier la Prusse, à unifier l'Allemagne contre la politique trois fois séculaire de la France et de
l'Europe, il n'était pas possible que chacun ne songeât
pas à se pourvoir et que la politique de l'égoïsme ne
remplaçât pas celle du droit.

D'autres conséquences n'étaient pas moins inévitables. L'égoïsme sans règle engendre l'isolement, et l'isolement l'impuissance. Avant Sadowa, l'Empire en était
venu à ne plus pouvoir compter sur personne, excepté,
selon lui, sur la Prusse, qui le jouait au moment même
où il s'imaginait l'avoir fascinée. Après Sadowa, au
lieu de se recueillir dans la solitude qu'il avait faite
autour de lui, et de se fortifier par des alliances pour

1. Tome Ier, Chapitre vi.
2. Séance du 18 février 1878.

une éventualité qu'il avait rendue à peu près inévitable, il repoussa même, quand elle se fut produite,
celles qui, par une faveur inespérée de la fortune, s'offraient d'elles-mêmes à lui. Il avait si bien manœuvré
que la France se trouvait, au moment suprême, isolée
de toute alliance et dans l'impossibilité d'en contrac-
ter aucune.

M. de Chaudordy, en parlant de la circulaire du
6 septembre, adressée par M. Jules Favre aux agents
diplomatiques de la France à l'étranger, a dit, devant la Commission d'enquête, qu'elle « était bien plus
une proclamation de général qu'une déclaration de
diplomate, » et il faut croire que, dans la pensée de
son auteur, elle n'était pas non plus autre chose. Elle
ne pouvait être, en tout cas, que l'effort d'un gouvernement placé sous le poids de la nécessité, qui désirait
la paix, et à qui la guerre était imposée, qui, au moment même où il présentait, pour ainsi parler, le ra-
meau d'olivier, devait craindre de briser ses armes,
sachant trop qu'il pouvait en avoir besoin. Il y aurait
eu trop de naïveté à croire qu'un programme pacifique, si sincère qu'il fût, suffirait pour détruire l'œuvre
de la diplomatie impériale et supprimer les conséquences de nos désastres, pour armer, comme par enchantement, les neutres et désarmer la Prusse. Tout
ce qu'on pouvait espérer, en affirmant le désir de traiter, c'était de se concilier l'opinion et de dégager la
responsabilité du nouveau gouvernement de la France
des maux qui allaient suivre. L'appel fait par M. Jules
Favre à l'intérêt de l'Europe et à la modération de la
Prusse n'aurait pas dû avoir un autre but, non plus que
l'entrevue de Ferrières ou la mission de M. Thiers.
Car ni M. de Bismarck ni l'Europe ne pouvaient rien
d'efficace dans le sens de la paix aux conditions où
nous pouvions traiter.

Nous insisterons sur ce point, non pour nous donner le spectacle de la force des choses et de l'impuis-

sance des hommes dans certaines situations amenées par le cours des événements, mais parce que c'est à cette condition que nous pouvons comprendre le phénomène historique à expliquer, montrer le lien qui unit le 31 Octobre à l'entrevue de Ferrières, à la mission de M. Thiers et à leurs conséquences.

L'entrevue de Ferrières mettait en présence les deux personnages les plus dissemblables qu'on puisse imaginer : l'un, homme de tribune et de sentiment, portant dans la politique les illusions de l'honnête homme et de l'artiste, croyant aisément que ce qui émeut l'imagination des assemblées, exerce une égale puissance sur les politiques, facile et humain, plein de confiance dans l'ascendant immédiat de la raison et du droit, connaissant assez peu d'ailleurs l'Europe et les hommes qui la gouvernaient ; l'autre, un de ces esprits nés pour les situations difficiles, pour les créer et les dominer, de la race d'airain des Richelieu, des Cromwell, des Frédéric II ; opiniâtre, obstiné également à l'égard des hommes et des choses, et pourtant souple, habile et plein d'esprit ; tout rempli d'une grande idée longtemps méditée ; n'ayant pas peut-être ce mépris cynique du droit qu'on lui a prêté, mais n'ignorant rien de ce qui peut conduire à l'accomplissement d'un dessein arrêté [1] ; y subordonnant toutes choses ; se croyant absous, par la grandeur réelle ou supposée du but autant que par le succès, devant l'opinion et la postérité ; ajoutant à son propre génie celui de sa race et à la connaissance des passions de son pays celle des intérêts et des passions des cabinets et des cours. Mais, si

1. M. de Bismarck dit un jour que la diplomatie était fondée non seulement sur la science des intérêts, mais sur celle des caractères. M. Bancroft, qui fut longtemps ministre des Etats-Unis à Berlin, nous disait jadis : « Ce que j'admire surtout dans M. de Bismarck, c'est que, présentez-lui un cheval ou un ambassadeur étranger, il vous dira sans hésiter, après un très court examen, si le cheval a un vice secret et par laquelle de ses faiblesses on peut tenir l'ambassadeur. » (*Revue des Deux-Mondes*, numéro du 1er août 1882.)

grandes que fussent ces différences d'esprit et de caractère entre les deux hommes qui se rencontrèrent à
Ferrières, elles étaient pour bien peu dans le drame
qui se jouait autour d'eux. Il y avait bien d'autres
choses à les séparer. Il aurait fallu, pour que le rapprochement eût été possible en ce moment d'excitation
et de lutte, étouffer l'orgueil de deux grandes nations,
effacer tout le sang versé, supprimer tout le cours du
temps écoulé depuis Iéna et Leipsick à Reichshoffen
et à Sedan.

Il est des nécessités en face desquelles la diplomatie
la mieux intentionnée se trouve impuissante. L'entrevue
de Ferrières rapprochait des prétentions entre lesquelles nulle transaction n'était possible. M. Jules
Favre ne pouvait se dégager de sa circulaire du 6 septembre ni M. de Bismarck y souscrire. Et la force
qui s'imposait à eux, tombait de haut. M. Jules
Favre, en disant, pour motiver son refus de traiter
sur le principe d'une cession territoriale, que « le
respect de la liberté, de la dignité des créatures
humaines interdisait à la France de consentir à l'abandon de sa volonté [1], » était sans doute l'interprète de
ses propres sentiments ; mais il n'aurait pas pu parler
autrement ; ce langage lui était dicté également par le
mouvement national qui avait fait le 4 Septembre, par
la Révolution française elle-même, par sa conception
du droit des hommes et de la dignité des peuples. De
même aussi M. de Bismarck, à part ses déclarations antérieures à l'entrevue de Ferrières, et en supposant que sa volonté personnelle eût été conforme
à nos désirs, aurait vu, s'il y avait cédé, se dresser
contre lui tout l'orgueil allemand, ses aspirations si
longtemps caressées, le *moi* germain, s'opposant au
moi humain, représenté par le génie de notre race, et
pour ainsi dire toute la philosophie de Hegel devenue

1. Circulaire du 18 octobre 1870.

comme le fond de la conscience nationale et consacrée par une explosion de victoires inouïes. Les conditions de l'armistice pouvaient se modifier dans la forme, non dans le fond. Les deux négociateurs, le vainqueur et le vaincu, étaient egalement sous le joug[1].

La mission de M. Thiers n'était qu'une autre face de la lutte engagée ainsi contre l'impossible. L'Europe ne pouvait pas plus lui donner ce qu'il allait lui demander, que M. de Bismarck n'avait pu accorder à M. Jules Favre ce qu'il allait chercher à Ferrières. Il n'y a qu'à se rappeler l'état des grandes puissances en ce moment pour n'avoir aucun doute sur ce point.

La Russie, qui seule était en situation d'intervenir, ne le voulait pas. M. de Chaudordy, dans sa déposition devant la Commission d'enquête, a dit un jour que notre système de gouvernement éloignait de nous le czar et sa cour. C'étaient de bien autres raisons et plus profondes, qui provoquaient cet éloignement. Outre les liens d'amitié et de famille qui unissaient alors comme aujourd'hui Saint-Pétersbourg et Berlin, outre le souvenir de Sébastopol et de la Pologne, enseveli dans des mémoires obstinées sous leur mobilité apparente, il y avait des engagements pris en vue d'éventualités prochaines. L'Autriche bien disposée, Sadowa ayant fait oublier l'Italie, était retenue par la Russie et par la partie allemande de l'Empire[2]. L'Angleterre,

---

1. Ce sentiment de la nécessité qui pesait sur la diplomatie, se marque bien dans la conversation de M. Jules Favre avec M. de Bismarck le 23 janvier 1871. M. de Bismarck motivait ainsi l'entrée de l'armée prussienne à Paris après la capitulation :
« Je vous concéderais, disait-il, la non entrée dans Paris ; mais le roi et le parti militaire y tiennent. C'est la première récompense de notre armée. Quand, rentré chez moi, je rencontrerai un pauvre diable marchant sur une seule jambe, il me dira: — La jambe que j'ai laissée sous les murs de Paris, me donnait le droit de compléter ma conquête ; c'est ce diplomate, qui a tous ses membres, qui m'en a empêché. Nous ne pouvons nous exposer à froisser à ce point le sentiment public. »
2. M. de Metternich disait à M. Jules Favre, au lendemain du 4 Septembre, de ne pas se faire d'illusion : « L'empereur et ses ministres, répétait-il, ne braveront jamais les volontés du czar et celui-ci a déclaré que si nous nous prononcions pour la France, il s'unirait avec la Prusse. »

agitée de sentiments divers, française avec lord
Lyons, prussienne avec la reine, désintéressée d'ailleurs par système depuis longtemps des affaires du
continent, eût-elle voulu rompre avec sa politique
d'égoïste indifférence et se reprendre à une ancienne
alliance, relâchée, il est vrai par l'Empire, qu'elle n'aurait pas pu le faire alors efficacement avant que les
faits ne se fussent accomplis. En Italie, le roi Victor
Emmanuel était de cœur avec nous ; mais Rome l'ar-
rêtait. La politique insensée qui avait déchaîné la
guerre, avait fait partout le vide autour de nous.

M. Thiers avait bien le sentiment de cette situation
au moment même où il acceptait la mission de parcou-
rir l'Europe pour y chercher des remèdes au mal. La
manière dont il la définissait en disant « qu'il s'agissait d'aller réveiller les sympathies de l'Europe sans
prétention de s'occuper de la paix et seulement de faire
naître, si possible était, une occasion d'armistice, »
montrait assez, par la modestie même des prétentions,
ce qu'il en présumait. En tout cas, s'il s'était fait illusion, la vérité n'aurait pas tardé à lui apparaître.
Accueilli partout avec les égards dus à sa haute personnalité, il rencontre partout une force d'inertie insurmontable. A Londres, personne ne voulait la guerre ;
on ne voulait pas même la risquer [1]. C'est tout au plus
si M. Thiers peut obtenir, malgré les sympathies de
lord Granville pour la France et « l'inclination de
M. Gladstone pour l'équilibre européen, » l'espérance
qu'on se mettra quelque jour à la tête des neutres pour
peser sur la Prusse au moment de la paix [2]. Le premier
ministre, M. Gladstone, esprit étendu et brillant, d'une
portée politique peu douteuse, mais placé alors sous
des influences de cour, avait le parti pris irrévocable
de laisser faire la fortune. A Vienne, M. de Beust, intelligence du même ordre, d'ailleurs éclairée en ce moment

---

1. Déposition de M. Thiers devant la Commission d'enquête, t. I, p. 20.
2. Déposition de M. Thiers.

par le patriotisme et par la haine, aurait voulu agir, et il sentait partout son impuissance. « Il n'y a plus d'Europe » s'écriait-il désespéré, et il dissuadait M. Thiers, comme M. de Metternich avait dissuadé M. Jules Favre, de demander aucun secours matériel à son gouvernement. A Florence, on ne put que promettre d'envoyer une note à M. de Bismarck pour le prier de ne pas faire d'annexions. A Saint-Petersbourg, l'empereur voulut bien déclarer qu'il ferait son possible, et c'est, de guerre lasse, que le prince Gortschakoff formula un projet de télégramme, lequel était dérisoire et n'engageait absolument à rien.

' Ainsi, l'Angleterre inerte, l'Autriche enchaînée, l'Italie paralysée dans sa bonne volonté par un intérêt supérieur, la Russie cachant sous un masque de bienveillance polie une indifférence profonde et même, comme on le vit plus tard, des arrière-pensées de convoitise, voilà ce que M. Thiers avait rencontré. Tout le monde voulait la paix ou du moins le disait, et parmi ceux-là mêmes qui la désiraient sincèrement, personne ne voulait rien tenter pour qu'elle se fît dans le sens de nos désirs.

Cet état de choses était si visible qu'il n'y avait pas un seul esprit politique sérieux en France ni en Europe qui ne l'eût depuis longtemps aperçu. M. Jules Favre lui-même pressentait le résultat, et déjà, avant le retour de M. Thiers, il le constatait, lorsque, dans sa circulaire du 18 octobre, il disait que « les cabinets européens s'étaient bornés à de stériles témoignages de cordialité. »

M. Thiers se trouvait ainsi, à la fin de sa mission, au même point que M. Jules Favre à la veille de l'entrevue de Ferrières. Il était même dans une situation pire. Non seulement il avait à craindre de rencontrer auprès de M. de Bismarck les mêmes difficultés invincibles ; ces difficultés pouvaient être aggravées encore par les tentatives faites auprès de l'Europe, et certainement les faits accomplis n'avaient pu les diminuer. Il aurait fallu beaucoup de bonne volonté pour mettre dans ses espérances au profit de la modération de la Prusse l'incalculable désastre de Metz qui survenait. Un télégramme du prince Gortschakoff, en fournissant à M. Thiers une occasion d'armistice, ne changeait pas la situation respective des belligérants, non plus que la proposition formelle qui allait être obtenue de l'Angleterre, grâce aux efforts de lord Lyons. L'échec des négociateurs était aussi inévitable à Versailles qu'à Vienne, à Florence ou à Saint-Petersbourg. Armé du télégramme russe et de la proposition anglaise, M. Thiers ne pouvait pas plus réussir que M. Jules Favre armé seulement de son éloquence [1].

M. Thiers n'allait pas tarder à rencontrer une preuve décisive et sans réplique de l'inutilité des démarches qu'il avait faites, de l'inefficacité de cette « occasion d'armistice » qu'il était allé chercher à travers l'Europe. Il n'eut qu'à s'aboucher avec M. de Bismarck pour sentir tomber tout aussitôt ses espérances de paix, pour se persuader que la France n'avait plus qu'à capituler comme Bazaine ou à résister comme Gambetta.

La politique de M. Thiers et celle de Gambetta, parties du même sentiment, mais si séparées par les actes, et dont nous verrons se prolonger les divergences jusqu'à la fin de la lutte contre l'étranger, se trouvèrent pour la première fois formellement et officiellement en présence quelques jours seulement avant la catastrophe de Metz.

M. Thiers venait d'arriver de son voyage et en avait longuement à plusieurs reprises entretenu Gambetta. Le Conseil de la Délégation tint, le 21 octobre, deux séances pour traiter de l'armistice. Dans la première, on s'occupa des moyens d'entrer en pourparlers avec M. de Bismarck, et dans la seconde, d'une proposition

---

1. M. Rothan a bien vu toutes les fatalités et les fautes de l'Empire que nous venons d'indiquer. (Voir *L'Allemagne et l'Italie*, 1870-1871.)

formelle d'armistice introduite par l'initiative de l'Angleterre. Voici le procès-verbal de la première des deux séances :

« Après un récit complet et officiel, M. Thiers, qui nous avait rendu compte d'une importante conversation entre lui et le prince Gortschakoff, a mis sous nos yeux un projet de télégramme adopté par le prince et lui, du consentement de l'Empereur de Russie.

« Ce télégramme est ainsi conçu :

— « M. Thiers s'est montré modéré et a paru apprécier justement la situation. Un contact direct avec lui offrirait peut-être la possibilité d'abréger une lutte dont vous, moi, l'Europe, désirons la fin au même degré. Seriez-vous disposé, le cas échéant, à lui accorder un sauf-conduit pour entrer à Paris, pouvoir en sortir immédiatement et faire naître ainsi la chance de relations officieuses avec votre quartier général?

« M. Thiers nous a déclaré qu'il était convenu avec le prince Gortschakoff de soumettre ce télégramme à la Délégation de Tours, ne voulant en réclamer l'envoi que si nous l'autorisions à se rendre auprès de nos collègues à Paris. Dans ce dernier cas, a-t-il dit, une dépêche au chargé d'affaires de France en Russie avertirait le prince, qui alors expédierait au roi de Prusse ce télégramme de l'empereur de Russie.

« Après délibération, nous avons autorisé M. Thiers à se rendre à Paris auprès de nos collègues, sans passer par le quartier général prussien avant de s'être rendu à l'Hôtel de Ville.

« Nous lui avons déclaré que nous croyions indispensable cette entrevue entre lui et le Gouvernement central, qui, dans sa souveraineté, apprécierait et déciderait ce que comporte la situation.

« Nous avons en conséquence autorisé M. Thiers à prendre les mesures qu'il croirait nécessaires pour pouvoir user du télégramme ci-dessus rapporté.

« CRÉMIEUX, GAMBETTA, GLAIS-BIZOIN, FOURICHON. »

Dans la seconde séance, M. de Chaudordy, introduit

au Conseil, donna lecture de la proposition anglaise qui était ainsi conçue : « l'Angleterre offre de proposer à la France et à la Prusse, de son initiative, un armistice pendant lequel la France procéderait aux élections de l'Assemblée nationale. »

Les deux communications dont le Conseil était saisi, n'offraient pas la même importance ni la même prise à la discussion. Le télégramme ou plutôt le projet de télégramme du prince Gortschokoff n'était qu'une entrée en matière, qui n'engageait à rien, un simple préambule de négociations. Il n'en était pas de même de la proposition anglaise, qui pouvait prêter sérieusement à des interprétations de défaillance, si elle n'était pas nettement formulée. En réalité, c'était la question de la guerre et de la paix qui se posait comme dans l'entrevue de Ferrières. On s'accorda sans peine, comme le montre le procès-verbal cité, au sujet du télégramme russe : la proposition anglaise donna lieu à une vive discussion.

M. Thiers, en possession de son occasion d'armistice et l'ayant sous la forme d'une proposition directe faite par une des grandes puissances, et la plus considérable de toutes, appuya la proposition anglaise avec sa verve et son abondance d'idées accoutumée.

« M. de Bismarck, disait-il, ne peut pas ne pas prendre la proposition d'armistice en sérieuse considération; il y verra la pensée de l'Europe, qui est unanime à désirer la paix. Déjà l'opiniâtre résistance de Paris le fait réfléchir; les efforts de la province pèseront sur lui. L'Allemagne est fatiguée et succombe sous le poids même de ses victoires. Dans cet état de choses, l'armistice nous conduira sûrement à la paix, si nous voulons tenir compte de la situation et de ses exigences, et tout nous en fait un devoir. Il est évident que nous sommes épuisés, à bout de ressources, sinon de courage. En refusant de faire la paix aujourd'hui, nous assumons la responsabilité des calamités de demain, qui ne peuvent que s'accroître, et de la paix plus désastreuse qui en sera l'infaillible conséquence! Voulez-vous prendre sur vous cette lourde responsabilité? Pour moi, je ne m'en sens pas le courage ; et c'est pourquoi je soupire de toutes les forces de mon âme après la convocation d'une Assemblée. La France seule est assez forte pour porter un tel fardeau. »

Gambetta était placé bien loin du point de vue de M. Thiers, et il ne fut pas embarrassé pour lui répondre. Les instances de l'Europe ne lui paraissaient pas aussi vives qu'on les faisait, et, l'eussent-elles été, qu'elles restaient absolument sans sanction. M. de Bismarck le savait bien ; c'était là une de ses forces. Sans doute l'Allemagne était fatiguée, comme nous l'étions nous-mêmes, c'est la conséquence forcée de toute lutte qui se prolonge ; l'argument était donc à écarter, puisqu'il valait de part et d'autre. Quant à la résistance de Paris, si elle était de nature à faire réfléchir la Prusse, elle était une raison de plus pour nous de ne pas nous mettre à sa merci.

« Mon principe, ajoutait Gambetta, est qu'il ne faut pas d'élections avant l'expulsion de l'étranger ; c'est l'opinion de tous les généraux qui ont de la vigueur, à Paris comme en province ; c'est l'opinion du parti républicain tout entier, et l'on ne gouverne qu'avec son parti. Je suis donc contre l'armistice tel que vous le voulez. Si le Gouvernement à Paris entre dans vos vues, je m'inclinerai ; mais je tiens à lui faire connaître toutes les miennes, et la condition *sine qua non* à laquelle l'armistice est possible : je veux dire à la condition qu'il ne nous désarme pas, qu'il ne désorganise pas la défense ; car j'ai la conviction que M. de Bismarck mettra la paix, si l'Assemblée se réunit, à un prix auquel on ne consentira pas, et nous ne pouvons pas nous exposer à nous placer dans une situation qui nous oblige à passer sous ses fourches caudines. »

« En résumé, nous n'abandonnons pas le programme de la circulaire du 6 septembre ; nous tenons même à ne pas le paraître. Le sentiment public s'est prononcé et s'affirme chaque jour davantage dans les villes ; cela seul suffirait

à tracer notre devoir. J'ai la conviction qu'un autre programme que le nôtre est incompatible avec la paix publique
dans l'état actuel des esprits. C'est un élément d'appréciation
que je n'éliminerai jamais. Pour échapper à la guerre étrangère, je ne courrai pas le risque de tomber dans la guerre
civile. »

Le Conseil pouvait être perplexe entre les opinions
contradictoires de deux hommes tels que M. Thiers et
Gambetta. Mais l'amiral Fourichon était entièrement acquis à la politique de M. Thiers. M. Crémieux et M. Glais-
Bizoin, tout en voulant la guerre à outrance, brûlaient
de voir une Assemblée réunie. Il en résulta une sorte
de compromis, d'opinion moyenne : on admit le principe de l'armistice ; mais on arrêta que, « dans la pensée de la Délégation, il ne pouvait s'agir que d'un armistice d'une durée d'au moins vingt-cinq jours avec
ravitaillement de toutes nos places assiégées, » ce qui
était, à dire le vrai, laisser implicitement prévaloir le
sentiment le plus énergique et frapper la proposition
anglaise de caducité. Car il n'était pas douteux qu'ainsi
présentée la proposition ne fût rejetée par M. de Bismarck.

Voici, du reste, comment Gambetta, dans une lettre
remise par M. Thiers à M. Jules Favre, résume les discussions qui eurent lieu au sein du Conseil à propos de
cette grande question :

« ... Trois questions ont été mises en délibération. Première question : M. Thiers doit-il être autorisé à se rendre
à Paris ? Il y a eu sur ce point unanimité, avec la réserve
que M. Thiers ne passerait point par le quartier général
prussien. Deuxième question : Que pense-t-on de la proposition d'armistice ? Nous avons été d'avis que M. Thiers vous
la transmît en l'appuyant, à condition que l'armistice serait
au moins de vingt-cinq jours avec ravitaillement. Notre
intérêt est trop évident pour insister. Troisième question :
Faut-il faire des élections ? Vous verrez par le procès-verbal
que vous remettra M. Thiers que mes trois collègues ont

été pour l'affirmative, tandis que je me suis prononcé pour la négative. Les raisons en sont exposées plus haut, et vous savez à présent à quelles conditions je considérerais les élections comme favorables. Je dois ajouter ici qu'en me prononçant pour la négative, je n'ai pas cessé un seul moment de penser à l'opinion de Paris, si unanime à mon départ, et que les événements accomplis depuis n'ont pu que fortifier... »

Parmi les raisons qui déterminaient cette attitude résolue de Gambetta, nous avons fait entrer la crainte de la guerre civile ; ce qui nous rappelle que M. Jules Favre disait un jour qu'il avait fait beaucoup de concessions à la crainte de l'émeute, voulant faire entendre sans doute que ce sentiment n'avait pas été étranger aux actes de sa politique et au maintien opiniâtre du programme du 6 septembre. Ce n'était pas tout à fait ainsi que l'entendait Gambetta : la crainte de la guerre civile n'était qu'une des formes de sa politique, un accident dans l'ensemble des grands mobiles auxquels il obéissait. Sa résolution de guerre à outrance venait de plus haut, du sentiment qu'il avait de la grandeur morale de la France, des perspectives politiques ouvertes par la Révolution du 4 Septembre, de la nécessité d'en faire sortir un gouvernement, de lui donner, en le liant au souvenir de la défense, une base indestructible ; elle s'appuyait, pour tout dire, sur cette formule du *devoir* trouvée par une heureuse inspiration de M. Taine, à laquelle souscrivaient tant de nobles esprits, depuis Michelet jusqu'à M. Guizot, qui défendait d'abandonner l'Alsace et la Lorraine avant d'avoir démontré à la France et au monde qu'on avait tout fait pour les sauver. La crainte de voir naître la guerre civile de la politique pacifique patronnée par M. Thiers méritait bien cependant aussi considération, et ce qui se tenta à Marseille, montre assez qu'elle n'était pas chimérique. Car nul ne peut affirmer que le dénouement eût été ce qu'il a été, si la tentative avait

eu le prétexte sur lequel s'appuya celle de Paris, si elle
n'était pas venue se heurter à la certitude que la Défense était en bonnes mains, aussi bien que la République.

M. Thiers partit donc pour Versailles avec sa proposition d'armistice. Par malheur, son arrivée coïncidait
avec la nouvelle de la capitulation de Metz. Sa proposition, qui certainement, pour les raisons développées
plus haut, n'aurait pas abouti avant, devait nécessairement échouer après.

L'ambassadeur — car c'était bien une ambassade
que la mission de M. Thiers — a fait le récit de sa mission sous la forme d'une *note*, qu'il adressa, à son retour de Versailles, aux représentants des grandes puissances. C'est une belle page d'histoire, qui fait honneur
à celui qui l'a écrite. On y sent l'âme d'un homme qui
a horreur du sang versé, d'un patriote humilié des
revers de son pays, attristé des maux de la guerre, qui
n'avaient pas, comme dans d'autres temps racontés
par lui-même, les compensations de la victoire. On y
sent une haine profonde contre le malheureux gouvernement qui venait, comme il le disait à M. de Bismarck,
sans être contredit, « de finir dans l'abîme d'une
guerre follement résolue, ineptement conduite, sa
funeste existence. » Peut-être ne serait-il pas difficile
d'y trouver aussi le malaise d'un homme qui sort d'une
situation fausse, tout froissé et comme étourdi de
n'avoir pas prévu qu'il y serait aux prises avec une
volonté insurmontable, inflexible comme le Destin.
Mais ce qui est évident pour quiconque lit la *note*
avec attention, c'est que, si le ministre prussien est
plein d'égards pour le négociateur français, s'il est plus
coulant, pour ainsi parler, dans la forme qu'il ne l'a
été avec le ministre des affaires étrangères du Gouvernement de la Défense, il est, au fond, tout aussi résolu,
tout aussi résistant. La conclusion est la même à Versailles qu'à Ferrières; ce sont les mêmes « conditions

d'égorgement, » comme les appelait le général Trochu.

Ce n'est pas assez dire ; ces conditions sont plus dures et plus humiliantes. Metz pèse dans la balance. On ne demande plus un fort seulement comme garantie de l'armistice, ainsi qu'on le faisait à Ferrières ; on en veut plusieurs, « plus d'un peut-être, » dit M. de Bismarck avec les circonlocutions et atténuations de l'homme bien élevé. Tout ce que M. Thiers a gagné, c'est qu'à Ferrières le ministre prussien prend sur lui toute la responsabilité des conditions d'égorgement, et qu'à Versailles il la rejette tout entière sur l'autorité militaire, qui déclare l'armistice « *contraire aux intérêts prussiens.* » M. de Bismarck n'a fait au vieil homme d'État que la politesse d'une hypocrisie.

M. Thiers, en entendant, le jeudi 3 novembre, après deux longs jours de négociations et d'illusions, les dures conditions mises à un armistice qu'il avait tant cherché, ne fut plus maître de son émotion.

« J'arrêtai sur-le-champ, dit-il, M. le chancelier de la Confédération du Nord. « C'est Paris, lui dis-je, que vous nous « demandez ; car nous refuser le ravitaillement pendant « l'armistice, c'est nous retirer un mois de notre résistance ; « exiger de nous un ou plusieurs forts, c'est nous demander « nos murailles. C'est en un mot nous demander Paris en « vous donnant les moyens de l'affamer ou de le bom- « barder. Or, en traitant avec nous d'un armistice, vous « n'avez jamais pu supposer que la condition en serait de « vous livrer Paris lui-même, Paris notre principale force, « notre grande espérance et pour vous la grande difficulté, « que vous n'avez pu vaincre après cinquante jours de « siège ! »

Le patriotisme de l'historien de *La Révolution* et de *L'Empire* s'était soulevé tout entier. Il n'y a pas à s'en étonner : ce n'étaient pas de telles situations que son imagination était accoutumée à voir dans l'histoire de la France. Ce qui peut surprendre seulement, c'est qu'il se soit exposé à entendre ce qui le révoltait, c'est qu'avec sa haute et longue expérience, il n'eût pas prévu l'inévitable dénouement. Il était clair que la condition que nous mettions alors à l'armistice, c'est-à-dire la suspension des hostilités pendant un mois, avec ravitaillement des places assiégées, dans l'état d'exaltation patriotique où se trouvaient les grandes villes, avec l'activité du Gouvernement de Tours, dont l'état-major allemand pouvait déjà entrevoir les effets, avait pour nous des avantages qui ne pouvaient pas échapper à l'adversaire. Comment M. Thiers pouvait-il penser que M. de Bismarck, en supposant qu'il eût été dans les intentions de sa politique de se montrer modéré, l'emporterait sur la passion militaire et nationale, ou que M. de Moltke ne verrait pas ce que tout le monde voyait? La solution donnée à la question de l'armistice était forcée; elle résultait de l'ensemble de la situation militaire aussi bien que des raisons historiques et politiques que nous avons indiquées. Ce qui excuse M. Thiers, ce qui l'absout même, si l'on veut, c'est que, sans doute, tout en reconnaissant cette force des choses, il crut de son devoir d'aller jusqu'au bout de sa mission pacifique, de tout tenter, même l'impossible, pour mettre fin à des maux dont tout le monde souffrait, de boire enfin le calice jusqu'à la lie.

Les hommes qui suivaient les événements avec le sang-froid que donne une curiosité désintéressée, avaient bien compris ce qu'il y avait de chimérique dans la tentative de M. Thiers. Le correspondant du *Times* à Versailles parlait pour la galerie, quand il disait, dans une de ses lettres, que M. de Bismarck ne fit, du premier jour au dernier, qu'amuser M. Thiers, qu'il n'avait cherché, dans ses longs entretiens avec lui, que « le jeu de l'esprit, la domination prestigieuse des mots, le ton persuasif des manières. » Le rôle de *dilettante* n'était guère dans la situation. Le correspondant est bien plus près de la vérité quand il écrit ces lignes ·

« Alors que le monde avait le plus d'espoir, nous ne pouvions nous empêcher de voir que les motifs de cet espoir
n'avaient d'autre appui que la persuasion où était M. Thiers
qu'il s'arrangerait avec M. de Bismarck, persuasion que
M. de Bismarck a fait de son mieux pour combattre par une
foule de déclarations dans les organes officiels ou semi-
officiels, affirmant toujours sa résolution de ne pas s'écarter
des principes posés à Ferrières. »

Les égards, les précautions, les ménagements de
toute sorte dont M. de Bismarck crut devoir faire usage,
comme nous le voyons dans la *note*, soit pour retenir
M. Thiers, soit pour le préparer au dénouement, ne
pouvaient toucher en rien au fond de cette résolution,
et le *Times* était l'exact et fidèle interprète de la situation, quand il ajoutait, dans la conclusion de son article, en faisant allusion aux programmes opposés du
6 septembre et du 27 : « Deux volontés inflexibles sont
en présence : il s'agit de savoir laquelle des deux sera
assez forte pour réduire l'autre en poussière. »

Telle était la vérité.

Le Gouvernement de Paris ne sut pas ou ne voulut
pas la voir. Rien n'était plus visible cependant que les
fatalités d'ordre historique, politique et moral mêlées
à la proposition d'armistice que M. Thiers était venu
soumettre aux délibérations du Conseil la veille du
31 octobre ; et il n'était pas moins clair non plus que,
ces fatalités impliquant deux termes, la paix à des conditions humiliantes pour nous, mais inévitables —
imposées à M. de Bismark lui-même — ou la continua-
tion de la guerre — de la guerre à outrance — il était
du devoir d'une politique qui se respecte, de les regarder en face et d'avoir le courage de choisir. Or, c'est ce
que l'Hôtel de Ville ne sut pas faire. Il en résulta ce
que l'on sait : la population virile de Paris, voulant le
maintien du programme du 6 septembre et sentant
que l'armistice en était l'abandon, protesta tout entière,
chacun selon son tempérament, les uns par l'action vio-

lente, les autres en laissant faire, et le Gouvernement
se vit placé dans une impasse, aboutissant à une victoire équivoque et à un appel à la majorité, qui était
une faiblesse.

Nous tenons à mettre ce point en pleine lumière,
parce qu'il intéresse le patriotisme, comme la vérité de
l'histoire.

A entendre ses apologistes, l'Hôtel de Ville n'aurait jamais voulu que des conditions honorables, et il
en aurait obtenu de l'armistice, sans le coup de tête du
31 octobre. C'est le thème; or, c'est là une illusion
pure. Que le Gouvernement n'ait jamais voulu que des
conditions honorables, au cas où il traiterait, nous
pouvons le croire. M. Jules Simon a dit, dans ses *Souvenirs du 4 Septembre* : « Le Gouvernement, dans toute
sa durée, n'a jamais voulu qu'une paix honorable. »
M. Daru l'a dit aussi dans son rapport[1]. Nous nous rappelons même que, dans son horreur de toute idée de
capitulation, M. Jules Simon, longtemps avant qu'il
ne songeât à composer l'*Histoire du 4 Septembre*, écrivait, en plein siège, à un préfet de ses amis en province, qu'il aimait mieux « un Moscou qu'un Sedan. »
Il y a quelque chose de plus : le 30 octobre, la veille
même du jour où l'accusation de défaillance devait se
traduire contre lui par une tentative de révolution,
M. Jules Favre, dans une réunion de plus de trois cents
personnes, composée de maires et de magistrats, disait,
au risque de se brouiller avec M. Thiers : « Nous n'a-
vons pas voulu suivre les leçons des froids et égoïstes
docteurs qui nous disaient : — Vous êtes vaincus;
sachez être vaincus. C'est de votre part un détestable
orgueil de conserver des prétentions quand la fortune
les repousse. » Mais toutes ces déclarations, ces protestations d'héroïsme officiel faites *in extremis* ne détrui-
sent pas la situation que nous avons indiquée, ni ses

---

1. Rapport, p. 223.

conséquences inéluctables. Aussi l'instinct populaire, pénétrant les entrailles de cette situation, sentant, d'une part, ce qu'il y avait d'insurmontable dans l'alternative qu'elle posait, et voyant, d'autre part, le Gouvernement essayer de la tourner, faire mille démarches pour concilier ce qui était inconciliable, fut-il conduit, en vertu de la logique des grandes passions, à interpréter la conduite de l'Hôtel de Ville dans le sens d'une faiblesse.

Il y avait bien des apparences contre le Gouvernement et pour l'opinion ainsi excitée. On pouvait supposer sa politique décidée dans ses intentions ; il était impossible qu'elle ne parût pas pusillanime dans ses actes. Comment faire cadrer avec le programme des résolutions extrêmes toute cette série de précédents si peu superbes, la mission de M. Thiers, la démarche de M. Jules Favre à Ferrières et cette occasion d'armistice si ardemment poursuivie dans toute l'Europe ? Pourquoi aurait-on ajouté foi à des déclarations officielles que des nécessités plus hautes démentaient ? Pourquoi n'auraient-elles pas apparu comme des concessions faites à la conscience publique, une sorte de gâteau jeté au monstre pour lui faire prendre patience et l'amuser ? Et comment, dès lors, chez un peuple médiocrement naïf, la passion ne s'en serait-elle pas irritée, au lieu d'en être calmée ?

M. Jules Simon n'a pas vu les choses de cette façon. Il a fait la part des hommes plus grande que celle des événements ; il a surfait les causes occasionnelles au détriment de la cause première et décisive. On lit dans ses *Souvenirs du 4 Septembre* :

« ... Quand on y réfléchit aujourd'hui, les causes de l'échauffourée du 31 octobre sautent aux yeux. Nous avions depuis deux mois, à côté de nous, le Gouvernement qui avait voulu se constituer le 4 Septembre. Ces deux mois écoulés lui avaient donné une force par la chute de Strasbourg, à laquelle la capitulation de Metz venait maintenant s'ajouter [1]. »

Pour nous, il nous semble que ce n'est là parler ni en historien ni en philosophe. Ce n'est pas aller à la vraie raison des faits, à leur cause profonde. Si l'on avait vu clairement, manifestement dans le Gouvernement la résolution de rester fidèle au programme énergique de la circulaire du 6 septembre, le gouvernement occulte dont parle M. Jules Simon, se serait trouvé isolé, absolument impuissant à grouper autour de lui une portion sérieuse de la population et à mettre, une seule minute, le Gouvernement légitime en échec. Ce qui donna quelque force à Blanqui, à Flourens et à leurs adhérents, c'est la faiblesse ou au moins les apparences de faiblesse de leurs adversaires. La réflexion a pu blâmer le mouvement de passion violente qui fit envahir l'Hôtel de Ville, à cause de l'incapacité de ceux qui le dirigeaient ; mais le sentiment auquel il répondait, c'est le sentiment même qui éclate dans la *note* de M. Thiers. Il faut, quoi qu'on fasse, se ranger du côté de cette logique populaire qui avait percé le voile dont essayait de s'envelopper pour donner le change, la politique timide et inconséquente du Gouvernement.

Et on le remarquera, nous ne faisons que traduire, en parlant ainsi, le sentiment de témoins compétents et désintéressés. Nous n'en citerons qu'un seul, mais qui tranche la question. M. Baudoin de Mortemart, sous-chef d'état-major de la garde nationale à Paris, disait devant la Commission d'enquête : « Nous avons empêché les insurrections du 31 octobre et du 22 janvier. Sans l'armistice, nous les aurions toujours empêchées. » Cela est vrai, surtout de la première des deux insurrections. Dans la pensée de la population, l'idée de l'armistice se liait à celle de l'abandon de la politique du 6 septembre, et son orgueil se révoltait à la perspec-

1. *Souvenirs du 4 Septembre*, p. 110.

tive d'une paix qui ne pouvait être que bien éloignée
de ce qu'elle s'était promis, de ce qu'on lui avait promis. Il n'y a pas d'autre explication du 31 octobre.
M. Jules Simon lui-même a dit en parlant du peuple
de Paris : « Faire la paix avec l'ennemi lui paraissait
une trahison, Allions-nous faire ce qu'avait fait tout récemment Bazaine, ce qu'avait fait deux mois auparavant l'Empire ?.. Frœschwiller, Sedan, Metz, n'était-ce
pas assez de honte[1] ! » L'historien du 4 *Septembre* a
bien pu se contredire en écrivant ces lignes : mais il
faut lui rendre cette justice qu'il voyait bien ce qui
s'agitait au fond des âmes, ce qui rendit le 31 octobre
possible, ce qui en est la véritable cause, avec la faiblesse du Gouvernement.

Il ne s'agit pas de faire un crime aux adversaires de
l'insurrection, à ceux surtout qui expliquent toutes
choses par l'intérêt individuel ou l'ambition des partis,
de n'avoir pas saisi les raisons, d'ordre historique ou
politique, qui pesaient sur M. de Bismarck et sur
M. Jules Favre, ni leur contre-coup sur la population
virile de Paris. Il n'est pas donné au parti pris de pénétrer le fond des choses. Ce qui est plus grave, c'est
qu'on ne s'est pas contenté de glisser sur les surfaces.
Après avoir méconnu les causes éloignées ou prochaines
du mouvement, on a voulu le déshonorer et lui imputer
des conséquences désastreuses qui ne lui appartiennent
pas. Sans lui, a-t-on dit, sans l'intervention de ceux
que M. de Bismarck appelait dédaigneusement les *gentilshommes du pavé*, la mission de M. Thiers n'aurait
pas échoué ; la Prusse aurait fait des conditions raison-
nables.

« Tout allait bien, dit M. Jules Simon, tout marchait à la
paix. Pendant quatre jours entiers, les Prussiens ignorèrent
ce qui s'était passé à Paris, leurs avant-postes étant au pont
de Sèvres. Le jeudi, ils eurent les premières nouvelles, et

1. *Souvenirs*, p. 111.

des nouvelles fausses, puisqu'ils crurent à une révolution triomphante. Toutes ces courses, tout ce travail, le dévouement de M. Thiers, le concours de toutes les puissances de l'Europe, le vœu des patriotes, tout vint échouer devant cette date fatale du 31 octobre [1]. »

M. Thiers a dit de son côté, et M. Jules Simon qui le cite, souscrit à son langage :

« Un nouvel incident était survenu qui empirait beaucoup les choses : c'était la proclamation publiée à Tours à propos de la reddition de Metz. — « Le roi voulait la paix, me dit « M. de Bismarck ; il résistait au parti de la guerre en « Prusse, car, il ne faut pas vous le dissimuler, nos mili- « taires sont opposés à l'armistice. Cette nouvelle révo- « lution à Paris, le langage tenu à Tours découragent ceux « qui espéraient calmer les passions, et, plein de confiance « hier, j'en ai beaucoup moins aujourd'hui [2]. »

M. Thiers et M. Jules Simon se trompent également. Que le mouvement du 31 octobre soit une date fatale, on peut l'accorder : il a énervé le Gouvernement ; il l'a entraîné à des mesures qui ont porté atteinte à son autorité ; il a dévoilé des défaillances qui n'étaient pas notoires ; il a fourni des prétextes à l'ennemi. Mais à qui la faute ? C'est se moquer de dire que, sans lui, nous aurions eu l'armistice et la paix. M. de Bismarck n'avait pas besoin d'une émeute à Paris pour se donner des raisons de persister dans son programme. Rien au monde, excepté un changement dans la fortune des armes, n'aurait eu prise sur ses résolutions. Il a dit en parlant de Napoléon III après Sedan : « Imaginez-vous qu'il croyait à notre générosité ! » C'eût été une plus grande naïveté encore de croire à cette générosité après Metz. La pensée vraie de M. de Bismarck était arrêtée bien avant la journée du 31 octobre. Que le roi désirât

1. *Souvenirs du 4 Septembre*, p. 112.
. *Note*, p. 190.

la paix, comme le disait son ministre, il importe peu : M. de Bismarck était dans son rôle, en le disant ; au fond, son adhésion à l'idée de l'armistice n'était qu'un simulacre de bonne volonté, un semblant de concession à l'opinion de l'Europe ; elle n'impliquait nullement l'abandon de ses prétentions.

Nous n'irons pas jusqu'à dire, dans cet examen de conscience auquel nous nous permettons de soumettre le puissant ministre, qu'il trompait M. Thiers en lui disant que le roi désirait la paix et qu'il était lui-même disposé à accepter une suspension d'hostilités. Il était sincère, quand il disait, dans ce langage spirituel et original qui est le sien, « qu'il voulait bien faire la paix en deux volumes, » dont le premier eût été l'armistice, au prix que nous connaissons, même en l'adoucissant ; mais l'adoucissement eût-il été tel qu'il pût être accepté par la France? M. de Bismarck lui-même n'en était pas sûr. Et il laissait bien entendre sa pensée, qui était le maintien de son programme, et la crainte de retrouver dans une assemblée la même pierre d'achoppement qu'à Ferrières, quand il s'écriait : « Oh! si je croyais que l'éditeur voulût mettre au jour le deuxième volume! » Dans cette situation d'esprit, placé entre le maintien de son programme et la perspective de l'insurmontable obstacle, il n'eût pas été l'homme qu'il était, s'il avait abandonné, en accordant un armistice aux conditions où il était acceptable pour nous, une position qui ne ne pouvait changer qu'à son désavantage, s'il avait consenti de gaieté de cœur à un acte « déclaré contraire aux intérêts prussiens » par l'autorité la plus haute, celle de qui l'on tenait la victoire.

Ici nous touchons au point sur lequel M. Thiers, le Gouvernement de Paris et ses apologistes ont, comme de concert, fermé les yeux. Ont-ils ignoré que les militaires disaient hautement que « l'armistice prolongerait notre résistance et qu'il fallait ou conclure la paix tout de suite ou attaquer Paris à outrance? » On le dirait en vérité ; car ils ne pourraient avoir su ce qu'ils paraissent avoir ignoré, sans que leur thèse n'en fût renversée tout entière. Ils seraient réduits à dire, pour la soutenir, cette thèse insoutenable, que c'est le mouvement du 31 octobre qui souffla à l'état-major prussien l'alternative qu'il posait, tandis que cette alternative — la paix immédiate aux conditions léonines que l'on connaît, ou la guerre à outrance — s'était imposée bien longtemps auparavant, dès les premières victoires, à M. de Bismarck lui-même.

Tout ne marchait donc pas à une paix honorable : c'était une grande illusion de la part de M. Thiers de l'avoir pensé un seul instant ; et c'est précisément parce que Paris craignait que le Gouvernement ne marchât point du tout à une telle paix, que se fit le 31 octobre.

Les adversaires de la politique de Gambetta ne sont pas plus heureux de l'autre côté. M. de Bismarck a-t-il dit à M. Thiers que le langage tenu à Tours avait contribué à faire échec aux espérances de paix à côté de « la nouvelle révolution » faite ou essayée à Paris? Il n'y a aucun motif d'en douter ; mais il faut ajouter que M. de Bismarck était aussi éloigné de la vérité sur ce point que sur l'autre, et que c'est M. Thiers qui se laissait prendre ici à ce prestige des mots dont parlait le correspondant du *Times* en moquerie de l'illustre négociateur. Encore une fois, tout était décidé avant le 31 octobre, comme avant la proclamation de Gambetta contre Bazaine. Ce n'était ni une échauffourée, dont la portée avait été réfutée par M. Thiers lui-même auprès de M. de Bismarck[1], ni une proclamation patriotique, qui était prévue et ne pouvait pas ne pas l'être, qui eussent eu la vertu de changer, du jour au lendemain, les dispositions du Roi et par ricochet celles de son

1. *Souvenirs*, p. 190.

ministre, si elles avaient été à la paix, à une paix telle
que nous pouvions l'accepter.

Ce que nous venons de dire, n'implique pas, de notre
part, l'apologie absolue du 31 octobre. Nous connaissons
les préventions qui se mêlaient au sentiment patriotique sur lequel les chefs du mouvement s'appuyèrent
pour le susciter et le rendre possible. Millière disait dans sa *Lettre à mes électeurs* après la tentative
avortée : « Que voulait le peuple ! Intervenir dans la défense abandonnée par un Gouvernement qui sacrifiait
la France aux intérêts de son parti, comme l'Empire
l'avait sacrifiée aux intérêts de sa dynastie. » Millière
dénaturait les intentions politiques de ses adversaires
en justifiant le mouvement dirigé contre eux. Des deux
côtés, on voulait sincèrement, nous ne disons pas la
défense, mais la République ; il n'y avait entre les deux
partis que la différence des situations et des opinions
sur les moyens d'atteindre le même but. Le tort du
Gouvernement était de paraître vouloir la paix à tout
prix, quand il ne voulait qu'une paix honorable, malheureusement impossible, et le tort de Millière et de
ses amis était de lui prêter des sentiments qu'il ne pouvait pas avoir, et qu'il n'aurait jamais osé avouer, s'il
les avait eus. Il ne faut pas d'autres divergences dans
ces crises terribles où l'existence est en jeu, pour provoquer des conflits, pour tourner les meilleurs sentiments en mouvements regrettables.

Les historiens de la Commission d'enquête se sont
placés, pour juger le 31 octobre, à un point de vue bien
différent. Pour eux il n'y a là que des passions sub-
versives, auxquelles le patriotisme sert tout simplement de prétexte ; en quoi, d'ailleurs, ils ne font qu'obéir
à leur système. Ce qui peut surprendre seulement, c'est
que, des deux parties du drame qui, l'un comme l'autre,
se prêtent également au parti pris, comme aux sévérités
légitimes de la critique, la première seule ait occupé
la Commission d'enquête et qu'elle ait gardé le plus

profond silence sur la seconde. Pour elle tout l'événement se renferme dans le fait de l'insurrection, dans la victoire du Gouvernement et les moyens de répression jugés nécessaires pour conjurer toute récidive. Le plébiscite du 3 novembre, qui vint à sa suite et qui était un de ces moyens, ne tient aucune place dans ses préoccupations, ou, si elle en parle, c'est pour l'approuver. M. Jules Simon lui-même, qui a trop de sagacité politique pour n'en avoir pas saisi la portée, ne s'y arrête que pour en démontrer la nécessité et plaider les circonstances atténuantes. Le fait, pour être d'un autre ordre que l'armistice, ne mérite pas cependant moins d'attention, ne fût-ce que pour ceux qui tiennent à juger la différence des deux politiques de Paris et de Tours, et à montrer à sa source la raison des divergences plus profondes qui ont eu lieu dans la suite.

Le Gouvernement du 4 Septembre avait une double tâche à remplir : il avait à défendre le pays et à maintenir, jusqu'au jour où la France pourrait délibérer en paix sur ses destinées, le caractère de la Révolution qui l'avait porté au pouvoir. Les deux parties de la tâche étaient pour lui inséparables ; il ne lui était pas plus permis de perdre de vue la seconde que la première. La population de Paris l'avait proclamé pour deux raisons : parce qu'elle avait confiance en son patriotisme et parce qu'il était républicain ; et la France avait ratifié le choix de Paris dans une immense acclamation. Étant, par cela seul, légitime autant qu'il est donné à un gouvernement de l'être, il était de son devoir de sauvegarder son titre, tant que dureraient les circonstances dans lesquelles il lui avait été décerné. C'est pour cela que le plébiscite qui le mit aux voix le 3 novembre, nous paraît être un fait considérable, que ses adversaires seuls pouvaient traiter légèrement.

M. Jules Simon, parlant du 31 octobre, a dit que le Gouvernement « avait le devoir absolu de se maintenir contre l'insurrection, » et cela est incontestable ; mais cela même est une réfutation sans réplique de l'expédient auquel on eut recours pour se donner raison. Où prenait-on le droit dont on s'armait contre ses adversaires, si ce n'est dans l'acclamation dont on était issu, et dans la mission qu'elle imposait? Il fallait donc tenir ce droit intact et se garder de rien faire qui pût infirmer la légitimité de la Révolution qui l'avait conféré. Et c'était plus qu'une faute, c'était presque un crime de douter ainsi de soi-même. On n'affaiblissait pas seulement son autorité; on affaiblissait la défense; on manquait tout à la fois aux deux parties du mandat qu'on avait accepté. On s'exposait, de plus, pour sortir d'une difficulté d'un jour, à toutes celles qui naissent des situations fausses, des pouvoirs qui se font discuter.

M. Jules Simon a le sentiment de la faute commise; on peut le penser, quand on considère les raisons qu'il allègue pour expliquer et justifier l'expédient.

« ... On aurait beau déclarer, dit-il, que les nouveaux maires seraient, comme leurs prédécesseurs, subordonnés au Gouvernement, leur origine leur donnerait une force que le Gouvernement n'avait pas. En effet, si les maires étaient élus par toute la population parisienne, de quel droit un gouvernement sorti de la nécessité la plus urgente, mais qui n'était qu'un gouvernement de fait, sans aucune consécration régulière, pourrait-il leur donner des ordres?... Il fallait donc, avec des maires élus, un gouvernement également élu!... C'était le moyen le plus prompt de faire la lumière sur la situation et de rendre à l'autorité le ressort dont elle avait indispensablement besoin pour maintenir le bon ordre et continuer la résistance[1]. »

Sans parler de la question de forme, qui était secondaire, M. Jules Simon donne trop d'importance à la logique dans la situation, et encore son raisonnement, même au point de vue où il semble se placer, pourrait-il bien, examiné de près, ne pas paraître d'une correc-

---

1. *Souvenirs du 4 Septembre,* p. 186-187-188.

tion irréprochable. Si le Gouvernement était légitime
— et il l'était au dire de M. Jules Simon, puisqu'il était
issu de la nécessité la plus urgente — il n'avait pas à
se mettre aux voix, et s'il n'était pas légitime, comment
aurait-il pu espérer communiquer au pouvoir subordonné qu'il redoutait, une légitimité qui lui manquait
à lui-même ? Et celui-ci aurait été bien malavisé de se
prévaloir d'une supériorité entachée à son origine. Car
si deux faits révolutionnaires se valent, le second pro-
cédant du premier ne saurait jamais invoquer à juste
titre une légitimité supérieure. Du reste, ce n'était pas
de subtilités de cette nature qu'il s'agissait. Ce qui
faisait douter de la légitimité du Gouvernement, ce qui
le faisait mettre en question, ce n'était pas de n'avoir
pas été élu régulièrement, mais de paraître au-
dessous de sa mission de Gouvernement de la Défense,
et l'élection ne pouvait rien changer à cette opinion :
une faiblesse ne fait pas équilibre à une autre faiblesse.
Un gouvernement, sûr de ses intentions et parfaitement résolu à remplir sa mission, n'aurait pas seulement dédaigné des attaques injustes ; par la raison
même qu'il aurait été mis en question par un appel à
la force, il aurait d'autant plus tenu à ne pas se laisser
discuter après la victoire. Ce n'est pas la Convention
qui eût eu l'idée de se mettre aux voix après la défaite
des Dantoniens ou des Hébertistes.

Pour tout dire, le Gouvernement de l'Hôtel de Ville
était tenu d'abdiquer ou de rester fidèle jusqu'au bout
à son origine et à la politique qu'elle lui imposait. Les
gouvernements ne sont vraiment des gouvernements
qu'en obéissant à la pensée qui les a créés. Rester au
pouvoir, en déviant si peu que ce fût de cette pensée,
c'était à la fois compromettre la défense et la République. D'un côté, l'armistice, qui était une négation
dissimulée, mais réelle de la circulaire du 6 septembre
et de la déclaration du 23 à M. de Bismarck, donnait
le droit de ne voir dans le fier langage du ministre des

affaires étrangères et du Gouvernement tout entier
qu'une concession de circonstance, un expédient de diplomatie intérieure, quelque chose de semblable à « ces
remparts de papier » dont s'amusait à ses heures M. de
Bismarck ; et, d'un autre côté, le plébiscite, essayant
de couvrir une faiblesse par une faiblesse, empirait le
mal qu'il prétendait guérir. Il en résulta que, le lendemain du désastre de Metz, le Gouvernement parut à
tout le monde plein de trouble et d'hésitation, sans
confiance dans les autres et incertain de lui-même, et
que, bien loin de rendre à l'autorité, comme le prétendait M. Jules Simon, le ressort nécessaire à l'accomplissement de sa mission, il l'énervait, il l'amortissait
au moment même où il avait le plus grand besoin
d'énergie et de puissance.

Mais il est temps de nous transporter à Tours. Là
on trouve d'autres dispositions d'esprit et une autre
politique : on s'y attache avec la même opiniâtreté
aux deux parties de la tâche ; on ne veut pas plus
douter de la République que de la France ; on ne veut
pas plus paraître déserter le principe de la Révolution,
la légitimité du titre en vertu duquel on gouverne, que
le sentiment de l'indépendance et de l'honneur national
qui avait inspiré le programme du 6 septembre.
L'armistice et le plébiscite sont également rejetés et
par la même raison : non seulement on ne veut pas
trahir sa mission ; on ne veut pas même le paraître.
Gambetta s'éloigne tout à la fois et de M. Thiers et de
M. Jules Favre.

CHAPITRE XIX

LE 31 OCTOBRE EN PROVINCE.

Tentative de résurrection de la Ligue du Midi à Marseille. — Esquisse rapide du mouvement. — Émotion de la population à la nouvelle de la capitulation de Bazaine. — Dépêche de M. Delpech. — La Commune révolutionnaire. — Cluseret. — Durée de sa victoire. — Changements à l'arrivée de M. Gent, successeur de M. Esquiros. — Dépêche de M. Gent à Gambetta et à M. Ranc. — Condamnation du mouvement par les électeurs. — Fausses appréciations de M. de Sugny. — Nouvelles du plébiscite du 3 novembre apportées par les ballons le *Fulton* et le *Galilée*. — Emotion du public. — Diversité des opinions. — Gambetta et le plébiscite. — Dépêches de M. Frédéric Morin, de M. Albert Christophle, du procureur général de Montpellier. — Longue dépêche de Gambetta à M. Jules Favre.

Si nous voulons trouver en province un mouvement analogue à celui de Paris, nous devons nous transporter dans le Midi ou, pour parler plus exactement, dans la ville de Marseille. L'émotion patriotique qui fut le principe du mouvement de Paris, était la même partout; mais, en province, c'est à Marseille seulement qu'elle donna lieu à une agitation de la place publique : agitation toute superficielle, quoi qu'on en ait dit, et qui, considérée en elle-même comme dans ses suites, n'eut aucune importance réelle, n'ayant été, à vrai dire, qu'une aventure éphémère, étourdiment tentée par quelques meneurs de la Ligue du Midi, qui, prenant leur exaltation ou leur ambition pour du patriotisme, surfaisaient leurs sentiments pour exploiter ceux de la population et s'imposer.

Nous avons dit ailleurs l'objet de la Ligue du Midi, les bonnes et les mauvaises passions qui la formèrent,

27.

son inutilité, ses vices. L'échauffourée de Marseille, qui fut son suprême effort, est le dernier chapitre de son histoire.

La Ligue, qui s'était fort agitée à la fin de septembre et au commencement d'octobre pour se constituer, avait d'abord donné beaucoup d'ennuis à la Délégation et particulièrement à M. Laurier, dont nous avons raconté les doléances; et puis, après l'arrivée de Gambetta, bien qu'on lui trouvât le grand inconvénient de perpétuer une agitation stérile et de donner des armes à la Réaction, on ne s'en était pas autrement inquiété. On avait pensé qu'elle ne pouvait aboutir à rien de sérieux, le prétexte trouvé dans l'inertie réelle ou supposée de la Délégation ne pouvant tenir devant l'effort gigantesque, désormais visible pour tous, qui avait suivi. La Ligue, en effet, mourait de sa belle mort, lorsque la capitulation de Metz survenant vint la ranimer [1].

Le terrain était préparé de vieille date. Marseille, à défaut de Lyon, formait le centre et le foyer de la Ligue. L'autorité du Gouvernement, sans être ostensiblement méconnue, n'y était pas complètement obéie. Sa politique, dans un groupe peu considérable par le nombre, mais ardent, et qui, à part l'élément étranger qui s'y était mêlé, avait la force que donne l'enthousiasme ou l'exaltation dans une grande cause, était mal appréciée, mal interprétée. M. Esquiros, malgré son admiration pour Gambetta, n'avait pas su s'affranchir des influences qui dominaient autour de lui. Partagé entre deux craintes presque égales, celle de rompre avec la Délégation, dont sa raison reconnaissait les titres, comme la nécessité, et celle de mécontenter un parti qui le séduisait par son programme d'apparence héroïque, trompé par le mirage, dangereux parfois, de la Convention, et de plus, effrayé du spectre

1. Voir t. Ier, chap. VIII.

de la guerre civile, qu'il voyait toujours menaçant, il n'avait su d'abord de quel côté se fixer ; et puis, malade, abreuvé de chagrins et de dégoûts, il avait fini par céder au parti dont il sentait le plus la force, parce qu'il était le plus près de lui. Le préfet, M. Delpech, n'avait pas pu prendre une meilleure attitude. Le commandant de la garde nationale, M. Marie, attaché à la politique de Tours, comme la garde nationale elle-même, n'était pas à la hauteur des circonstances ni de son rôle. La grosse affaire de la *Gazette du Midi* et du décret d'expulsion des Jésuites, entretenaient dans la population une grande fermentation. La trahison de Bazaine vint à point pour ouvrir la carrière aux téméraires et aux excentriques.

La population de Marseille, fut, dans cette circonstance critique, admirable. Malgré la vive et profonde indignation qu'elle ressent, malgré la faiblesse de quelques-uns de ses chefs, elle résiste tout entière et écarte sans hésiter la faction qui avait réussi un moment à la dominer. Non seulement elle ne prend aucune part active au mouvement ; elle le combat et l'enraye. Le succès éphémère de Cluseret ne sert qu'à en montrer la vanité, aussi bien que les contradictions de l'agitateur, qui, après avoir troublé l'ordre, fait un appel à l'ordre, qui, après avoir prétendu donner des leçons de conduite à la Délégation, exhorte les siens à serrer leurs rangs dans le danger autour de cette Délégation qu'il vient de calomnier. Il n'a pour lui ni le conseil municipal, ni la garde nationale, ni une seule personnalité saillante dans le parti républicain, à l'exception de M. Esquiros. Il ne peut entraîner ses rares partisans eux-mêmes qu'en faisant toutes sortes de concessions, en déclarant qu'il ne songe pas à se substituer au Gouvernement, qu'il tient au contraire à marcher de concert avec lui, en cachant son drapeau ; et, après le triomphe, il ne trouve rien de mieux à faire, pour justifier l'entreprise, que de la placer sous les auspices de la Délégation en se réclamant de son langage[1].

Marseille, comme Paris, comme toutes les grandes villes, avait pris au sérieux la circulaire du 6 septembre et la proclamation de la Délégation. La Ligue avait dit, dans son manifeste du 26 septembre, qu'elle ne voulait pas d'une paix honteuse qui démembrerait la France et la ferait descendre de son rang ; et le 25 octobre, dans un second manifeste adressé aux départements du Midi et signé par M. Esquiros, elle avait, renouvelant ses premières déclarations, proclamé que ses délégués se tiendraient « dans les départements pour prêcher la guerre sainte, réunir les comités républicains des localités et agir avec eux de concert pour déterminer, par tous les moyens possibles, un soulèvement général. » Toute la population de Marseille n'appartenait pas à la Ligue ; mais elle était animée des mêmes sentiments et elle voulait avec autant d'ardeur et de sincérité le succès de l'effort auquel la France avait été condamnée par l'inepte politique de l'Empire. Aussi, quand elle apprit le désastre de Metz, éprouva-t-elle une émotion profonde. La ville entière s'agita sous le coup ; tous les citoyens, sans distinction de parti, furent frappés de stupeur. L'émotion était telle que le préfet jugea prudent d'aviser aux moyens de calmer les esprits et fit par le télégraphe une proposition, à cet effet, qui dut paraître assez étrange à Tours :

« Ne serait-il pas bon, disait M. Delpech, de faire connaître à la France entière que le désastre de Metz ne change pas notre position, que l'armée prussienne qui bloquait Bazaine était peu considérable, que la trahison datait de

---

1. Le *Peuple*. rédigé par M. Gustave Naquet, disait, dans son numéro du 2 novembre : « Gambetta a dit à Tours aux délégués lui demandant le changement des municipalités existantes et plusieurs autres mesures pendant qu'une manifestation entourait le Gouvernement central : — « Il faut que les citoyens agissent par eux-mêmes, sans attendre le Gouvernement qui, de son côté, agira sans relâche. »

Sedan, qu'il ne résistait que pour la forme, que par suite il fallait peu de forces pour le retenir, ce qui amène à dire que la capitulation n'aura qu'une influence restreinte sur la situation ? »

La proposition ne fut pas agréée, bien entendu. Mais elle marque, par son étrangeté même, l'effet produit sur le patriotisme de la population par l'événement dont on avait voulu dissimuler la portée à ses yeux, et aux yeux de la France entière.

C'était donc un moment propice pour les fanatiques et les ambitieux, peu nombreux d'ailleurs, qui depuis le commencement de la guerre convoitaient le pouvoir. Dès le 30 octobre, le *Club de la Révolution*, réuni au cours de Belzunce avait, par son comité d'action, lancé un manifeste où il était dit que la Ligue du Midi avait « mission de nommer tous les pouvoirs civils, militaires et politiques ; » et tout aussitôt Cluseret prend la direction du mouvement. Une Commission municipale, sorte de Commune révolutionnaire, s'empare de l'Hôtel de Ville. Le préfet quitte la préfecture. Les gardes civiques en sont les maîtres et les hôtes. La garde nationale, dont le chef, le général Marie, a disparu, est paralysée. Le télégraphe est dans les mains de l'émeute. Le maire, M. Bory, se voit obligé d'envoyer des émissaires à Avignon pour faire parvenir ces nouvelles au Gouvernement, pour lui faire savoir que la terreur et l'anarchie règnent à Marseille — ce qu'il savait du reste — et le conjurer d'y envoyer des troupes pour rétablir l'ordre.

Ainsi, dès le 1er novembre, Marseille est au pouvoir de la faction. Mais il ne faut pas oublier que cette faction a cru nécessaire pour le succès de l'entreprise de s'appuyer sur le sentiment patriotique de la population et de déclarer qu'elle ne voulait pas se séparer du Gouvernement. La Commune révolutionnaire, à peine installée, reconnaît expressément, dans la proclamation qu'elle publie, le programme de Paris et de Tours,

ayant soin de rappeler la phrase de Jules Favre : « Ni
un pouce de notre sol, ni une pierre de nos forteresses. »
Le même jour, Cluseret tient le même langage, ajoutant qu'il n'accepte le commandement de la garde
nationale que dans l'intérêt de l'ordre, et faisant dire
qu'il ne veut à aucun prix rompre avec le Gouvernement de Tours. C'est que l'agitateur, malgré son infa-
tuation, sent bien que le mouvement qu'il commande
n'est qu'à la surface. Et, en effet, il suffit de la présence de M. Gent pour rendre la vérité de la situation
visible à tous les yeux.

Les deux jours qui précédèrent l'arrivée du représentant de Tours, avaient été des plus agités. La journée
du 31 octobre s'était passée dans les péripéties d'un
conflit entre le préfet, M. Delpech, et le général de la
garde nationale. Le général Marie, après avoir promis
d'être le bras droit de la Délégation, s'était dérobé.
Cluseret, trouvant la place libre, avait pris le titre de
général de la garde nationale et des troupes de la
Ligue du Midi, puis, en toute hâte, le 1er novembre,
avait lancé des proclamations enflammées et excentriques, où se mêlaient aux déclarations de guerre à
outrance des appels à la République universelle. Quant
à M. Esquiros, instrument docile et inconscient, qu'on
avait voulu maintenir à tout prix, on lui faisait écrire,
du fond de la préfecture, où il était comme enseveli,
des lettres affolées à ses collègues du Rhône et de
l'Isère, entre autres, pour les inviter à entrer dans les
vues de la Ligue, qu'il leur présentait comme le dernier
boulevard du pays.

Mais, si grave que fut cet état de choses, dès le lendemain, la scène change du tout au tout, et le simulacre de gouvernement qui avait pu surgir dans le
désarroi tumultueux des autorités, tombe comme par
enchantement. M. Gent est accueilli à la gare, où il
arrive le 2 novembre à 4 heures et demie, au milieu
d'un immense concours de la population. L'accident

qui survient dans le premier désordre de son installation, le coup de feu qu'il reçoit, devient pour lui une force de plus, et pour la garde nationale, une raison de plus aussi de serrer ses rangs et de faire cause commune avec le représentant du Gouvernement. Chaque heure, chaque moment apporte un surcroît de force au remplaçant de M. Esquiros. Ceux-là mêmes qui étaient à la tête de l'insurrection, s'aperçoivent bientôt que le sol manque sous leurs pas et que leur triomphe n'est qu'une surprise. Le pouvoir qui s'était glissé à l'Hôtel de Ville, est si peu sûr de lui qu'il se hâte de dégager sa responsabilité. Le Président de la Commune révolutionnaire déclare que c'était pour désunir les patriotes qu'on a tiré sur M. Gent. Cluseret promet une réparation exemplaire des crimes commis dans l'échauffourée. Il était encore plus en peine quelques heures après. On le sent par ces mots qu'il adressait à la garde nationale : « Des faits graves se sont passés cette nuit. Une enquête, une enquête sévère, va avoir lieu. Bonne et prompte justice sera faite. Mais, au nom de la patrie agonisante, du calme, du sang-froid : maintenons l'ordre. N'ajoutons pas aux horreurs de l'invasion, cette chose hideuse : la guerre civile. » Le mouvement était si bien de surface, l'agitateur s'était si bien trompé d'heure et de terrain que son triomphe fut encore de plus courte durée qu'à Lyon. Le patriotisme de Marseille était resté en dehors des excentricités qui l'exploitaient et le défiguraient. Dès le 3 novembre, Cluseret était perdu. Le 4, le procureur général d'Aix pouvait télégraphier à M. Crémieux :

« Les choses tournent au mieux. Nicolas a pris le commandement. On a amené des canons et sommé les civiques de se rendre. Ils avaient promis de le faire par partage des postes ; on exige qu'ils rendent leurs armes et rentrent dans les rangs de la garde nationale avec un égal armement. On leur a accordé pour dernier délai jusqu'à onze heures.

Le télégraphe est rétabli sur Marseille. Maintenant le brave ami Gent vous tiendra mieux au courant ; il est beaucoup mieux [1]. »

Le même jour, M. Gent avait envoyé lui-même à Gambetta la sage dépêche suivante :

« L'agitation s'apaise et demain j'espère vous dire qu'elle est complètement apaisée sans effusion de sang. De mon lit, et quoique prisonnier de fait, j'ai pris et continue à prendre des mesures à la fois énergiques et prudentes pour arriver au respect de la loi, de la République et du Gouvernement qui la représente. Je dois dire que j'y ai été aidé par tous : on a compris l'abîme où l'on poussait le pays et où l'on tombait soi-même ; aussi vous proposerai-je d'être indulgent et clément. Je ne veux pas plus de réaction que d'insurrection. Il n'est pas nécessaire de vous dire que tout a été et sera fait sans capitulation ni condition offerte ou acceptée par moi ; je tiens à refaire l'union et la paix et je vous demande de m'aider à atteindre ce si désirable résultat [2]. »

Le lendemain encore une dépêche adressée à M. Ranc constatait la fin de l'insurrection, et la capitulation du principal agitateur qu'elle indiquait, prouvait en même temps combien il avait été peu dangereux.

« Cluseret demande à aller à Tours s'expliquer, y disait-on, et se justifier. Voulez-vous que je vous l'expédie ? Vous pourrez y gagner quelque chose et vous m'en débarrasserez sans que je sois obligé de le faire arrêter ici. Réponse urgente [3]. »

Enfin, le 14 novembre, comme l'annonçait une dépêche de M. Gent, la population de Marseille, rassemblée dans ses comices pour nommer un nouveau conseil municipal, condamnait l'agitation dont elle avait eu le spectacle.

« Le dépouillement s'est achevé aujourd'hui, disait la

1. Dépêche du 4 novembre, 12 h. 40 m. du soir.
2. Dépêche du 4 novembre, 12 h. 55 m. du matin.
3. Dépêche du 5 novembre, 12 h. 32, soir.

dépêche. La liste du comité républicain ou de l'ancien conseil municipal a été nommée à une grande majorité, avec vingt-neuf mille voix au maximum et vingt-un mille cinq cents voix au minimum. La liste, dite de l'*Égalité*, n'a eu que sept mille cinq cents à huit mille voix. Tout s'est passé avec le plus grand calme, la plus grande liberté et la plus parfaite régularité. Comme vous le voyez, tout va de mieux en mieux [1]. »

Gambetta ne fut pas surpris du dénouement. Il avait compris le caractère du drame et mesuré sa portée. Dès le premier jour et avant la crise, il avait bien vu que l'opinion n'était pas du côté de la faction qui dominait M. Esquiros, et il s'était convaincu qu'il suffirait, pour rétablir l'ordre, de mettre à sa place un homme énergique, d'un patriotisme comme d'un républicanisme au-dessus de tout soupçon. L'on peut ajouter qu'il donna dans cette circonstance une preuve de sagacité politique et d'esprit de gouvernement, si l'esprit de gouvernement consiste avant tout à voir les choses dans leurs justes proportions et à ne rien surfaire dans les mesures prises pour les maintenir ou les corriger; et la preuve était si manifeste que la Commission d'enquête n'a pu s'empêcher de le reconnaître. M. de Sugny, qui a été l'organe de la Commission, n'a pas toujours eu, nous l'avons déjà fait entendre, la même sagacité ou la même impartialité. Il semble, au moins bien souvent, que la poussière de la mêlée lui dérobe le théâtre de l'action et les ressorts qui font mouvoir les acteurs. Que l'esprit démagogique se soit enté sur le patriotisme et l'ait fait dévier, comme le prétend M. de Sugny, on peut le croire; mais si l'esprit démagogique avait eu la puissance qu'il lui prête, au point de tenir en échec une population tout entière, et une population armée, M. Gent aurait couru d'autres risques, son entreprise aurait rencontré d'autres diffi-

---

1. Dépêche du 14 novembre, 10 h. 10, soir.

cultés, et toutes les qualités de caractère et d'intelligence qui furent déployées dans cette mission périlleuse, l'eussent été en pure perte. La rapidité du succès de M. Gent est une preuve de plus du peu d'étendue du mouvement et des exagérations de M. de Sugny.

Nous ne prétendons pas, en parlant ainsi, amoindrir les difficultés de la mission de M. Gent ; mais ce serait une grave erreur de croire que les actes des civiques ou le prestige de leurs chefs fussent ce qu'ont essayé d'en faire les imaginations de l'esprit de parti. M. de Sugny a beau parler des violences de Cluseret ; il n'y a de violence que dans ses proclamations, et encore, quand il s'adresse à la garde nationale, sa parole a je ne sais quoi d'incertain, de timide, d'embarrassé. Ce farouche révolutionnaire, qui, suivant la Commission, dépasse en fureur démagogique la Ligue elle-même, qui a crié de toutes ses forces : « Place à l'initiative individuelle ! Vive la République universelle ! » a bien soin alors de parler uniquement de la nécessité de l'ordre « dans la rue et dans les esprits. » C'est que, si aveuglé qu'il fût par son désir de jouer un rôle, il avait bien vu de quelle faible consistance était l'élément désordonné groupé autour de lui, et il lui avait été facile de juger qu'il n'avait quelque chance de se maintenir — chance bien illusoire assurément — qu'en s'appuyant sur une base plus étendue et plus solide. Et enfin, lorsque quelques jours ou plutôt quelques heures après, il se vit contraint de quitter la préfecture, si une chose dut l'étonner, ce fut non pas sa chute, mais son triomphe.

Il serait oiseux de s'arrêter à tous les points de vue où s'est placée la Commission d'enquête. Y eut-il, comme l'insinue M. de Sugny, entente entre Paris, Marseille, Lyon, Saint-Étienne, Nîmes pour agir au 31 octobre ? Y eut-il intention formelle, dans ces dernières villes, de se séparer du Gouvernement, de lever drapeau contre drapeau ? Ceux qui ont répondu affirmativement à ces questions, ont pris les agitations bruyantes et désordonnées d'une minorité imperceptible pour les mouvements réguliers de toute une population, les convulsions d'un organe malade pour les tressaillements naturels et trop légitimes du corps tout entier sous le coup d'un péril imminent, où se jouait l'honneur et d'où pouvait dépendre l'existence.

Ainsi, nulle identité de but ni de sentiments — à part l'ébullition du patriotisme — entre le 31 Octobre de Paris et celui de la province. Les chefs du mouvement de Marseille se seraient bien gardés de parler comme Millière, dont nous avons rappelé plus haut le langage. Il ne pouvait pas être question ici d'abandon calculé, de sacrifice intéressé, ou de trahison. Cluseret parlait bien de trahison dans sa proclamation du 1er novembre ; mais c'était de la trahison de Bazaine. La Commune révolutionnaire, dans son *adresse* aux « citoyens du midi, » n'osait même pas faire allusion à la conduite, si violemment attaquée dans certains clubs, de la Délégation de Tours, et, en s'installant, elle avait bien soin de déclarer, en même temps que la guerre à outrance, « l'indivisibilité de la République et l'accord avec le Gouvernement central[1]. »

Cette différence si profonde des deux situations aurait suffi, indépendamment de toute autre considération, pour exclure aux yeux de Gambetta tout recours à cet expédient du plébiscite auquel le Gouvernement de Paris, comme il le lui disait un jour, s'était acculé. Aussi, lorsque la question se posa à Tours, se montra-t-il aussi résolu et aussi conséquent qu'il l'avait été dans celle de l'armistice. Se plaçant en plein dans la conscience de la partie virile du pays, il pensa qu'il ne pouvait pas plus douter de son autorité que de sa mission, et que cette mission lui interdisait de se mettre aux voix, tant que resterait l'espérance. Il lui sem-

---

1. Voir le *Peuple* du 2 novembre 1870.

blait que, bon gré, malgré, la Révolution du 4 Septembre imposait au Gouvernement qui en était sorti, la
dictature du salut public, et que, s'il tombait, il ne
pouvait tomber qu'avec la France.

La nouvelle du mouvement du 31 octobre avait été
apportée en province par le ballon le *Fulton*, parti de
Paris le 2 novembre. Le Gouvernement avait fait connaître aussitôt aux préfets les événements et le décret
du 1er novembre, qui provoquait un vote de confiance
de la population de Paris. Mais il s'était borné, dans
ses communications, à exposer les faits sans commentaires. Aussi bien des choses paraissaient-elles obscures, même après la lecture du *Journal officiel*, et bien
des questions se présentaient à l'esprit sans obtenir
de solution précise. Il est vrai, la déclaration du
Gouvernement était nette, ferme et de nature, sem-
blait-il, à rassurer le patriotisme. Mais, si d'un côté on
remarquait parmi les agitateurs les personnalités les
plus équivoques, comme Vermesch, Maurice Joly, l'ancien secrétaire de la princesse Mathilde, l'un des qué-
mandeurs de places les plus écœurants aux premiers
jours de la Révolution du 4 Septembre, et qui s'en était
fait ensuite un des plus violents accusateurs, d'un autre
côté on voyait figurer sur la liste du gouvernement
qu'on voulait substituer à celui du 4 septembre, les
noms de Victor Hugo, de Louis Blanc, de Ledru-Rollin,
de Dorian, de Schœlcher. C'était à n'y rien comprendre.
Pouvait-il y avoir autre chose qu'un malentendu entre
de tels hommes et le Gouvernement, qui déclarait de
nouveau qu'en faisant appel aux suffrages de Paris il
n'avait qu'un but « l'expulsion de l'ennemi hors du
territoire ? »

Le mouvement néanmoins était généralement blâmé,
quel qu'en pût être le principe ; il l'était même par ceux
qui y voyaient autre chose que le *Moniteur*, auquel il
apparaissait uniquement comme le produit d'ambitions
personnelles, impatientes d'arriver au pouvoir pour le

pouvoir lui-même[1]. Seulement des esprits plus rassis et connaissant mieux le milieu où s'était produit ce qu'on appelait l'émeute, tout en déplorant une scission dans le parti de la défense, craignaient qu'il n'y eût pas seulement un malentendu entre les vainqueurs et les vaincus, et que le vainqueur ne fût pas le plus résolu à la résistance. Gambetta disait, le soir même de l'arrivée des dépêches, à quelqu'un qui lui remettait un numéro du journal *le Temps*, apporté par le dernier ballon : « Et pourtant ce sont ces gens-là qui sont dans le vrai ! » distinguant ainsi entre le mouvement et ses auteurs.

Au milieu de ces sentiments divers, on attendait le vote sollicité par le Gouvernement. On ne doutait pas du résultat, d'abord parce qu'on ne pouvait pas croire que le Gouvernement eût rien fait qui méritât assez le blâme pour être renversé, et puis parce qu'il était le vainqueur. Mais c'était une question posée, et une question d'importance, qui ne laissait pas de causer une vive inquiétude.

Le vote fut connu par deux ballons expédiés de Paris le lendemain du plébiscite : le *Ferdinand-Flocon* et le *Galilée*. Ils apportaient des nouvelles du 3, avec des numéros de l'*Officiel* et des dépêches adressées à plusieurs journaux. Quant au résultat, le Gouvernement reçut, le samedi 5 novembre à 2 heures du matin, une première dépêche expédiée de la Flèche, qui donnait le chiffre des votes connus à 11 heures du soir, et, le lendemain, il avait des nouvelles plus complètes par l'intermédiaire du préfet de la Loire-Inférieure, qui lui envoyait la dépêche suivante :

« Nantes, 5 novembre 1870, 1 h. 30 matin.

« Des nouvelles de Paris, du 4 novembre, apportées par le ballon *Ferdinand-Flocon*, aéronaute Loisset, disent :

1. *Le Moniteur*, numéro du 5 novembre 1870.

« Le résultat connu du vote du 3 novembre, moins trois arrondissements, est de *oui* : 442,000, *non* : 49,000.

« Une proclamation du Gouvernement dit :

« Vous nous ordonnez de rester au poste de péril que nous assigne la Révolution du 4 Septembre : nous y restons avec la force qui nous vient de vous, et avec le sentiment des grands devoirs que votre confiance nous impose; le premier, qui est celui de la défense, continuera à être notre occupation exclusive. Nous préviendrons tous mouvements criminels par la sévère exécution des lois. »

« Une proclamation de M. Jules Favre dit :

« N'ayons tous qu'un cœur et qu'une pensée, la délivrance de la patrie : mais la délivrance de la patrie n'est possible que par l'obéissance aux chefs militaires et par le respect des lois. »

« Hier soir la garde nationale est allée féliciter le Gouvernement réuni chez le gouverneur de Paris. Le général Trochu a exprimé ses remerciements et dit : La République seule peut nous sauver. Si nous la perdions, nous serions perdus avec elle. »

« M. Jules Favre a ajouté : Le Gouvernement a juré de ne pas céder un pouce du territoire : il sera fidèle à cet engagement. (Applaudissements enthousiastes.)

« M. Clément Thomas est nommé commandant des gardes nationales.

« Tranquillité parfaite. Aucun événement militaire depuis dimanche.

« Plusieurs journaux font pressentir la conclusion d'un armistice. »

Ces nouvelles, si développées qu'elles, fussent, ne dissipaient pas cependant toutes les incertitudes. Le vote, malgré l'éclatante majorité qu'il accordait à l'Hôtel de Ville, n'expliquait pas tout : il marquait bien que Paris restait fidèle au Gouvernement, comme le Gouvernement à son programme; mais la raison qui avait séparé les vainqueurs et les vaincus du 31 Octobre, restait toujours obscure. Aussi chacun voyait-il dans le résultat du vote même ce qui était le plus conforme à sa politique :

« Le *Moniteur* disait, par la plume de M. Paul Dalloz, que le vote signifiait « confiance dans le Gouvernement de la Défense nationale, armistice avec des conditions honorables, élection d'une Assemblée nationale [1]. »

Le *Siècle*, déclarait qu'il était une consécration éclatante de la Révolution du 4 Septembre ; il ne partageait pas l'opinion des journaux de la réaction, « les amis de la Prusse, » pour qui le plébiscite de Paris signifiait, armistice avec élections et Constituante, c'est-à-dire la paix à bref délai [2].

Mais, quelle que fût la diversité des jugements de l'opinion, une question se posait. L'événement avait une portée politique qui frappait Gambetta et créait à la Délégation une situation sinon nouvelle, plus délicate au moins et plus difficile, auprès de ses amis et de ses ennemis. Sur le fond du vote et sa signification il ne pensait pas autrement que le *Siècle* ; il ne voulait pas douter qu'au sein de la population les vainqueurs ne fussent absolument d'accord avec les vaincus sur les deux points essentiels : la confirmation de la République et la nécessité de la résistance. Ce qui le préoccupait, c'était la pensée qu'on avait eue de provoquer la manifestation et de mettre aux voix la Révolution et son Gouvernement.

L'idée plébiscitaire se présente assez naturellement dans les grandes crises. On l'avait déjà suggérée à Gambetta avant le 31 octobre, immédiatement après la nouvelle de la capitulation de Metz [3]. Après l'exemple de Paris, le mirage d'une grande et solennelle consécration populaire dans la France entière était séduisant. Beaucoup de personnes, même dans l'entourage de Gambetta, conseillaient de ne pas négliger l'occasion qui s'offrait de couper court aux difficultés susci-

1. Numéro du 6 novembre 1870.
2. Numéro du 7 novembre 1870.
3. *Dépêches télégraphiques*, t. I, p. 288 et *passim*.

tées par l'esprit de parti et d'en finir avec l'argument toujours invoqué d'une Constituante. Les préfets de l'Hérault, de l'Aude, de Vaucluse, des Landes, de la Creuse, de la Corrèze, etc., adressaient des dépêches dans ce sens au Gouvernement. D'autres préfets, sans se prononcer sur le plébiscite, ou sans le conseiller, assuraient Gambetta de la confiance du pays, et il n'était pas douteux pour eux qu'on ne suivît, sans hésiter, l'exemple de Paris. Les préfets d'Ille-et-Vilaine, du Morbihan, des Hautes-Pyrénés, de Saône-et-Loire et de l'Orne, envoyaient des dépêches conformes, qui, toutes, auraient pu rassurer Gambetta, s'il avait été le moins du monde inquiet du résultat, particulièrement celle du préfet de Saône-et-Loire, M. Frédéric Morin, et celle du préfet de l'Orne, M. Christophle.

« Le désir unanime de Mâcon et de tout le département, disait M. Frédéric Morin, est que le Gouvernement de la Défense reste constitué sur les bases actuelles. Si la question de confiance était posée, elle serait résolue dans le sens affirmatif par 49 votants sur 50. Il n'y a pas seulement là l'effet du besoin universel d'un gouvernement concentré et d'un gouvernement d'action, il y a aussi le résultat d'une sorte de courant sympathique entre le pays et le personnel du Gouvernement.

« Morin. »

— « Votre dépêche concernant Paris, disait de son côté M. Christophle, causera ici, lorsqu'elle sera connue, la plus pénible émotion.

« La province va voir Paris en proie à l'anarchie : elle-même se croira perdue. Ramenez-la par une affirmation nette et catégorique de votre résolution de maintenir l'ordre, quoi qu'il arrive, contre les ennemis de l'intérieur, et de vous maintenir vous-mêmes comme la seule expression possible de l'autorité. Une proclamation rédigée en ce sens vous ralliera l'opinion de la masse. L'*Ordre*, voilà le mot magique avec lequel vous aurez toute la province autour de vous dans les circonstances critiques que traverse le pays. Quant aux élections, vous pouvez en laisser entrevoir la possibilité, mais ne les décréter que comme un suprême et dernier recours.

« ALBERT CHRISTOPHLE. »

Le procureur général de Montpellier disait de son côté à M. Crémieux :

« Montpellier, 5 novembre 1870.

« Notre population a reçu avec enthousiasme la nouvelle du vote de Paris ; elle comprend que ce vote intelligent et patriotique sauve la République, en donnant au Gouvernement l'autorité morale et la force matérielle nécessaire pour triompher de toutes les pressions. *Caveant consules.* »

La tentation pouvait donc être grande. Gambetta était assuré du sentiment du pays ; il pouvait considérer le résultat de l'épreuve comme certain. L'opinion de M. Frédéric Morin, conscience délicate et pure, esprit élevé, qu'il appréciait beaucoup, qu'un jour devant nous il appelait le maître de la jeune démocratie, était faite pour le toucher. Celle de M. Christophle, venant d'un esprit distingué aussi, mais bien différent, interprète d'un département qui ne ressemblait guère à celui de Saône-et-Loire, n'était pas non plus à dédaigner. L'assurance qu'ils donnaient, l'un et l'autre, de l'adhésion du pays au Gouvernement de la Défense, pouvait séduire Gambetta et relever à ses yeux l'épreuve à laquelle le Gouvernement de Paris s'était laissé acculer. Mais les raisons qui lui faisaient résister à toute pression favorable aux élections pendant la lutte, valaient également contre l'expédient sommaire du plébiscite, s'il avait l'air seulement de mettre le Gouvernement aux voix, et il n'était pas dans la tournure d'esprit de Gambetta de se prêter aux expédients, quand ils étaient de nature à pouvoir se retourner contre les principes.

Gambetta n'avait pas de parti pris absolu contre la forme plébiscitaire. Il l'eût volontiers adoptée à titre d'expédient dans la question de l'armistice, une fois qu'elle aurait été résolue dans le sens du programme du 6 septembre. C'est ainsi que s'explique sa dépêche du 7 novembre, où il disait :

« J'apprends le rejet de l'armistice à l'unanimité. Vous pouvez être sûrs que la France entière l'approuvera, et vous suivra jusqu'au bout. Quant à moi, qui ai toujours pensé que l'armistice, s'il n'était pas avantageux au point de vue militaire, serait une faute grave, je suis heureux que les Prussiens se soient, pour la seconde fois, donné tort aux yeux de l'Europe ; et aujourd'hui, que la guerre doit être notre unique passion, approuvez-vous que nous posions à la France entière, dans les quarante-huit heures, la question que vous avez posée à Paris [1] ? »

Mais il n'en eût pas été ainsi, s'il s'était agi de la Révolution du 4 Septembre et de l'autorité conférée par elle. Gambetta eût-il été aussi certain de la solution de la question à poser qu'il l'était de celle de l'armistice, qu'il aurait assurément reculé. En cela il fût resté lui-même. Si graves que fussent les deux questions, l'une était de circonstance, l'autre tenait aux principes. Si l'armistice lui avait paru être la mutilation du programme héroïque qui donnait sa raison d'être au Gouvernement de la Défense, le plébiscite ne lui apparaissait pas moins comme un doute dissimulé et honteux jeté sur la légitimité du Gouvernement acclamé par la Révolution elle-même. Or, c'était assez pour qu'il répudiât le plébiscite comme il avait répudié l'armistice ; et, dans l'un comme dans l'autre cas, il obéissait à ses convictions de patriote et de républicain sans aucun doute, mais aussi à cet instinct d'homme d'État qui se dit que les gouvernements nouveaux n'ont de chance de se maintenir qu'à la condition de rester fermement, en dépit de toutes les vicis-

1. *Dépêches*, t. II, p. 298.

situdes, fidèles à leur origine et de montrer, si nous osons ainsi parler, de la volonté et du caractère.

La dépêche du 4 novembre où les deux questions de l'armistice et du plébiscite se mêlent comme dans une inspiration unique, et qui nous montre le fond de la conscience politique et patriotique de Gambetta, nous servira de conclusion. Nous en détachons le passage suivant :

« Je ne doute pas, disait-il, que le scrutin auquel procède Paris, à l'heure où je vous écris, ne vous donne une grande majorité. Mais je ne puis accepter la déclaration par laquelle vous me dites que l'acclamation populaire du 4 Septembre ne suffit plus.

« Vous m'enlevez toutes mes illusions.

« ... Ainsi, vous ôtez à la Révolution du 4 Septembre sa force et sa valeur. En même temps, vous donnez raison, par cette faiblesse, à tous nos adversaires des départements qui nient et la légalité du Gouvernement de Paris et l'autorité de la Délégation de Tours. On comprend en effet, partout, que le seul fait de vous mettre aux voix, dans l'intérieur de Paris, sans consulter le reste de la France, frappe de nullité la représentation du Gouvernement en province, auquel, de tous côtés, on va demander le même baptême.

« Je ne me résignerai jamais à de telles pressions, dont le plus terrible effet peut être d'amener la guerre civile, sous le canon même des Prussiens. Il est impossible de mesurer, dans tous les sens, l'étendue de la faute commise : c'est la dissolution du pouvoir, l'énervement du parti républicain, la paralysie des efforts militaires. Vous nous livrez, à proprement parler, aux entreprises armées des Prussiens, qui ne rencontrent dans nos généraux et nos troupes, travaillées et décontenancées par vos tâtonnements pacifiques et électoraux, qu'une molle et insuffisante résistance. Tous ces gens-là diront : « A quoi bon se battre, puisqu'on va traiter? »

« Je ne puis m'associer à une conduite politique qui, comme je l'ai dit, livre notre œuvre du 4 Septembre aux mains de nos plus cruels ennemis, anéantit d'un seul coup tous mes efforts accumulés depuis trois semaines, arrête brusquement et pour toujours l'élan national et allume la guerre civile. Je vous laisse la responsabilité tout entière de ces effroyables conséquences d'une politique dont j'ai vainement essayé de vous détourner. »

Le conflit en resta là pour le moment. La force des choses avait poussé le Gouvernement de Paris dans la voie où Gambetta avait voulu le conduire : même avant l'expédition des dépêches que nous venons de citer, ce qui restait de ses velléités pacifiques et de la mission de M. Thiers à Versailles, n'était plus que de l'histoire. Les passions de l'état-major prussien avaient imposé à M. de Bismarck une politique à outrance, et la guerre s'imposait à son tour, sous la pression du mouvement du 31 octobre, au Gouvernement de Paris, qui se trouva ainsi, malgré lui, d'accord avec celui de Tours. Ce qu'il faut retenir seulement, c'est que, même dans ses concessions au sujet de l'armistice, à travers tous les incidents que nous venons de raconter, les démarches diplomatiques, les pourparlers, les négociations pacifiques, en dépit des tergiversations plus ou moins voilées du Gouvernement de Paris, penchant d'instinct du côté de M. Thiers et contenu par le vœu secret ou manifeste de la population, Gambetta n'avait pas, une seule minute, dévié du programme acclamé après l'entrevue de Ferrières. La capitulation de Metz, qui avait paru à M. Thiers, et par M. Thiers à M. Jules Favre et à ses collègues, devoir amener la France à capituler tout entière, ne fit, sous la pression de l'opinion publique, comme sous celle de ses propres sentiments, qu'affermir sa foi dans la résistance. Les raisons qui avaient prévalu auprès du Gouvernement après Ferrières pour ne pas faire plier sous le joug de la force victorieuse l'honneur de la France, lui paraissaient valables encore aujourd'hui.

M. de Rainneville dit dans son rapport que « après Ferrières il eût été regrettable pour notre honneur de

conclure la paix au prix d'une cession de territoire. »
Gambetta pensait qu'il en eût été de même après Metz.
La trahison d'un maréchal de France n'emportait pas
toute la France avec elle ; la perte d'une armée pouvait
être compensée par les indignations du patriotisme
qu'elle avait soulevées sur toute la surface du territoire. Le seul effet qui, dans la pensée de Gambetta,
dut résulter pour le Gouvernement de l'accroissement du péril, c'était l'accroissement de la responsabilité et du devoir ; c'était un plus vif sentiment de
la nécessité de redoubler d'efforts dans les choses de la
guerre et d'affermir les ressorts de la politique intérieure, dans l'intérêt non pas seulement du principe du
Gouvernement du 4 Septembre, mais de l'entreprise
de délivrance qu'il avait assumée, et contre laquelle
ses adversaires ne cessaient de travailler ouvertement
ou dans l'ombre. Sentant la France tout entière derrière soi, que ne pouvait-on pas espérer ? Coulmiers
se levait à l'horizon. Sans doute on fut moins heureux
ailleurs, et nous ne le savons que trop ! Mais c'est qu'on
n'improvise pas des armées tout organisées ; c'est que
les armées, comme les hommes, se trouvent parfois, en
dépit de leur courage, aux prises avec des forces insur-
montables. Du reste, si nos soldats ne ramenèrent pas la
victoire, comme l'avait dit et espéré Gambetta dans la
proclamation qu'il leur avait adressée après la trahison
de Bazaine, au moins relevèrent-ils le drapeau de la
France abattu par l'Empire dans une lutte follement
entreprise, et souillé, autant que cela lui avait été
possible, par lui-même, à Sedan, et, à Metz, par son
général préféré.

FIN DU DEUXIÈME VOLUME

TABLE DES MATIÈRES

CHAPITRE XV

METZ ET TOURS

CHAPITRE XVI

LA CAPITULATION DE METZ ET LES DÉPARTEMENTS

CHAPITRE XVII

L'ARMÉE ET LA CAPITULATION DE METZ

CHAPITRE XVIII

LA CAPITULATION DE METZ ET LA PROPOSITION D'ARMISTICE
DE M. THIERS

CHAPITRE XIX

LE 31 OCTOBRE EN PROVINCE

FIN DE LA TABLE DES MATIÈRES.

Paris. — Imp. E. CAPIOMONT et V. RENAULT, rue des Poitevins, 6.

CATALOGUE

DE LA

BIBLIOTHÈQUE-CHARPENTIER

13, RUE DE GRENELLE, 13

BIBLIOTHÈQUE-CHARPENTIER

à 3 fr. 50 le volume.

Relié en demi-chagrin.................... **5 fr.** »
— en demi-veau poli tranches peignes. **5 fr. 50**

AICARD (JEAN)

LES POÈMES DE PROVENCE...................... **1 vol.**
(Voir page 48.)

AIMÉ MARTIN

L'ÉDUCATION DES MÈRES DE FAMILLE........... **2 vol.**

AÏSSÉ (Mᶫˡᵉ)

LETTRES suivies des LETTRES PORTUGAISES et de celles de Montesquieu et de madame Du Deffant au chevalier d'Aydie, etc.; édition EUGÈNE ASSE, *couronnée par l'Acad. française* et *ornée d'un portrait de mademoiselle Aïssé,* fac-similé d'une gravure du temps. **1 vol.**

ALEXANDRE (CHARLES)

SOUVENIRS SUR LAMARTINE.................... **1 vol.**

ALEXIS (PAUL)

LA FIN DE LUCIE PELLEGRIN. 2ᵉ édition........... **1 vol.**
ÉMILE ZOLA, Notes d'un Ami, avec des vers inédits d'Émile ZOLA.................................... **1 vol.**
(Voir page 40.)

ALFIERI

MÉMOIRES, traduction de M. ANTOINE DE LATOUR........ **1 vol.**

ALLARD (LÉON)

MAISON DE FAMILLE........................... **1 vol.**

AMAURY-DUVAL

L'ATELIER D'INGRES........................... **1 vol.**

CALDERON

THÉATRE, traduction nouvelle avec une Introduction et des notes, par M. Damas-Hinard................................ 3 vol.

CANIVET (Ch.)

PAUVRES DIABLES.. 1 vol.

CANONGE

HISTOIRE MILITAIRE CONTEMPORAINE. 2e mille...... 2 vol.

CANTEL (Henri)

LES POÈMES DU SOUVENIR............................ 1 vol.

CARLA SERENA (Mme)

LES HOMMES ET LES CHOSES EN PERSE. Édit. ornée du portrait de l'auteur par Desmoulin et de cinq dessins par Colombari. 1 vol.

SEULE DANS LES STEPPES. Épisode de mon voyage aux pays des Kalmoucks et des Kirghis. Édit. ornée de dessins par A. Brun. 1 vol.

CAYLUS (Mme DE)

SOUVENIRS ET CORRESPONDANCE. Édition complète publiée avec notes, notices, etc., par E. Raunié................ 1 vol.

CÉARD

UNE BELLE JOURNÉE (2e édition)...................... 1 vol.

(Voir page 40.)

CERVANTES

DON QUICHOTTE DE LA MANCHE, traduction de M. Damas-Hinard. Nouvelle édition........................... 2 vol.

CÉSAR (Jules)

COMMENTAIRES. — GUERRE DES GAULES, — Traduction nouvelle, avec le texte latin, des notes et un index, par M. Charles Louandre.. 1 vol.

CHAMPION (Edme)

LA PHILOSOPHIE DE L'HISTOIRE DE FRANCE..... 1 vol.

CHANNING

TRADUCTION AVEC INTRODUCTION ET NOTICES PAR M. ÉDOUARD LABOULAYE.

OEUVRES SOCIALES (De l'Éducation personnelle. — De l'Élévation des classes ouvrières. — De la Tempérance. — Les Droits et les Devoirs des pauvres), précédées d'un Essai sur la vie et la doctrine de Channing................................... 1 vol.

CHARMES (GABRIEL)

CINQ MOIS AU CAIRE. 2e édition............................. 1 vol.

CHASLES (PHILARÈTE)

MÉMOIRES. En vente les tomes 1 et 2..................... 3 vol.

CHÉNIER (ANDRÉ)

POÉSIES (Idylles. — Fragments d'idylles. — Élégies. — Fragments
d'élégies. — Épîtres. — Poèmes. — Poésies diverses. — Hymnes.
— Odes. — Iambes, etc., etc.).Notice par H. DE LATOUCHE. 1 vol.
(Voir *Édition critique*, p. 49, et *Petite Bibliothèque-Charpentier*, p. 41.)

ŒUVRES EN PROSE. Nouvelle édition, revue sur les textes originaux,
précédée d'une Étude sur la vie et les écrits politiques d'André Chénier et sur la Conspiration de Saint-Lazare, accompagnée de Notes
historiques et d'un Index, par M. L. BECQ DE FOUQUIÈRES. 1 vol.

CHESNEAU (ERNEST)

LA CHIMÈRE, orné d'un fac-similé du tableau de M. G. MOREAU. 1 vol.

CHOTTEAU (LÉON)

HISTOIRE DE LA GUERRE DE L'INDÉPENDANCE ;
Les Français en Amérique. Avec une préface par ÉDOUARD LABOU-
LAYE. 3e édition.. 1 vol.

CIM (ALBERT)

JEUNESSE.. 1 vol.

CLADEL

BONSHOMMES.—Titi Foyssac IV.— Dux.— Mère Blanche. 1 vol.
LES VA-NU-PIEDS.. 1 vol.

CLAIRIN (ÉMILE)

LE CLÉRICALISME DE 1789 A 1870...................... 1 vol.

CLAUDIN (GUSTAVE)

TROIS ROSES DANS LA RUE VIVIENNE. 3e édition.... 1 vol.
LES CAPRICES DE DIOMÈDE. 2e édition............... 1 vol.
FOSCA... 1 vol.

COLLET ET LE SENNE

A PROPOS D'ANDRÉ CHÉNIER. Étude sur la propriété des œuvres
posthumes... 1 vol.

CONFUCIUS ET MENCIUS.

**LES QUATRE LIVRES DE PHILOSOPHIE MORALE ET POLI-
TIQUE DE LA CHINE**, traduits par PAUTHIER............... 1 vol.

CONSTANT (Benjamin)

ADOLPHE, anecdote trouvée dans les papiers d'un inconnu, suivie des *Réflexions sur le théâtre allemand*. Nouvelle édition précédée d'une notice par Gustave Planche...................... 1 vol.

ŒUVRES POLITIQUES, avec introduction, notes et index, par M. Charles Louandre........................... 1 vol.

CONTEURS FRANÇAIS (Chefs-d'Œuvre des)

Publiés avec des Introductions, des Notes historiques et littéraires et des Index. Par M. CHARLES LOUANDRE.

I. — **CONTEURS FRANÇAIS AVANT LA FONTAINE**, 1050-1650.................................... 1 vol.

II. — **CONTEURS FRANÇAIS CONTEMPORAINS DE LA FONTAINE**, XVIIe siècle...................... 1 vol.

III. — **CONTEURS FRANÇAIS APRÈS LA FONTAINE**, XVIIIe siècle........................ 1 vol.

CORNEILLE (Pierre et Thomas)

ŒUVRES. — Édition variorum collationnée sur les meilleurs textes, précédée de la Vie de Pierre Corneille, rédigée d'après les documents anciens et nouveaux ; — avec les variantes et les corrections de Pierre Corneille, ses dédicaces, ses avertissements et ses examens ; — ses trois discours sur la tragédie ; — accompagnée de notices historiques et littéraires sur chaque pièce des deux Corneille ainsi que de notes historiques, philologiques et littéraires, formant le résumé des travaux de Voltaire, du P. Brumoy, de l'abbé Le Batteux, Palissot, Victorin Fabre, Ginguené, Napoléon, Guizot, Saint-Marc Girardin, Sainte-Beuve, Nisard, Taschereau (édition Charles Louandre)...................... 2 vol.

COTTEAU (Edmond)

PROMENADES DANS LES DEUX AMÉRIQUES........ 1 vol.

COURRIÈRE

HISTOIRE DE LA LITTÉRATURE CONTEMPORAINE EN RUSSIE.................................... 1 vol.

HISTOIRE DE LA LITTÉRATURE CONTEMPORAINE CHEZ LES SLAVES.............................. 1 vol.

DANCOURT

COMÉDIES (1685-1714), ouvrage accompagné d'une étude historique et anecdotique, par Ch. Barthélemy............. 1 vol.

DANTE

LA DIVINE COMÉDIE, traduction Brizeux, suivie de la **VIE NOUVELLE**, traduction Delécluze, et accompagnée de notes, de commentaires et d'une étude par M. Ch. Labitte............. 1 vol.

DARC (Daniel)

REVANCHE POSTHUME.......................... 1 vol.
LE PÉCHÉ D'UNE VIERGE...................... 1 vol.
LA COULEUVRE............................... 1 vol.

DAUDET (Alphonse)

LES AMOUREUSES. Poèmes et Fantaisies, 1857-1861 (La double conversion. — Les aventures d'un Papillon et d'une Bête à bon Dieu. — Le roman du Chaperon-Rouge. — Les âmes du Paradis. — L'Amour trompette. — Les rossignols du cimetière).. 1 vol.
FROMONT JEUNE ET RISLER AÎNÉ, mœurs parisiennes, ouvrage couronné par l'Académie française. 72e mille. .... 1 vol.
   (Voir *Éditions illustrées*, page 46.)
CONTES DU LUNDI. — Nouv. édit. revue et augmentée.. 1 vol.
LE NABAB, mœurs parisiennes. 75e mille, avec une DÉCLARATION de l'auteur.................................. 1 vol.
NUMA ROUMESTAN (68e mille)...................... 1 vol.
SAPHO, Mœurs parisiennes. (70e mille)............. 1 vol.
THÉATRE. — L'Arlésienne. — Les Absents. — L'OEillet blanc. — Le Sacrifice. — La dernière Idole. — Lise Tavernier. — Le Frère aîné (2e édition)............................. 1 vol.

DAUDET (Mme A.)

IMPRESSIONS DE NATURE ET D'ART............. 1 vol.

DAUDET (Ernest)

LE ROMAN D'UNE JEUNE FILLE (1770-1794). 4e édit. 1 vol.
FLEUR DE PÉCHÉ. 2e édition................... 1 vol.

DELACROIX (Eugène)

LETTRES RECUEILLIES ET PUBLIÉES par Ph. Burty... 2 vol.

DÉMOSTHÈNE ET ESCHINE

CHEFS-D'ŒUVRE, traduits sur le texte des meilleures éditions critiques par J.-F. Stiévenart, doyen de la Faculté des lettres de Dijon. 8e édition................................ 1 vol.

DEPRET (Louis)

VOYAGE DE LA VIE, notes et impressions........... 1 vol.

DESBORDES-VALMORE (Mme)

POÉSIES (Idylles. — Élégies. — Romances. — Contes. — Pleurs et pauvres fleurs. — Aux petits enfants). *Nouvelle édition* augmentée de plusieurs pièces et précédée d'une notice sur la vie et les ouvrages de l'auteur, par Sainte-Beuve............. 1 vol.

DESCARTES

ŒUVRES, avec une introduction de M. J. Simon........ 1 vol.

DESMAZE

LA MÉDECINE LÉGALE................................... 1 vol.
LES CRIMES ET LA DÉBAUCHE A PARIS.............. 1 vol.

DESMOULINS (CAMILLE)

ŒUVRES CHOISIES, publiées avec une Préface et des Notes par
M. JULES CLARETIE...................................... 2 vol.

DESNOIRESTERRES (GUSTAVE)

ÉPICURIENS ET LETTRÉS................................ 1 vol.
LES ÉTAPES D'UNE PASSION........................... 1 vol.

DIDEROT

JACQUES LE FATALISTE ET SON MAITRE. Nouvelle édition
accompagnée d'une préface, de notes et de variantes, par Louis
ASSELINE et ANDRÉ LEFÈVRE........................... 1 vol.
LA RELIGIEUSE (même édition)........................ 1 vol.

DRUMONT

MON VIEUX PARIS. Prix Jouy, décerné par l'Acad. franç. 1 vol.

DUBARRY (ARMAND)

L'ALLEMAGNE CHEZ ELLE ET CHEZ LES AUTRES.
2e édition... 1 vol.

DU BELLAY (JOACHIM)

ŒUVRES CHOISIES, édition L. BECQ DE FOUQUIÈRES.... 1 vol.

DUBOIS-CRANCÉ

ANALYSE DE LA RÉVOLUTION FRANÇAISE depuis l'ouverture
des États généraux jusqu'au 6 brumaire an IV de la République.
Époque du rétablissement du gouvernement constitutionnel. 1 vol.

DUBOST (ANTONIN)

DANTON ET LA POLITIQUE CONTEMPORAINE...... 1 vol.

DUBUT DE LAFOREST (LOUIS)

LES DAMES DE LAMÉTE. 2e édition................. 1 vol.
TÊTE A L'ENVERS. 3e mille........................ 1 vol.

DU CAMP (MAXIME)

MÉMOIRES D'UN SUICIDÉ............................. 1 vol.
L'ATTENTAT FIESCHI. 3e édition................... 1 vol.

DU CHATELET (Mme)

LETTRES. Édition E. ASSE, couronnée par l'Acad. française. 1 vol.

DUPUIT (ALBERT)

PAULINE TARDIVAU............................ 1 vol.

DUQUET (ALFRED)

FRŒSCHWILLER, CHALONS, SEDAN. avec 5 cartes des opérations
militaires. 3e édition.......................... 1 vol.
LA GUERRE D'ITALIE (1859), avec 8 cartes des opérations militaires .... 1 vol.

DURANTY

LES SIX BARONS DE SEPTFONTAINES, suivi de : Mlle de GALARDY,
BRIC-A-BRAC, UN ACCIDENT .... 1 vol.
LES MALHEURS D'HENRIETTE GÉRARD .... 1 vol.
LE PAYS DES ARTS (la Statue de M. de Montceaux — l'Atelier —
Bric-à-Brac — le peintre Louis Martin)............... 1 vol.

DURET (THÉODORE)

HISTOIRE DE QUATRE ANS (1870-1873).
Tome Ier. — La chute de l'Empire .... 1 vol.
Tome II. — La Défense nationale................ 1 vol.
Tome III. — La Commune...................... 1 vol.

DUTEMPLE

EN TURQUIE D'ASIE, notes de voyage en Anatolie. Édition
ornée de 6 dessins d'A. BRUN, d'après des photographies de
BROUSSE.................................... 1 vol.

DUVERT (F.-A.)

THÉÂTRE CHOISI. Édition ornée des portraits de Duvert et de
Lauzanne, gravés par NARGEOT, et accompagnée d'une notice sur
Duvert par FRANCISQUE SARCEY................. 6 vol.

ENNE (FRANCIS)

LA VIE SIMPLE.............................. 1 vol

ÉPINAY (Mme D')

MÉMOIRES contenant les détails sur ses liaisons avec les personnes
célèbres du dix-huitième siècle. Seule édition complète accompagnée d'un grand nombre de lettres inédites de Grimm, Diderot,
J.-J. Rousseau, avec des notes et éclaircissements par M. PAUL
BOITEAU.................................. 2 vol.

ERNOUF (BARON)

SOUVENIRS D'UN OFFICIER POLONAIS........... 1 vol.
DU WESER AU ZAMBÈZE. Excursion dans l'Afrique australe. — Chez
les Zoulous. — Souvenirs de Californie (imité de l'allemand). 1 vol.

ESCHYLE

THÉATRE, traduction nouvelle par M. ALEXIS PIERRON, couronnée par l'Académie française. 9e édition revue, corrigée et augmentée d'un commentaire..................................... 1 vol.

ESSARTS (ÉMMANUEL DES)

POÈMES DE LA RÉVOLUTION...................... 1 vol.

EUDEL (PAUL)

L'HOTEL DROUOT EN 1881, préface par J. CLARETIE........ 1 vol.
L'HOTEL DROUOT ET LA CURIOSITÉ EN 1882, préface par A. SILVESTRE............................. 1 vol.
L'HOTEL DROUOT ET LA CURIOSITÉ EN 1883, préface de CH. MONSELET.............................. 1 vol.

EURIPIDE

THÉATRE, traduction nouvelle par M. ÉMILE PESSONNEAUX. Ouvrage couronné par l'Académie française.................... 2 vol.

FABRE (FERDINAND)

LE ROMAN D'UN PEINTRE, 2e édition............... 1 vol.
JULIEN SAVIGNAC. 2e édition.................... 1 vol.
LE CHEVRIER............................... 1 vol.
L'HOSPITALIÈRE, drame rustique en cinq parties...... 1 vol.
MON ONCLE CÉLESTIN (3e édition.)............... 1 vol.
LE ROI RAMIRE (2e mille)..................... 1 vol.
LUCIFER.................................. 1 vol.

FARE (Mis DE LA)

MÉMOIRES ET RÉFLEXIONS...................... 1 vol.

FÉNELON

ŒUVRES PHILOSOPHIQUES. Nouvelle édition collationnée sur les meilleurs textes, avec une Introduction par AMÉDÉE JACQUES. 1 vol.

FERRAND (LA PRÉSIDENTE)

LETTRES. Édition E. ASSE, *couronnée par l'Acad. française.* 1 vol.

FERRY (G.)

SCÈNES DE LA VIE SAUVAGE AU MEXIQUE. Nouv. édit. 1 vol.

FLAUBERT (GUSTAVE)

MADAME BOVARY, mœurs de province. — ÉDITION DÉFINITIVE, suivie des Réquisitoire, Plaidoirie et Jugement du PROCÈS INTENTÉ A L'AUTEUR devant le Tribunal correctionnel de Paris (Audiences des 31 janvier et 7 février 1857)..................... 1 vol.
SALAMMBO. ÉDITION DÉFINITIVE avec documents nouveaux.. 1 vol.

LA TENTATION DE SAINT ANTOINE. Édition définitive. 1 vol.
TROIS CONTES. (Un cœur simple. — La légende de Saint-Julien l'Hospitalier. — Herodias). 6e édition................. 1 vol.
L'ÉDUCATION SENTIMENTALE. Hist. d'un jeune homme. 1 vol.
LETTRES DE GUSTAVE FLAUBERT A GEORGE SAND, précédée d'une étude, par GUY DE MAUPASSANT (3e mille)......... 1 vol.

FOUQUET

MÉMOIRES SUR LA VIE PUBLIQUE ET PRIVÉE DE FOUQUET, surintendant des finances, d'après ses lettres et pièces inédites. Édit. A. CHERUEL, inspecteur général de l'instruction publique. 2 vol.

FOURNEL (VICTOR)

VOYAGES HORS DE MA CHAMBRE. — En Danemarck. — Une excursion en Suède. — De Paris à l'Exposition de Vienne. — La Hollande artistique................................ 1 vol.

FRANCE (HECTOR)

LES VA-NU-PIEDS DE LONDRES (3e mille)........... 1 vol.

FRÉRON

LES CONFESSIONS DE FRÉRON (1719-1776), sa vie, souvenirs intimes et anecdotiques, ses pensées, recueillis et annotés par CH. BARTHÉLEMY................................ 1 vol.

FRESCALY (MARCEL)

LE 6e MARGOUILLATS 2e mille.................. 1 vol.
FLEUR D'ALFA. 2e mille...................... 1 vol.

GALIANI (L'ABBÉ)

LETTRES A Mme D'ÉPINAY, VOLTAIRE, DIDEROT, etc., etc. Édition E. ASSE, *couronnée par l'Académie française*..... 2 vol.

GALLI

L'ARMÉE FRANÇAISE EN ÉGYPTE (Journal d'un officier de l'armée d'Égypte (1798-1801)..................... 1 vol.

GAMBETTA (LÉON)

DISCOURS ET PLAIDOYERS CHOISIS, avec notice biographique, par M. J. Reinach. Édition ornée du médaillon de GAMBETTA, par J.-B. CHAPELAIN. (2e mille)...................... 1 vol.
(Voir *Discours complets*, p. 49.)

GAUTIER (THÉOPHILE)

POÉSIES COMPLÈTES 1830-1872................... 2 vol.
ÉMAUX ET CAMÉES. Édition définitive, ornée d'une eau-forte par M. J. JACQUEMART.......................... 1 vol.
(Voir *Petite Bibliothèque-Charpentier*, page 41.)

2

MADEMOISELLE DE MAUPIN. Nouvelle édition........ 1 vol.
(Voir *Petite Bibliothèque-Charpentier*, page 41, et édition in-8 écu, page 47).
LE CAPITAINE FRACASSE. Edition définitive........... 2 vol.
(Voir édition illustrée par Gustave Doré, page 47.)
LE ROMAN DE LA MOMIE. Nouvelle édition.......... 1 vol.
SPIRITE, nouvelle fantastique. 5e édition............... 1 vol.
VOYAGE EN RUSSIE. — Nouvelle édition............. 1 vol.
VOYAGE EN ESPAGNE (*Tras los montes*). Nouvelle édition. 1 vol.
VOYAGE EN ITALIE (*Italia*). Nouvelle édition considérablement
augmentée.. 1 vol.
ROMANS ET CONTES (Avatar. — Jettatura. — Arria Marcella. —
La mille et deuxième nuit. — Le pavillon sur l'eau. — L'enfan.
aux souliers de pain. — Le chevalier double. — Le pied de momier
— La pipe d'opium. — Le club des Hachichins)........ 1 vol.
NOUVELLES (La morte amoureuse. — Fortunio. — La toison d'or.
— Omphale. — Le petit chien de la marquise. — La chaîne d'or.
— Le nid de rossignols. — Le roi Candaule. — Une nuit de Cléo-
pâtre). 15e édition................................ 1 vol.
(Voir FORTUNIO, *Petite Bibliothèque-Charpentier*, page 41.)
TABLEAUX DE SIÈGE. — Paris, 1870-1871 (La maison aban-
donnée. — Les animaux pendant le siège. — Saint-Cloud. — Le
Versailles de Louis XIV, etc., etc.). 2e édition........ 1 vol.
THÉATRE. — Mystère, Comédies et Ballets (THÉATRE DE POCHE :
Une Larme du Diable. — La fausse Conversion. — Pierrot pos-
thume. — Le Tricorne enchanté. — Prologues. — L'Amour
souffle où il veut. — Le Selam. — BALLETS : Giselle. — La Péri.
Pâquerette. — Gemma. — Yanko le bandit. — Sacoun-
tala). Nouvelle édition considérablement augmentée..... 1 vol.
LES JEUNES-FRANCE, ROMANS GOGUENARDS (Sous la table. — Onu-
phrius. — Daniel Jovard. — Celle-ci et Celle-là. — Élias Wild-
manstadius. — Le bol de punch), suivis de CONTES HUMORISTI-
QUES (La cafetière. — Laquelle des deux. — L'âme de la maison.
— Le garde national réfractaire. — Deux acteurs pour un rôle. —
Une visite nocturne. — Feuillets de l'album d'un jeune rapin. —
De l'obésité en littérature).......................... 1 vol.
(Voir *Petite Bibliothèque-Charpentier*, page 41.)
HISTOIRE DU ROMANTISME, suivie de NOTICES ROMANTIQUES et
d'une étude sur les PROGRÈS DE LA POÉSIE FRANÇAISE (1830-1868).
3e édition.. 1 vol.
PORTRAITS CONTEMPORAINS (Littérateurs. — Peintres. —
Sculpteurs. — Artistes dramatiques), avec un Portrait de Théo-
phile Gautier d'après une gravure à l'eau-forte par lui-même,
vers 1833. 4e édition.............................. 1 vol.
L'ORIENT... 2 vol.
FUSAINS ET EAUX-FORTES........................ 1 vol.
TABLEAUX A LA PLUME........................... 1 vol.
LES VACANCES DU LUNDI........................ 1 vol.
CONSTANTINOPLE................................ 1 vol.

LOIN DE PARIS............................... 1 vol.
LES GROTESQUES............................. 1 vol.
PORTRAITS ET SOUVENIRS LITTÉRAIRES.......... 1 vol.
LE GUIDE DE L'AMATEUR AU MUSÉE DU LOUVRE... 1 vol.
SOUVENIRS DE THÉÂTRE, D'ART ET DE CRITIQUE. 1 vol.
CAPRICES ET ZIGZAGS (3e édition)............ 1 vol.

GAUTIER (Judith)

LES PEUPLES ÉTRANGES......................... 1 vol.

GÉRARD DE NERVAL

VOYAGE EN ORIENT (Les femmes du Caire. — Les mariages cophtes. — Les esclaves. — Le harem. — Les Pyramides. — La Cangue. — La Santa Barbara. — Druses et Maronites. — Un prince du Liban. — Le prisonnier. — Histoire du calife Hakem. — L'Anti-Liban. — Les nuits du Ramazan. — Stamboul. — Théâtres et fêtes. — Les conteurs. — Histoire de la reine du matin et de Soliman, prince des génies. — Le Baïram, etc.). 8e édition corr. et augmentée, avec une préface par Théophile Gautier.. 2 vol.

GIRAUD (Eugène)

LA FILLE DE M. TOINET......................... 1 vol.

GOETHE

THÉÂTRE (Goetz de Berlichingen. — Egmont. — Clavijo. — Iphigénie en Tauride. — Torquato Tasso. — La fille naturelle. — Les complices. — Le frère et la sœur. — Le triomphe de la sensibilité. — Jery et Bætely. — Stella. — Le grand Cophte. — Le général citoyen. — Les révoltés.) Traduction d'Albert Stapfer, revisée et précédée d'une étude par M. Théophile Gautier fils.... 2 vol.
POÉSIES, traduites par M. Henri Blaze................ 1 vol.
LE FAUST, seule traduction complète, précédée d'un Essai sur Goethe, accompagnée de notes et de commentaires et suivie d'une étude sur la mystique du poème, par M. Henri Blaze. 15e éd. 1 vol.
WILHELM MEISTER, traduction Th. Gautier fils;...... 2 vol.
WERTHER, traduction précédée de Considérations sur la poésie de notre époque, par Pierre Leroux, suivi de HERMANN ET DOROTHÉE, traduction avec une préface, par M. X. Marmier.. 1 vol.
(Voir *Petite Bibliothèque-Charpentier*, page 41.)
LES AFFINITÉS ÉLECTIVES, traduction Camille Selden. 1 vol.
MÉMOIRES (Extraits de ma vie. — Poésie et réalité. — Voyages.) Traduction nouvelle par madame la baronne de Carlowitz. 2 vol.
CORRESPONDANCE ENTRE GOETHE ET SCHILLER, traduction de madame la baronne de Carlowitz, revisée et précédée d'une étude sur Goethe et Schiller, par M. Saint-René Taillandier. 2 vol.
CONVERSATIONS DE GOETHE pendant les dernières années de sa vie (1822-1832), recueillies par Eckermann, traduites en entier, pour la première fois, par M. Émile Délerot, précédées d'une introduction par Sainte-Beuve et suivies d'un index..... 2 vol.

GOLDSMITH

LE VICAIRE DE WAKEFIELD, traduit par madame BELLOC, avec une notice de WALTER SCOTT .... 1 vol.

GONCOURT (EDMOND DE)

LA FILLE ÉLISA. 27e mille......................... 1 vol.
LES FRÈRES ZEMGANNO, 8e édition............... 1 vol.
LA FAUSTIN, 16e mille.............................. 1 vol.
CHÉRIE (16e mille)................................. 1 vol.
LA MAISON D'UN ARTISTE AU XIXe SIÈCLE .... 2 vol.

GONCOURT (EDMOND ET JULES DE)

GERMINIE LACERTEUX. Nouvelle édition.............. 1 vol.
MADAME GERVAISAIS. Nouvelle édition.............. 1 vol.
RÉNÉE MAUPERIN. Nouvelle édition................. 1 vol.
   (Voir *Petite Bibliothèque-Charpentier*, page 41 et édition in-8 p. 47.)
MANETTE SALOMON. Nouvelle édition............... 1 vol.
CHARLES DEMAILLY. Nouvelle édition............... 1 vol.
SŒUR PHILOMÈNE. Nouvelle édition................ 1 vol.
QUELQUES CRÉATURES DE CE TEMPS.......... 1 vol.
IDÉES ET SENSATIONS............................ 1 vol.
LA FEMME AU DIX-HUITIÈME SIÈCLE............ 1 vol.
HISTOIRE DE MARIE-ANTOINETTE.................. 1 vol.
   (Voir *Édition illustrée*, page 45.)
PORTRAITS INTIMES DU XVIIIe SIÈCLE. Études nouvelles d'après les lettres autographes et les documents inédits........... 1 vol.
LA DU BARRY. Nouvelle édition..................... 1 vol.
MADAME DE POMPADOUR. Nouvelle édition.......... 1 vol.
LA DUCHESSE DE CHÂTEAUROUX ET SES SOEURS... 1 vol.
THÉATRE (Henriette Maréchal. — La Patrie en danger)... 1 vol.
GAVARNI. L'HOMME ET L'ŒUVRE.................... 1 vol.
HISTOIRE DE LA SOCIÉTÉ FRANÇAISE PENDANT LA RÉVO-LUTION.. 1 vol.
HISTOIRE DE LA SOCIÉTÉ FRANÇAISE PENDANT LE DIREC-TOIRE.. 1 vol.
L'ART DU XVIIIe SIÈCLE, 1re série (Watteau. — Chardin. — Boucher. — Latour)............................ 1 vol.
  2e série (Greuze. — Les Saint-Aubin. — Gravelot. — Cochin). 1 vol.
  3e série (Eisen. — Moreau-Debucourt. — Fragonard. — Pru-dhon)... 1 vol.

GRAFFIGNY (Mme DE)

LETTRES, suivies de celles de Mmes de Staël, d'Épinay, etc., etc., édition E. ASSE, *couronnée par l'Académie française*..... 1 vol.

GRENIER (EDOUARD)

POÉSIES COMPLÈTES. (Petits poèmes. — Poèmes dramatiques. — Amicis. — Marcel)................................ 1 vol.

GUILLEMOT (Gabriel)

LE ROMAN D'UNE BOURGEOISE.................... 1 vol.

GUYOT (Yves)

LA PROSTITUTION. (Études de physiologie sociale), contenant 29 graphiques. 5ᵉ mille......................... 1 vol.

LA POLICE. Études de physiologie sociale par le *Vieux petit employé*. (3ᵉ mille)................................ 1 vol.

HAMILTON

MÉMOIRES DU CHEVALIER DE GRAMMONT, d'après les meilleures éditions anglaises, accompagnées d'un appendice contenant les extraits du journal de SAMUEL PEPYS et de celui de JOHN ÉVELIN, des dépêches du Comte de Comminges, édition précédée d'une introduction par GUSTAVE BRUNET.................... 1 vol.

HÉLOISE ET ABÉLARD

LETTRES, traduction nouvelle par le bibliophile PAUL L. JACOB, précédée d'un travail historique et littéraire par M. VILLENAVE.. 1 vol.

HENNIQUE (Léon)

LA DÉVOUÉE. 2ᵉ édition......................... 1 vol.

L'ACCIDENT DE M. HÉBERT (3ᵉ mille)............. 1 vol.

(Voir page 40.)

HEPP (A.)

L'AMIE DE Mᵐᵉ ALICE........................ 1 vol.

HÉRODOTE

HISTOIRE, traduction LARCHER, revue et corrigée par M. ÉMILE PESSONNEAUX................................ 1 vol.

HERVILLY (Ernest d')

CONTES POUR LES GRANDES PERSONNES (Mon ami Le. — La Porte !... s'il vous plaît ! — Jean Tracy Gudd. — Tremblevif. — Ouaphrès. — Un secret. — Le Télégramme. — Près des yeux, loin du cœur)................................ 1 vol.

MESDAMES LES PARISIENNES, 3ᵉ édition........... 1 vol.

HISTOIRES DIVERTISSANTES, 2ᵉ édition........... 1 vol.

D'HERVILLY-CAPRICES. .... 1 vol.

HISTOIRES DE MARIAGES...................... 1 vol.

HEUHARD (Arthur)

SCÈNES DE LA VIE FANTAISISTE................. 1 vol.

HOFFMANN

CONTES FANTASTIQUES, traduits et précédés d'une notice par M. X. MARMIER. Nouvelle édition augmentée d'une Étude sur les *Contes fantastiques* d'Hoffmann par THÉOPHILE GAUTIER... 1 vol.

2.

HOMÈRE

ILIADE, traduction nouvelle avec arguments et notes explicatives par
M. ÉMILE PESSONNEAUX. 6ᵉ édition................. 1 vol.

ODYSSÉE, traduction nouvelle avec arguments et notes explicatives
par M. ÉMILE PESSONNEAUX. 6ᵉ édition............... 1 vol.

HORACE

OEUVRES POÉTIQUES, traduction nouvelle avec le texte latin en re-
gard, précédée et suivie d'Études biographiques et littéraires par
M. PATIN, de l'Académie française, professeur de poésie latine à la
Faculté des lettres de Paris............................... 2 vol.
    (Voir *Petite Bibliothèque-Charpentier*, page 41.)

HOUSSAYE (ARSÈNE)

LES ONZE MILLE VIERGES...................... 1 vol.

HUBBARD (GUSTAVE)

**HISTOIRE DE LA LITTÉRATURE CONTEMPORAINE EN
ESPAGNE**... 1 vol.

HUYSMANS

LES SOEURS VATARD. 5ᵉ édition.................. 1 vol.
EN MÉNAGE (4ᵉ édition.)........................ 1 vol.
L'ART MODERNE................................. 1 vol.
A REBOURS, 2ᵉ mille............................ 1 vol
    (Voir page 40.)

IUNG

BONAPARTE ET SON TEMPS. 4ᵉ édition............ 3 vol.
L'ARMÉE ET LA RÉVOLUTION. Dubois-Crancé mousquetaire,
constituant, conventionnel, général de division, ministre de la
guerre (1747-1814).............................. 2 vol.

JEANNEST (CHARLES)

QUATRE ANNÉES AU CONGO, orné de 9 dessins de DESMOULIN
et d'une carte inédite, 2ᵉ mille................... 1 vol.

JENKINS (EDOUARD)

LA CHAINE DU DIABLE (Le roman de l'ivrognerie en Angleterre,
traduction de l'anglais par J. AMERO)............... 1 vol.

JULLIEN (AD.)

AIRS VARIÉS.................................... 1 vol.

JURIEN DE LA GRAVIÈRE

GUERRES MARITIMES, sous la République et l'Empire, avec les
Plans des batailles navales du cap Saint-Vincent, d'Aboukir, de
Copenhague, de Trafalgar et une carte du Sund. Nouv. édit. 2 vol.

KLOPSTOCK

LA MESSIADE, traduction par madame la baronne DE CARLOWITZ, couronnée par l'Académie française.................. 1 vol.

KOHN-ABREST

ZIG-ZAGS EN BULGARIE........................ 1 vol.

LABOULAYE (ÉDOUARD)

PARIS EN AMÉRIQUE, 34e édition.................. 1 vol.

LE PRINCE CANICHE, 19e édition.................. 1 vol.

ABDALLAH, ou le Trèfle à quatre feuilles, suivi de **AZIZ ET AZIZA**. 9e édit., ornée du *portrait de l'auteur* gravé par Levasseur. 1 vol.

SOUVENIRS D'UN VOYAGEUR. Nouvelles (Marina. — Le Jasmin de Figline. — Le Château de la vie. — Le rêve de Jodocus. — Don Ottavio). 5e édition................................ 1 vol.

CONTES BLEUS (Yvon et Finette. — La bonne Femme. — Poucinet. — Contes bohêmes. — Les trois Citrons. — Pif paf, ou l'art de gouverner les hommes). 9e édition.................. 1 vol.

NOUVEAUX CONTES BLEUS. (Briam le fou. — Petit homme gris. — Deux exorcistes. — Zerbin. — Pacha Berger. — Perlino. — Sagesse des nations. — Château de la vie). 3e édition.... 1 vol.

LE PARTI LIBÉRAL, son programme et son avenir. 8e éd. 1 vol.

LA LIBERTÉ RELIGIEUSE. 5e édition.............. 1 vol.

ÉTUDES MORALES ET POLITIQUES. 5e édition....... 1 vol.

L'ÉTAT ET SES LIMITES, suivi d'Essais politiques sur Alexis de Tocqueville, l'Instruction publique, etc. 5e édition....... 1 vol.

ÉTUDES CONTEMPORAINES SUR L'ALLEMAGNE ET LES PAYS SLAVES. (Le partage de la Pologne. — Goergei et Kossuth. — Les Serbes. — L'Albanie. — De Radowitz. — Gervinus, etc.). 4e édition............................ 1 vol.

HISTOIRE DES ÉTATS-UNIS D'AMÉRIQUE, depuis les premiers essais de colonisation jusqu'à l'adoption de la constitution fédérale (1620-1789). 6e édition.................. 3 vol.

DISCOURS POPULAIRES suivis d'une *Rhétorique populaire*. 2e édition................................ 1 vol.

QUESTIONS CONSTITUTIONNELLES. (Le droit de revision. — La question des deux Chambres. — Séparation de l'Église et de l'État, etc.). 2e édition.................. 1 vol.

LA BRUYÈRE

LES CARACTÈRES, accompagnés des CARACTÈRES DE THÉOPHRASTE ; — du Discours à l'Académie française ; — d'une notice sur La Bruyère. — Édition variorum collationnée sur les meilleurs textes et suivie d'un index (édition CHARLES LOUANDRE).............. 1 vol.

LAFAGETTE (RAOUL)

LES AURORES. Poésies........................ 1 vol.

LA FONTAINE (J.)

FABLES, suivies de *Philémon et Baucis* et des *Filles de Minée;* — précédées de la vie d'Ésope et d'une préface par La Fontaine. — Édition variorum, accompagnée d'une notice par Sainte-Beuve, et ornée d'un beau portrait, gravé sur acier par Jacquemin, d'après RIGAULT (édition CHARLES LOUANDRE)................... 1 vol.

CONTES ET NOUVELLES, édition augmentée de plusieurs contes inédits, accompagnée de variantes et de notes, par le bibliophile JACOB et précédée d'une étude sur La Fontaine par TAINE . 1 vol.

LAMB (CHARLES)

ESSAIS CHOISIS, recueillis et annotés par M. L. DÉPRET.. 1 vol.

LANFREY (P.)

HISTOIRE DE NAPOLÉON Ier (Les tomes I à V sont en vente).

ÉTUDES ET PORTRAITS POLITIQUES (L'histoire du Consulat et de l'Empire, de M. Thiers. — Daunou. — Carnot. — Armand Carrel. — M. Guizot. — Proudhon. — Du régime parlementaire sous Louis-Philippe. — Un dernier mot sur Carnot. — Paris en Amérique). 3e édition...................... 1 vol.

HISTOIRE POLITIQUE DES PAPES. Nouvelle édition.... 1 vol.

L'ÉGLISE ET LES PHILOSOPHES, avec préface de M. DE PRESSENSÉ .... 1 vol.

ESSAIS SUR LA RÉVOLUTION FRANÇAISE.......... 1 vol.

LES LETTRES D'ÉVERARD..................... 1 vol.

CHRONIQUES POLITIQUES, précédées d'une préface de M. RONCHAUD... 2 vol.

LATOUR (A. DE)

PSYCHÉ EN ESPAGNE........................... 1 vol.

LAUNAY (A. DE)

LA MAISON VIDALIN, suivi de LA SOLANGE et de LA FOLIE DE M. GRAINBLOT .... 1 vol.

PÈRE INCONNU............................... 1 vol.

LAVALLÉE (THÉOPHILE)

HISTOIRE DES FRANÇAIS, depuis le temps des Gaulois jusqu'à nos jours. 20e édition, développée de 1814 à 1848 et continuée, sur le même plan, jusqu'en 1874, par M. FRÉDÉRICK LOCK..... 6 vol.

TOME I. — Les Gaulois — Les Francs. — Les Français jusqu'en 1328.

TOME II. — Les Valois (1328-1589).

TOME III. — Les Bourbons (1589-1789).

TOME IV. — Révolution. — Empire (1789-1814).

TOME V. — Restauration.—Monarchie constitutionnelle (1814-1848).

TOME VI. — Deuxième République. — Second Empire — Troisième République (1848-1874).

GÉOGRAPHIE PHYSIQUE, HISTORIQUE ET MILITAIRE, ouvrage adopté pour l'École militaire de Saint-Cyr. Nouvelle édition, *entièrement refondue, corrigée et augmentée*, par M. P. MARTINE, agrégé d'histoire, ancien élève de l'École normale supérieure, ancien professeur de l'Université............................ 1 vol.

LAVIGNE (ERNEST)

HISTOIRE DU NIHILISME RUSSE................. 1 vol

LEBLANC (ERNEST)

DÉPRAVÉE.................................. 1 vol.

LEFÈVRE

HISTOIRE DE LA LIGUE D'UNION RÉPUBLICAINE DES DROITS DE PARIS......................... 1 vol.

LEGUÉ (Dr)

URBAIN GRANDIER ET LES POSSÉDÉES DE LOUDUN. 1 vol.

LEMAY (GASTON)

A BORD DE LA JUNON. 2e édition................ 1 vol.
(Voir *Édition illustrée*, page 48.)

LEMONNIER (CAMILLE)

THÉRÈSE MONIQUE. 2e mille.................. 1 vol.
L'HYSTÉRIQUE............................... 1 vol.

LEMOYNE (ANDRÉ)

LES CHARMEUSES. Poèmes couronnés par l'Académie française. 1 vol.

LEPAGE (AUGUSTE)

L'ODYSSÉE D'UNE COMÉDIENNE................ 1 vol.

LEROY (ALBERT)

FABIEN.................................... 1 vol.

LEROY-BEAULIEU (ANATOLE)

UN EMPEREUR, UN ROI, UN PAPE, etc............ 1 vol.

LEROY-BEAULIEU (PAUL)

LA QUESTION OUVRIÈRE AU XIXe SIÈCLE (Le socialisme et les grèves. — L'organisation des forces ouvrières. — Les *trade-unions*. — Le système de la participation aux bénéfices. — Les associations coopératives, etc.) 2e édition............. 1 vol.
LE TRAVAIL DES FEMMES AU XIXe SIÈCLE (Du salaire et de l'instruction des femmes dans l'industrie. — Des moyens de relever la condition des femmes et de reconstituer la famille ouvrière, etc.). *Cour. par l'Acad. des sciences mor. et polit.* 1 vol.

LE SAGE

HISTOIRE DE GIL BLAS DE SANTILLANE. Édition accompagnée de notes et d'une notice par SAINT-MARC GIRARDIN....... 1 vol.

LE DIABLE BOITEUX. Édition complète.............. 1 vol.

LESPINASSE (Mlle DE)

LETTRES, suivies de ses autres œuvres, et de lettres de Mme du Deffand, de Turgot, de Bernardin de Saint-Pierre. — Comprenant les écrits de d'Alembert, de Guibert, de Voltaire, de Frédéric II sur Mlle de Lespinasse, etc., etc. — Édition EUGÈNE ASSE, *couronnée par l'Académie française* et ornée du fac-similé d'une lettre inédite de Mlle de Lespinasse, 2e édition.................... 1 vol.

(Voir page 51.)

LESSING

THÉATRE, traduit par FÉLIX SALLES, avec une étude critique. 3 vol.

LÉTORIÈRE (Vte GEORGES DE)

LA MARQUISE DE TRÉVILLY. 2e édition........... 1 vol.

LOPE DE VEGA

THÉATRE, traduction nouvelle avec une introduction et des notes par M. DAMAS-HINARD............................. 2 vol.

LOUANDRE (CH.)

LA NOBLESSE FRANÇAISE sous l'ancienne Monarchie... 1 vol.

LOUIS XI

LES CENT NOUVELLES NOUVELLES. Édition publiée d'après le texte des manuscrits, avec des notes et une notice par le bibliophile JACOB... 1 vol.

LOVENJOUL (CHARLES DE)

LE ROCHER DE SISYPHE, préc. d'une lettre de M. A. DUMAS fils. 1 vol.

LUCIEN

OEUVRES CHOISIES, traduction de BELIN DE BALLU, nouvelle édition revue et corrigée par Émile Pessonneaux.......... 1 vol.

LUCRÈCE

DE LA NATURE, traduction nouvelle, avec le texte latin, revu d'après les travaux les plus récents, par M. L. CROUSLÉ, professeur de rhétorique au lycée Corneille........................ 1 vol.

LYTTON (LORD R.)

FABLES LYRIQUES, traduites et précédées d'une introduction par M. ODYSSE BAROT. .... 1 vol.

MACAULAY

HISTOIRE D'ANGLETERRE DEPUIS L'AVÈNEMENT DE JAC-QUES II, *Histoire de la Révolution anglaise en 1688*, traduite par M. ÉMILE MONTÉGUT .... 2 vol.
HISTOIRE DU RÈGNE DE GUILLAUME III, pour faire suite à *l'Histoire de la Révolution de 1688*, traduction A. PICHOT. 4 vol.

MACÉ

LA POLICE PARISIENNE. — LE SERVICE DE SURETÉ. 1 vol.

MACHIAVEL

OEUVRES POLITIQUES. — Le prince. — Les décades de Tite-Live, etc., etc., traduction PÉRIÈS, avec notice, introduction, notes et commentaires, par M. CH. LOUANDRE .... 1 vol.
OEUVRES LITTÉRAIRES, traduction PÉRIÈS. Édition contenant les comédies, poésies, contes, fantaisies, mélanges d'histoire et lettres familières avec introduction, notice et notes, par CH. LOUANDRE... 1 vol.

MAHOMET

LE KORAN, traduit sur le texte arabe par M. KASIMIRSKI. Nouvelle édition, avec notes, commentaires et index............ 1 vol.

MAINTENON (Mme DE)

CORRESPONDANCE GÉNÉRALE publiée pour la première fois sur les autographes et manuscrits authentiques, avec Notes et Commentaires, par TH. LAVALLÉE, précédée d'une Étude sur les *Lettres de Madame de Maintenon* publiées par LA BEAUMELLE.
En vente : Tome I à IV.

MAIRET (JEANNE)

MARCA.................................... 1 vol.

MAISTRE (JOSEPH DE)

DU PAPE.................................. 1 vol.

MAISTRE (XAVIER DE)

ŒUVRES COMPLÈTES (Voyage autour de ma chambre. — Expédition nocturne. — Le lépreux de la cité d'Aoste. — Les prisonniers du Caucase. — La jeune Sibérienne). *Nouvelle édition* ornée du portrait de l'auteur, gravé par Jacquemin, d'après Saint-Germain. 1 vol.

MAIZEROY (RENÉ)

LE CAPITAINE BRIC-A-BRAC. 2e édition........... 1 vol.

MALEBRANCHE

ENTRETIENS SUR LA MÉTAPHYSIQUE, avec une Introduction par JULES SIMON .... 1 vol.

MÉDITATIONS CHRÉTIENNES, suivies du *Traité de l'amour de Dieu* et de l'*Entretien d'un philosophe chrétien avec un philosophe chinois* sur l'existence et la nature de Dieu. Édition collationnée sur les meilleurs textes par JULES SIMON .... 1 vol.

DE LA RECHERCHE DE LA VÉRITÉ, avec une Introduction par JULES SIMON.. 2 vol.

MALHERBE (F.)

POÉSIES, accompagnées du COMMENTAIRE D'ANDRÉ CHÉNIER. Nouvelle édition contenant la vie de Malherbe par Racan ; — des extraits de Tallemant des Réaux, de Balzac, etc. ; — des extraits de Lettres de Malherbe ; — des notes de Ménage, de Chevreau, de Saint-Marc, etc. ; — des observations littéraires de Sainte-Beuve ; — des remarques philologiques empruntées à M. LITTRÉ ; — une introduction, des notes nouvelles et des Index, par M. BECQ DE FOUQUIÈRES .... 1 vol.

MALOT (HECTOR)

MICHELINE. 8ᵉ mille................................... 1 vol.

MANZONI

LES FIANCÉS. Histoire milanaise du XVIIᵉ siècle. Traduction de REY-DUSSEUIL..................................... 1 vol.

THÉÂTRE ET POÉSIES, traduits de l'italien par M. ANTOINE DE LATOUR. — Deuxième édition, revue, corrigée et augmentée, avec une nouvelle Introduction .... 1 vol.

MARC (GABRIEL)

POÈMES D'AUVERGNE............................ 1 vol.

MARC-AURÈLE

PENSÉES, traduction d'ALEXIS PIERRON, couronnée par l'Académie française, précédée d'une introduction, accompagnée d'un commentaire et suivie des *Lettres à Fronton.* 2ᵉ édition revue et corrigée..................................... 1 vol.

MARC-MONNIER

CONTES POPULAIRES EN ITALIE............... 1 vol.
LE CHARMEUR............................... 1 vol.

MARGUERITE DE VALOIS

MÉMOIRES publiés par M. CH. CABOCHE, avec notes...... 1 vol.

MARIVAUX

LA VIE DE MARIANNE où *les Aventures de Mᵐᵉ la comtesse de***.* Édition précédée d'une notice, par JULES JANIN......... 1 vol.

MASSERAS (E.)

UN ESSAI D'EMPIRE AU MEXIQUE.............. 1 vol.

MATHIEU (Gustave)

PARFUMS, CHANTS ET COULEURS. Poésies complètes. 1 vol.

MATTHEY

L'ÉTANG DES SOEURS GRISES. 3e édition........... 1 vol.
ZOÉ CHIEN-CHIEN (7e édition).................. 1 vol.
PENDU DE LA BAUMETTE : Mariage du suicidé (4e éd.) 1 vol.
    —   La bonne d'enfants (2e éd.) 1 vol.
JEAN SANS NOM. Le drame de la Croix-Rouge........ 1 vol.
   —   La femme de Judas.............. 1 vol.
LA BRÉSILIENNE................................ 1 vol.
LA REVANCHE DE CLODION..................... 1 vol.
ZAIRA. Les Amants de Paris. 2e mille.............. 1 vol.
  —   L'Enragé. 2e mille...................... 1 vol.
LE POINT NOIR............................... 1 vol.
UN GENDRE.................................. 1 vol.

MAUPASSANT (Guy de)

DES VERS. 3e édition. .... 1 vol.
  (Voir page 40.)

MAZZINI (Joseph)

ESSAIS, avec une Notice de Mme Venturi, traduits de l'anglais par Mme de Morsier............................. 1 vol.

MICHIELS (Alfred)

HISTOIRE SECRÈTE DU GOUVERNEMENT AUTRICHIEN. 1 vol.
L'INVASION PRUSSIENNE EN 1792 et ses conséquences. 1 vol.

MICKIEWICZ (Adam)

CHEFS-D'OEUVRE POÉTIQUES................... 1 vol.

MILLEVOYE

POÉSIES (Élégies. — Chants élégiaques. — Poèmes. — Poésies légères. — Dizains et huitains. — Ballades. — Romances. — Épigrammes. — Odes d'Anacréon); précédées d'une notice par DE Pongerville, de l'Académie Française.............. 1 vol.

MILTON

LE PARADIS PERDU, traduction DE Pongerville, précédée de considérations sur Milton, son époque et ses ouvrages par le traducteur. .... 1 vol.

MISTRAL

MIREIO, poème provençal, avec la traduction littérale en regard par l'auteur. 7e édit. accompagnée de notes.. .... 1 vol.

MOLIÈRE

ŒUVRES COMPLÈTES. — Édition variorum collationnée sur les meilleurs textes, précédée d'un précis de l'histoire du théâtre en France; de la biographie de Molière rectifiée; — accompagnée des variantes, pièces et fragments de pièces retrouvés dans ces derniers temps; — de notices historiques et littéraires sur chaque comédie de Molière, ainsi que de notes historiques, philologiques et littéraires formant le résumé des travaux de Voltaire, La Harpe, Cailhava, Auger, Bazin, Sainte-Beuve, Saint-Marc Girardin, Génin, Aimé Martin, Nisard, Taschereau, Grimarest, Petitot, E. Soulié, Fournier, Beffara, etc., etc. — Édition ornée du portrait de Molière d'après l'original de Coypel (édition CHARLES LOUANDRE).   3 vol. (Voir *Édition illustrée*, page 48.)

MONTAIGNE

ESSAIS, suivis de sa correspondance et de *la Servitude volontaire* d'Estienne de la Boëtie. Édition variorum; accompagnée d'une notice biographique, de notes historiques, philologiques, etc., et d'un index analytique (édition CHARLES LOUANDRE)..........   4 vol.

MONTÉGUT (MAURICE)

ŒUVRES COMPLÈTES (*Drames et Poésies*)............   2 vol.
LADY TEMPEST...................................   1 vol.

MONTEIL (EDGAR)

LE RHIN ALLEMAND...........................   1 vol.
ANTOINETTE MARGUERON ⎫ (Études humaines)......   1 vol.
HENRIETTE GREY   ⎬   —   ......   1 vol.
MADAME DE FÉRONNI   ⎭   —   ......   1 vol.
CORNEBOIS (3ᵉ édition)...................   1 vol.
ROCHEFIÈRE.................................   1 vol.
LES PETITES MARIÉES.....................   1 vol.

MONTPENSIER (Mˡˡᵉ DE)

MÉMOIRES DE MADEMOISELLE DE MONTPENSIER, petite-fille de Henri IV, collationnés sur le manuscrit autographe, avec notes biographiques et historiques, par M. CHÉRUEL..........   4 vol.

MOREL (HENRY)

MADEMOISELLE LACOUR. 2ᵉ édition..............   1 vol.

MOTTEVILLE (Mᵐᵉ DE)

MÉMOIRES SUR ANNE D'AUTRICHE ET SA COUR, Édition d'après le manuscrit de Conrart, avec une annotation extraite des écrits de Monglat, Omer Talon, de Retz, Gourville, Leret, Mˡˡᵉ de Montpensier, etc., des éclaircissements et un index, par M. RIAUX, et une notice sur Mᵐᵉ de Motteville, par SAINTE-BEUVE....   4 vol.

MOUTON (Eugène)

CONTES (L'invalide à la tête de bois. — Le bœuf. — Le naufrage
de l'aquarelliste. — Les deux vieilles dames sourdes. — Papa,
etc., etc.) — Ornés d'un portrait de l'invalide à la tête de bois,
dessiné et gravé à l'eau-forte par l'auteur. . . . . 1 vol.

NOUVELLES. (Le canot de l'amiral. — La vieille montre. — Vieux
airs. — Le livre japonais. — Le coq du clocher, etc., etc.) Ornées
du canot de l'amiral, dessiné et gravé à l'eau-forte par l'auteur. . . . . 1 vol.

FANTAISIES HUMORISTIQUES (Le livre de prières. — Le progrès.
— La cassette bleue. — Le jardin de feu. — La médecine au
temps de Louis XIII. — Télémaque. — Les destinées de l'art. —
La neige des quatre saisons. — Les petits bateaux des Tuileries.
Philosophie de l'artillerie. — Old England. — L'ex-aspéra-tion
universelle. — Démolitions. — Une ville en bateau. — L'ode à
Lydie. — L'historioscope. — Le fleuve. — L'origine de la vie. —
La fin du monde. . . . . 1 vol.

MUSSET (Alfred de)

PREMIÈRES POÉSIES (Contes d'Espagne et d'Italie. — Spectacle
dans un fauteuil. — Poésies diverses. — Namouna). . . . . 1 vol.

POÉSIES NOUVELLES (Rolla. — Les nuits. — Poésies nouvelles. —
Contes en vers). . . . . 1 vol.

COMÉDIES ET PROVERBES (André del Sarto. — Lorenzaccio. —
Les caprices de Marianne. — Fantasio. — On ne badine pas avec
l'amour. — La nuit vénitienne. — Barberine. — Le chandelier.
— Il ne faut jurer de rien. — Un caprice. — Il faut qu'une porte
soit ouverte ou fermée. — Louison. — On ne peut penser à tout.
— Carmosine. — Bettine). 3 vol.

NOUVELLES (Les deux maîtresses. — Emmeline. — Le fils du Titien.
— Frédéric et Bernerette. — Margot). . . . . , 1 vol.

CONTES (Croisilles. — Pierre et Camille. — Le secret de Javotte. —
La mouche. — Le merle blanc. — Mademoiselle Mimi Pinson. 1 vol.

LA CONFESSION D'UN ENFANT DU SIÈCLE. . . . . 1 vol.

MÉLANGES DE LITTÉRATURE ET DE CRITIQUE (Le tableau
d'église. — Revues fantastiques. — Salon de 1836. — Lettres de
Dupuis et Cotonet. — La tragédie à propos des débuts de mademoiselle Rachel. — Faire sans dire. — Discours de réception, etc.,
etc.). . . . . 1 vol.

OEUVRES POSTHUMES (Un souper chez mademoiselle Rachel. — Le
poète et le prosateur. — Poésies diverses. — Le songe d'Auguste.
— L'âne et le ruisseau. — Faustine. — Lettres familières, etc.
etc.). . . . . 1 vol.

Il a été tiré 100 exempl. *numérotés* sur papier de Hollande. Prix.   7 fr.
— 25 — — sur Chine. Prix. 12 fr.

(Voir *Éditions illustrées*, pages 43 et 44. — *Petite Bibliothèque-Char-*
pentier, page 41.)

3.

MUSSET (Paul de)

BIOGRAPHIE D'ALFRED DE MUSSET. 7ᵉ édition...... 1 vol.

LUI ET ELLE. 13ᵉ édition......................... 1 vol.
(Voir *Petite Bibliothèque-Charpentier*, page 42.)

NOUVELLES ITALIENNES ET SICILIENNES (La foire de Sinigaglia.
— La pagoda. — Le Vomero. — Le Bonacchino. — Le Mezzo-
Matto). 3ᵉ édition......................... 1 vol.

LE NOUVEL ALADIN, suivi de *la Frascatane*, du *Bisceliais* et de *la
Saint-Joseph.* 2ᵉ édition......................... 1 vol.

LAUZUN. 4ᵉ édition, revue et corrigée................. 1 vol.

HISTOIRES DE TROIS MANIAQUES................ 1 vol.

NADAR

SOUS L'INCENDIE......................... 1 vol.

NARDIN (Georges)

LES HORIZONS BLEUS......................... 1 vol.

NAVARRE (Reine de)

L'HEPTAMÉRON, avec notice, notes et index de P. Jannet.. 1 vol.

NODIER (Charles)

SOUVENIRS DE LA RÉVOLUTION ET DE L'EMPIRE.. 2 vol.

SOUVENIRS DE JEUNESSE (Séraphine. — Thérèse. — Clémentine.
— Amélie. — Lucrèce et Jeannette. — Mademoiselle de Marsan.
— La neuvaine de la Chandeleur). 10ᵉ édition........ 1 vol.

CONTES DE LA VEILLÉE (J. François-les-bas-bleus. — Hélène
Gillet. — M. Cazotte. — Légende de sœur Béatrix. — Les aveugles
de Chamouny. — Le chien de Brisquet. — Les quatre talismans.
— Polichinelle. — Baptiste Montauban. — La filleule du Seigneur.
— L'homme et la fourmi, etc., etc.)................. 1 vol.

CONTES FANTASTIQUES (Trésor des fèves et Fleur des pois. — La
Fée aux miettes. — Smarra. — Le Songe d'or. — Le Génie bonhomme). Nouvelle édition accompagnée de notes........ 1 vol.

NOUVELLES (Trilby. — Inès de las Sierras. — Lydie. — Les Proscrits.
— Fantaisies du dériseur sensé. — Les Marionnettes, etc.). 1 vol.

ROMANS (Le Peintre de Saltzbourg. — Les méditations du cloître.
— Jean Sbogar. — Thérèse Aubert. — Adèle.) Nouvelle édition
revue et accompagnée de notes................. 1 vol.

NOEL (Ed.) et STOULLIG (Edmond)

LES ANNALES DU THÉÂTRE ET DE LA MUSIQUE, avec une
préface de Francisque Sarcey. — Première année (1875). 1 vol.
— Deuxième année (1876)......................... 1 vol.
— Troisième année (1877), précédée d'une Étude sur le Théâtre
français, par M. Got, de la Comédie-Française...... 1 vol.

— Quatrième année (1878), avec préface de ZOLA....... 1 vol.
— Cinquième année (1879), avec préface de LAPOMMERAYE. 1 vol.
— Sixième année (1880), avec préface de V. JONCIÈRES.... 1 vol.
— Septième année (1881), avec préface de H. Fouquier... 1 vol.
— Huitième année (1882), avec préface de M. E. PERRIN .. 1 vol.
— Neuvième année (1883), avec une préface. — *Le tout Paris des Premières*, par M. CHARLES GARNIER, de l'Institut.
(*Publication couronnée par l'Académie française*).

NOEL (OCTAVE)

AUTOUR DU FOYER. Causeries économiques et morales. 4e édition.. 1 vol.
(Ouvrage couronné par l'Académie française. — Prix Montyon.)
ÉTUDES SUR L'ORGANISATION FINANCIÈRE........ 1 vol.

OBERKIRCH (BARONNE D')

MÉMOIRES SUR LA COUR DE LOUIS XVI *et la société française avant* 1789, publiés d'après le manuscrit de l'auteur, par le comte de Montbrison, son petit-fils...................... 2 vol.

O'NEDDY (PHILOTHÉE)

POÉSIES POSTHUMES. — Précédées d'une notice de M. ERNEST HAVET, professeur au Collège de France............. 1 vol.
Il a été tiré 75 exempl. *numérotés* sur papier de Hollande. Prix. 7 fr.
— 10 — sur Chine. Prix. 12 fr.
ŒUVRES EN PROSE. — Romans et contes, Critique théâtrale, Lettres — ornées d'un portrait de l'auteur............. 1 vol.
Il a été tiré 30 ex. sur Hollande, prix 7 fr.; 10 sur Chine, 12 fr.

ORLÉANS (DUCHESSE D')

CORRESPONDANCE COMPLÈTE DE LA DUCHESSE D'ORLÉANS, PRINCESSE PALATINE, MÈRE DU RÉGENT, traduction nouvelle par M. G. BRUNET, accomp. de notes et d'éclaircissements. 2 vol.

PANGE (FRANÇOIS DE)

ŒUVRES (1789-1796) recueillies et publiées, avec une Étude sur sa vie et ses œuvres, etc., par L. BECQ DE FOUQUIÈRES...... 1 vol.

PASCAL (BLAISE)

PENSÉES. — Édition variorum d'après le texte du manuscrit autographe, contenant les Lettres et opuscules; — l'histoire des éditions *des Pensées ;* — la vie de Pascal par sa sœur ; — des notes choisies et inédites et un index complet (édition CHARLES LOUANDRE). 1 vol.
LES PROVINCIALES, ou lettres écrites par Louis de Montalte à un provincial de ses amis et aux RR. PP. Jésuites sur le sujet de la morale et de la politique de ces pères. — Édition accompagnée de notes et précédée d'un précis historique sur le jansénisme (édition CHARLES LOUANDRE)..................... 1 vol.

PATÉ (Lucien)

POÉSIES (Ouvrage couronné par l'Académie française) 2ᵉ édit.   1 vol.

PELLEPORT (Adolphe)

TOUS LES AMOURS. Poésies................................   1 vol.

PÉTRARQUE (François)

LES RIMES, traduction nouvelle de Francisque Reynard.   1 vol.

PEYREBRUNE (Georges de)

UNE SÉPARATION...   1 vol.

PIERRE NINOUS

L'EMPOISONNEUSE. 2ᵉ édition..............................   1 vol.
COEUR DE NEIGE....   1 vol.

PIERRE VICTOR

LES ÉVANGILES ET L'HISTOIRE.................   1 vol.

PILLAUT (Léon)

INSTRUMENTS ET MUSICIENS, avec une préface d'Alph. Daudet...   1 vol.

PIRON

OEUVRES, précédées d'une notice d'après des documents nouveaux, par Édouard Fournier............................   1 vol.

PISSEMSKY

DANS LE TOURBILLON, roman en trois parties, traduit du russe par V. Derely..   1 vol.

PLATON

OEUVRES COMPLÈTES, traduites en français sous la direction d'Émile Saisset, professeur de philosophie à la Faculté des lettres de Paris, membre de l'Institut, etc........................   10 vol.

> Nota. La traduction de plusieurs dialogues est empruntée à Grou et à Dacier, mais revue et corrigée par M. *Amédée Saisset*, professeur de philosophie au collège de Laval ; la traduction des autres dialogues est entièrement de M. *Emmanuel Chauvet*, professeur de philosophie à la Faculté des lettres de Rennes.

Cette édition forme 10 volumes qui se vendent séparément.

1ᵉʳ vol. — **Dialogues socratiques.** — Tome Iᵉʳ — Euthyphron. — Aoplogie de Socrate. — Criton. — Premier Alcibiade. — Charmide. — Lachès.

2ᵉ vol. —   —   Tome II. — Protagoras. — Premier Hippias. — Menexène. — Ion. — Lysis. — Phèdre.

3ᵉ vol. — **Dialogues polémiques,** Tome Iᵉʳ. — Théétète. — Cratyle. — Euthydème.

4ᵉ vol. — — Tome II. — Le Sophiste. — Parménide. — Ménon. — Philèbe.

5ᵉ vol. — **Dialogues dogmatiques,** Tome Iᵉʳ. — Phédon. — Gorgias. Le Banquet.

6ᵉ vol. — — Tome II. — Le Politique. — Le Timée. — Critias.

7ᵉ vol. — **La République ou l'État.**

3ᵉ vol. — **Les Lois.** Tome Iᵉʳ.

9ᵉ vol. — — Tome II.

10ᵉ vol. — **Dialogues apocryphes,** — Second Hippias. — Second Alcibiade. — Les Rivaux. — Théagès. — Timée de Locres. — Épinomis. Hipparque. — Axiochus, etc., etc. — Lettres. — Testament. — Fragments divers.

PLUTARQUE

VIES DES HOMMES ILLUSTRES, traduction nouvelle par M. Alexis Pierron, avec une notice du traducteur. 5ᵉ édition entièrement revue et corrigée............................ 4 vol.

POÈTES DE LA GRÈCE

EXTRAITS ET NOTICES, par Émile Pessonneaux. (Homère. — Hésiode. — Callinus. — Tyrtée. — Sapho. — Mimnerme. — Solon. — Anacréon. — Simonide. — Bacchylide. — Pindare. — Eschyle. — Sophocle. — Euripide. — Aristophane. — Aristote. — Ménandre. — Théocrite. — Callimaque. — Bion et Moschus)...... 1 vol.

POLLIO et A. MARCEL

LE BATAILLON DU 10 AOUT 1792................. 1 vol.

PONNAT (Baron de)

HISTOIRE DES VARIATIONS ET CONTRADICTIONS DE L'ÉGLISE ROMAINE......................... 2 vol.

PORTALIS (Ed.)

DEUX RÉPUBLIQUES........................... 1 vol,

PRÉVOST (l'Abbé)

HISTOIRE DE MANON LESCAUT ET DU CHEVALIER DES-GRIEUX. Édition accompagnée de notices et travaux littéraires, par Sainte-Beuve et G. Planche................... 1 vol.
(Voir *Petite Bibliothèque-Charpentier,* page 42.)

PROTH (Mario)

DEPUIS 89................................. 1 vol.

QUATRELLES

A COUPS DE FUSIL. 2ᵉ édition..................... 1 vol.
(Voir *Édition illustrée,* page 45.)

4

RABELAIS (F.)

OEUVRES ; édition augmentée de plusieurs extraits des *Chroniques admirables du puissant roi Gargantua*, ainsi que d'un grand nombre de variantes, et de deux chapitres inédits du cinquième livre d'après un manuscrit de la Bibliothèque impériale ; avec des notes explicatives, et une notice historique contenant des documents originaux relatifs à la vie de Rabelais, par PAUL L. JACOB, bibliophile.. 1 vol.

RACINE (JEAN)

THÉATRE COMPLET. — Édition variorum annotée d'après Racine fils, madame de Sévigné, Le Batteux, Voltaire, La Harpe, Napoléon, Schlegel, Roger, Geoffroy, Patin, Sainte-Beuve, Saint-Marc Girardin, Nisard, etc. (édition CHARLES LOUANDRE)......... 1 vol.

REGNAULT (HENRI)

CORRESPONDANCE recueillie et annotée par M. ARTHUR DUPARC, suivie du *Catalogue complet* de l'OEuvre de H. Regnault, et ornée d'un *Portrait* gravé à l'eau-forte par M. LAGUILLERMIE. 2ᵉ édition .... 1 vol.

REINACH (JOSEPH)

VOYAGE EN ORIENT. — Les premières Stations. — Le Danube. — Le Bosphore. — La Grèce. — L'Adriatique. — La question d'Orient en Orient... 2 vol.

LES RÉCIDIVISTES. 2ᵉ édition...................... 1 vol.

RENAUD (ALPHONSE)

HISTOIRE NOUVELLE DES ARTS ET DES SCIENCES... 1 vol.

RESTIF DE LA BRETONNE

OEUVRES précédées d'une notice de J. ASSESAT.
  TOME I. Les Contemporaines mêlées.
  — II. Les Contemporaines du commun et les Contemporaines par gradation.

RETZ (CARDINAL DE)

MÉMOIRES adressés à Mᵐᵉ de Caumartin, suivis des instructions inédites de Mazarin relatives aux Frondeurs. Nouvelle édition revue et collationnée sur le manuscrit original, avec des notes, des éclaircissements tirés des *Mazarinades*, et un index par M. AIMÉ CHAMPOLLION-FIGEAC.. 4 vol.

RIGAULT (H.)

CONVERSATIONS LITTÉRAIRES ET MORALES, avec un portrait de l'auteur gravé par M. Levasseur, et une notice sur sa vie par M. PAUL MESNARD. 4ᵉ édition....................... 1 vol.

ROCHEFORT (HENRI)

L'ÉVADÉ. 4ᵉ édition.................................. 1 vol.
LE PALEFRENIER 5ᵉ édition........................ 1 vol.

ROLLINAT (MAURICE)

LES NÉVROSES. 5e mille........................... 1 vol.
DANS LES BRANDES, poèmes et rondels............ 1 vol.

ROMANS GRECS

Daphnis et Chloé, de LONGUS. — Théagène et Chariclée, d'HÉLIODORE.
— Traduction de ZEVORT........................... 1 vol.

RONSARD (P. DE)

ŒUVRES CHOISIES, publiées avec notes et index, concernant la langue
et la versification de Ronsard, par M. L. BECQ DE FOUQUIÈRES 1 vol.

ROUSSEAU (J.-J.)

LES CONFESSIONS. Nouvelle édition.................. 1 vol.

ROUX (AMÉDÉE)

**HISTOIRE DE LA LITTÉRATURE CONTEMPORAINE EN
ITALIE**................................... 1 vol.

SAINT AUGUSTIN

LES CONFESSIONS, traduction de M. PAUL JANET, *couronnée par
l'Académie française*........................... 1 vol.

SAINTE-BEUVE

POÉSIES COMPLÈTES (Joseph Delorme. — Les Consolations. —
Pensées d'août, etc.) Nouvelle édition.............. 1 vol.
**TABLEAU HISTORIQUE ET CRITIQUE DE LA POÉSIE FRAN-
ÇAISE ET DU THÉATRE FRANÇAIS** au XVIe siècle. Nouvelle
édition, suivie de Portraits particuliers des principaux poètes. 1 vol.
VOLUPTÉ. 9e édition avec un appendice contenant les témoignages et
jugements contemporains........................... 1 vol.

SAINT-GERMAIN (J.-T. DE)

JULES TARDIEU

CONTES ET LÉGENDES. 1re série. (La légende de Mignon. — Pour
une épingle. — La fontaine de Médicis. — La feuille de coudrier.
— La roulette.)........................... 1 vol.
CONTES ET LÉGENDES. 2e série. (La Veilleuse. — Pour Parvenir.
— Dolorès)........................... 1 vol.
(Voir pages 42, 51.)

SAINT-MARC GIRARDIN

COURS DE LITTÉRATURE DRAMATIQUE, ou de l'usage des passions dans le drame. Nouvelle édition.............. 5 vol.
ESSAIS DE LITTÉRATURE ET DE MORALE......... 2 vol.
JEAN-JACQUES ROUSSEAU. Sa vie et ses œuvres, avec préface
par M. BERSOT........................... 2 vol.

SALLUSTE

ŒUVRES, traduction nouvelle, avec le texte latin, par M. ÉMILE PES-
SONNEAUX, précédée de la vie de Salluste par le président DE BROS-
SES, et suivie d'un index géographique.............. 1 vol.

SANDEAU (Jules)

MADELEINE, ouvrage couronné par l'Académie française... 1 vol.

MADEMOISELLE DE LA SEIGLIÈRE. 20e mille........ 1 vol.
(Voir *Petite Bibliothèque-Charpentier*, p. 42.)

MARIANNA. 14e édition............................ 1 vol.

LE DOCTEUR HERBEAU. 12e édition.............. 1 vol.
(Voir *Petite Bibliothèque-Charpentier*, page 42.)

FERNAND suivi de **VAILLANCE** et de **RICHARD.** 8e édit. 1 vol.

VALCREUSE. 12e édition......................... 1 vol.

MADAME DE SOMMERVILLE.— LA CHASSE AU ROMAN. 1 vol.
(Voir *Petite Bibliothèque-Charpentier*, p. 42.)

SATYRE MÉNIPPÉE

DE LA VERTU DU CATHOLICON D'ESPAGNE ET DE LA TENUE DES ÉTATS DE PARIS, édition LABITTE............. 1 vol.

SCHILLER

THÉATRE, traduction nouvelle précédée d'une notice par M. X. MAR-MIER. Nouvelle édition......................... 3 vol.

Chaque volume se vend séparément :

Tome Ier. — Les Brigands. — La Conjuration de Fiesque. — L'Intrigue et l'Amour.

Tome II. — Don Carlos. — Marie Stuart. — Jeanne d'Arc.

Tome III. — Le camp de Wallenstein. — Les Piccolomini. — La mort de Wallenstein. — La Fiancée de Messine. — Guillaume Tell.

HISTOIRE DE LA GUERRE DE TRENTE ANS, traduction de madame la baronne DE CARLOWITZ, couronnée par l'Académie française... 1 vol.

POÉSIES, traduction de M. X. MARMIER............... 1 vol.

SCHURÉ

LÉGENDE DE L'ALSACE......................... 1 vol.

SÉBILLOT (Paul)

CONTES POPULAIRES DE LA HAUTE-BRETAGNE.

CONTES DES PAYSANS ET DES PÊCHEURS.

CONTES DES MARINS.

(Les Féeries et aventures merveilleuses. — Les Facéties et les bons tours. — Les Diableries, sorcelleries et histoires de revenants. — Contes divers.)........................... 3 vol.

SENANCOUR (de)

OBERMANN. *Nouvelle édition* avec une préface par GEORGE SAND. 1 vol.

SHAKSPEARE

ŒUVRES COMPLÈTES, traduction BENJAMIN LAROCHE. 6e édition.. 6 vol.

Chaque volume se vend séparément.

Tome Ier. — La Tempête. — Les deux Gentilshommes de Vérone. — Les joyeuses commères de Windsor. — La douzième nuit, ou ce que vous voudrez. — Mesure pour mesure. — Othello. — Tout est bien qui finit bien.

Tome II. — La Méchante mise à la raison. — Macbeth. — Hamlet. — Contes d'hiver. — Le Marchand de Venise.

Tome III. — Beaucoup de bruit pour rien. — Les Méprises. — Peines d'amour perdues. — Cymbéline. — Roméo et Juliette. — Troïle et Cressida.

Tome IV. — Le roi Lear. — Périclès. — Comme il vous plaira. — Coriolan. — Jules César. — Antoine et Cléopâtre.

Tome V. — Songe d'une nuit d'été. — Timon d'Athènes. — Le roi Jean. — Richard II. — Henri IV (les deux parties).

Tome VI. — Henri V. — Henri VI (les trois parties). — Richard III. — Henri VIII.

SILVESTRE (ARMAND)

POÉSIES COMPLÈTES (Les Amours. — La Vie. — L'Amour), avec une préface de GEORGE SAND.................... 1 vol.

LA CHANSON DES HEURES. Poésies nouvelles........ 1 vol.

LES AILES D'OR. Poésies......................... 1 vol.

LE PAYS DES ROSES .... 1 vol.

SILVESTRE (THÉOPHILE)

PLAISIRS RUSTIQUES............................. 1 vol.

LES ARTISTES FRANÇAIS.......................... 1 vol.

SILVIO PELLICO

MES PRISONS, suivies du discours sur les *Devoirs des Hommes*, traduction de M. A. DE LATOUR ; des additions de MARONCELLI, etc. 14e édition .... 1 vol.

(Voir *Petite Bibliothèque-Charpentier*, p. 42.)

SIMONIN (L.)

LE GRAND-OUEST DES ÉTATS-UNIS (les Pionniers et les Peaux-Rouges. — Les Colons du Pacifique), accompagné d'une petite carte-itinéraire du voyage........................... 1 vol.

A TRAVERS LES ÉTATS-UNIS, DE L'ATLANTIQUE AU PACIFIQUE. (Le grand désert américain. — Les Mormons. — Les filons d'argent du Névada. — La Californie. — Les immigrants. — Les derniers Peaux-Rouges)................................... 1 vol.

SOPHOCLE

THÉATRE. Traduction nouvelle, précédée d'une notice biographique, accompagnée de notes explicatives, par M. Émile Pessonneaux, et suivie de notes de J. Racine, sur le théâtre de Sophocle. 5ᵉ édition... 1 vol.

SOURY (Jules)

JÉSUS ET LES ÉVANGILES. 2ᵉ édition................ 1 vol.

PORTRAITS DU XVIIIᵉ SIÈCLE................... 1 vol.

PHILOSOPHIE NATURELLE..... .... 1 vol.

SPINOZA

OEUVRES. Traduction E. Saisset, avec une introduction critique, Nouvelle édition, revue et augmentée............... 3 vol.

SPULLER (E.)

DISCOURS ET CONFÉRENCES................... 1 vol.

STAEL (Madame de)

CORINNE OU L'ITALIE, avec notice par Mᵐᵉ Necker de Saussure ,....................................... 1 vol.

DE L'ALLEMAGNE, avec notice par M. X. Marmier..... 1 vol.

DELPHINE, avec une préface de Sainte-Beuve.......... 1 vol.

DE LA LITTÉRATURE CONSIDÉRÉE DANS SES RAPPORTS AVEC LES INSTITUTIONS SOCIALES............. 1 vol.

CONSIDÉRATIONS SUR LA RÉVOLUTION FRANÇAISE. 2 vol.

MÉMOIRES (dix années d'exil), précédés d'une notice sur la vie et les ouvrages de Mᵐᵉ de Staël, par Mᵐᵉ Necker de Saussure. 1 v.

STEENACKERS

LES POSTES ET LES TÉLÉGRAPHES PENDANT LE SIÈGE 1870-1871)........................... ... 1 vol.

STEENACKERS ET LE GOFF

HISTOIRE DU GOUVERNEMENT DE LA DÉFENSE NATIONALE EN PROVINCE (4 septembre 1870. — 8 février 1871).. 2 vol.

STERNE

VIE ET OPINIONS DE TRISTRAM SHANDY, gentilhomme, suivies du **VOYAGE SENTIMENTAL EN FRANCE** et des **LETTRES D'YORICK A ELISA,** traduction Léon de Wailly........ 2 vol.

SUÉTONE

LE DOUZE CÉSARS, traduction nouvelle avec le texte latin, un commentaire historique et un index, par M. Émile Pessonneaux. 5ᵉ édition. .... 1 vol.

SYLVANECTE

SOUVENIRS DE LA COUR IMPÉRIALE A COMPIÈGNE,
2e mille... 1 vol.

SYLVIN (Ed.)

CONTES BLEUS ET NOIRS...................... 1 vol.

TACITE

ŒUVRES COMPLÈTES, traduction nouvelle par M. CHARLES LOUANDRE, couronnée par l'Académie française. 8e édition revue, corrigée et complétée par des sommaires historiques en remplacement des fragments perdus, accompagnée du texte latin, d'un index et d'une notice sur Tacite................................. 2 vol.

TASSE (LE)

JÉRUSALEM DÉLIVRÉE, suivie de l'*Aminte*, traduction de M. A. DESPLACES, avec notice. 9e édition..................... 1 vol.

TÉRENCE

COMÉDIES, traduction nouvelle par M. EUGÈNE TALBOT, professeur de rhétorique au lycée Rollin, avec le texte latin en regard et une introduction du traducteur....................... 2 vol.

THEURIET (ANDRÉ)

MADEMOISELLE GUIGNON. 4e mille............... 1 vol.
LE MARIAGE DE GÉRARD suivi de **UNE ONDINE.**
4e mille... 1 vol.
LA FORTUNE D'ANGÈLE (3e édition.)............. 1 vol.
RAYMONDE suivi de **LE DON JUAN DE VIRELOUP.**
4e mille... 1 vol.
(Voir *Petite Bibliothèque-Charpentier*, p. 42.)
LE FILLEUL D'UN MARQUIS (Nos enfants). 4e édition.. 1 vol.
LE FILS MAUGARS (Nos enfants). 4e mille........... 1 vol.
TANTE AURÉLIE (Nos enfants), 9e mille......... 1 vol.
TOUTE SEULE. 4e édition...................... 1 vol.
MADAME HEURTELOUP (La Bête noire). 5e mille...... 1 vol.
SOUS BOIS. 4e édition......................... 1 vol.
LE JOURNAL DE TRISTAN. (3e mille)............ 1 vol.

THOMAS-ANQUETIL

AVENTURES ET CHASSES DANS L'EXTRÊME ORIENT :
PREMIÈRE PARTIE: HOMMES ET BÊTES (De Paris en Birmanie. — L'Aspic de Cléopâtre et la pierre vivante. — Chasse aux gerboises

et aux gazelles. — Les Amours du coq de bruyère. — La chasse au paon et au coq d'Inde sauvages. — Une chasse au babiroussa. — Le lézard chanteur. — La chasse aux faisans. — Moines et Nonnes bouddhistes.. 1 vol.

Deuxième partie : LE SPORT DE L'ÉLÉPHANT (L'éléphant domestique. — L'éléphant blanc. — L'éléphant sauvage. — Excursions aux roches aurifères des monts Mahôo-Thoung. — En plaine. — Au bord du rivage. — Observations critiques).......... 1 vol.

Troisième partie : LA CHASSE AU TIGRE. — La chasse au cheval sauvage. — La chasse au chevrotain à musc. — La chasse aux flambeaux. — La favorite déchue. — L'avenir de la Birmanie. 1 vol.

Chaque volume se vend séparément.

THUCYDIDE

HISTOIRE DE LA GUERRE DU PÉLOPONÈSE, traduction nouvelle par M. Zevort, avec notes historiques, biographiques, géographiques et un index. 2e édition.................. 2 vol.

TOURGUÉNEFF (Ivan)

PÈRES ET ENFANTS, précédé d'une lettre à l'éditeur par Prosper Mérimée, de l'Académie française. 5e édition.......... 1 vol.

UHLAND (Louis)

POÉSIES. Traduction L. Demouceaux et Kaltschmidt, avec une Introduction de Saint-René Taillandier.............. 1 vol.

VALLÈS (Jules)

LES RÉFRACTAIRES............................. 1 vol.

JACQUES VINGTRAS. L'Enfant (3e édition).......... .. 1 vol.

—   Le Bachelier (4e édition.)........ 1 vol.

VAN DE WIELE (Mlle Marguerite)

MAISON FLAMANDE............................ 1 vol.

LADY FAUVETTE, suivi de : *Histoire d'un ménage*...... 1 vol.

VICAIRE (Gabriel)

ÉMAUX BRESSANS.............................. 1 vol.

VIEL-CASTEL (Louis de)

ESSAI SUR LE THÉATRE ESPAGNOL.............. 2 vol.

VIGÉE LE BRUN (Madame)

SOUVENIRS, suivis de la liste complète de ses tableaux et portraits... 2 vol.

VIGNEAU

CHATEAUROY.................................... 1 vol,

VIGNET

LÉONIE CHAMBARD........................... 1 vol,

VILBORT (J.)

EN KABYLIE. — Voyage d'une Parisienne au Djurjura... 1 vol.

CHIMÈRE D'AMOUR............................ 1 vol.

VILLON (François)

OEUVRES COMPLÈTES, suivies d'un choix des poésies de ses disci-
ples, édition préparée par La Monnoye, mise au jour avec notes et
glossaire par P. Jannet.

VIRGILE

OEUVRES COMPLÈTES, traduction nouvelle accompagnée du texte
latin et précédée d'une notice biographique et littéraire par M. Emile
Pessonneaux. 7e éd., revue pour le texte et la traduction 2 vol.

VOLTAIRE

SIÈCLE DE LOUIS XIV, suivi de la liste raisonnée des personnages
célèbres de son temps. — Nouvelle édition annotée d'après les lét-
tres, mémoires, documents et actes officiels du dix-septième et du
dix-huitième siècle et les principaux historiens étrangers ou français (édition Charles Louandre).................... 1 vol.

WAGNER (Richard)

SOUVENIRS, traduction de M. Camille Benoit.......... 1 vol.

WALLON (Jean)

LE CLERGÉ DE QUATRE-VINGT NEUF............ 1 vol.

EMMANUEL ou **LA DISCIPLINE DE L'ESPRIT**, discours philoso-
phique.. 1 vol.

JÉSUS ET LES JÉSUITES....................... 1 vol.

UN COLLÈGE DE JÉSUITES..................... 1 vol.

WILDER (Victor)

MOZART : l'homme et l'artiste...................... 1 vol.

BEETHOVEN. Sa vie et son œuvre. Édition ornée du portrait de
Beethoven, d'après une miniature du peintre Horneman, en
1802.. 1 vol.

XÉNOPHON

OEUVRES COMPLÈTES, traductions Dacier, Lévesque, Gail, etc.
revues et corrigées par M. Émile Pessonneaux......... 2 vol.

ZOLA (ÉMILE)

LES ROUGON-MACQUART. — Histoire naturelle et sociale d'une famille sous le second Empire :

LA FORTUNE DES ROUGON. 18e mille ....   1 vol.
LA CURÉE. 27e mille..............................   1 vol.
LE VENTRE DE PARIS. 21e mille...................   1 vol.
LA CONQUÊTE DE PLASSANS. 16e mille.............   1 vol.
LA FAUTE DE L'ABBÉ MOURET. 27e mille ....   1 vol.
SON EXCELLENCE EUGÈNE ROUGON. 21e mille .....   1 vol.
L'ASSOMMOIR. 100e mille........................   1 vol.
UNE PAGE D'AMOUR. 48e mille ....   1 vol.
NANA. 127e mille................................   1 vol.
POT-BOUILLE. 65e mille..........................   1 vol.
AU BONHEUR DES DAMES 50e mille ....   1 vol.
LA JOIE DE VIVRE, 40e mille....................   1 vol.
LE CAPITAINE BURLE. 8e mille...................   1 vol.
NAIS MICOULIN (13e mille).....................   1 vol.
LES MYTÈRES DE MARSEILLE.......................   1 vol.
THÉRÈSE RAQUIN ....   1 vol.
(Voir *Petite Bibliothèque-Charpentier*, p. 42.)
MADELEINE FÉRAT ....   1 vol.
LA CONFESSION DE CLAUDE........................   1 vol.
CONTES A NINON (A Ninon. — Simplice. — Le carnet de danse. — Celle qui m'aime. — La fée amoureuse. — Le sang. — Les voleurs et l'âne. — Sœur-des-pauvres. — Aventures du grand Sidoine et du petit Médéric). Nouvelle édition..........   1 vol.
(Voir *Petite Bibliothèque-Charpentier*, p. 42.)
NOUVEAUX CONTES A NINON (Un bain. — Les fraises. — Le grand Michu. — Les épaules de la Marquise. — Mon voisin Jacques. — Le Paradis des Chats. — Lili. — Le Forgeron. — Le Petit Village. — Souvenirs. — Les quatre journées de Jean Gourdon). ....   1 vol.
THÉÂTRE. (Thérèse Raquin. — Les Héritiers Rabourdin. — Le Bouton de Rose.). 3e édition........................   1 vol.
MES HAINES. 3e édition..........................   1 vol.
LE ROMAN EXPÉRIMENTAL. 6e édition.............   1 vol.
LE NATURALISME AU THÉÂTRE. — Les théories et les exemples...   1 vol.
NOS AUTEURS DRAMATIQUES ....   1 vol.
LES ROMANCIERS NATURALISTES...............   1 vol.
DOCUMENTS LITTÉRAIRES, 3e édition ....   1 vol.
UNE CAMPAGNE (1880-1881), 3e mille.............   1 vol.

En collaboration avec Guy de Maupassant, Huysmans, Céard, Léon Hennique, Paul Alexis :

LES SOIRÉES DE MÉDAN. 10e édition..............   1 vol.

PETITE BIBLIOTHÈQUE-CHARPENTIER

FORMAT PETIT IN-32 DE POCHE

A quatre francs le Volume

Chaque volume orné de deux ou plusieurs eaux fortes par les principaux artistes

Reliure pleine, veau grenat, poli, tranches dorées ...... 8 »
— 1/2 cuir de Russie ou maroquin, coins, tête dorée. 7 »
— 1/2 veau, tranches rouges ou tranches dorées.. 6 50

ABOUT (Ed.)

TOLLA, avec 2 dessins de Uberti .... 1 vol.

CHÉNIER (ANDRÉ)

POÉSIES, avec deux eaux-fortes de Champollion, d'après des originaux du
temps.. 1 vol.

DAUDET (ALPHONSE)

CONTES CHOISIS, avec deux eaux-fortes de M. Edmond Morin.... 1 vol.

FABRE (FERDINAND)

L'ABBÉ TIGRANE, avec 2 dess. de J.-P. Laurens, gravés par Courtry. 1 v.
JULIEN SAVIGNAC, avec deux dessins de J.-P. Laurens, gravés par
Courty.. 1 vol.

FLAMMARION (CAMILLE)

LA PLURALITÉ DES MONDES, avec deux eaux-fortes de P. Fouché. 1 vol.

GAUTIER (TH.)

MADEMOISELLE DE MAUPIN, avec quatre dessins de M. Giraud, gravés
par Champollion.. 2 vol.
FORTUNIO, avec deux dessins originaux de Th. Gautier........ 1 vol.
LES JEUNES-FRANCE, avec deux dessins de Th. Gautier..... 1 vol.
MADEMOISELLE DAFNÉ, avec deux eaux-fortes de Jeanniot...... 1 vol.
ÉMAUX ET CAMÉES, avec deux dessins et un portrait de l'auteur gravés à
l'eau-forte d'après les aquarelles de Mᵐᵉ la princesse Mathilde...... 1 vol.

GOETHE

WERTHER, traduction Pierre Leroux, avec 2 dessins de Delbos..... 1 vol.

DE GONCOURT (EDMOND et JULES)

RENÉE MAUPERIN, avec 2 eaux-fortes d'Ed. Morin............. 1 vol.

HORACE

ODES, traduction Patin, avec 2 dessins de Meunier .... 1 vol.

MUSSET (ALFRED DE)

PREMIÈRES POÉSIES, avec un portrait de l'auteur, gravé à l'eau-forte par
M. Waltner, d'après le médaillon de David d'Angers, et une eau-forte d'après
Bida, par M. Lalauze..................................... 1 vol.
POÉSIES NOUVELLES, avec un portrait de l'auteur réduction de l'eau-forte
de Léopold Flameng, d'après le tableau de Landelle, et une eau-forte
de M. Lalauze, d'après Bida.............................. 1 vol.
LA CONFESSION D'UN ENFANT DU SIÈCLE, avec un portrait de l'auteur
dessiné à la sanguine par Eugène Lami, fac-similé par M. Legenisel, et une
eau-forte d'après Bida, par M. Lalauze................... 1 vol.
COMÉDIES ET PROVERBES, tome I, avec un portrait de l'auteur gravé
par M. Alphonse Leroy, d'après la lithographie de Gavarni, et une eau-forte
de M. Lalauze, d'après Bida.............................. 1 vol.

PETITE BIBLIOTHÈQUE-CHARPENTIER

(Suite.)

— Tome II, avec un portrait de l'auteur gravé par M. Alph. Lamothe, d'après le buste de Mezzara, et une eau-forte de M. Lalauze, d'après Bida .... 1 vol.

— Tome III, avec un portrait de l'auteur gravé par M. Monziès, copie d'une photographie d'après nature, et une eau-forte de M. Lalauze, d'après Bida. 1 vol.

CONTES ET NOUVELLES avec un portrait de l'auteur, gravé par M. Waltner, d'après une aquarelle faite spécialement pour ce volume par Eugène Lami et deux eaux-fortes de M. Lalauze, d'après Bida.................. 1 vol.

MUSSET (PAUL DE)

LUI ET ELLE, avec 2 dessins de Rochegrosse, gravés par Champollion. 1 vol.

PRÉVOST (L'ABBÉ)

HISTOIRE DE MANON LESCAUT ET DU CHEVALIER DESGRIEUX, avec deux eaux-fortes de Le Nain........................... 1 vol.

SAINT-GERMAIN (J. T. DE)
(TARDIEU)

POUR UNE ÉPINGLE, avec deux dessins de G. Alaux, gravés à l'eau-forte par Manesse.. 1 vol.

SANDEAU (JULES)

LE DOCTEUR HERBEAU, avec deux dessins de M. Bastien-Lepage, gravés par Champollion .... 1 vol.
MADEMOISELLE DE LA SEIGLIÈRE, avec 2 dessins de M. Leloir. 1 vol.
LA CHASSE AU ROMAN, avec 2 dessins de Nielsenn........... 1 vol.

SILVIO PELLICO

MES PRISONS, traduction LATOUR, avec deux eaux-fortes de M. Charpentier.................. .... 1 vol.

THÉURIET (A)

RAYMONDE, avec 2 dessins de Delbos......................... 1 vol.

VIGNY (ALFRED DE)

CINQ-MARS, avec quatre dessins de Jeanniot.................. 2 vol.
SERVITUDE ET GRANDEUR MILITAIRES, avec deux dessins de Jeanniot..................................... 1 vol.
THÉATRE, avec quatre dessins de Jeanniot.................. 2 vol.
POÉSIES COMPLÈTES, avec un portrait de l'auteur d'après David d'Angers, gravé par Lançon et un dessin de Jeanniot............ 1 vol.
STELLO, avec deux dessins de Jeanniot...................... 1 vol.
JOURNAL D'UN POÈTE, avec un portrait de l'auteur, par Desmoulin. 1 vol.

ZOLA

CONTES A NINON, avec deux dessins de Jeanniot............. 1 vol.
THÉRÈSE RAQUIN, avec deux dessins de G. Alaux, gravés à l'eau-forte par Manesse... 1 vol.

NOTA. — A l'exception des Œuvres d'Alfred de Musset, il a été tiré pour chacun des volumes ci-dessus :

75 exempl. *numérotés* sur papier de Hollande. Prix. 10 fr.
Et 25 — — — Chine. — 15 fr.

ÉDITIONS ILLUSTRÉES ET DE DIVERS FORMATS.

ŒUVRES COMPLÈTES
D'ALFRED DE MUSSET

ÉDITION POPULAIRE

En un volume grand in-8 de 800 pages

ORNÉE DU PORTRAIT D'ALFRED DE MUSSET

et de vingt-huit dessins de M. BIDA

GRAVÉS SUR ACIER PAR LES PREMIERS ARTISTES

Prix, broché.................................... 20 fr.
Relié en demi-chagrin, tranches jaspées........ 25 fr.
— — tranches dorées........ 26 fr.
— — tête dorée et coins..... 28 fr.

LA MÊME ÉDITION AVEC 12 GRAVURES

Y COMPRIS LE PORTRAIT

En un volume grand in-8 de 800 pages

Prix, broché.................................... 12 fr.
Relié en demi-chagrin, tranches jaspées........ 17 fr.
— — tranches dorées....... 18 fr.
— — tête dorée, coins....... 20 fr.

LA MÊME ÉDITION SANS GRAVURES

En un volume grand in-8 de 800 pages

Prix, broché.................................... 10 fr.
Relié en demi-chagrin, tranches jaspées........ 15 fr.
— — tranches dorées........ 16 fr.
— — tête dorée, coins....... 18 fr.

LA MÊME ÉDITION

EN **40** LIVRAISONS A **50** CENTIMES

Cette souscription est permanente; chaque livraison se compose de
16 pages de texte et d'un dessin, ou de 32 pages de texte.

COLLECTION COMPLÈTE DES DESSINS DE M. BIDA

ET PORTRAIT D'ALFRED DE MUSSET

29 planches gravées en taille-douce par les premiers artistes

PRIX DE LA COLLECTION 12 FR.

COLLECTION DE 17 DESSINS DE M. BIDA

COMPLÉMENT DE L'ÉDITION IN-8 AVEC 12 GRAVURES

PRIX DE LA COLLECTION 8 FR. 50.

THÉATRE D'ALFRED DE MUSSET

ÉDITIONS CONFORMES A LA REPRÉSENTATION

Bettine, Comédie en un acte .... 1 fr. »
Le Chandelier. Comédie en trois actes .... 1 fr. 50

ŒUVRES COMPLÈTES

D'ALFRED DE MUSSET

SUIVIES DE LA BIOGRAPHIE D'ALFRED DE MUSSET

PAR PAUL DE MUSSET

Nouvelle édition d'amateur ornée d'eaux-fortes de Massé, Champollion, Abot, Ramus, Manesse, Besnier, Desmoulin, d'après des dessins de Giacomelli, Gervex, A. Moreau, J. P. Laurens, Rouffio et Blanchon. Onze beaux volumes in-8 écu, papier de fil, vergé, titre en couleur. Prix de l'ouvrage complet........................; 100 fr.

COLLECTION DE VOLUMES ILLUSTRÉS

FORMAT GRAND IN-8° COLOMBIER

Prix du volume broché.............................. 25 fr.
— richement relié en toile anglaise, avec fers spéciaux.... 30 fr.
— — en demi-chagrin, plats toile, tr. dorées... 33 fr.
— Reliure d'amateur. — Tête dorée et coins........... 33 fr.

GONCOURT (ED. ET J. DE)

HISTOIRE DE MARIE-ANTOINETTE avec douze dessins hors texte, d'après des gravures du temps et avec des encadrements de GIACOMELLI, gravés par Méaulle. Un magnifique volume grand in-8° colombier.

GUIMET

PROMENADES JAPONAISES avec dessins d'après nature (dont 6 aquarelles reproduites en couleur) par F. RÉGAMEY. Un beau volume grand in-8° colombier.

TOKIO-NIKKO. — PROMENADES JAPONAISES, tome II, avec de nombreux dessins et chromolithographies, par F. RÉGAMEY. Un beau volume grand in-8° colombier.

QUATRELLES

A COUPS DE FUSIL, avec 30 dessins originaux, hors texte, par A. de NEUVILLE, dont 12 dessins au fusain et 18 à la plume, reproduits en fac-similé. Un magnifique volume grand in-8°, orné de fleurons, culs-de-lampe, etc.

COLLECTIONS DE VOLUMES ILLUSTRÉS

FORMAT GRAND IN-8° COLOMBIER

Prix du volume broché............................... 8 fr.
— richement relié, toile, fers spéciaux................ 12 fr.
— Reliure d'amateur, coins, tête dorée................ 15 fr.

ARÈNE (PAUL)

LA VRAIE TENTATION DU GRAND SAINT ANTOINE. CONTES DE NOEL, illustrés par les principaux artistes.

DANIEL DARC

LA PRINCESSE MÉDUSE, conte illustré par RÉGAMEY.

ELPHINSTONE HOPE (MM. C. W.)

L'ÉTOILE DES FÉES, conte inédit. Traduction française de Stéphane Mallarmé, illustrations de John Laurent............... 1 vol.

LEMOYNE (André)

LÉGENDES DES BOIS ET CHANSONS MARINES, illustrations de Léon de Bellée... 1 vol.

UNE IDYLLE NORMANDE, illustr. de Duplais-Destouches. 1 vol.

PETIT (Léonce)

LA CONVERSION DE M. GERVAIS, illustrée par Petit.. 1 vol.

COLLECTION DE VOLUMES ILLUSTRÉS

DE DIVERS FORMATS

CARNET MONDAIN POUR 1883. Un volume cartonné, in-32 colombier, imprimé en quatre couleurs et orné de nombreux dessins en chromo-typographie. Prix................... 5 fr.

LE LIVRE DES TÊTES DE BOIS. 1 volume in-8 orné de nombreuses eaux-fortes et dessins.

BARBOU

VICTOR HUGO ET SON TEMPS. 1 vol. in-8 colombier orné de nombreux dessins gravés par Méaulle. Prix broché. 6 fr. Cart. 10 fr.

DAUDET (Alphonse)

FROMONT JEUNE ET RISLER AINÉ. Un volume in-8° colombier, illustré par Ed. Morin. Prix broché............. 6 fr.
Cartonnage anglais, doré sur tranches................. 9 fr.
Relié demi-chagrin, doré sur tranches................ 11 fr.

DAUDET (Alphonse)

OEUVRES COMPLÈTES, format in-8 cavalier.

Chaque ouvrage est précédé de l'histoire du livre écrite par l'auteur.

FROMONT JEUNE ET RISLER AINÉ, avec deux dessins par Dagnan-Bouveret.. 1 vol.

JACK. Histoire d'un ouvrier, suivie de *Robert Helmont*. Illustrat. de Ch. Delort et Jeanniot. .... 2 vol.

LE PETIT CHOSE. Hist. d'un enfant, illust. d'Adr. Marie. 1 vol.

TARTARIN DE TARRASCON, suivi des *lettres de mon moulin*, illust. de Jeanniot et de Burnand..................... 1 vol.
Prix de chaque volume broché...................... 8 fr.

DURANTY

LE THÉÂTRE DES MARIONNETTES, illustré par l'auteur, coloris au patron. 1 vol. Prix, broché..................... 12 fr.
Cartonnage anglais, fers spéciaux, tranches dorées....... 16 fr.
Reliure d'amateur, coins, doré en tête................ 20 fr.

GAUTIER (Th.)

LE CAPITAINE FRACASSE. Un volume gr. in-8 illustré de 60 dessins
hors texte, par Gustave Doré, gravés sur bois. Broché... 20 fr.
Relié demi-chagrin, tranches dorées.............. 26 fr.
— tête dorée, coins, tranches ébarbées. 28 fr.

LA NATURE CHEZ ELLE. 1 vol. in-4 pitt. Illust. Karl Bodmer.
Prix broché........ 20 fr. | Cartonné........... 30 fr.

MADEMOISELLE DE MAUPIN. Édition ornée d'un portrait de
Mlle de Maupin, par Th. Gautier, et reproduit en fac-similé, et du
portrait de l'auteur par E. Abot, d'après David d'Angers. 1 vol.
in-8° écu, imprimé sur papier de fil............. 10 fr.

GAUTIER Fils (Th.)

ENTRE BIARRITZ ET SAINT-SÉBASTIEN. Toros et Espados.
Notes de touriste. 1 vol. in-16, broché.............. 3 fr.

GONCOURT (Edmond et Jules)

RENÉE MAUPERIN. Édition ornée de 10 eaux-fortes par James Tissot.
Un beau vol. in-8 sur papier Japon (exempl. numérotés). 100 fr.
Avec double épreuve sur vélin du Japon........... 125 fr.
Sur Whatman (exemplaires numérotés).......... 75 fr.
Sur Hollande (exemplaires numérotés)........... 50 fr.

LA LORETTE, avec un dessin de Gavarni gravé par J. de Goncourt.
Un vol. in-16 rais n.
Prix sur papier du Japon..................... 15 fr.
— de Chine..................... 12 fr.
— de Hollande.................... 6 fr.

GOURDON (Maurice)

A TRAVERS L'ARAN (Itinéraires d'un touriste). 1 vol. in-16, illustré
de nombreux dessins et accompagné d'une carte. Broché... 3 fr.

JULLIEN (Adolphe)

HISTOIRE DU COSTUME AU THÉÂTRE, depuis les origines du
Théâtre en France jusqu'à nos jours. Ouvrage orné de 27 gravures
et dessins originaux tirés des archives de l'Opéra. Broché. 20 fr.
Relié demi-chagrin, tranches jaspées............. 25 fr.
— — dorées............... 26 fr.
Reliure d'amateur, tête dorée, coins.............. 28 fr.
Il a été tiré 50 exemplaires *numérotés* sur Hollande. Prix... 40 fr.
— 15 — — Chine. Prix..... 50 fr.

LEMAY (Gaston)

A BORD DE LA JUNON. Un vol. in-8 illustré de nombreux dessins par
  MM. Scott, de Saint-Clair, Brun, Bigot, etc. Broché..... 20 fr.
Cartonnage, fers spéciaux.............................. 24 fr.
Relié demi-chagrin, doré sur tranches................. 26 fr.
Reliure d'amateur, coins, doré en tête................ 28 fr.

LEPIC

LA DERNIÈRE ÉGYPTE, 1 in-8 jésus, orné de nombr. dessins. 10 fr.
Le même ouvrage, richement cartonné................... 14 fr.

MOLIÈRE

OEUVRES COMPLÈTES. — Édition variorum, par Ch. Louandre,
  collationnée sur les meilleurs textes, précédée d'un précis de l'histoire du théâtre en France; etc., etc. Cette édition, ornée de
  32 dessins de Moreau jeune et du portrait de Molière d'après Coypel,
  gravés en taille-douce, forme 3 forts volumes in-18 jésus.. 15 fr.

QUATRELLES

LA LÉGENDE DE LA VIERGE DE MUNSTER, illustrations de Cour-
  boin, titre en couleur et lettres ornées de Grasset. Broché. 15 fr.
Reliure parchemin, titre, or et couleur, tr. dor. ou rouges. 25 fr.

SÉBILLOT (Paul)

CONTES DE TERRE ET DE MER, légendes de la Haute-Bretagne.
  1 in-8 jésus. Illustr. de L. Petit, Bellanger et Sahib. Prix. 10 fr.
  Richement cartonné avec fers spéciaux............. 14 fr.

SILVESTRE (Armand)

LES TOCASSON, conte. Illustrations en rouge et noir par Robert
  Tinant. Un volume in-8 colombier, cartonné............ 4 fr.

VALLÈS (Jules)

LA RUE A LONDRES, 1 vol. in-4° colombier, illustré de nombreux dessins et de 23 eaux-fortes de Lançon. Tirage à 500 exemplaires. Prix .... 100 fr.
  Il a été tiré 50 exemplaires sur Japon et 50 exemplaires sur
  Wathman avec doubles épreuves avant la lettre. Prix... 200 fr.

OUVRAGES DIVERS

AICARD (Jean)

MIETTE ET NORÉ. Un volume in-8°, papier de Hollande, tirage à
  220 exemplaires, dont 150 ont été souscrits nominativement. 15 fr.
OTHELLO, ou LE MORE DE VENISE, drame en cinq actes et en
  vers. Un volume in-8. Prix............................. 4 fr.

BARROT (Odilon)

MÉMOIRES POSTHUMES. 4 vol. in-8 cavalier vélin. Prix. 30 fr.

BECQ DE FOUQUIÈRES

TRAITÉ GÉNÉRAL DE VERSIFICATION FRANÇAISE. Un volume in-8° carré. Prix...................................... 7 fr. 50

BOUILHET (Louis)

DERNIÈRES CHANSONS. — Poésies posthumes, avec un *Portrait de l'auteur* gravé par M. Léopold Flameng, et une Préface par M. Gustave Flaubert. — Deuxième édition. — 1 vol. in-8 cavalier. 6 fr.

CHÉNIER (André)

POÉSIES. Édition critique (Étude sur la vie et les œuvres d'André Chénier. Bibliographie des œuvres posthumes. Aperçu sur les œuvres inédites. Variantes, notes, commentaires, index) par M. L. Becq de Fouquières, 2ᵉ édition revue et corrigée, ornée d'un portrait d'André Chénier avec signature en fac-similé. 1 vol. grand in-18 jésus de 600 pages. Prix........................... 6 fr.

DUBOIS-CRANCÉ

ANALYSE DE LA RÉVOLUTION FRANÇAISE depuis l'ouverture des États généraux jusqu'au 6 brumaire an IV de la République, époque du rétablissement du gouvernement constitutionnel. Un vol. in-8. Prix................................. 7 fr. 50

EUDEL (Paul)

LA VENTE HAMILTON, avec 27 dessins hors texte, un volume, in-8° tiré à 500. Prix...................... 7 fr. 50
Il a été tiré 20 exemplaires sur japon.............. 20 fr.
　　　　— 　80 　　— 　　sur papier de hollande.... 15 fr.

FIAUX (Louis)

HISTOIRE DE LA GUERRE CIVILE DE 1871. Un volume in-8. Prix.................................... 7 fr. 50

GAMBETTA (Léon)

DISCOURS ET PLAIDOYERS POLITIQUES, publiés par M. Joseph Reinach. — L'ouvrage formera plusieurs volumes in-8°. (Les tomes 1 à 10 sont en vente). Prix de chaque volume... 7 fr. 50

HUBBARD (Gustave)

HISTOIRE CONTEMPORAINE DE L'ESPAGNE. — (1814 à 1845). 6 vol. in-8. Prix................................... 45 fr.

IUNG

MÉMOIRES DE LUCIEN BONAPARTE. 3 volumes in-8. Chaque volume se vend séparément. Prix................. 7 fr. 50

L'ARMÉE ET LA RÉVOLUTION. Dubois-Crancé mousquetaire, constituant, conventionnel, général de division, ministre de la guerre. 2 vol. in-8. Prix........................... 15 fr.

KAGENECK (BARON DE)

LETTRES AU BARON ALSTROMER. 1 vol in-8°. Prix. - 7 fr. 50

MICHAUD

LOUIS XIV ET INNOCENT XI. 4 vol. in-8. Chaque vol. 7 fr. 50

MOUTON (EUGÈNE)

ZOOLOGIE MORALE. 2 vol. in-12 carré. Chaque volume.. 5 fr.
Il a été tiré 50 exempl. sur papier de Hollande. Chaque vol. 10 fr.

MURO (GASPAR)

LA PRINCESSE D'EBOLI, trad. A. Weil. 1 vol. in-8 cavalier. 6 fr.

REINACH (JOSEPH)

LE MINISTÈRE GAMBETTA. — Histoire et Doctrine (14 novembre 1881 — 26 janvier 1882). 1 vol. in-8. Prix.... 7 fr. 50

SOURY (JULES)

BRÉVIAIRE DE L'HISTOIRE DU MATÉRIALISME. 1 vol. in-18. Prix... 6 fr.

VITROLLES (BARON DE)

MÉMOIRES ET RELATIONS POLITIQUES, publiés par E. Forgues. 3 vol. in-8. Prix de chaque volume............... 7 fr. 50

VITU (A.

LE JARGON DU XVe SIÈCLE. Étude philologique. Onze ballades en jargon attribuées à François Villon, précédées d'un discours préliminaire sur l'Organisation des gueux et l'origine du jargon, et suivies d'un vocabulaire analytique du jargon. Un beau volume in-8 carré. Il a été tiré :

50 exempl. sur papier de Chine, numérotés. Prix... 50 fr.
75 — — Whatman, — 50 fr.
500 — — de Hollande, — 25 fr.

PIÈCES ET BROCHURES DIVERSES
PIÈCES

ALEXIS (Paul). **CELLE QU'ON N'ÉPOUSE PAS.** Comédie en un
acte en prose .... 1 fr.

ARÈNE (Paul) et DAUDET (Alphonse). **LE CHAR.** Opéra comique
en un acte. Grand in-18........................ 1 fr.

ARNOULD (Arthur). **LE DUC DE RANDOS,** dr. en 8 tabl. 2 fr. 50

BANVILLE (Th. de). **RIQUET A LA HOUPPE,** comédie féerique.
Prix... 2 fr. 50

BUSNACH (W.) et Arthur ARNOULD. **ZOÉ CHIEN-CHIEN,** drame
en 8 tableaux. Prix............................. 2 fr. 50

BUSNACH (W.) et GASTINEAU. **L'ASSOMMOIR,** drame en 5 actes
et 9 tableaux, tiré du roman et avec une préface d'E. Zola, et
un dessin de G. Clairin......................... 2 fr. 50

DANIEL DARC. **LES FOLIES DE VALENTINE,** comédie.. 1 fr.

A. DAUDET et P. ELZÉAR. **LE NABAB.** Pièce en 7 tab. 2 fr. 50

FLAUBERT (Gustave). **LE CANDIDAT.** Comédie en quatre actes,
in-16... 2 fr.

HERVILLY (E. d') et GRÉVIN. **LE BONHOMME MISÈRE,** légende
en trois tableaux. Gr. in-18.................... 1 fr.

HERVILLY (E. d'). **LA FONTAINE DES BENI-MENAD.** Comédie
mauresque. 1 acte.............................. 1 fr.

— **POQUELIN PÈRE ET FILS.** Comédie en un acte en vers. 1 fr.

LAUNAY (A. de). **LE SUPPLICE D'UNE MÈRE.** Comédie en
4 actes. Prix.................................. 2 fr.

LIORAT (A.) et ARNOULD (A). **LA BELLE AUX CHEVEUX D'OR,**
drame en 5 actes, 6 tableaux.................... 2 fr. 50

MONTÉGUT (Maurice) **LES NOCES NOIRES,** drame en deux actes.
Prix... 1 fr. 50

RIVET (Gustave). **LE CIMETIÈRE SAINT-JOSEPH** ..... 1 fr.

ZOLA (Émile). **THÉRÈSE RAQUIN,** drame en quatre actes. Grand
in-18.. 2 fr.

— **LES HÉRITIERS RABOURDIN,** comédie en trois actes avec
préface. Grand in-18........................... 2 fr.

BROCHURES

ASSE (Eugène). **MADEMOISELLE DE LESPINASSE ET LA MAR-
QUISE DU DEFFAND.** Une brochure grand in-18, pourservir de
complément aux Lettres de Mademoiselle de Lespinasse.. 2 fr.

SARDOU. **L'HEURE DU SPECTACLE.** Brochure in-18.... 1 fr.

J. T. de SAINT-GERMAIN (J. Tardieu). **LA VEILLEUSE.** Une brochure grand in-18 jésus......................... 2 fr.

— **POUR UNE ÉPINGLE.** Idem..................... 2 fr.

ZOLA (Émile). **LA RÉPUBLIQUE ET LA LITTÉRATURE.**
In-8... 1 fr.

CLASSIFICATION PAR GENRE D'OUVRAGES

N.-B. — Les ouvrages marqués d'un * ont été publiés dans un format autre que celui de la Bibliothèque-Charpentier à 3 fr. 50 le volume (pages 41 à 51).

Ceux qui sont précédés de deux ** ont été en outre édités dans le format in-18 jésus dit de la Bibliothèque-Charpentier.

LITTÉRATURE FRANÇAISE

I. — POÉSIES.

II. — ROMANS — CONTES — NOUVELLES, ETC.

vol.

BANVILLE (TH. DE).	Contes féeriques	1
—	Contes héroïques	1
—	La Lanterne magique	1
—	Paris vécu	1
BERNARDIN DE SAINT-PIERRE.	Paul et Virginie	1
BIART (L.)	Laborde et Cie	1
—	L'Eau dormante	1
BIART (L.)	La Terre chaude	1
—	La Capitana	1
BRANTES (ALIX)	Jean Goyon	1
BRANTOME	Les Femmes galantes	1
BURTY	Grave imprudence	1
BRILLAT-SAVARIN	Physiologie du Goût	1
CONTEURS FRANÇAIS. (Ch. Louandre)		3
CONSTANT (BENJAMIN).	Adolphe	1
CANIVET	Pauvres diables	1
CÉARD	Une belle journée	1
CHESNEAU	La Chimère	1
CIM (A.)	Jeunesse	1
CLADEL	Bonshommes	1
—	Les Va-nu-pieds	1
CLAUDIN (GUSTAVE).	Trois Roses dans la rue Vivienne	1
CLAUDIN (GUSTAVE)	Les Caprices de Diomède	1
—	Fosca	1
DARC (DANIEL)	Revanche posthume	1
—	La Couleuvre	1
★ —	La Princesse Méduse	1
—	Le Péché d'une Vierge	1
★★ DAUDET (A.)	Fromont jeune et Risler aîné	1
★ —	Jack, suivi de Robert Helmont	2
★ —	Le Petit Chose	1
—	Contes du Lundi	1
★ —	Contes choisis	1
—	Le Nabab	1
—	Numa Roumestan	1
★ —	Tartarin de Tarascon, suivi des lettres de mon moulin	1
DAUDET (Mme A.)	Impressions de nature et d'art	1
DAUDET (E.)	Le Roman d'une Jeune Fille	1
—	Fleur de Péché	1
DEPRET	Voyage de la Vie	1
DESNOIRESTERRES.	Les Étapes d'une passion	1
DIDEROT	Jacques le Fataliste	1
—	La Religieuse	1
DUBARRY (ARMAND).	L'Allemagne chez elle et chez les autres	1
DUBUT DE LAFOREST.	Les Dames de Lamèle	1
—	Tête à l'envers	1

vol.

III. — HISTOIRE — GÉOGRAPHIE — CRITIQUE

IV. — ÉCONOMIE POLITIQUE ET SOCIALE, ETC.

vol.

LABOULAYE (ED.)..	L'État et ses limites.............	1
—	Discours populaires..............	1
—	Questions constitutionnelles.......	2
LANFREY (P.).....	Études et portraits politiques.......	1
—	Lettres d'Everard...............	1
LEROY-BEAULIEU (P.)	La question ouvrière au dix-neuvième siècle.	1
—	Le travail des femmes au dix-neuvième siècle.	1
MACÉ..........	La Police parisienne. Le Service de sûreté..	1
MAISTRE (J. DE)...	Du Pape....................	1
NOEL (OCTAVE)...	Autour du Foyer...............	1
—	Études sur l'organisation financière.......	1
PANGE..........	OEuvres (1789-1796)............	1
SPULLER (ED.)....	Discours et conférences...........	1
STAEL (Mme DE)...	De la littérature...............	1
—	Considérations sur la Révolution française...	2

V. — VOYAGES

ARÈNE (JULES).....	La Chine familière..............	1
BADIN..........	Saint-Pétersbourg et Moscou..	1
BOURDE (PAUL)...	A travers l'Algérie..............	1
CARLA SÉRENA (Mme).	Les hommes et les choses en Perse......	1
—	Seule dans les steppes............	1
CHARMES (GABRIEL).	Cinq mois au Caire..............	1
COTTEAU (EDMOND).	Promenades dans les deux Amériques.......	1
DUTEMPLE (ED.)...	En Turquie d'Asie..............	1
ERNOUF..........	Du Weser au Zambèze............	1
FERRY (G.).......	Scènes de la vie sauvage au Mexique......	1
FOURNEL (VICTOR).	Voyages hors de ma chambre........	1
GAUTIER (TH.)....	Voyage en Russie..............	1
—	Voyage en Espagne.............	1
—	Voyage en Italie...............	1
—	L'Orient....................	2
—	Constantinople................	1
—	Loin de Paris.................	1
* GAUTIER FILS (TH.).	Entre Biarritz et Saint-Sébastien......	1
GÉRARD DE NERVAL.	Voyage en Orient..............	2
* GOURDON (MAURICE).	A travers l'Aran...............	1
* GUIMET..........	Promenades Japonaises............	1
* —	Tokio-Nikko.—Promenades Japonaises.T. II	1
JEANNEST (CH.)...	Quatre années au Congo..........	1
KOHN-ABREST.....	Zig-Zags en Bulgarie............	1
** LEMAY (GASTON)..	A bord de la Junon.............	1
* LEPIC..........	La dernière Égypte.............	1

VI. — THÉATRE

VII. — MÉMOIRES ET CORRESPONDANCES

CLASSIQUES FRANÇAIS

ÉDITIONS LOUANDRE

PHILOSOPHIE ET RELIGION

CLASSIQUES GRECS

vol.

DÉMOSTHÈNE et ESCHINE. Chefs-d'œuvre, traduction Stiévenart. 1

ESCHYLE......... Théâtre, traduction Pierron............. 1

EURIPIDE......... Théâtre　　　　id............ 2

HÉRODOTE...... Histoire　　　　id. 1

HOMÈRE......... Iliade, traduction Pessonneaux............ 1

—　　　Odyssée, traduction Pessonneaux............ 1

LES GRANDS POÈTES DE LA GRÈCE. Extraits et notices par PES-

　　　　　　SONNEAUX.............. 1

LUCIEN.......... Œuvres choisies, traduction de Belin de Ballu,

　　　　　　revue et corrigée par Emile Pessonneaux. 1

MARC-AURÈLE..... Pensées, traduction Pierron............. 1

PLATON......... Œuvres complètes, trad. Saisset et Chauve. 10

PLUTARQUE...... Vies des hommes illustres, trad. Pierron.. 4

ROMANS GRECS... Traduction Zévort. 1

SOPHOCLE........ Théâtre, traduction Pessonneaux......... 1

THUCYDIDE....... Hist. de la guerre du Péloponèse, trad. Zévort. 2

XÉNOPHON....... Œuvres complètes, trad. Pessonneaux.... 2

CLASSIQUES LATINS

CÉSAR.......... Commentaires. — Guerre des Gaules, tra-

　　　　　　duction Ch. Louandre.............. 1

HORACE......... Œuvres poétiques, traduction Patin...... 2

**　—　　Odes, traduction Patin............. 1

LUCRÈCE........ De la Nature, traduction Crouslé......... 1

SALLUSTE....... Œuvres, traduction Pessonneaux........ 1

SUÉTONE....... Les douze Césars, traduction Pessonneaux.. 1

TACITE......... Œuvres complètes, trad. Ch. Louandre.. 2

TÉRENCE........ Comédies, traduction Talbot............ 2

VIRGILE......... Œuvres complètes, trad. Pessonneaux.... 2

LITTÉRATURE ANGLAISE

BAROT (ODYSSE)... Hist. de la littérature contemp. en Angleterre. 1

BEECHER STOWE (Mme H.). La Case de l'oncle Tom, trad. Belloc. 1

vol.

CHANNING........ OEuvres Sociales, traduction Laboulaye.... 1
GOLDSMITH....... Le vicaire de Wakefield, trad. Belloc..... 1
JENKINS (ED.)..... La Chaîne du Diable, traduction Amero... 1
LAMB (CHARLES).. Essais choisis, recueillis, annotés par L. Dépret. 1
LYTTON (LORD ROBERT). Fables lyriques, trad. Odysse Barot.... 1
MACAULAY........ Histoire de la Révolution anglaise en 1688,
                 traduction Montégut................ 2
   —   Histoire du règne de Guillaume III, traduc-
                 tion Pichot...................... 4
MILTON........... Le Paradis perdu, traduction Pongerville... 1
SHAKSPEARE....... OEuvres complètes, trad. B. Laroche...... 6
STERNE.......... Vie et opinions de Tristram Shandy.—Voyage
                 sentimental, etc., traduction de Wailly.. 2

LITTÉRATURE ALLEMANDE

GŒTHE............ Wilhelm Meister, trad. Th. Gautier fils.... 2
   —   Théâtre, traduction Stapfer et Gautier fils.. 2
   —   Poésies, traduction Blaze.............. 1
   —   Faust   id.   1
   —   Affinités électives, traduction C. Selden.... 1
   —   Mémoires, traduction Carlowitz......... 2
   —   Correspondance   id.   2
   —   Conversations, traduction Delerot........ 2
** —   Werther, traduction P. Leroux.......... 1
HOFFMANN........ Contes fantastiques, trad. X. Marmier..... 1
KLOPSTOCK....... La Messiade, traduction Carlowitz........ 1
LESSING......... Théâtre, trad. Félix Salles............. 3
SCHILLER........ Guerre de 30 ans   id.   1
   —   Poésies, traduction X. Marmier.......... 1
   —   Théâtre   id.   3
UHLAND (LOUIS)... Poésies 1
WAGNER......... Souvenirs, traduction C. Benoît......... 1

LITTÉRATURE ITALIENNE

ALFIERI.......... Mémoires, trad. de M. Antoine de Latour.. 1
BOCCACE......... Décaméron. Trad. Reynard............ 2
   —   Edit. compacte. 1

LITTÉRATURE ESPAGNOLE

LITTÉRATURE RUSSE

LITTÉRATURE POLONAISE

LITTÉRATURE SLAVE

OUVRAGES IMPRIMÉS SUR PAPIER DE LUXE

Nota. — Il ne nous reste qu'un très petit nombre des ouvrages suivants :

Papier de Hollande.

FORMAT IN-18, A 7 FR. LE VOLUME

	vol.		vol.
Alexis. E. Zola.	1	**Fabre**. Roman.	1
Amaury. L'Atelier d'Ingres.	1	— Chevrier.	1
Arène (P.). Paris ingénu.	1	— Célestin.	1
Artigues (D'). Lettres de femmes.	1	**Ferrand** (Pte). Lettres.	1
Baïf. Poésies.	1	**Flaubert**. Salammbô.	1
Banville (Th. de). Contes féériques.	1	— Tentation.	1
— Contes pour les femmes.	1	— Education.	1
— Contes héroïques.	1	**Fréron**. Confession.	1
— Les Cariatides.	1	**Fresoaly**. 6° margouillats.	1
— Comédies.	1	**Galiani**. Lettres.	2
— Traité de poésies.	1	**Gautier** (Th.), Poésies. Tome II.	1
— Lanterne magique.	1	— Souvenirs.	1
— Paris vécu.	1	— Musée du Louvre.	1
— Nous tous.	1	**Goncourt**. Zemganno.	1
Bardoux. Dix années.	1	— Faustin.	1
Becq de Fouquières. A. Chénier.	1	— Idées.	1
— Poètes français.	1	— Marie-Antoinette.	1
— Traité de diction.	1	— Révolution.	1
Boccace. Le décameron.	2	— Directoire.	1
Boucher. Poèmes.	1	— L'Art.	3
— Le Faust moderne.	1	**Graffigny**. Lettres.	1
— L'Aurore.	1	**Grenier**. Poésies.	1
Breton. Jeanne.	1	**Hepp**. Madame Alice.	1
Burty. Maître.	1	**Hervilly** (d'). Hist. divertissantes.	1
— Grave imprudence.	1	— — de mariages.	1
Cantel. Les Poèmes.	1	**Huysmans**. L'Art.	1
Caylus. Souvenirs.	1	— A rebours.	1
Champion. Philosophie.	1	**Hennique**. L'accident.	1
Collet et Lesenne. A. Chénier.	1	**Iung**. Bonaparte. Tome III.	1
Conteurs français, T. II.	1	**Lanfrey**. Lettres d'Everard.	1
Dancourt. Comédies.	1	— Chroniques.	2
Daudet (A.). Numa Roumestan.	1	**Latour**. Psyché.	1
— Théâtre	1	**Leblanc**. Dépravée.	1
— (Mme). Impressions.	1	**Lemay**. Junon.	1
Delacroix. Lettres.	2	**Lemonnier**. Th. Monique.	1
Desmaze. Médecine.	1	**Lovenjoul**. Le Rocher.	1
Du Bellay Œuvres.	1	**Maizeroy**. Briq à brac.	1
Dubut. Tête à l'envers.	1	**Marc**. Poèmes.	1
Duchatelet. Lettres.	1	**Marc Monnier**. Contes.	1
Ducamp (M.). Suicidé.	1	— Charmeur.	1
— Fieschi.	1	**Mathieu**. Parfums.	1
Duranty. H. Gérard.	1	**Montégut**. Poésies.	1
Duvert. Théâtre.	6	— Drames.	1
Ernouf. Souvenirs.	1	**Monteil**. Margueron.	1
Essards (des). Poèmes.	1	— H. Grey.	1
Eudel. Hôtel Drouot 1882, 1883.	2	— Feronni.	1

	vol.		vol.
Monteil. Cornebois.	1	**Steenackers et Le Goff**. Histoire du	
— Rochefiere.	1	gouvernement de la défense nat.	2
— Petites mariées.	1	**Theuriet**. Sous bois.	1
Mouton. Contes.	1	**Vallès** (J.). Le Bachelier.	1
— Nouvelles.	1	— Les Réfractaires.	1
— Fantaisies.	1	**Viel-Castel**. Essai.	2
Musset. Œuvres.	10	**Vignet**. L. Chambard.	1
Nardin. Les horizons bleus.	1	**Virgile**. Œuvres.	2
Pétrarque. Les Rimes.	1	**Vitu**. Vieux murs.	1
Philothée O'Neddy. Poésies.	1	— Contes.	1
— Prose.	1	**Zola**. Nana.	1
Pollio. Le Bataillon.	1	— Pot Bouille.	1
Pougin. Adam.	1	— Au bonheur.	1
Reinach. Voyage.	2	— Théâtre.	1
— Récidivistes.	1	— Mes haines.	1
Sébillot. Contes de la Hte-Bretagne.	1	— Naturalisme.	1
— des Paysans.	1	— Nos auteurs.	1
Silvestre (A.). Poésies.	1	— Romanciers.	1
— Les Aîles d'or.	1	— Documents.	1
— Pays des Roses.	1	— Naïs Micoulin.	1
Silvestre (T.). Plaisirs.	1	— La Joie de vivre.	1
Steenackers. Postes.	1		

FORMAT IN-32 A 10 FR. LE VOLUME

	vol.		vol.
About. Tolla.	1	**Musset** (P.). Lui et Elle.	1
Chénier. Poésies.	1	**Prevost**. Manon Lescaut.	1
Fabre. Abbé Tigrane.	1	**Sandeau**. Seiglière.	1
— Julien Savignac.	1	— Chasse au roman.	1
Gautier (Th.). Fortunio.	1	**Silvio Pellico**. Mes prisons.	1
— Jeunes France.	1	**Saint-Germain**. Pour une épingle.	1
— Daîné.	1	**Theuriet**. Raymonde.	1
Goethe. Werther.	1	**Vigny**. Œuvres.	8
Goncourt. Renée Mauperin.	1	**Zola**. Contes à Ninon.	1
Horace. Odes.	1	— Thérèse Raquin.	1

FORMAT DIVERS

	fr.		fr.
Aicard, Othello.	8 »	**Iung**. Lucien Bonaparte. 3 vol.	45 »
Asse. Mademoiselle Lespinasse.	4 »	**Jullien**. Costume au Théâtre.	40 »
Banville(Th.de) Riquet à la Houppe	5 »	**Lemay**. A bord de la Junon.	40 »
Becq de Fouquières. Tr. de vers	15 »	**Lemoyne**. Légendes.	15 »
Barot. Mémoires. T. II, III, IV.	60 »	— Idylle.	15 »
Barbou. Victor Hugo.	30 »	**Michaud**. Louis XIV. 4 vol.	40 »
Busnach. L'Assommoir.	5 »	**Montégut**. Les noces noires.	3 »
Daudet Fromont.	15 »	**Mouton**. Zoologie. 2 vol.	20 »
— Œuvres. In-8. (*Incomplet.*)		**Petit** (L.). Conversion.	15 »
Duranty. Marionnettes.	25 »	**Quatrelles**. La Vierge de Munster.	30 »
Darc (C.). Princesse Méduse.	15 »	**Reinach**. Le Scrutin de liste.	2 »
Eudel. Vente Hamilton.		**Sardou**. L'heure du spectacle.	2 »
Guimet. Promen. japon. 2 vol.	120 »	**Sébillot**. Contes de terre et mer.	20 »
Gambetta. Discours (*incomplet.*)		**Vitrolles**. Mémoires	45 »

Papier de Chine.
FORMAT IN-18 A 12 FR. LE VOLUME
Papier du Japon : 15 fr.

Paris. — Imp. E. Capiomont et V. Renault, rue des Poitevins, 6.

Extrait du Catalogue de la BIBLIOTHEQUE-CHARPENTIER

13. RUE DE GRENELLE-SAINT-GERMAIN, PARIS

à 3 fr. 50 le volume

P. LANFREY

Histoire de Napoléon Ier (Les tomes I à V sont en vente).

JURIEN DE LA GRAVIÈRE

Guerres maritimes, sous la République et l'Empire, avec les plans des batailles navales du cap Saint-Vincent, d'Aboukir, de Copenhague, de Trafalgar et une carte du Sund. 6e édition......................... 2 vol.

ALFRED MICHIELS

Histoire secrète du gouvernement Autrichien......... 1 vol.
L'invasion prussienne en 1792 et ses conséquences......... 1 vol.

THÉOPHILE LAVALLÉE

Histoire des Français, depuis le temps des Gaulois jusqu'à nos jours. 20e édition, développée de 1814 à 1848 et continuée sur le même plan, jusqu'en 1874, par M. FRÉDÉRICK LOCK .... 6 vol.

    TOME I. — Les Gaulois. — Les Francs. — Les Français jusqu'en 1328.
    TOME II. — Les Valois (1328-1589).
    TOME III. — Les Bourbons (1589-1789).
    TOME IV. — Révolution. — Empire (1789-1814).
    TOME V. — Restauration. — Monarchie constitutionnelle (1814-1843).
    TOME VI. — Deuxième République. — Second Empire. — Troisième République (1848-1874).

Géographie physique, historique et militaire, ouvrage adopté pour l'École militaire de Saint-Cyr. Nouvelle édition, *entièrement refondue, corrigée et augmentée,* par M. P. MARTINE, agrégé d'histoire, ancien élève de l'École normale supérieure, ancien professeur de l'Université............ 1 vol.

E. MASSERAS

Un essai d'empire au Mexique. .... 1 vol.

CHARLES NODIER

Souvenirs de la Révolution et de l'Empire............ 2 vol.

JEAN WALLON

Le Clergé de quatre-vingt-neuf. .... 1 vol

Paris. — Imp. E. CAPIOMONT et V. RENAULT, rue des Poitevins. 6.

www.ingramcontent.com/pod-product-compliance
Lightning Source LLC
Chambersburg PA
CBHW072002270326
41928CB00009B/1515